U0888482

"十三五"国家重点图书出版规划项目
2018年主题出版重点出版物

口述改革历史 上

主　编：迟福林
副主编：陈　薇　朱冠宇

SPM
南方出版传媒
广东经济出版社
·广州·

图书在版编目（CIP）数据

口述改革历史. 上/ 迟福林主编. —广州：广东经济出版社，2019. 5

ISBN 978 - 7 - 5454 - 6754 - 3

Ⅰ. ①口… Ⅱ. ①迟… Ⅲ. ①改革开放 - 历史 - 中国 Ⅳ. ①D61

中国版本图书馆 CIP 数据核字（2019）第 131111 号

出 版 人：李　鹏
责任编辑：王成刚　林祎珊
责任技编：许伟斌
KOUSHU GAIGE LISHI

出版发行	广东经济出版社（广州市环市东路水荫路 11 号 11 ~ 12 楼）
经销	全国新华书店
印刷	佛山市浩文彩色印刷有限公司 （南海区狮山科技工业园 A 区兴旺路 6 号）
开本	787 毫米 × 1092 毫米　1/16
印张	21. 75
字数	346 000 字
版次	2019 年 5 月第 1 版
印次	2019 年 5 月第 1 次
书号	ISBN 978 - 7 - 5454 - 6754 - 3
定价	68. 00 元

如发现印装质量问题，影响阅读，请与承印厂联系调换。
发行部地址：广州市环市东路水荫路 11 号 11 楼
电话：（020）38306055　邮政编码：510075
邮购地址：广州市环市东路水荫路 11 号 11 楼
电话：（020）87393830　营销网址：**http://www.gebook.com**
广东经济出版社新浪官方微博：**http://e.weibo.com/gebook**
广东经济出版社常年法律顾问：胡志海律师

前　言

FOREWORDS

1978年12月18日，党的十一届三中全会隆重召开。这次会议，是新中国成立以来我们党历史上具有深远意义的伟大转折。正如习近平总书记所指出的，“改革开放是决定当代中国命运的关键一招，也是决定实现‘两个一百年’奋斗目标、实现中华民族伟大复兴的关键一招”。党的十八大以来，面对复杂的国内外形势变化，面对我国经济发展进入新常态等一系列深刻变革，中国共产党领导全国各族人民坚定不移地高举改革开放旗帜，取得了改革开放和社会主义现代化建设的历史性成就。

自2014年起，中国（海南）改革发展研究院（以下简称“中改院”）启动了“口述改革历史”访谈项目，旨在对体改战线的老领导、老专家以及改革开放进程中的改革决策者、知名改革专家和基层实践者进行抢救性访谈，真实记录改革历史，客观反映改革历程。目前，已完成300多位历史人物访谈，积累视频总时长约500小时，整理文字600多万字。访谈范围除中央层面外，还涉及广东、海南、福建、江苏、浙江、湖北、四川、安徽、吉林、河南、深圳、上海、重庆等省市。中改院在“口述改革历史”访谈资料的基础上，选取90多位改革开放历史人物和70多个改革开放历史事件，编写出版《口述改革历史》上、中、下三册，各收录3个部分，分别为思想解放、农村改革、经济体制改革、对外开放、企业改革、城市改革、财税金融体制改革、社会和文化体制改革、行政体制改革与民主法治建设等。下一步，中改院还将继续坚持“口述改革历史”访谈项目，积极发挥中国改革智库在改革开放进程中的作用。

本书由中改院团队组织编纂，由迟福林教授担任主编，陈薇、朱冠宇任副主编，杨睿、张娟、林秋敏、李阿彬、陈所华、杨若曦、范敏等同志参与了本书的编写和相关工作。编者在整理和编辑本书的过程中，得到了各位受访者特别是诸多老领导、老专家的充分理解和支持，在此表示深深的谢意和敬意！编者在编辑本书的过程中参阅了大量相关资料，书中未能一一注明；广东经济出版社的编辑团队对此也付出了辛勤劳动，在此一并表示感谢。

改革开放是一个波澜壮阔的伟大历史进程，由于访谈范围所限，本书无法全方位地反映各个方面、各个领域的改革开放重大事件。本书所整理、收录的内容以受访者的口述记忆为主，由于时间久远等因素，可能与事实有所出入。同时，在征得受访者本人或家属同意的前提下，增补了部分重要历史事件的材料和公开发表的文章。在整理时，编者尽量保持资料原貌并加以注释及论证。

2018年是我国改革开放40周年，2019年即将迎来新中国成立70周年。希望以本书的出版，庆祝我国改革开放40周年，庆祝新中国成立70周年。

目　录

CONTENTS

第一篇

第一篇

1978年12月18日，党的十一届三中全会开启了具有历史意义的伟大转折。从思想解放到改革启动，从农村到城市，从封闭半封闭到全方位开放，从经济体制改革到全面深化改革，开启了中国人民锐意进取、团结创新的改革开放强国之路。回顾中国改革开放40年历程，就是不断解放思想的过程。1978年，一场真理标准问题的大讨论，冲破了“两个凡是”的严重束缚，为党的十一届三中全会的胜利召开提供了思想先导。

1. 亲历1977年恢复高考决策

1977年8月4日至8日，科学和教育工作座谈会在北京人民大会堂召开。这次会议做出了恢复高考的决定，这标志着由于“文化大革命”而中断了11年的高考制度得以恢复，中国恢复了大学的教学秩序，也迎来了尊重知识、尊重人才的春天，给我国经济社会的发展带来了重大而深远的影响。

口述者：刘道玉（时任教育部党组成员兼高教司司长）
温元凯（时任中国科技大学助教）

借调教育部

刘道玉

没有经历过“文化大革命”，就不知道当时拨乱反正的任务有多么艰巨。教育是“文化大革命”的重灾区，粉碎“四人帮”以后，面临着“拨乱反正”的艰巨任务。当时我是武汉大学的教师，同时担任武汉大学党委副书记，深刻地感受到基层广大教师希望尽快恢复正常的教学秩序和学术研究工作的迫切心情。就在这种情况下，我被借调到教育部，参加全国教育工作会议的筹备工作。

1977年4月15日，我到教育部报到。由于当时我觉得是临时借调，待不了多久，于是就在教育部办公大楼二层的一间办公室住了下来。它既是办公室又是卧室，室内放置了一张木板床、一副卧具、一张木制的办公桌、两个开水瓶和一个洗脸架。我没料到，一个月以后，中央组织部正式任命我为教育部党组成员兼高等教育司司长，虽然我极不情愿当京官，但身不由己呀，于是我这一住就住了两年，当了两年的“临时工”。

当时高教一司、高教二司、高教三司、科技司、研究生司、教材办公司6个司局单位都由我领导，我负责的范围相当于教育部的“半壁河山”。那时候教育部党组11个成员中，只有我是从大学去的，也只有我熟悉高等教育的情况。

会议背景和筹备工作

当时的形势非常严峻，尽管粉碎“四人帮”已经一年多了，但遵循的还是“两个凡是”：“凡是毛主席做出的决策，我们都坚决维护；凡是毛主席的指示，我们都始终不渝地遵循。”当时各省市和大学还是由革命委员会领导，提出的还是坚持无产阶级专政下继续革命的口号，教育战线上的“两个估计”[①]也没有被推翻，这“两个估计”把我们这些在学校的知识分子压得喘不过气来，我们都是“臭老九”，是接受工农兵再教育的对象，当时就处于这种情况。

那时，邓小平同志在“文化大革命”当中是被打倒的对象，直到1977年7月16日至21日，中共十届三中全会召开，全会一致通过《关于恢复邓小平同志职务的决议》，决定恢复邓小平中共中央委员，中央政治局委员、常委，中共中央副主席，中共中央军委副主席，国务院副总理，中国人民解放军总参谋长的职务。

邓小平复出后，自告奋勇管科教方面的工作，他决心从科学和教育方面进行拨乱反正，实现“四个现代化”，让国家赶上世界先进水平。拨乱反正从哪里入手呢？他打算召开一个会议，征求专家们的意见。后来在会上他也说了：“请你们参加这次座谈会的目的，就是要请大家一起来研究和讨论，科学研究怎样才能搞得更好更快些，教育怎样才能适应我国四个现代化建设的要求、适应赶超世界先进水平的要求。”

① “两个估计”，即“文化大革命”前17年教育战线是“资产阶级专了无产阶级的政”，是“黑线专政”；知识分子的大多数“世界观基本上是资产阶级的”，是“资产阶级知识分子”。这是1971年7月在姚文元修改、张春桥定稿的《全国教育工作会议纪要》里提出来的。

邓小平办公室通知教育部，这个会议要从教育部和科学部各选15个知名专家参会，会议时间是1977年8月4日至8日。我作为教育部党组成员和高教司司长，受教育部的指派，负责选定名单，初步选拔了16人，最后科学院也选派了17人，总共33人，加上国务院有关部委负责人和新闻记者，总共70多人参加座谈会。

当时确定名单的时候有两点考虑：第一，必须要是知名的科学家和教育家，而且要敢于说真话。比如说杨石先是南开大学校长，著名化学家；苏步青是复旦大学教授、校长，知名数学家，等等。第二，当时我也考虑到名单上还得有一些中青年，遵从老中青三结合嘛，所以一些中青年像温元凯，他当时还是30出头的小青年吧，还有中山医学院的宗庆生等参加了会议。

中国科学院的吴明瑜和我，分别代表中国科学院和教育部组成了会议秘书组，负责会议记录、简报和会议代表的生活问题。与会代表都是我们两个人通知的，也是我亲自到机场接送的，当然，大部分代表都来自北京，所以我的接送任务也不是很重。

图1-1　1977年8月4日至8日，科学和教育工作座谈会召开。图为参会者合影

决定恢复高考

座谈会是在8月4日上午9时开始的。邓小平同志做了一段开场白。说实在的，当时这个会议，刚开始大家思想上还是有顾虑的，心有余悸，刚开始还不一定就敢讲。于是邓小平同志反复启发，希望大家畅所欲言，他说：“‘四人帮’粉碎了，不会再‘抓辫子’‘戴帽子’和‘打棍子’了，大家如果有什么问题由我负责。”经过小平同志的反复动员，大家开始讲话，并逐步活跃了起来。

我记得，首先讲话的是复旦大学的苏步青。他说：“我想不通高教战线17年是资产阶级专政，那我们过去做的工作都是为谁服务的？难道都是为资产阶级做的工作吗？但明明是在共产党领导下的。”他问得很有道理，明明是在共产党领导下的，我们怎么成了为资产阶级服务的知识分子呢？邓小平同志就插话说：“17年是黑线专政[①]讲不通，17年是共产党领导的嘛。”对于这个问题，他在8月8日的讲话中也明确提出：“对全国教育战线17年的工作怎样估计？我看，主导方面是红线。应当肯定，17年中，绝大多数知识分子，不管是科学工作者还是教育工作者，在毛泽东思想的光辉照耀下，在党的正确领导下，辛勤劳动、努力工作，取得了很大成绩。现在差不多各条战线的骨干力量，大都是中华人民共和国成立以后我们自己培养的，特别是前十几年培养出来的。如果对17年不做这样的估计，就无法解释我们所取得的一切成就了。”[②]这样慢慢地气氛就活跃起来了，大家思想都放开了。

北京大学的沈克琦说：“我们北大是‘文化大革命’的重灾区，聂元梓在北大挑动群众搞批斗，我们受尽了苦。‘文化大革命’时期北大非正常死亡几十个人，像翦伯赞、俞大絪等，都是知名教授。而且‘文化大革命’中北大教授都被反复抄家，他们收藏的文物、著作手稿都被抄走了，希望中央能够落实知识分子政策，帮他们找回他们最珍贵的书稿、字画等。”

南开大学校长杨石先是国家非常重要的研究农药的泰斗，他说：“国家科委的大楼被军队占了，科委都解散了，这么大一个国家没有科研、没有科委、没了科

① “黑线专政”一词最先是林彪、江青一伙用来诬蔑中华人民共和国成立后17年文艺工作者的用语。

② 邓小平：《邓小平文选》（第二卷），人民出版社，1994。

学，怎么行呢？”他要求尽快把被占的国家科委大楼归还给国家科委，并且要恢复国家科委。讲到这里的时候邓小平同志插话说，应该收回，国家科委应该恢复。就这样你一言我一语，会上慢慢地大家的思想都解放了，发言也踊跃了。

我作为高教司司长，心里有点着急，因为没有人提到恢复高考问题。在会前我做了调查：高等教育的拨乱反正该如何入手？那时是工农兵上大学、管大学，用毛泽东思想改造大学。那个时候工农兵学员进校以后都以改造者自居，以知识分子为改造对象。当时的大学招生就是从工农兵里招，有一个“十六字”招生方针，即“自愿报名、群众推荐、领导批准、学校复审”。说是自愿报名，你报了，领导不批准，有什么用？所以这“十六个字”就变成四个字：领导批准。领导决定一切，导致当时走后门之风猖獗，领导要谁上谁就上，不让谁上谁就不能上。举个例子，有个著名作家熊召政，1976年时他是湖北英山县的一个知识青年，群众已推荐他上大学，但是到了县里，县委书记不同意：“你明年去，今年我儿子要上。”当时就是这种情况。会前我到沈阳、天津做调查，后来到了顺义县，该县革委会姜副主任对我说：“现在大学虽然恢复了招生，但我们工农子弟仍然没有上大学的权利，因为‘十六字’招生方针，就是开后门的方针，因此我们强烈要求恢复高考，我们工农兵子弟不怕考，不信你查一查‘文革’以前，上大学比例多的还是我们工农兵子弟。”

是的，我上大学那会儿，来自农村的大学生要占70%左右。当时大学招的工农子弟文化程度严重参差不齐，大多是初中毕业，甚至还有小学文化程度的，高中生极少极少，因为高中生都下乡了。当时说“不让一个阶级弟兄掉队”，所以大学教学就没办法教了，有些学生甚至连小学的东西都不会，你要让他不掉队，大家都得等他，大学就变成中学、小学了，这种情况是不可能培养出合格人才的。所以我一直记住顺义县革委会副主任的话，一定要恢复高考。

但会议开了两天了，没有人讲到这个问题。武汉大学代表查全性副教授晚上来找我，他说：“我坐了两天了没有发言，一直在听，我想讲的别人都讲了，我不知道讲什么好。”他是来征求我的意见，因为我们都是武汉大学化学系的教师，我又是会议秘书长。我说：“虽然大家都讲得不错，但有一个问题大家都没讲到，就是

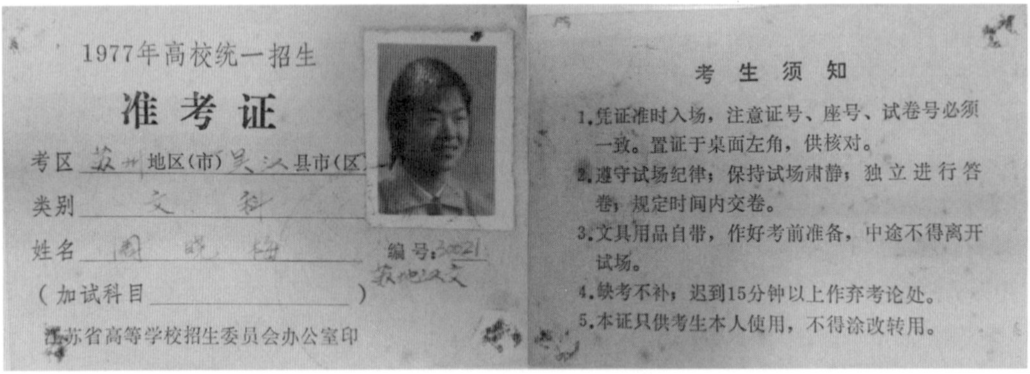

图1-2　1977年的高考准考证

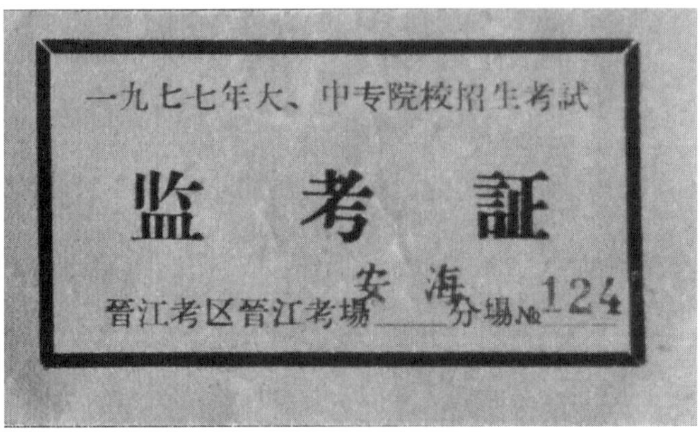

图1-3　河北省一九七七年大、中专院校招生考试监考证

推翻‘十六字’方针，恢复高考的问题。”其实当时提这个问题是非常冒险的，弄不好就要被扣上“反革命”的帽子，因为“两个估计”还没被推翻。但是我这个人历来胆子很大，我敢说。我说你就讲这个问题，他同意了。

当晚，查全性副教授做了认真的准备。他发言时说，中华人民共和国成立前上大学是靠钱，“文化大革命”前的17年上大学靠分，现在上大学靠权，群众说“学会数理化，不如一个好爸爸”。他的这番话，引起了与会人员的强烈共鸣，大家纷纷发言，像吴文俊、汪猷、唐敖庆等都表示附议。

当时刘西尧是教育部部长。邓小平同志问他今年恢复高考怎么样？刘西尧说，要改就得推迟，现在是8月6日，当年6月29日到7月15日的招生会已经在太原开过了，还是按照“十六字”方针布置的，招生报告已经给国务院送去了。[1]邓小平同志说：“既然今年还有时间，那就坚决改嘛！把原来写的招生报告收回来，根据大家的意见重写。招生涉及下乡的几百万青年，要拿出一个办法来，既可以把优秀人才选拔上来，又不要引起波动。重点学校要统一招生。今年下决心按要求招生，招的学生要符合要求。”[2]教育部说那我们今年就改。

全国第二次高等学校招生工作会议召开

8月13日，当年全国第二次高等学校招生工作会议召开，到9月25日结束，开了44天。在会议争执不下的情况下，邓小平于9月19日再次找刘西尧等人谈话，要求教育部争取主动，尽快结束招生会议。这是邓小平关于恢复高考的第二次拍板，说明当时的阻力还是很大的。

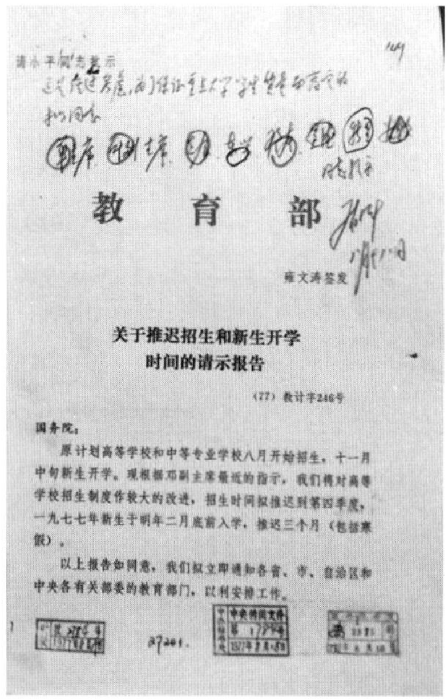

教育部

雍文涛签发

关于推迟招生和新生开学时间的请示报告

（77）教计字246号

国务院：

原计划高等学校和中等专业学校八月开始招生，十一月中旬新生开学。现根据邓副主席最近的指示，我们将对高等学校招生制度作较大的改进，招生时间拟推迟到第四季度，一九七七年新生于明年二月底前入学，推迟三个月（包括寒假）。

以上报告如同意，我们拟立即通知各省、市、自治区和中央各有关部委的教育部门，以利安排工作。

图1-4　1977年8月18日邓小平在教育部《关于推迟招生和新生开学时间的请示报告》上的批示手迹

1977年，我们是恢复“文革”以前的高考，完全按照“文革”前的做法统一命题、统一考试、统一划录取分数线。恢复高考，重新招生，但当时我们的教学计划还是针对工农兵的，教材都是为工农兵大学生配备的，统一高考招进来的学生不能再用一样的教材了，怎么办？我就给党组织提出建议，说必须马上召开一个高等学校教学工作会议，重新研究制定新的教学计划、教学大纲，不然统一招进来的学生我们没办法授课。当时时间很紧，我提议马上向国务院报告。国务院也很重视，说这个会很重要，安排我们到北戴河国务院招待所开会，这个招待所在“文革”中被当作“封资修”的安乐窝封存了，我们亲自启封，打扫卫生。

---

① 指1977年8月4日教育部报送国务院的《关于一九七七年高等学校招生工作的意见》。意见规定，1977年大学招生办法仍实行1971年《全国教育工作会议纪要》确定的“自愿报名、群众推荐、领导批准、学校复审”十六字方针。

② 中共中央文献研究室：《邓小平年谱》（上），中央文献出版社，2004。

这次会议要形成恢复高考以后的招生工作计划和教学大纲，当时我们怕控制不住，意见不能统一，就只通知了15所学校参加，再加上北京师范大学和上海华东师范大学的两个教育研究所，一共35个人参加。8月12日至18日正式开会，恰好与党的第十一次全国代表大会同一天开始和结束。

会议争论得十分激烈，但最后还是统一了思想。制定新的教学大纲必须肃清“左倾”思想流毒，坚持“三基”①和“四性”②，最后我们制定了一个比较满意的《会议纪要》。座谈会结束当天，我们与北戴河镇的居民一起上街庆祝党的第十一次全国代表大会胜利闭幕。最后通过的那个教学大纲，基本上一直沿用至今。

意义和感触

据统计，1977级、1978级总共招了60多万名学生。当时在农村还有860万名知青，很少数的幸运者才能够被录取上大学，这些都是真正的佼佼者。20世纪80年代学校的风气好得很，不是“你要我学习”，是“我自己要学习”，没有考试作弊的人，都是自觉地考试，自觉地要学习，因为上大学是很艰难才得到的权利，他们很珍惜这个机会。

我觉得恢复统一高考功在当代，利在千秋，是非常了不起的。第一个意义，虽然它不是改革也不是创新，但是在那种特殊情况下，在“两个凡是”“两个估计”没有被推翻的情况下，能够推翻“十六字”招生方针，那是了不起的。第二个意义就是拯救了一大批知识青年，他们现在绝大部分都成了国家栋梁，成为学术界、政界、经济界、企业界的骨干。我们武大有位一级教授、著名数学家叫李国平，他的儿子是知青，招工到武汉市当理发员都高兴得不得了啊，因为在农村没饭吃、吃不饱啊，回来就是当理发员，他还高兴得不得了。后来，他参加了1978年高考，被录取到武汉大学历史系，现在是著名的历史学家。我有个学生叫谢湘，后来是《中国青年报》的记者部主任、副社长，也是1977级的学生。她返城后是襄樊市纺织女工，当个女工都高兴啊，她妈妈要她参加高考，她坚决不参加：“我不参加，我做

① 指基础理论、基础知识和基本技术。
② 指科学性、系统性、完整性、严密性。

女工很好，我是工人阶级。”而且她当时准备提车间主任，她都不想高考。她妈妈亲自跑到襄樊棉织厂，说：“你考也得考，不考也得考，不考就不是我女儿。”强迫她考，最后她考取了，考到了武大中文系，毕业后分配到《中国青年报》，一直升到副社长。要是没有高考，这一批人就被埋没啦。所以我开玩笑说：恢复高考招收了1977级、1978级、1979级的学生，他们就是从石头缝里边蹦出来的人才，将来一定能够担当大任。

图1-5　1978年2月，恢复高考后的第一批大学生进入大学校门。图为清华大学1977级的学生在课堂上

第三个意义，恢复高考使社会风气、学习风气焕然一新，这是无法衡量的重大意义，把过去的“读书无用论”“教书倒霉论”一扫而光。那时候我们大学的很多教授，都把书当废纸卖掉了，认为这一生不可能再教书了。虽然我的书没卖也没烧，但是我也准备改行学木工手艺了。恢复高考以后，大学里进了一批高中、初中文化的学生，教师不提高自己的教学水平是不能教他们的。所以，教风学风焕然一新，老师们上下班都是跑步前进的，实验室的灯光昼夜通明，大家很珍惜这来之不易的大好形势，甩开膀子大干，要把被“四人帮”耽误的时间全部抢回来，当时就是这么一种心态。

所以说，没有经过“文化大革命”，就不知道教育受灾多么严重；没有经过拨乱反正，就不知道拨乱反正多么重要。我对改革的情结这么浓厚，原因就在这里。

缘起

温元凯

大学毕业后我被分配到绍兴塑料厂当工人。我在安徽农场劳动锻炼时的一个团的同学王莺莺，因为读过高教部1966年初发的关于我的简报《一个生动活泼、主动学习的好学生——南京大学化三4班学生温元凯》（当时中国科技大学在招“回炉生”，因为大学的助教已经青黄不接了，就想把1966届、1967届、1968届下放到工厂和农村工作的一部分大学生招回来当大学助教），所以她对我说：“温元凯，你不是要当科学家吗？你想不想到科技大学？”

我当然很想。她就帮我写了一封信给她在中国科技大学当助教的未婚夫夏楠。夏楠也很热心，把这封信交给了当时中国科技大学校长兼党委书记刘达。刘达是一位非常爱惜人才的教育家，他立刻派了人事处周瑞康处长到绍兴来调我。当时调我的理由也非常有趣，周处长对绍兴县委说，我们研究氢弹需要温元凯。县里吓坏了，研究氢弹需要我，哪敢不放，马上就把我给放走了。

我是1972年回到中国科技大学当助教的，我非常珍惜这个机会，很努力地工作，教书也很受学生欢迎。但是，1974年“文化大革命”还没结束，“四人帮”还在，又搞了个“批林批孔”运动。当时中国科技大学又出现了一批大字报，说刘达是“走资派”[①]“孔老二”，要搞复辟，招来了一个当年的反革命修正主义苗子温元凯，说我还在走“白专”[②]道路，整天搞科学还写论文。当时我已经在科技大学有科研成果，而且我的论文已经在《科学》的杂志上发表。美国和英国同行问我要论文，所以我经常有外国来信。大字报给我压力很大，有的学生也用怀疑的眼光看我。我就给当时的中国科学院院长方毅写信，说：“方毅院长，我叫温元凯，我从事离子集化化学键的研究。但是我还要受到打击，而且这个打击还很恶劣，他们想把我派到农村参加社教，剥夺我的时间。”方毅同志是一个非常开明的领导人，

① 对“走资本主义道路的当权派”的简称。

② 只知道埋头钻研业务，不重视政治学习，与“又红又专”相对应。

接到我这封信以后他立刻给我写了一封回信。这封回信的题目也非常有趣，叫《关于支持温元凯同志从事化学理论的信》。这封信解放了我，科技大学党委收到这封信以后，就不敢把我弄到农村去了，允许我继续教书、做研究。这是发生在1977年五六月份的事情。

1977年7月21日，邓小平复出以后就把方毅、刘西尧找去，要开全国科教座谈会，让他们推荐一批有真才实学的、有威望的、敢发言的人参会。方毅就推荐了我参加此会，这就是我参加科教座谈会的原因。

接到通知

1977年的8月2日，当时正值暑假，我从中国科技大学所在地合肥回到我上海的家里。奇怪的是，我突然接到一个电话，因为当时家里没有电话，是弄堂口管传呼电话的老头跑来，说有北京中央办公厅来的电话。我吓一跳，我一介小小老百姓，怎么会和中央办公厅有关系呢？我到弄堂口接了传呼电话，电话通知我明天赶到北京，出席国务院组织的一个科教座谈会，有四天的议程。

当时我说，我怎么到北京？坐火车的话得一天一夜。对方说坐飞机啊。我说买飞机票要介绍信的，我单位在合肥，我是没法赶回去开这份介绍信的。他说那你不用操心，我们会安排把你送到机场。第二天就有车把我送到机场，飞到了北京。

8月3日，飞机在首都机场降落的时候，接机的是时任教育部高教司司长，后来担任武汉大学校长的刘道玉教授。他见了我的面就说："温元凯啊，你可是邓小平副主席请的客人，明天在人民大会堂台湾厅，邓副主席要和你们30多位代表开整整四天会。你要做好准备，好好发言。"然后就把我们送到北京饭店去住。我后来才知道，开会住到北京饭店，这是国家最高规格的接待。当时陆陆续续地有代表住进来，后来我一看名单吓一跳，全是中国科技教育界的元老，其中有当时已经82岁的中国农科院院长金善宝教授，有中国科学院副院长、北京大学校长、清华大学校长、吉林大学校长、复旦大学校长等。后来我才知道50岁以下的代表有3个，40岁以下的代表就我1个。

参会

第二天我们坐大轿车到了人民大会堂，当时邓小平同志穿了一身灰色的中山装接见我们。我是第一次参加这种高规格的会议，第一次见到邓小平同志，有点紧张。但邓小平同志很平易近人，他说："我现在复出以后，向中央建议分管科技教育，请你们科技教育界的专家来提意见建议，中国应该怎么样把科技教育搞上去，你们大胆地发表自己的看法。"

图1-6　1977年8月8日，邓小平在科学和教育工作座谈会上讲话

没想到邓小平同志要我们发言以后，冷场好几分钟。后来我才知道，因为大部分教授都刚从牛棚里放出来，当时"左"的氛围是非常浓厚的，一般都不敢发言。因为他们头上都带了"反革命学术权威""反动学术权威"的帽子。其中最有名的就是中国科学院长春光学精密机械研究所（简称"长春光机所"）的所长王大珩教授，他是后来中国最有名的科研计划——"863计划"[①]的提出者之一。他是刚从监狱里面放出来的，之前他被打成了"美国特务"，关在牢里，是科学院提名以后，吉林省委书记亲自到监狱里面把他带出来，陪同他到北京开会的。

当时主持会议的是中国科学院院长方毅，他看到好像有点冷场，就点名了，

① 即"高技术研究发展计划（863计划）"，旨在提高我国自主创新能力，坚持战略性、前沿性和前瞻性，以前沿技术研究发展为重点，统筹部署高技术的集成应用和产业化示范，充分发挥高技术引领未来发展的先导作用。

说我们先请年纪最大的前辈讲，当时就请了南开大学的校长、82岁的杨石先教授发言。没想到杨石先教授一开口，就检讨自己。他说：“我资产阶级世界观到现在还没有改造好，一定要好好改造，一定要进一步下工厂、下农村，接受贫下中农再教育。”那时候我比较年轻，我就观察小平同志的反应，他不断地皱眉头，但是也不好意思打断老人家发言。后来邓小平就讲，你们放开了讲，不要有什么顾虑。

第二个发言的是复旦大学校长苏步青教授，苏老比较机智，他用发牢骚的方式讲出了他的看法，讲得非常好。他说：“小平同志，我苏步青在世界上也算数学权威了，人家称我们为‘复旦大学苏步青的微分几何学派’。我原来有一个数学研究所，有18个中青年教授，人家说是苏老门下的‘十八罗汉’，好了，‘文化大革命’把这些罗汉全下放了，现在我成了光杆司令，一个老头子怎么做科研？一个助手都没有。”小平同志问：“还在国内吗？找回来了吗？”苏老说现在思想都搞乱了，他们不回来了，有的还改了行。小平同志听完苏老的讲话，立刻指着旁边的教育部部长说，苏老的助手由苏老点，点到谁谁调回来，科学家怎么能没有助手呢？小平同志雷厉风行，当场解决问题。

当时我们这些人听了很激动，我就非常想发言，把自己的心里话讲给小平同志听。但我还是个年轻人，第一次参加有那么多大科学家、教育家出席的会议，不敢随便造次要求发言。小平同志说，你们不要一个一个轮着发言，想到什么就说什么，可以插话。8月6日，会议谈到了学制等问题，我一看机会来了，我就举手插话，利用这个机会直接向小平同志提出，当前教育界最大的问题，是应该恢复高考，恢复大学的秩序。我当时已经在中国科技大学当助教，学生都是工农兵大学生，有不少工农兵大学生文化素质很低，高中都没上过，就来上大学，根本就读不下去，有的甚至还鼓励当“零分英雄”，甚至还要搞阶级斗争。

我认为恢复高考非常重要，要把优秀的青少年选拔到大学里来。当时我说：“小平同志，我提个‘十六字’方针，叫‘自愿报考、领导批准、严格考试、择优录取’。”没想到小平同志听完我的发言立刻对我讲，温元凯，至少采纳你3/4。我们大家都一愣，什么叫3/4呢？他说，第二句话“领导批准”可以拿掉，考大学是每个人的权利，每个人都有权考大学，不需要领导批准。小平同志讲完，立刻又

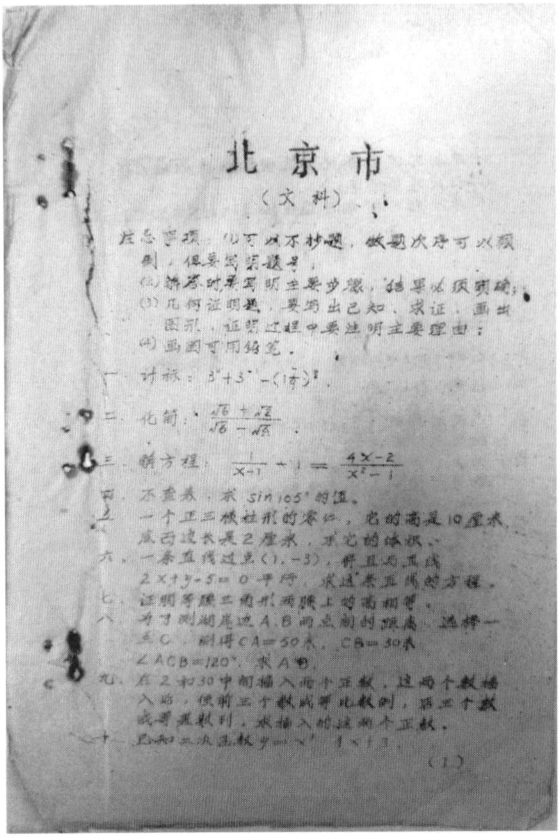
北京市
（文科）

注意事项：(1)可以不抄题，做题次序可以颠倒，但要写清题号；
(2)解答时要写明主要步骤，结果必须明确；
(3)几何证明题，要写出已知、求证，画出图形，证明过程中要注明主要理由；
(4)画图可用铅笔。

一、计算：$3^0+3^{-1}-(1\frac{1}{3})^2$。

二、化简：$\frac{\sqrt{6}+\sqrt{2}}{\sqrt{6}-\sqrt{2}}$。

三、解方程：$\frac{1}{x-1}+1=\frac{4x-2}{x^2-1}$

四、不查表，求 sin105° 的值。

五、一个正三棱柱形的零件，它的高是10厘米，底面边长是2厘米，求它的体积。

六、一条直线过点(1，-3)，并且与直线 $2x+y-5=0$ 平行，求这条直线的方程。

七、证明等腰三角形两腰上的高相等。

八、为了测湖岸边A、B两点间的距离，选择一点C，测得CA=50米，CB=30米，∠ACB=120°，求AB。

九、在2和30中间插入两个正数，这两个数插入后，使前三个数成等比数列，后三个数成等差数列，求插入的这两个正数。

十、已知二次函数……

（1）

图1-7　1977年高考试卷（原件）

问教育部部长刘西尧今年恢复高考行不行，刘西尧说招生报告已经送出去了。小平同志说：“收回。我们哪怕推迟几个月，今年就恢复高考，否则我们又要耽误一批人。”小平同志讲完这句话，所有的参会代表，甚至连人民大会堂端水的工作人员，都情不自禁地站起来，鼓掌了整整5分钟，我们清楚地知道，中国一个新的时代到来了。

我在四天的会议中间，非常积极地写了好几封简报，包括派留学生出国，尤其要面向西方科技工业发达国家，因为中华人民共和国成立以后中国的留学生都主要到苏联留学，从来没有人到欧洲、美国留学。因为我有看《国外科技动态》，我非常清楚地知道，科技上我们离西方、离欧美还差很远，中国没有出过一个获得诺贝尔奖的科学家，最好的大学全是欧美的大学，中国的技术很落后。我后来也去了日本，小平同志考察新干线子弹快车，讲了一句非常重要的话：再不改革开放就要被开除“球籍”了。当时我还没出过国，但是我通过自己的见闻，了解了中国的落后，了解了中国科技必须搞上去。小平同志非常赞成要派留学生出国留学的建议。

感想

8月8日中午午餐时，我们终于有机会给小平同志敬个酒。当我向小平同志敬酒的时候，他鼓励我说，温元凯，你可是我们这次代表中间最年轻的，今年31岁。他说：“你到了我这样的年龄，一定要做出更大的成就，否则要打棍子了。”会议的最后一天，邓小平发表了讲话。这个讲话后来有人说，是打响了邓小平“三下三上”复出的改革开放的第一枪，是中国改革开放的第一个宣言。“文革”中知识分子成了“臭老九”，成了“地富反坏右”。当时唐敖庆、徐光宪等大科学家都在工厂当工人，这是多大的人才浪费啊！当时还有说法是“高等教育大学被资产阶级控制”，给知识分子戴帽子，所以这就是为什么邓小平提出要丢掉“帽子公司”，当时整个知识界、科技界、教育界都处在一种压抑的氛围之中，所以小平同志推翻“两个估计”，是打掉了中国千千万万知识分子头上的精神枷锁。今天如果仔细看这个内容就可以看到，邓小平是经过深思熟虑的。

人民日报

RENMIN RIBAO

毛主席语录

我们的教育方针，应该使受教育者在德育、智育、体育几方面都得到发展，成为有社会主义觉悟的有文化的劳动者。

高等学校招生进行重大改革

全面地正确地贯彻执行毛主席的教育方针

华主席会见英国前首相希思

华主席说，我们希望看到一个联合的、强大的欧洲。我们相信，欧洲也希望看到一个强大的中国。

搞好大学招生是全国人民的希望

社论

图1-8　1977年10月21日，《人民日报》发表《高等学校招生进行重大改革》《搞好大学招生是全国人民的希望》

今天来看，我认为恢复高考是中国改革开放第一波、最重要的措施，当时有一部电影叫《高考1977》，这部电影在北京大学放映的时候很多人都哭了，因为很多人都是当时的亲历者。由于恢复高考，一大批有强烈爱国情操的知识青年进了大学，1977级、1978级、1979级、1980级这一批人，是当今中国社会各个领域最活跃的中坚力量。恢复高考，也为后来的改革开放在某种意义上做了干部储备、舆论准备和实践探索准备。

2. 迎来“科学的春天”：亲历全国科学大会

1978年召开的全国科学大会，题在科技，意在全局。它确立了科学技术工作的指导思想，是中国科技发展史上的一座里程碑；它也发出了向科学技术现代化进军的总动员令，对中国的社会主义现代化建设起到了极大的推进作用，被人们亲切地称为“科学的春天”。

口述者：吴明瑜（时任国家科委政研室主任）

吴明瑜

1977年的8月底9月初开始，邓小平同志亲自负责科学大会的筹备工作，让中国科学院准备科学大会的方案。我们起草了《中共中央关于召开全国科学大会的通知》（本文以下简称《通知》），政治局开会通过以后，9月18日会议通知就发出去了。当时同时批了两个文件，一个是《通知》，一个是《关于成立国家科学技术委员会的决定》，会后我们就负责筹备国家科委了。过去聂老总（指中华人民共和国元帅聂荣臻）在的时候，国家科委做了很多工作，但“文化大革命”中科委被拆散了，并到中国科学院去了。邓小平同志在“八八讲话”[①]里还对此专门讲了一段：“重建国家科委，这个意见我个人比较赞成。”

9月18日的《通知》，最重要的精神就是要造成一个群众性的、向科学进军的热潮，“高举毛泽东思想的伟大旗帜，贯彻执行党的第十一次全国代表大会的

① 指邓小平同志1977年8月8日在科学和教育工作座谈会上的讲话。

路线，深入揭批王洪文、张春桥、江青、姚文元‘四人帮’，交流经验，制定规划，表扬先进，特别要表扬有发明创造的科学技术工作者和工农兵群众，动员全党全军全国各族人民和全体科学技术工作者，向科学技术现代化进军”①。《通知》明确提出，1978年春，也就是半年之后要在北京召开全国科学大会。《通知》发下去以后，就对各地的科学界、科技界、教育界、知识界产生了很大的震动。许多省市和国务院部委都是第一书记亲自抓，召开几万人、十几万人的动员大会和广播大会，比如上海是开十几二十万人的大会，大会开得很隆重。所以，在1978年3月18日科学大会正式开会之前，已经造成了很大的声势：要向科学进军，要向现代化进军。在这期间，很多在“文化大革命”中受迫害的老教授，也从牛棚里出来了，开始恢复工作。

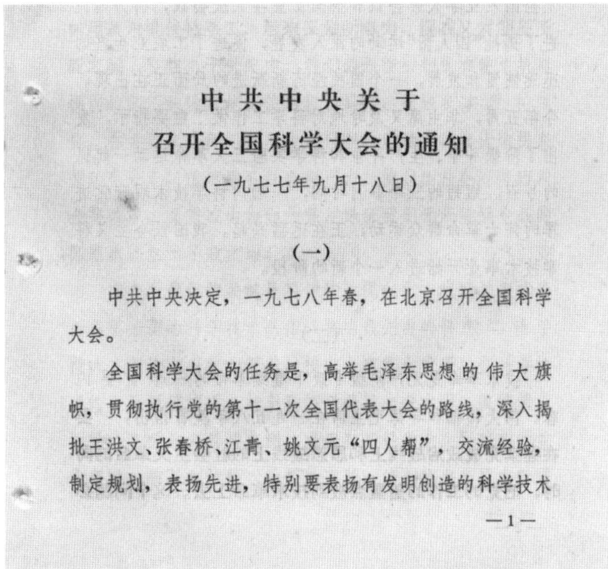

中共中央关于
召开全国科学大会的通知
（一九七七年九月十八日）

（一）

中共中央决定，一九七八年春，在北京召开全国科学大会。

全国科学大会的任务是，高举毛泽东思想的伟大旗帜，贯彻执行党的第十一次全国代表大会的路线，深入揭批王洪文、张春桥、江青、姚文元“四人帮”，交流经验，制定规划，表扬先进，特别要表扬有发明创造的科学技术

—1—

图2-1　1977年9月18日，《中共中央关于召开全国科学大会的通知》

筹备

到1977年底，国家科委正式成立，我们就负责组织全国科学大会的准备工作。当时科学大会的准备工作有很多，比如，我们成立了奖励组，专门考虑要在科学大会上奖励一批优秀成果，还有文件组、新闻报道组等。

我负责的是文件起草组，小组主要负责起草了四个讲话：一个是邓小平同志的开幕词，一个是方毅的会议主题报告，一个是华国锋在会议中的讲话，一个是郭沫若的总结讲话。邓小平的讲话和华国锋的讲话由我和林自新共同负责起草；方毅同志的报告由罗伟等负责起草；郭沫若的讲话，先是想请写过《哥德巴赫猜想》、在

① 《中共中央关于召开全国科学大会的通知》，1977年9月18日。

科学界很有影响的徐迟来写，但是临时决定由中国科学院政研室的胡平处长来起草。

我和林自新负责起草邓小平和华国锋的讲话稿。起草之前，我们就考虑这两个讲话怎么分工。我跟林自新到党校去拜访了胡耀邦同志，胡耀邦同志从3月份以后到党校工作了，我们想请他指点一下，讲话稿该有什么思想。他讲了一个非常重要的观点，他说我们在过去革命战争年代里，是政权问题没有解决，所以很多知识界的朋友们想搞科学救国、想搞教育救国、想搞实业救国，但是都不成功，原因就是政权没有解决好。但是现在不同了，我们现在要建设我们自己的国家，必须要找科学建国、教育建国的路子。我和林自新听了之后非常兴奋，就按这个思路确定了讲话稿的方向。

华国锋同志的讲话主要是从国家的角度、从党的领导的高度来讲，我们是要搞科教兴国，要有个新的建国方略；邓小平同志的讲话要讲得更具体，因为他管科教，科学和教育的政策问题要讲具体，特别要回答一些争论的问题；方毅同志的报告，因为他是中国科学院的院长，除了总的方针要和他们一致以外，还要讲科学技术的规划内容，以及科学院的今后工作。

我们起草邓小平同志的讲话很顺利，从粉碎“四人帮”前后，1975年邓小平出来抓整顿，一直下来邓小平同志的一系列讲话，我们都很熟悉。所以起草邓小平同志在全国科学大会的讲话就非常顺利地完成了。随后，华国锋同志的讲话也起草完了。两个稿子我们同时送上去审查。小平同志的讲话很快回来了，他稍微做了点段落上的调整，基本就同意了。他是3月18日的讲话，16日、17日拿着复印就可以了。我后来看了《邓小平年谱》，里面记录了1978年2月底，小平同志和胡乔木、邓力群、于光远商谈全国科学大会讲话稿的修改问题时说：“国家科委替我起草的大会讲话稿，我看了一遍，写得很好，文字也很流畅，讲话稿中的意思多半是我过去讲过的，按照这个稿子讲是可以的。”他当时表示想在会议上讲四个问题：“第一个是关于科学技术是生产力，这是马克思的观点，马克思的书里写过了；第二个是关于又红又专；第三个是关于科学技术队伍；第四个是关于党委领导下的所长分工负责制。”①小平同志当时是肯定这个讲话稿的。但华国锋的稿子却一直没回来，他24日就要讲话了，方毅同志很着急。过了几天，3月22日，稿子回来了，拿来一看，我们原来起草的稿子没有用，从头到尾是另外写了一个稿子。

全国科学大会召开

1978年3月18日，全国科学大会在北京如期召开。

图2-2　1978年3月18日，中共中央召开的全国科学大会在北京隆重开幕

在开幕大会上，邓小平同志做了长篇讲话。他开宗明义地指出：“全国科学大会胜利召开，我们大家感到非常高兴，全国人民感到非常高兴。今天能够举行这样一个在我国科学史上空前的盛会，就清楚地说明：王洪文、张春桥、江青、姚文元‘四人帮’肆意摧残科学事业、迫害知识分子的那种情景，一去不复返了。科学技术工作受到了全党和全国人民前所未有的重视和关怀。”②接着，他言简意赅地提出：“在二十世纪内，全面实现农业、工业、国防和科学技术的现代化，把我们的国家建设成为社会主义的现代化强国，是我国人民肩负的伟大历史使命。”他强调：“四个现代化，关键是科学技术的现代化。没有现代科学技术，就不可能建设

① 邓小平在全国科学大会开幕式上的讲话将第三、第四两个问题并为一个问题，标题为“在科学技术部门的各个研究所中，怎样实现党委领导下的所长负责制”。

② 邓小平：《邓小平文选》（第二卷），人民出版社，1994。

现代农业、现代工业、现代国防。没有科学技术的高速度发展，也就不可能有国民经济的高速度发展。”①

人民日报

RENMIN RIBAO

树雄心，立壮志，向科学技术现代化进军。

华主席为全国科学大会的题词

在全国科学大会开幕式上的讲话

（一九七八年三月十八日）

邓小平

图2-3　1978年3月22日，《人民日报》刊登邓小平在全国科学大会开幕式上的讲话

由此，小平同志解答了三个问题。

第一个问题就是对科学技术是生产力的认识问题。粉碎“四人帮”之后，一些经济学者比如于光远，都来研究马克思讲的“科学技术是生产力”这个话到底成立还是不成立。马克思不止一次地声明，要发展社会生产力必须发展科学技术，而且从资本主义进入工业大生产以后，马克思同时把科学算进大生产的范畴，明确表述

① 邓小平：《邓小平文选》（第二卷），人民出版社，1994。

了生产力也包括科学这一论断，这个科学技术是生产力是毫无问题的。1988年，小平同志在会见捷克斯洛伐克总统胡萨克时说："马克思说过，科学技术是生产力，事实证明这话讲得很对。依我看，科学技术是第一生产力。"在会上，他接着指出："承认科学技术是生产力，就连带要答复一个问题：怎么看待科学研究这种脑力劳动？科学技术正在成为越来越重要的生产力，那么，从事科学技术工作的人是不是劳动者呢？"在回答这个问题时，小平同志提出了一个非常重要的观点：知识分子是工人阶级的一部分。马克思在《资本论》里面，在《剩余价值论》里面都说，技术人员在工厂里是技师，但同时又创造剩余价值，他是生产工人。因为他创造了财富，并且他受剥削了。按当时的说法，我们旧社会过来的知识分子近500万人。绝大多数的科学工作者，都是爱国的，是关心国家的命运和前途的。所以，知识分子是工人阶级的一部分啊。

第二个问题是关于建设宏大的又红又专的科学技术队伍问题。

第三个问题是讲在科学技术部门的各个研究所中，怎样实现党委领导下的所长负责制。邓小平同志诚恳地说："为了实现科学研究计划，为了把科学研究工作搞上去，还必须做好后勤保证工作，为科学技术人员创造必要的工作条件，这也是党委的工作内容。我愿意当大家的后勤部长，愿意同各级党委的领导同志一起，做好这方面的工作。"[①]

图2-4　1978年3月18日至31日，中共中央在北京人民大会堂召开了全国科学大会。图为中国科学院副院长华罗庚（左一）和数学家陈景润（左二）、杨乐（左三）、张广厚（左四）

小平同志讲完话以后，当时已经82岁高龄的农科院院长金善宝说："我今后要当28岁来过，我得到新的生命的力量了。"南京紫金山天文台台长张钰哲也是80多岁了，他在会上老泪纵横，激动不已："听了邓副主席的讲话，我们精神上如释重

① 邓小平：《在全国科学大会开幕式上的讲话》，《人民日报》，1978年3月22日，第1版。

负。”这几乎是在座代表的共同心声。邓小平的讲话，砸碎了套在知识分子身上的“资产阶级知识分子”的枷锁，极大地推动了科学技术生产力的解放。

科学的春天

后来我们就在考虑，怎么制造一个新的高潮，在会议闭幕之前能够使与会者和社会各界更加兴奋，更加激动人心，从而向现代化进军？所以我们决定重新起草郭沫若同志的讲话，要形成一个新的会议高潮。

这就涉及胡平起草的郭沫若同志讲话稿了，胡平也是临时受命来起草这个稿子的。这个稿子很有影响，胡平抓住“春天”这个主题，写了百年来科学技术发展的艰辛历程，科学技术的作用以及解放思想、培养人才等内容，文章言简意赅，富有激情。郭沫若同志看了后很高兴，只改了几个字，就在题目下面签上了自己的名字。当时，这位86岁高龄的中科院院长已经在病床上躺了很久，可是在科学大会即将召开之际，郭沫若同志说：“我是中科院院长，这样重要的会议不能不去，一定要去。”无论医生们怎么劝阻，老人始终坚持要去参加开幕式。最后中央批准他去30分钟，他坐着轮椅颤颤巍巍地坚持参会。

图2-5　1978年3月18日，在全国科学大会开幕式上，华国锋走到郭沫若身旁，提醒郭老可以退席，早点回去休息

所以当时《科学的春天》作为书面发言，由中央人民广播电台著名播音员虹云代他朗读：“‘日出江花红胜火，春来江水绿如蓝。’这是革命的春天，这是人民的春天，这是科学的春天！让我们张开双臂，热烈地拥抱这个春天吧！”虹云念得慷慨激昂，跌宕起伏，会上震动很大。这篇讲话文笔很有诗意，但是又很

深刻，譬如里面讲到一段：“科学工作者同志们，请你们不要把幻想让诗人独占了。嫦娥奔月，龙宫探宝，《封神演义》上的许多幻想，通过科学，今天大都变成了现实。”科学家没有奇思妙想，没有幻想，没有好奇心，还有什么科学创造、科学发明？讲得很切合郭沫若的身份，讲得很好。刚开始全场鸦雀无声，慢慢地掌声响了起来，最后全场掌声雷动。虹云后来回忆说，念几句就被掌声打断，当时都念不下去了。

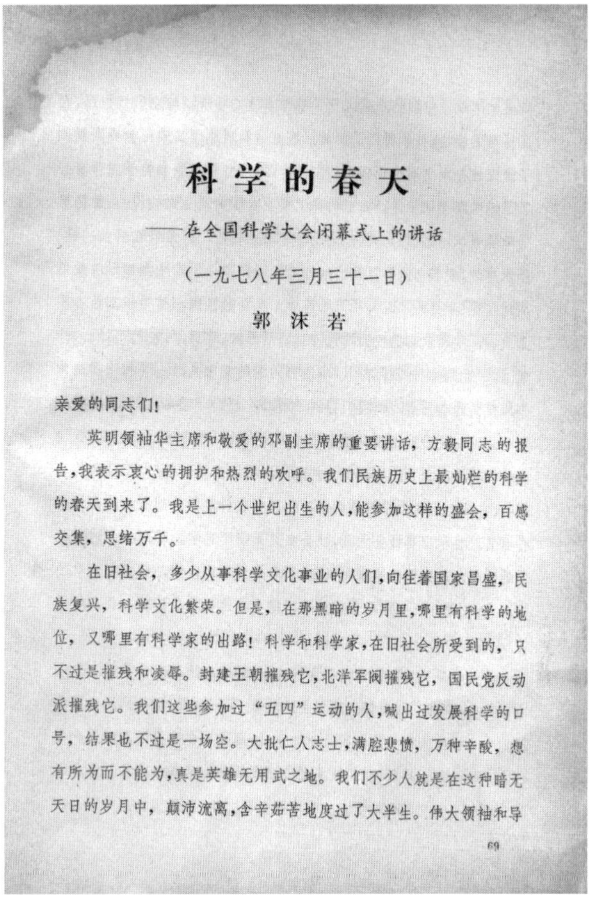

科学的春天

——在全国科学大会闭幕式上的讲话

（一九七八年三月三十一日）

郭沫若

亲爱的同志们！

英明领袖华主席和敬爱的邓副主席的重要讲话，方毅同志的报告，我表示衷心的拥护和热烈的欢呼。我们民族历史上最灿烂的科学的春天到来了。我是上一个世纪出生的人，能参加这样的盛会，百感交集，思绪万千。

在旧社会，多少从事科学文化事业的人们，向往着国家昌盛，民族复兴，科学文化繁荣。但是，在那黑暗的岁月里，哪里有科学的地位，又哪里有科学家的出路！科学和科学家，在旧社会所受到的，只不过是摧残和凌辱。封建王朝摧残它，北洋军阀摧残它，国民党反动派摧残它。我们这些参加过“五四”运动的人，喊出过发展科学的口号，结果也不过是一场空。大批仁人志士，满腔悲愤，万种辛酸，想有所为而不能为，真是英雄无用武之地。我们不少人就是在这种暗无天日的岁月中，颠沛流离，含辛茹苦地度过了大半生。伟大领袖和导

69

图2-6　1978年3月31日，郭沫若在全国科学大会闭幕式上的讲话——《科学的春天》

我认为，全国科学大会最重要的意义有三条：

第一，振奋人心，改变了知识界的命运，从而迎来了科学的春天。科学大会改变了整个社会的风气，使人们都去追求知识、追求科学，我觉得这是科学大会最重要的意义。[①]

第二，全国科学大会把科学技术提高到一个空前的高度。现在我们说“科学技术是第一生产力”，大家都觉得没什么，但是不知道这句话有当时有千斤重。它让知识和教育重新赢得了人们的尊重，让整个社会再一次萌生了对科学的崇敬，这之后，中国科技事业开始全面复苏。[②]

① 孙伟林，孟玮：《忆全国科学大会前前后后——原国家科委副主任吴明瑜一席谈》，《民主与科学》，2008年第1期。

② 同上。

第三，全国科学大会关于“科学技术是生产力”“知识分子是工人阶级自己的一部分”等提法在观念上的突破，为随后的真理标准讨论奠定了舆论基础。[①]真理标准讨论是在1978年5月，全国科学大会在1978年3月。当时我们互相之间的来往是很密切的，因为党校这几位朋友，都是很熟悉的朋友了，写这篇《实践是检验真理的唯一标准》文章的时候，我们都是相通的。

① 孙伟林，孟玮：《忆全国科学大会前前后后——原国家科委副主任吴明瑜一席谈》，《民主与科学》，2008年第1期。

3. 忆述《实践是检验真理的唯一标准》发表的过程

1978年5月10日，中央党校内部刊物《理论动态》发表了《实践是检验真理的唯一标准》。5月11日，《光明日报》以“特约评论员”的名义发表了该文。文章从根本上否定了“两个凡是”，一经发表，立即引起了强烈反响，并引发激烈争论，全国性的真理标准问题的大讨论由此展开。

口述者：胡福明（时任南京大学哲学系助教）

胡福明

说到底，《实践是检验真理的唯一标准》这篇文章是时代的产物，是顺应社会发展的要求产生的。“文化大革命”破坏了我们党的领导体制，破坏了我们国家的行政制度，破坏了全国各行各业的体制机制。“文化大革命”就是要打倒“走资派”和“反动学术权威”，这十年期间，许多共产党领导干部被作为“走资派”给打倒了，另一个是知识分子，讲师以上的知识分子几乎都被作为“反动学术权威”给打倒了，所以我国的政治、经济、科技、教育、文化、社会事业包括军队等，都遭到了严重的打击。到了“文化大革命”后期，人民无法解决温饱问题，老百姓买粮食、食盐、油、蔬菜、猪肉等都要用票，票证多得不得了。至于住房，人口在增加，住房却不增加，一家三代四五口人住在一间房间的现象十分普遍。这意味着生产的落后，意味着物质的匮乏，意味着人民生活水平的低下。那时国家确实非常贫穷和落后。

1976年10月，以华国锋同志、叶剑英同志、李先念同志等为首的党中央把“四人帮”抓了起来。很快，中央抓捕“四人帮”的消息传遍全国。当时我在南京大学教书，南大师生自发到大操场集合起来，上街游行，庆祝粉碎“四人帮”的胜利。

从这时起，我就渐渐产生了一些想法，历史已经进入了一个关键点，已经到了政策需要改弦易辙的阶段，不能再以阶级斗争为纲了。过去强调在整个社会主义时期始终存在着无产阶级和资产阶级、社会主义和资本主义两条道路。我认为这条道路不能再走了，要一心一意搞社会主义现代化建设。不管是作为知识分子还是作为老百姓，我们都有责任、有义务发挥作用，也就是后来大家说的拨乱反正、历史转折、斗争意识。

思考

过了不久，《人民日报》《解放军报》《红旗》杂志于1977年2月7日联合发表了一篇社论，叫《学好文件抓住纲》。我一直都对社论很重视，因为“两报一刊”的社论，常常代表了党和人民的呼声，是代表党中央主要负责人讲话、反映党中央主要负责人的指导思想的。所以我认真读了“两报一刊”的社论，从里边我发现了两句话：“凡是毛主席做出的决策，我们都坚决维护；凡是毛主席的指示，我们都始终不渝地遵循。”也就是后来概括的“两个凡是”。

于是我仔细琢磨，它是什么意思呢？意思很明确，毛主席做的决定都是要坚决维护的，而且是永远不能违反的，要始终遵循并执行，永远不能变；毛主席的理论、思想、观点、路线、方针、决策、指示，从一开始提出就是正确的，不需要改正，不需要社会实践的检验，“句句是真理”，也就是说“文化大革命”的理论、路线、政策都要维护，都要贯彻。“文化大革命”的理论、路线、政策是无产阶级专政下继续革命的理论，即使现在情况变化了，历史发展了，以前的政策也是绝对正确的、是永远要坚持的、是不能改变的。我认为这就是问题的实质。

我认为我已经找到了阻挠拨乱反正的总根子了，就在这两句话，关键是要清除这个东西。因此我想应该批判“两个凡是”。而“两个凡是”是什么？很简单，唯心论、形而上学，而且一下子就能看出来是林彪的“天才论”[①]“句句是真理”[②]“顶峰论”[③]的翻版，不是什么新东西，一点创造性也没有什么。但是，我有一点担心，因为我已经当过一次反革命啦，在“文化大革命”里吃了不少苦头。现在我又要去批判这两句话，这是“两报一刊”的社论啊，批判它有可能是要坐牢杀头的啊！因此我内心很纠结，批还是不批，真是吃不好饭、睡不好觉。

过了大概半个月，我下定了决心。“天下兴亡，匹夫有责”，作为一名共产党员，一名知识分子，人民培养了我那么多年，是该回报人民的时候了！因此，我就开始写。但从哪入手呢？我想，这篇文章要专门集中针对“两个凡是”。经过我的研究，我认为应这样看待：按照马克思主义理论，实践是认识的基础，理论和实践的统一就是马克思主义的根本原则，认识来自实践，从实践中获得的感性认识，经过头脑加工以后变成理性认识。那么，这个理性认识是不是正确的还不知道，还必须回到实践中去指导实践。如果在指导实践中实现了预计的目的，就说明这个理论是符合客观事物的规律的，是符合客观事物的本质的，它就是真理，就是正确的；如果在指导实践中失败了，说明这个理论是不符合客观实际的，没有反映客观事物的规律，就是错误的。我认为马克思主义的基本观点应该是这样的。

动笔

于是我开始动笔。我的题目已经确定——《实践是检验真理的标准》，我的

① 1966年5月18日，在中共中央政治局扩大会议上，林彪发表讲话：“毛主席在全国、全世界有最高的威望，是最卓越、最伟大的人物。毛主席的言论、文章和革命实践都表现出他的伟大的无产阶级的天才。”“毛主席的话，句句是真理，一句超过我们一万句。”“我们现在拥护毛主席，毛主席百年以后我们也拥护毛主席……毛主席活到哪一天，九十岁，一百多岁，都是我们党的最高领袖，他的话都是我们行动的准则。谁反对他，全党共诛之，全国共讨之。在他身后，如果有谁做赫鲁晓夫那样的秘密报告，一定是野心家，一定是大坏蛋，全党共诛之，全国共讨之。”

② “文化大革命”初期，林彪授意某报，于1966年2月3日至4月5日，连续发表7篇“突出政治”的社论。其“五论突出政治”，集中宣传了林彪关于个人崇拜的观点：“毛主席的话，水平最高，威信最高，威力最大，句句是真理，一句顶一万句；毛主席的话一定要坚信不疑，坚决照办；读毛主席的书，不是一般地读书。一般地读书，可以执行，也可以不执行。指示就必须执行，最高指示就尤其要执行；毛主席的书，政治、军事、经济、文化各方面都有，照办就行了。”

③ 1960年10月，林彪在中央军委扩大会议上说：“现在的马列主义是什么？就是我们毛主席的思想。它今天在世界上是站在最高峰，站在现代思想的顶峰。”

基本论点是“只有实践才是检验真理的标准”。我非常高兴，因为我觉得已经抓到关键了。那时我妻子生病，我在医院走廊里陪护，闲的时候我就在路灯下面看《马列选集》《列宁选集》《毛泽东选集》，把它们分批次地搬到走廊里边，看见涉及“实践标准”的语录，我就伏在凳子上抄，抄了二十几条。资料找好了，我再拟出题纲：第一部分，只有实践才是检验真理的标准，这部分是从各个角度把基本理论论证清楚，我把这个作为文章的重点；第二部分，马克思主义的导师是自觉运用实践标准来检验自己理论的模范；第三部分，批判“句句是真理”的唯心理论、形而上学，批判林彪的“天才论”“顶峰论”。

这里就有个问题，马克思主义的导师，所谓的“天才们”，有没有特权呢？他们的理论是不是“当然是正确”的呢？对于我们普通人来说，理论、路线、政策、观点是不是正确，要经过实践才能检验。那么，马克思主义伟大的导师呢？他们是“天才”啊，跟普通人不一样啊，他们的理论观点要不要经过实践检验呢？我想了很久，最终得出我的观点：他们的理论观点也必须经过实践检验，而且要是能说清楚这个问题，我就算是把“两个凡是”这个障碍给破了。那么，我比较“精”的地方就在于，引用导师们自己的话，说他们是运用实践的标准来检验自己的理论的。

我在马克思主义发展史上找了几个明显的例子：马克思、恩格斯写了《共产党宣言》以后，1848年发表，后来又翻印、再版。在1972年再版的版本里他们有两个观点：第一，“不管最近二十五年来的情况发生了多大变化，这个《宣言》中所发挥的一般基本原理整个说来直到现在还是完全正确的”[①]。这是他们根据实践检验的结果。第二，由于实际情况的变化，某些地方要重新推敲了：“由于最近二十五年来大工业已有很大发展而工人阶级的政党组织也跟着发展起来，由于首先有了二月革命的实际经验而后来尤其是有了无产阶级第一次掌握政权达两月之久的巴黎公社的实际经验，所以这个纲领现在有些地方已经过时了。特别是公社已经证明：‘工人阶级不能简单地掌握现成的国家机器，并运用它来达到自己的目的。’”[②]

这是很重要的修改，列宁也表示充分肯定，那就说明马克思、恩格斯、列宁都

① 《共产党宣言》1972年德文版序言。
② 《共产党宣言》1972年德文版序言。

赞成这个观点，都自觉地运用实践来检验理论、证明真理、修正错误、发展观点，不是吗？他们没有说“两个凡是”啊！这一部分我认为可以有力地批判“两个凡是”。

最后一部分我就着重分析指出，林彪的“天才论”“句句是真理”为什么是唯心论、形而上学，又是何等荒谬、迷信，以及给我们带来的伤害，我们应该把它们扫除了，应该用科学的态度对待马克思主义，不能再迷信盲从了！

修改

我在医院里列好提纲，妻子也出院了。回到家把文章写出来，7月底我就着手进行修改。当时没有电脑，写了要改，改了要再抄，一篇七八千字的文章改一遍抄一遍要花好多功夫，更何况我改了两三次。等到9月初，学校要开学了，我就结束修改，准备把文章寄出去。寄给谁啊？我就想到了光明日报社的王强华，因为5月我在南京开理论讨论会，他也来参加了。在会上我发表了一个观点：“唯生产力论”，就是历史唯物论，谁要批判“唯生产力论”，谁就是反对历史唯物主义。观点非常鲜明。讲完之后马上有人批判我：“你这是为‘修正主义’[①]辩护。”到会议休息的时候，王强华专门找人来跟我认识，自我介绍说他是光明日报社哲学组组长，这次是来参加理论讨论会并约稿的，说在北京有同志支持我的观点，最后他和我说了一句话：“你给我们写稿吧。”这就是跟我约稿了，但是没有出题目，所以文章写好以后我就想到了他。

1977年9月初，我将文章寄出，之后4个月没有消息。到了1978年1月14日，王强华给我寄了一封信，随信寄来两份《实践是检验真理的标准》的小样，信里说另外一篇文章（我当时里面还寄了另外一篇文章）不用了，《实践是检验真理的标准》这篇文章他们要用，请我做修改，不要给人一种马列主义“过时”的感觉。我就很奇怪，怎么会让人产生这样的感觉呢？我仔细推敲了，绝没有这个观点，但我还是努力地强调了理论对实践的指导意义这一点。我改好了就给他寄去，2月、3月、4月，反复修改，这么来来去去好几次。

① 修正主义，是在共产主义运动之中歪曲、篡改、否定马克思主义的一类资产阶级思潮和政治势力，是国际工人运动中打着马克思主义旗号反对马克思主义的机会主义思潮。

到了4月，我参加中国科学院哲学研究所在北京召开的全国第一次哲学讨论会。会议的第二天傍晚，王强华开车把我带到光明日报社，《光明日报》总编辑杨西光、理论部主任马沛文，还有中央党校的孙长江都在，还有几个我不认识的人。杨西光总编辑把我和孙长江同志介绍给大家认识。孙长江是中国人民大学的老师，在我们读书的时候，我记得他给我们讲过一次卜辞。据说他当时也在撰写相同主题的文章。

杨西光见大家到齐了，指着桌子上的《实践是检验真理的标准》的大样，说："今天请各位来，就是来讨论这篇文章的，大家都已经看过了。这篇文章本来在4月2日的《光明日报》哲学版上发表了。"他拿出了哲学版，继续说："我看了，我觉得这篇文章很重要，放在哲学版发表太可惜了，要放到第一版去发表，要作为重要文章发表。"他重复了一句："要作为重要文章发表。但是还要修改。今天请同志们来就是讨论修改意见的。"我记得马沛文同志的意见是：点名批判"两个凡是"，不要再隐隐晦晦的了。

我当时就说，我是个老百姓，我之所以批判"天才论"、批判"句句是真理"，就是为了避开"两个凡是"，不能明着和"两报一刊"的社论直接对抗，我认为还是批判"天才论""句句是真理"来影射比较合适。其他同志也讲明了意见，后来杨西光说："引荐在座同志，无非是因为这两点：第一，这篇文章很重要，要改好。怎么改呢？要加强针对性、战斗性，要更有力量，更决然。第二，要仔细排查、要完整、要正确，不要给人抓住小辫子嘛。""你们两个来做（指我和孙长江），细心写好了。"

那天以后，我就白天参加哲学讨论会，晚上改稿。修改好了，第二天一早，光明日报社的人开了车来，把它拿走；到傍晚，又把重新排好的小样再送给我修改。这么来来往往改了四五次。在哲学讨论会结束时，周扬同志做了主要讲话，他提出"科学无禁区"[①]。我听了以后非常高兴，把"科学无禁区"这个概念放到了文章

① 周扬在报告中说：要允许自由讨论。科学无禁区。科学思想不能听命于"长官意志"，不能少数服从多数，应当允许各抒己见，畅所欲言。要尊重实践的检验。一切理论和学说，包括马列主义、毛泽东思想，都要通过实践的检验，才能够丰富和发展。

的第三部分。

会议结束以后，我就住进了光明日报社的招待所，继续修改稿子，并到中央党校听取了意见。4月28日，杨西光同志来看我，说："小胡啊，5月也到了，文章也改得差不多了，你要回去也可以。"这里我要强调一点，这篇文章不仅是我改，光明日报社的杨西光、马沛文、王强华他们也在努力地改，这篇文章里包含了光明日报社好几位同志的心血，当时杨西光、马沛文等是全力以赴、一心一意地抓这篇文章，把报社的其他事情都推后处理。因为我之前和他谈过，我要回去上课，已经拖了好多课了，所以他说："我同意你回去了。不过有几件事要跟你商量一下，这篇文章下面要请中央党校的同志帮助修改，并且要请胡耀邦同志来审定。文章修改完后首先在中央党校的内部刊物《理论动态》上发表。这个《理论动态》，发表了不少好文章。《理论动态》是每个月的5日、10日、15日、20日、25日、30日出版，叫'逢五逢十出版'，它如果是5月5日出版，我们《光明日报》就6日公开发表；如果是10日出版，我们就11日公开发表。我要跟你商量的一件事是，报社这边至今的大样署的都是你的名字，等到《光明日报》公开出版的时候，为了加强文章的力量，我们想不用你个人的名字，而是署名'本报特约评论员'，你就是我们《光明日报》的特约评论员，行不行？"我说："好，文章发表以后，只要能起更大的作

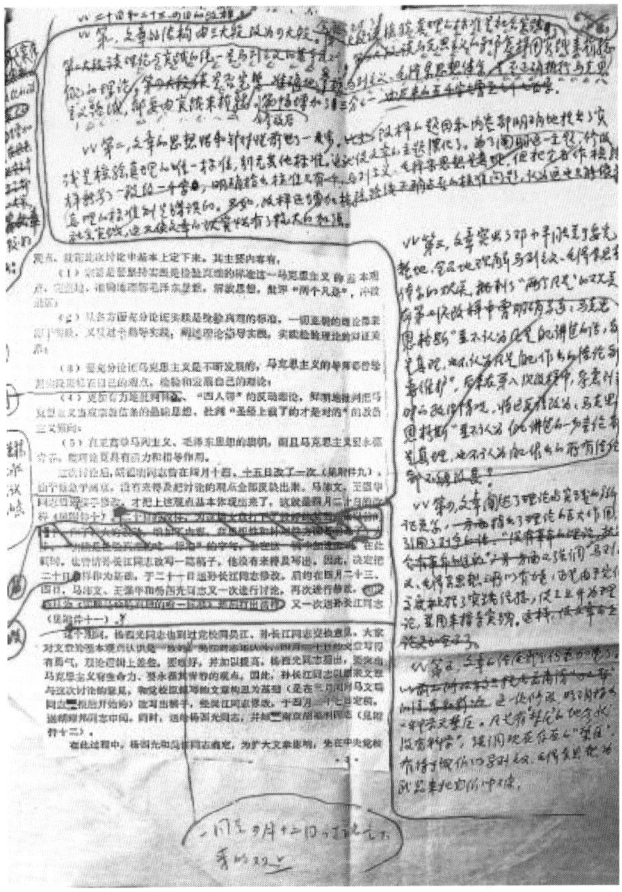

图3-1 《实践是检验真理的标准》修改稿

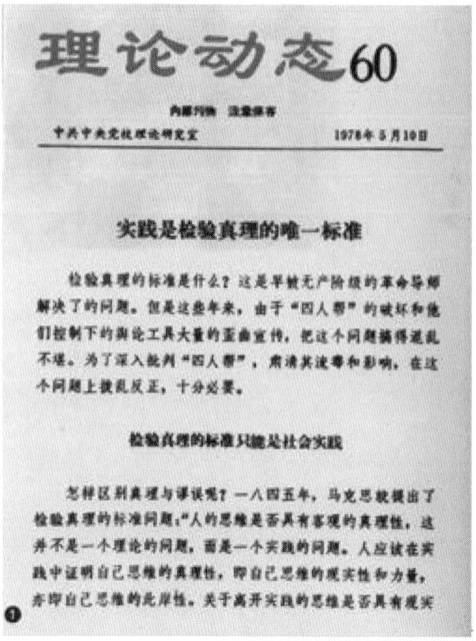
理论动态60

内部刊物 注意保存

中共中央党校理论研究室 1978年5月10日

实践是检验真理的唯一标准

检验真理的标准是什么？这是早被无产阶级的革命导师解决了的问题。但是这些年来，由于"四人帮"的破坏和他们控制下的舆论工具大量的歪曲宣传，把这个问题搞得混乱不堪。为了深入批判"四人帮"，肃清其流毒和影响，在这个问题上拨乱反正，十分必要。

检验真理的标准只能是社会实践

怎样区别真理与谬误呢？一八四五年，马克思就提出了检验真理的标准问题："人的思维是否具有客观的真理性，这并不是一个理论的问题，而是一个实践的问题。人应该在实践中证明自己思维的真理性，即自己思维的现实性和力量，亦即自己思维的此岸性。关于离开实践的思维是否具有现实

图3-2 《实践是检验真理的唯一标准》在《理论动态》第60期发表

用我都赞成。”因为我是学新闻出身的，我知道“胡福明”只是一个名不见经传的小人物，一个南大的助教，连讲师都不是，影响力肯定是不行的，而如果用《光明日报》特约评论员的名义，大家都得刮目相看，我认为这都是为了推动“拨乱反正”，为了建设现代化，所以我马上答应了。

发表

后来我在4月29日回到了南京。回来以后没有几天，我和妻子在厨房里做早饭，听到广播说《光明日报》发表了《实践是检验真理的唯一标准》，我们才知道这消息。到了学校，哲学系的老师们都恭喜我：“你的文章发表啦，可以当教授了。”大家都非常赞成文章的观点。匡校长对我说：“你的文章我看了，很好，我都赞成，实践是检验真理的唯一标准。”

光明日报

GUANG MING RIBAO

华主席给金主席的感谢电

实践是检验真理的唯一标准

本报特约评论员

图3-3 1978年5月11日，《光明日报》头版以“本报特约评论员”名义公开发表《实践是检验真理的唯一标准》

我熬夜重新把这篇文章仔细读了，得出来两个结论：第一个结论，这篇文章的基本观点都是原来的。第一，只有实践才是检验真理的标准。第二，理论来自实践，理论和实践统一同样也是马克思主义原则，理论对实践具有指导作用，理论

必须经过实践检验，文章保留了这些观点并加强了相关的论述。第三，马克思、恩格斯、列宁、毛泽东是自觉运用实践标准检验自己理论的模范，这点没有变，增加了一个毛主席修改自己文章的例子。第四，还是批判“天才论”“句句是真理”，批判“教条主义”“唯心论、形而上学”，所以基本观点没有变。

第二个结论，大的结构有一点变化。一是把原本第一部分最后的理论对实践的指导作用改成了第二部分，增加了一部分，这部分增加得很好；二是文章确实修改得很生动，可读性和战斗性都提高了，文章的质量显著提高。

至于题目的“唯一”二字，因为我当时提前回了南京，很难以我的亲身经历说清楚这是由谁提出和决定的。我知道的是，文章题目经过了几次变动。我最初定的题目是《实践是检验真理的标准》，后来，我改为《实践是检验一切真理的标准》，之后我又把“一切”二字圈去，仍恢复原先的题目。最后，杨西光同志加上“唯一”二字，成为《实践是检验真理的唯一标准》，这是我了解到的情况，具体经过和缘由我是不清楚的，因为我并不在场。但是我有看到几位同志的回忆，这里也可以讲一下，供大家参考。王强华说这个提议是由哲学组编辑张义德提出的，当时张义德提议说：在哲学界里讨论检验真理的标准问题时，就有两种意见，一种意见认为，只有实践一个标准，另一种意见认为，有实践和逻辑两个标准。现在既然是旗帜鲜明，针锋相对，就应当明确地提出“唯一标准”的说法。这个提议一提出，立即为修改文章的马沛文、王强华等人所接受，也为杨西光所接受，于是在修改稿上改了标题。而吴江、孙长江、沈宝祥等同志的回忆则与此不同，他们的说法大概是这样的：1978年的二三月间，党校学员在讨论中对实践标准提出了一些问题，为了澄清认识，根据胡耀邦同志的意见，吴江委托孙长江同志为《理论动态》写一篇文章，题目就叫《实践是检验真理的唯一标准》（这也就是我前面说到的孙长江同志在撰写的相同主题的文章，但我并不清楚题目是什么）。后来在修改的时候，吴江让孙长江尽量把两个稿子捏到一起，题目仍然用《实践是检验真理的唯一标准》。虽然这事在大家的回忆里有些差别，但从结果来看，文章题目的基本精神没有变化，而从文章的内容来看，自始至终坚持检验真理只有一个实践标准。

所以说这篇文章的基础是我的，光明日报社的杨西光、马沛文、王强华等几位同志，包括中央党校的吴江和孙长江同志，都花了很大工夫来修改这篇文章。所以我认为这篇文章是集体智慧的结晶，它包含了大家的智慧在里面。

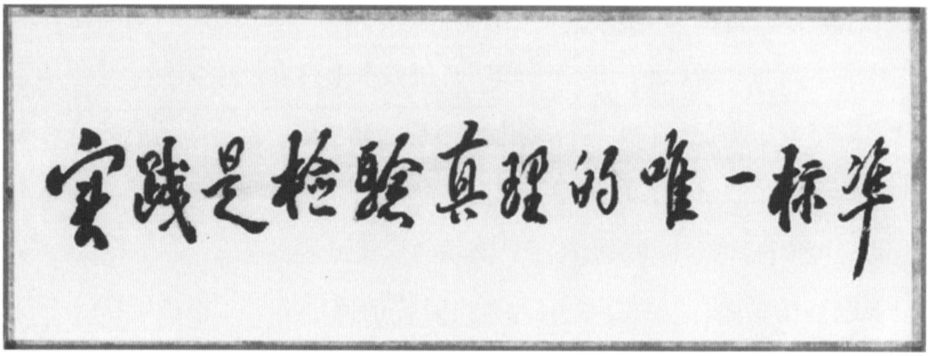

图3-4　邓小平“实践是检验真理的唯一标准”的题词

6月24日，吴江同志写的《马克思主义的一个最基本的原则》在《解放军报》上作为本报特约评论员文章发表，支持“实践是检验真理的唯一标准”。此外，6月2日，邓小平在全军政治工作会议上发表重要讲话，旗帜鲜明地阐述了实践和理论的关系，支持了“实践是检验真理的唯一标准”，指出“实事求是”是毛泽东思想的出发点、根本点，强调“马克思主义的活的灵魂，就是具体地分析具体情况。马列主义、毛泽东思想如果不同实际情况相结合，就没有生命力了”[①]。上至党中央、国务院，下到基层百姓，都参与到了这场思想解放运动中来：全国各大军区的司令、政委，各省、市、自治区的书记、省长，中央各部委的领导，国务院的总理、副总理，中央政治局的很多委员都公开讲话，肯定“实践是检验真理的唯一标准”。

图3-5　1978年5月，《实践是检验真理的唯一标准》一文发表，在全国引起广泛的讨论。图为初稿作者胡福明所在的南京大学哲学系和经济系联合举办座谈会

在这一过程中，很多知识分子写了文章，各大报刊、新闻媒体，都把各省市、中央各

① 邓小平：《邓小平文选》（第二卷），人民出版社，1994。

军区的领导讲话，真实准确地进行了报道。我认为，如果离开了全国的新闻媒体，这场讨论就起不到那么大、那么广泛的作用。我从来没有看到过一个理论观点能得到如此大规模的支持，能将全国人民团结在一条心上。所以我认为，这是一次民族运动，是中共党内的民族运动，是中国人民的民族运动！同时也是一次伟大的思想解放运动，一次深刻的马克思主义的教育运动！

4. 十一届三中全会的台前幕后

1978年12月，党的十一届三中全会重新确立了解放思想、实事求是的思想路线，做出了把全党工作重心转移到社会主义现代化建设上来的战略决策，确定了改革开放的基本方针。党的十一届三中全会，是中华人民共和国成立以来中国共产党历史上具有深远意义的伟大转折，开启了我国改革开放的伟大历史进程。

口述者：于光远（时任国务院政治研究室负责人、国家科学技术委员会副主任、中国社会科学院副院长）

于光远

我自始至终参加了中央工作会议和十一届三中全会，作为这次历史转折的见证人，我觉得应该把自己亲身经历的事情和自己当时以及现在的想法写下来。十一届三中全会举行的日期是1978年12月18日至22日，为期5天。会前的中央工作会议举行的日期是1978年11月10日至12月15日，为期36天。中央工作会议举行的时间是十一届三中全会的7倍，的确为全会做了充分准备。如果不是这样，就不能理解，何以5天的全会能开得那样成功。

对原定议题的重要突破

1978年12月召开的十一届三中全会，是中华人民共和国成立以来我党历史上具有深远意义的伟大转折。在十一届三中全会之前举行了一个中央工作会议，虽然它们是两个会议，各有各的功能，但是由于这两个会议之间存在一种不寻常的关系，在论述十一届三中全会的成果和意义时，不能不把中央工作会议包括进去。在纪念十一届三中全会时，不能不同时纪念中央工作会议。

中央委员会全会和中央工作会议在党的章程中的地位不同。对许多重大问题，中央工作会议无权做出正式决议，必须召开全会才能使中央工作会议上提出的各种主张正式成为全党遵循的决议。就当时的历史事实来说，中央工作会议已经为十一届三中全会做了充分准备，即十一届三中全会要确定的路线、方针、任务等，在中央工作会议上都已经提了出来，并且有了解决问题的主张。

1978年11月10日中央工作会议一开幕，就是华国锋讲话。他讲了这次会议要讨论的三个议题。第一个议题是如何进一步贯彻执行以农业为基础的方针，尽快把农业生产搞上去。第二个议题是商定1979年和1980年两年国民经济计划的安排。第三个议题是讨论李先念副主席在国务院务虚会上的讲话。

分组讨论一开始就突破了原定的三个议题。产生最大影响的是11月12日陈云在东北组的发言。他认为，对揭批“四人帮”运动中遗留的那些影响大或者涉及面很广的问题是需要由中央考虑和做出决定的。他举了六个问题为例，包括“六十一人叛徒集团案”，陶铸、王鹤寿同志的问题，彭德怀同志的问题以及“天安门事件”等。陈云同志在党内威信高，考虑得周到，问题提得准确，语言有力，他的发言得到

实践是检验真理的唯一标准

《光明日报》特约评论员

批判平均主义倾向　狠抓农村劳动管理

图4-1　1978年5月12日，《人民日报》刊登《实践是检验真理的唯一标准》

各组出席者的纷纷响应。

还有，在中央工作会议上对真理标准问题讨论的时间特别长，特别集中。30来天的分组会，几乎每天的会议都直接间接地接触这个问题，发言也很坦率和尖锐，没有模糊、藏头露尾的情况。因为这个会议有一个特点：真理标准问题讨论的提出者、发动者、组织者与提出和坚持“两个凡是”、坚持反对真理标准讨论的主要人物都在会上，可以面对面地进行交锋。同在一个组的人进行交锋，就是不同在一个组，看到别的组的简报也进行交锋。《光明日报》总编辑杨西光是那场真理标准讨论的主持者之一，他了解的情况很多，体会很深，在西北组做了多次发言。我对“两个凡是”是坚决反对的，在西北组我也做了许多次发言，同李鑫、吴冷西、胡绳、熊复进行交锋。

在这个会上把汪东兴等在上面支持反对真理标准问题讨论的人也点了出来，这样就把有关这场讨论的问题搞得更加彻底、更加深刻，这一点在学术界讨论时是不便指明的。

胡耀邦在中央工作会议上

胡耀邦是中央工作会议上非常重要的人物，他是西北组的召集人，虽然他在分组会上的发言只有三次，但他的每一次发言内容都很重要。他的话不长，但内容却很精彩。

我记得他第一次发言的时间是1978年11月13日上午，那是我们分组第四次会议。他在关于重点转移的发言中，引证毛泽东说的要“一波未平，一波又起”，不要等一波平了之后再去提新任务。他说揭批“四人帮”这个“波”还没有平，而是到了波峰，这正是提出建设任务的时候。同时他指出，着重点转移不等于揭批“四人帮”的工作已经完成。

胡耀邦的发言不但没有“就事论事”，而且还提出一个深层次问题。他说，“‘文化大革命’的教训要总结一下”。他要大家思考：为什么林彪、“四人帮”能在台上十年之久？根本教训是什么？

接着他讲了邓小平说的一句话：党内要有一大批敢于思考问题、敢于说话、敢于处理问题的干部。他主张要揭露生活中的矛盾。

胡耀邦第二次发言的时间是11月16日，讲的是农业问题。胡耀邦认为，农业是当前我们工作中一个最大的实际问题，他认为有些农村体制如“政社合一”就应该改变。他认为“文化大革命”使我们元气大伤，林彪、“四人帮”使几亿农民和几百万干部的积极性受到毁灭性的打击。他认为笼统地说集体就是好，是抽象的分析方法，集体经济如果办得不好就不能充分发挥农民的积极性，那就根本没有什么优越性。

他把话说到这个程度，使人听出是在讲包产到户的必要，他虽然没有明讲，但这四个字已经呼之欲出，只剩下一张薄薄的糊窗纸，只要手指轻轻一点就破了。

胡耀邦在发言中对“农业”的基本概念，还讲了一番有深刻见解的话，他认为现在我国农民养活自己的标准太低了。同时他认为我国的耕地面积比统计上要多得多，农民的积极性被调动起来之后农业增产的潜力是很大的。

胡耀邦第三次发言是在11月26日上午，是对11月25日华国锋在中央工作会议上的讲话表态。胡耀邦的发言站得高看得远，我听了是很欣赏的。

邓小平和“宣言书”的起草

会议开了20多天，许多问题都已经被提了出来，许多人已就这些问题做了发言，中央工作会议到了该闭幕的时候了。在中央工作会议开始前后，叶剑英和邓小平就着手准备和找人起草在大会上的讲话。

12月2日，邓小平找胡耀邦和我到他家里谈起草讲话稿的问题。邓小平自己写了一个讲话稿的提纲，一共有七个问题：一是解放思想、开动机器，二是发扬民主、加强法制，三是向后看是为了向前看，四是克服官僚主义、人浮于事，五是允许一部分先好起来，六是加强责任制，搞几定，七是新的问题。在提纲的最前边，邓小平还加了“对会议的评价”这个问题。所以加起来是八个问题。

邓小平首先说：想了一下，不准备长稿子。第一个问题是对会议的评价。他说：这次会议了不起，五七年以后没有，五七年以前有，延安（时期）有。这个风气要传下去，（这是）很好的党的生活，党的作风，既有利于安定团结，（又有利于）防止思想僵化，实在可喜。

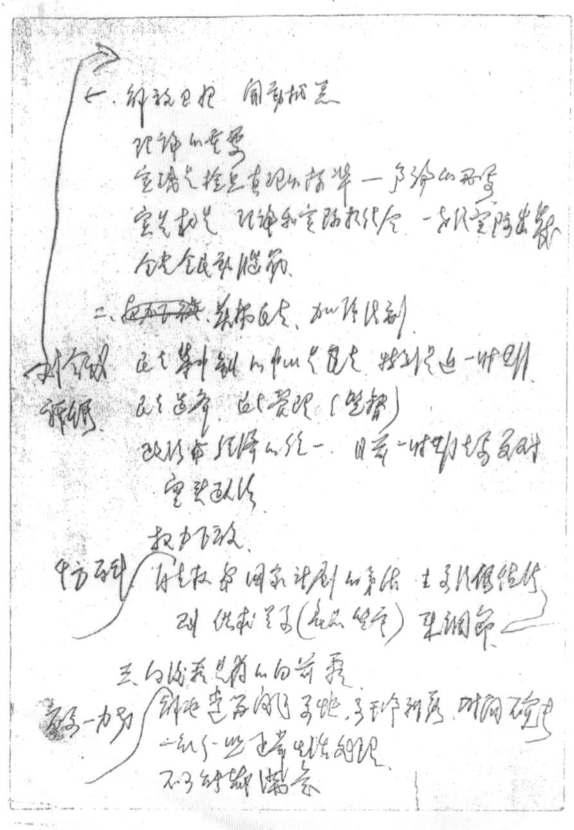

图4-2　邓小平在1978年中央工作会议闭幕式上讲话稿的草稿手迹（复印件）

第二个问题是解放思想、开动机器。他告诉我们写这个问题时要“讲点理论的重要”。他说，这个争论（指真理标准问题的讨论）很好，越看越好，越看越是政治问题，是国家前途命运问题。他提出要解决新的问题，全党全民要开动脑筋。

第三个问题是发扬民主、加强法制。他指出：现在这个时期更要加强民主。集中那么多年，现在是民主不够，大家不敢讲，心有余悸。发展经济，（要实行）民主选举，民主管理，民主监督。工厂工人监督，农村社员监督。他还说：目前主要反对空头政治，反对说空话。他在谈到自主权与国家计划的矛盾时说，这个矛盾只能靠价值法则及供求关系来调整，否则不能自主。要靠质量，质量好会销全国。不要怕乱，市场不会乱，承认市场的一定调节。他说：经济民主，重点不是政治，重点是经济民主。有些要用法律，如民法、刑法、各种单行法，总之应该有法律，地方也可以立法。

第四个问题是向前看。他说：这个会议向后看解决一些问题，目的是向前看。不要一刀切，解决遗留问题，要快，干净利落，时间不要长。完全满意不可能。“文化大革命”不要涉及，让时间来说清，过一段时间再说这个问题，没有一点亏吃。

第五个问题是克服官僚主义。他批评了人浮于事、拖拖沓沓的现象，还批评了

“几多”如会议多等。邓小平提出：要学会管理，培养与选用人才，使用人才，改革规章制度。好的企业必须用先进的办法管理。党委领导好不好，看企业管得好不好，看利润，看工人收入。城市如此，农村如此，各行各业也如此。

第六个问题是允许一部分企业、地区、社员，先好起来。他说这是一个大政策。允许一部分人、一部分地区先富起来，农村百分之五到百分之十再到百分之二十，城市百分之二十。邓小平说这样才有市场，本身就促进开辟新行业。要反对平均主义。干得好的，就影响左邻右舍。

第七个问题是加强责任制。在批评了无人负责的现象后，邓小平说搞几定：一是什么项目，二是从哪里引进，三是定在什么地方，四是定哪个人，从谈判到管理，可能六七定，开单子。并头进行，不耽误时间。现在打屁股打计委，有什么用？要打，打个人。国内企业也要专人负责，专门机构搞几定，请些专家，譬如荣毅仁就可以当专家。

第八个问题是新措施新问题。邓小平提出要搞人员核算标准。

邓小平有如此详细的提纲，又做了如此具体的谈话，我们这些起草的人就好办了。从邓小平那里回来，胡耀邦和我找了国务院研究室的林涧青等人赶紧起草稿子，两三天就起草好了。初稿起草好以后送邓小平审阅。在修改稿子的过程中，邓小平又找我们谈过几次话，逐字逐句地提出修改意见。

在这次谈话中，邓小平谈到要为敢想敢做创造条件。怎样才能敢想敢做？从制度上解决，根本是民主制度。对新事物要采取支持鼓励态度。特别是学术研究、思想领域上更需要民主讨论。武断可不行，要真正搞“双百”方针。越轨怎么办？这有个信任群众信任干部的问题。

他再次谈了开动机器的问题。他说：开动机器，一个生产小队看到一块空地没有种树，有一块小水塘没有搞养殖，睡不着觉。开动脑筋可以增加多少财富？脑筋用在什么地方？四个现代化嘛！

邓小平还提出要建立健全党规党法，他说：党要有好作风，党的作风，无非那三个作风，它本身就是制止违法乱纪的。

谈到向前看，邓小平说对（犯错误的人的）过去不要求完备，自我批评不够，让他自己考虑，在实际工作中改正。因为过去的问题太复杂，但（对）以后新的错误要严一些。

邓小平谈了权力下放、责任到人的问题。他说：有一个责任到人的问题。讲集体负责、党委负责就等于无人负责。打屁股不能乱打一通。既然责任到人就应该有权，没有权也就不可能有责任。领导得好不好，根本的是劳动生产率的提高，还有技术是否得到不断的更新，靠体力劳动不行。

谈到先富起来的想法，邓小平说：80元少了，加到100元，城市带农村，大城市带小城市。搞好城市的服务行业，大有可为。他还谈了城市规划问题，北京西山、石景山都应规划。

另一次谈话是在稿子再次做了修改以后。邓小平肯定稿子由原来讲八个问题改为讲四个问题，基本可以。同时要求开头或中间要讲一讲重点转移问题，他说这是一个主要的方针，要不了多少语言，但这是个大前提，是总的东西。

邓小平还提出稿子要加写按劳分配的内容。他说：搞得好的，包括领导干部，就应该多得，就应该先富起来。积极性没有经济手段调动不行，只讲风格是不行的，对少数先进分子可以，对广大群众不行，一个时期可以，长期一辈子不行。要用经济方法管理经济。他说：总之有赏有罚都同经济利益联系起来讲这个问题。奖励而且物质奖励也奖到具体的人、具体的车间。通过责任制，通过赏罚，该升的升，该降的降，不合格就要降。要培养专家，专家一用就用下去，为社会主义事业，实际上为人造福就是政治标准。

邓小平还提出要建立必要的法律，他列举了六个法律名词，并且说要研究国际法，否则将来国际交往增多，要栽很大跟头。

关于改革所带来的新问题，邓小平指出：改革上层建筑，改革生产关系，都可以带来许多问题，会涉及大批人的切身问题。要信任群众，依靠群众，并且创造条件使其各得其所，相信群众，会取得群众理解、谅解。他说，震动比较大。新的矛盾并不比现在的问题简单，而且会更复杂。走群众路线，信任群众，教育群众以大局为重，随着生产力发展可以得到很好的解决。

在这次谈话中，邓小平对稿子看得更细，意见也谈得更具体。起草的同志根据他的意见又做了修改。记不清是哪一天了，当邓小平听执笔的同志对改定的稿子通读一遍之后，说“行了，就这样拿出去吧”，起草工作就完成了。

十一届三中全会吹响改革的号角，就集中表现在邓小平的讲话中间。关于这个讲话稿，那些精辟的见解可以说全是邓小平自己的，不但思路是他自己的，而且给人留下深刻印象的语言也大都是他自己的，讲话用的题目也是他起的。

十一届三中全会胜利召开

中央工作会议于1978年12月15日散会，18日就要举行十一届三中全会。不是中央委员的人要离开京西宾馆。曾涛、胡绩伟和我等少数几个“非中央委员”留下来了，仍住在原先的房间。

12月15日是星期五，周末我回家休息了两天。在回家前我已经知道十一届三中全会的议程，18日是阅读学习文件和传达中央工作会议闭幕会上华国锋、叶剑英、邓小平三位中央领导人的讲话。议程上当然不会说参加了工作会议的人可以不阅读文件，但事实上听过那三个讲话，又在14日、15日两日讨论过那几个讲话的人，在18日能自由支配时间。

12月18日星期一我回到京西宾馆后，做的第一件事就是研究十一届三中全会参加者和列席者的名单。从这张名单知道，在十一大选出的333名中委和候补中委中，有6位已经去世，他们是郭沫若、罗瑞卿、彭绍辉、王铮、林李明和谢正荣。前四位我熟悉，后两位不熟悉。在余下的327人中，又有25人由于种种原因经中央决定不通知他们到会。余数是302人。这张名单上因事、因病请假的有21人。实际出席十一届三中全会的中央委员有169人，占中委201人的84%，大大超过法定人数。开十一届三中全会的目的是对中央工作会议准备好了的事履行合法手续，所以这个名单很重要，会议准备的名单就比中央工作会议搞得严密多了。

这张名单上列为列席十一届三中全会的有宋任穷、黄克诚、黄火青、胡乔木、韩光、周惠、王任重和习仲勋，都是中央工作会议提出建议增补为中央委员会的人，而且一旦全会通过增补他们成为中委，他们便成为既有发言权，又有表决权的出席者了。

曾涛、胡绩伟、杨西光和我，可能还有别的很少几个人都不是中央委员，但因有可能工作需要，中央工作会议散会后没有离开京西宾馆，无以名之，就叫作非正式列席人员吧。非正式列席人员没有上名单。我注意到毛主席著作编委会办公室的李鑫等人似乎没有留在京西宾馆。

在12月18日上午我看到的十一届三中全会分组名单按工作会议的6个组分组，各组召集人不变，原来在组内的中委不变，各组人数比以前只略多一些，西北组从原来的35人增加到44人，加上宋任穷、王任重2位正式列席者共46人，没有上名单的我，就自动按照老规矩去西北组听会。

12月18日整天阅读中央工作会议文件和传达闭幕会上邓小平、叶剑英和华国锋的讲话。这次全会没有做主题报告。从中央工作会议闭幕会上3位中央领导人讲话的内容来看，邓小平的讲话由于精辟地、全面地论述了党的路线方针政策任务和组织问题，出席者都知道它实际上就是这个全会的主题报告。

18日晚上，在京西宾馆举行十一届三中全会第一次大会。大会上华国锋讲了这个会议的开法、会议的议程等。这些话是他在中央工作会议闭幕会上已经讲过的那些。他的讲话很短，从内容上看很明显不是十一届三中全会的主题报告。

19日各组继续看文件，西北组首先开始讨论。从20日到22日各组进行讨论。我的印象，增补中央委员、中央政治局委员和增补陈云为党中央副主席这件事，都是

图4-3　1978年12月22日，陈云、邓小平、华国锋、叶剑英、李先念、汪东兴（自左至右）在十一届三中全会上

在一天的大会上表决其他问题之前通过的。我记得十一届三中全会只在第一天和最后一天开了大会，其余都是分组会。

3天分组会的内容，概括起来有四条：第一条是原先参加中央工作会议的中委们以发言的形式向未参加会议的中委们介绍中央工作会议的情况。第二条是所有出席者都对中央工作会议闭幕会上中央领导人的讲话表态，对全会增补中央委员、中央政治局委员、中央副主席表态，对中央设立纪律检查委员会和中央纪律检查委员会委员候选人名单表态。第三条同中央工作会议一样，对“两个凡是”“实践是检验真理的唯一标准”、平反冤假错案、康生问题等发表意见。还有一条，即第四条，便是对十一届三中全会公报的草稿表态并提修改意见。

3天分组会做的事情是很多的，但是会上不再有不同意见的讨论。会上对汪东兴和有些同志继续发表了一些批评意见，并揭露了一些中央工作会议还没有揭露出来的新情况。

最后一天晚上举行了大会。大会首先通过关于增补中央委员、中央政治局委员、中央政治局常委和副主席这件事，原则通过两个农业文件和1979—1980年国民经济计划的安排，通过全会公报。在增补前，十一届三中全会的正式列席人员还没

图4-4　1978年12月，中共举行十一届三中全会。这次会议重新确立了马克思主义的思想路线、政治路线和组织路线，做出了把工作重点转移到社会主义现代化建设上来的战略决策。图为全会通过会议公报

有表决权，增补通过后选举中央纪律检查委员会时他们就有表决权了。

选举结果，候选名单的100位中央纪律检查委员会委员候选人全部当选，并选出了第一书记陈云，第二书记邓颖超，第三书记胡耀邦，常务书记黄克诚，还有副书记11人、常委23人。陈云当选后在会上发表了讲话。

在举行十一届三中全会的过程中没有什么事要我做，简报很少，六个组的简报加在一起只有中央工作会议的一个组那么多，阅读简报不用花太多时间，我过了五天比较轻松的日子。

1978年12月召开的十一届三中全会，是中华人民共和国成立以来中国共产党历史上具有深远意义的伟大转折，开启了改革开放的序幕。从此，党掌握了拨乱反正的主动权，有步骤地解决了中华人民共和国成立以来的许多历史遗留的问题和实际生活中出现的新问题，进行了繁重的建设和改革工作，使我们的国家在经济上和政治上都出现了很好的形势。

（本文根据于光远2008年发表于《文汇报》题为《于光远：十一届三中全会的台前幕后》的文章、王红茹发表于《中国经济周刊》题为《于光远回忆十一届三中全会》的文章改编而成）

5. 参加1979年理论工作务虚会见闻

1979年召开的理论工作务虚会是改革开放新时期中国理论界的一件大事，是党的历史上的一个创举。邓小平在理论工作务虚会上发表的《坚持四项基本原则》的讲话，为当代中国解放思想，保持政局稳定，保证整个现代化建设事业顺利进行提供了可靠的政治基础和根本方向。

口述者：江春泽（时任中宣部全国第一次宣传工作会议调研组组长）

江春泽

据我了解，鉴于在真理标准问题大讨论中的所谓“凡是派”与“改革派”之争，叶剑英同志曾经建议中央开一次理论务虚会，让不同意见展开民主探讨，以便统一认识。这个建议在十一届三中全会上得到了广泛响应，认为有必要专门召开一个会议来探讨理论问题，所以全会就通过了一个召开理论务虚会的决定。

1979年1月18日，就在十一届三中全会闭幕后不到1个月，这个理论务虚会就召开了。由于理论本身就是“务虚”的，所以筹备组就把会议名称定为“理论工作务虚会”。但是实际上内容并不是探讨怎么做理论工作，而是根据十一届三中全会精神，解放思想、实事求是，认真探讨一些中华人民共和国成立以来所产生的重大理论问题，所以简称“务虚会”。会议开了很长时间，从1979年1月18日到4月3日。我当时作为全国第一次宣传工作会议筹备组的工作人员被调了过来，参加务虚会的简报组工作。简报组接近秘书处，因此，我对理论工作务虚会有一些见闻。

据我了解，当时胡耀邦同志任中共中央宣传部部长，因此由他来负责理论务虚会的筹备工作。这个会议是分两个阶段开的。

第一阶段是1979年1月18日到2月15日，在北京京西宾馆举行，以中央宣传部和中国社会科学院的名义召开。会议领导小组的成员有胡耀邦、胡乔木、黄镇、朱穆之、胡绩伟、于光远、周扬、童大林、吴冷西、吴江、胡绳11人。然后分5个组讨论，每个组25个人左右。5个组的召集人分别是胡绩伟、周扬、吴江、于光远、童大林。另外还有20位特邀出席者，都是多年从事或者关心理论工作的老领导人，他们是冯文彬、冯定、张平化、张劲夫、吕正操、成仿吾、刘顺元、许涤新、李一氓、李卓然、李初黎、宋时轮、陆定一、吴亮平、陈翰笙、姚依林、郭化若、莫文骅、蒋南翔、薛暮桥。这些是我当时记录下来的名单。会议同时还邀请了中央和北京的理论、文化和宣传单位的100多位人士参加，像作曲家张光年、历史学家黎澍、文艺家林默涵等，还有龚育之、胡绳、孙长江、吴敬琏等理论工作者。

胡耀邦同志在开幕那天做了题为《理论工作务虚会引言》的报告，明确提出会议的两个目的："第一，要总结理论宣传战线的基本经验教训。总结经验，可以总结两年，也可以总结十来年、三十年。中华人民共和国成立三十年来，理论宣传战线有许多好的经验，也有许多教训，要把这些正反两方面的经验都总结起来，把思想理论上的重大原则问题讨论清楚，统一到马克思列宁主义、毛泽东思想的基础上来。第二，要研究全党工作重心转移之后理论宣传工作的根本任务。这两个目的是互相联系的。总结过去的经验教训，也是为了向前看，把我们今后的工作做得更好，使理论工作更加蓬蓬勃勃地开展起来。"

在场听众因为受了十年"文化大革命"的压抑和迫害，在听到中央宣传部门领导人这样思想解放的讲话之后，无不为即将营造出新的理论工作环境而振奋鼓舞，所以都决心要为下一步的改革开放发挥理论先导作用。这期间，1月27日到31日这4天是春节休假，有些理论家（包括于光远、王惠德等）顾不得休息，把家里的藏书、大部头的经典著作都搬到京西宾馆去了。他们一面精心地阅读，一面深刻地思考，会场洋溢着热烈讨论的氛围。

由于大家都亲历了"文化大革命"的破坏和灾难，而党的十一大通过的党章仍然肯定“文化大革命”，宣称“这种性质的政治大革命，今后还要进行多次”，直到十一届三中全会后才发生转折，所以，理论务虚会与会者首先就运用“实践是检验真理的唯一标准”这个武器深入批判“文化大革命”。不少人指出，“文化大革命”煽动“打倒一切”，挑起“全面内战”，是一条极“左”的路线，其破坏程度在历史上是空前的。一小撮野心家、阴谋家口中喊的是“念念不忘无产阶级专政”，行动中干的是向共产党全面夺权、向广大群众和干部全面专政。从批判“文化大革命”的极“左”路线开始，与会者也深刻反思了中华人民共和国成立后17年的政治运动，比如“思想改造运动”“反右派斗争”“大跃进”“反右倾”和“四清”等运动中显现的“左”的倾向，以及指导经济工作的某些“左”的理论，如否定市场作用、否定价值规律、否定按劳分配、生产目的是为计划而不是为满足人民需求等，批判了这些谬论。

对这些问题的认识，大家的思想转变都要有个过程，当时都有一定的局限性。有的人在这个问题上思想很解放，在那个问题上可能就没有想得很深刻，没有想清楚。这一方面说明会议的气氛很活跃，做到了畅所欲言。另外一方面也说明思想解放是一个逐步和长期的过程，就好像我们党的十二届三中全会《中共中央关于经济体制改革的决定》说的，“首先要突破把计划经济同商品经济对立起来的传统观念，明确认识社会主义计划经济必须自觉依据和运用价值规律，是在公有制基础上的有计划的商品经济 ”，当时就争论得不得了，该决定是有很大的突破的，但还是有局限。因为商品经济毕竟不是市场经济，商品经济只是市场经济的初级阶段，封建社会后期也有商品经济。但是，市场经济是一个体系，特别是演变到现代市场经济。它已经加进了政府的宏观调控，不是自由市场经济时代的“无政府状态”。它建立了社会保障体系的“安全阀”，已经消除了“绝对贫困化”。

所以，思想解放有先有后，就是要不断地讨论，人们的认识要受各种经历、阅历、知识的局限，所以不同经历、阅历的人对问题的认识自然也不完全相同，思想解放在一定的时间阶段中有先有后、有深有浅是自然的。

理论务虚会上正式的小组会发言，一般都有书面稿，书面稿交大会秘书处印成简报。当时气氛很活跃，大家就不满足于分组讨论，还愿意在会后搞些沙龙，自由讨论，自由发言。有一次沙龙，好些老领导和老一代理论家都参加了。我临时有感做了个即兴发言。我发言的中心思想就是“建设社会主义社会，道路可能是多样的，不一定遵循苏联计划经济的模式，不能把它看作是唯一的模式”，我随口列举了10多种国际模式，我认为要用国际经验比较研究的方法来寻求中国今后自己的发展道路。

“文化大革命”后期，我曾参加过新华社牵头的“世界经济危机”课题和人民出版社组织的苏联经济资料编写组工作，工作基地是新华社的国际部和参编部，并有机会去中央各涉外部委查阅资料和面访，所以我积累了一些国外情况的研究资料。我根据这些资料发言说，社会主义发展道路绝不是单一的苏联模式，而是多种多样的。现在世界上自称的社会主义模式就有几十种。共产党执政的国家，有苏联模式、南斯拉夫模式以及东欧各国的改革模式。西欧和北欧一些社会民主党执政的国家也被称为社会主义模式，他们称共产党执政的国家为共产主义模式。还有些发展中国家，也自称“社会主义”。我建议，用国际比较的方法对世界各国的体制模式的理论与实践开展研究，以便借鉴和择优，寻求适合中国国情的发展模式和道路。我还建议，在中国学术界创立一门新学科——比较经济体制学。在理论务虚会的那次沙龙上，由于我随口列举了若干种社会主义发展的模式，讲了我当时知道的一些实际情况，包括许多记者从一线回来讲的情况，在会上引起了轰动，许多“文化大革命”前的老部长和老一代的理论家如王惠德等，都称赞我“讲得真好”。有许多老干部被封闭了很多年了，被关在牛棚里，不知道外界情况，听到这么多的新鲜事，觉得茅塞顿开，认为很多事情有道理，应当重新思考。

第一阶段是思想比较活跃、开放的阶段，大家提出很多很深刻的见解，有很多见解在后来产生了实际影响。务虚会之初，叶剑英、华国锋、邓小平都很关注，经常看简报、听汇报。虽然理论务虚会主要是党内的领导层和知识界务虚讨论，但是社会上也议论纷纷，这种上下结合、体制内外呼应的形势，如果能够因势利导，我觉得有可能发展成为深入地探讨中国如何走上民主法治和市场经济道路的。但是历史的发展不可能直线进行，都是曲曲折折的。所以，在务虚会开得热火朝天的时候，社会上各种矛盾就像火山爆发一样喷射出来，各级党政领导如坐针毡，纷纷要求中央拿主意，并且要求理论务虚会不能再开下去了。于是，理论务虚会就在1979年2月15日暂时休会。这是务虚会的第一阶段。

3月下旬复会，第二阶段是用中共中央的名义召开的，邀请了400多人。这个会议分两处进行：原来的参会者多为理论工作者，在友谊宾馆参加会议；新增加的多为党政干部，在京西宾馆开会。

1979年3月30日，邓小平在人民大会堂向理论务虚会全体人员做了《坚持四项基本原则》的著名讲话。讲话一开始，他就对这个会议做了评价。他说："这次会议是根据党的十一届三中全会的决定举行的。""在十一届三中全会以后召开的这次理论务虚会上，大家敞开思想，各抒己见，提出了不少值得注意、需要研究的问题，总的说来开的是有成绩的。"这是一个总的评价，说明中央对理论务虚会是首肯的。但是，也在面临政局稳定的紧要关头，庄严地宣布了坚持四项基本原则，从而保证了在政局稳定的大前提下，顺利地继续将改革开放进行到底。

图5-1　1979年3月30日，邓小平在中共中央召开的理论务虚会上强调，在中国实现四个现代化，必须坚持社会主义道路，坚持人民民主专政，坚持党的领导，坚持马列主义、毛泽东思想四项基本原则。图为邓小平在会上讲话

第二篇

中国改革开放发端于农村并率先从农村取得突破。波澜壮阔的农村改革不仅极大地解放和发展了生产力，激发了广大农民的积极性，为农村经济社会发展带来了历史性变化，而且有力地推动了我国国民经济和社会的深刻变革。站在新的历史起点上，回望改革开放40年，特别是农村改革的历程，深入总结农村改革的基本经验，对于新时代全面深化农村改革、实施乡村振兴战略具有十分重要的意义。

6. 四川“包产到户”的实践探索

1978年，彼时“包产到户，分田单干”还不被允许，但在四川的一些地区已经悄悄地进行了“包产到户”的探索。1974年，蓬溪县群利公社从田边地角开始逐步将土地“包产到户”。1977年，广汉县金鱼公社在四川省委和广汉县委的支持下作为试点实行了“包产到组”。

口述者：常光南（时任广汉县委书记）

邓天元（时任四川省蓬溪县群利公社党委书记）

从金鱼公社试点到广汉全县搞“包产到组”

常光南

广汉县是个好地方，气温好，水利好，土壤好，劳动力也很充足，但就是生产水平不高。1976年，全县平均收入分配水平只有78元钱。这一年往前推10年，10年里面每人的收入只增长了2.3元钱。1977年10月10日，县委召开了公社党委书记会议，传达中央、省委领导关于解放思想、把生产搞上去的精神。因为当了县委书记以后，我感觉责任重大，经常骑着自行车在各个公社跑，调查情况，所以会上我就讲道：有一天我转到一个生产队，看到那里生产搞得很好，水稻、玉米都比周围生产队的长得茂盛些、高一些。我就问旁边的一个老农，这生产搞得不错，咋搞的？他不敢说，让我问生产队长。我就找到了生产队长，说我是县委书记，来总结、学习一下你们的生产经验，你的生产搞得这么好，总有个窍门嘛。反复问了几遍，生产队长才告诉我，大家都磨洋工，生产搞不上去，我们就“包产到组”了。他把生产队分成3组，包产到组，人分了、土地分了、任务分了。其他的跟着走，猪、羊等家畜都跟着组走。

图6-1　原广汉县委书记常光南（右）在农村调研

介绍完了情况，我就提出来：有些生产队搞得好，原因是他们“包产到组”了。与会的同志都说这个好，就是不敢搞。有的说，过了10多年了你还敢“包产”啊？有的说把它改成“定产”，有的说“定产”跟“包产”是一样的。当时大家讨论得很热闹，都认为这么搞是对的，但是就是不敢搞。其中金鱼公社的党委书记李明英站起来说：“常书记，只要你同意‘包产到组’，我保证一亩田平均增产100斤，增不到100斤你就撤我的职。”我心想，这个也不增加肥料，也不增加本钱，光靠“包产”增加100斤粮食是不容易的哟。当时我就说可以。

但是开了金鱼公社这个口子后，全县22个公社都要求搞“包产到组”。这时候四川省委政策研究室的主任岳忠，从德阳到广汉来考察工作了，我正好碰到他。我问：“岳主任，大家情绪很高，想搞‘包产到组’，从政策上看行不行？”他建议，先搞一个试点。大家说那就在金鱼公社搞个试点。因为金鱼公社之前就在河坝上搞了“包产”，虽然是沙子地，但是长得挺好。而且李明英承诺一亩田增产100斤，增不到100斤就撤他的职，决心很大。但是，其他公社也都要求搞，这样就放不平。最后我派县委副书记夏更坤，跟农业局的一个姓陈的同志到地委、省委去请示：我们要求全县搞“包产到组”行不行？夏更坤认得岳忠，就找到他，岳忠说这个他做不了主，找领导吧。于是岳忠就把他们带到了杨万选[1]的办公室。杨万选当时是四川省革委副主任，分管农业。汇报过后，杨万选说："好是好，先搞试点，我支持你们搞试点。"夏更坤回来跟我汇报，我就决定先在金鱼公社搞试点，金鱼公社搞好了其他公社再推广，这就定下来了。

但是我们名义上还是不敢说"包产"，当时的叫法是"分组作业，定产定工，超产奖励"，其实搞的就是"包产到组"，组毕竟还是集体的，但是"包产到户"我们就万万不敢提了，虽然大家都明白"到户"比"到组"更好。说句实在话，我也知道搞这个有风险，但是我从1952年转业到地方当区委书记起，搞了几十年农村工作，辛辛苦苦、兢兢业业，不休周末，晚上还加班，生产就是搞不好。我对不起群众，心里有愧啊！我在笔记本背后写了8个字："求实与事，富民为先"。我冒险搞"包产到组"，就是为了能搞好生产，让群众富裕起来。

就在金鱼公社搞"包产到组"的时候，杨万选书记带了工作组来了，住了一个星期，专门研究"包产到组"。到秋后，金鱼公社的粮食产量增加了500多万斤，平均每亩增加200多斤。公社党委给县委写了一个报告，填了一个表。我拿到表格后高兴得很，说一个公社一年增加500多万斤，不简单。正好当时温江地委决定在大邑县召开"点小春"[2]的现场会，参加的都是公社党委书记、县委书记。到大邑我要经过成都，于是我就拿着这个表去省革委会报告。我先去找杨万选，他不在，我就去找杨汝岱[3]，他一看很吃惊，决定要向省委报告。之后我就去大邑开会了。

到大邑县报到的当天晚上，地委书记通知各县的县委书记先在大邑县委二楼会议室里开个会。我一进会议室就见省委书记在对面坐着，他边上空了个位置。他看见我，就说："常光南，来来来，坐到这里，今天晚上你唱主角，把一个公社一年增产500多万斤的情况跟大家说一下。"我说好，然后就如实地把金鱼公社的"包产"过程、增产的情况给大家做了汇报。汇报过后，省委书记就说："大家讨论

① 杨万选：1975年10月任中共四川省委常委、四川省革委会副主任（至1977年12月）。1979年1月至1982年12月任中共四川省委书记。

② 点小春：春季播种小麦。

③ 杨汝岱：1977年3月任中共四川省乐山地委书记、乐山地区革委会副主任。同年12月起，他先后任四川省革委会副主任、四川省副省长，中共四川省委常委、省委书记处书记（当时设有第一书记）、省委常务书记，主管农业农村工作。

下，看金鱼公社这个搞得搞不得，大家想不想搞？”灌县的县委书记说：“搞是想搞，就是不敢搞。”新津的县委书记王友昌说：“金鱼公社的‘包产到组’是一个创造，应该搞，我回去搞。”这会上10个县委书记都发了言，多数人都表了态要求搞。有个县委书记提出：“搞是搞，但是‘包产到组’把生产队都给瓦解了，那生产队它不就废了吗？”说这句话的县委书记他是想搞，但是就怕把生产队给瓦解了要受批判，就先说出来看看省领导态度如何。后来省委书记就说了：“金鱼公社搞‘包产到组’方向、道路没问题。社会主义的劳动制度就是多劳多得、少劳少得，符合这个原则。想搞的呢可以推广，还有看法的可以搞试点。”我心里一下子就高兴了，因为书记的话肯定了方向，证明这条道路没问题。虽然这只是短短几句话，但我都把它记下来了。

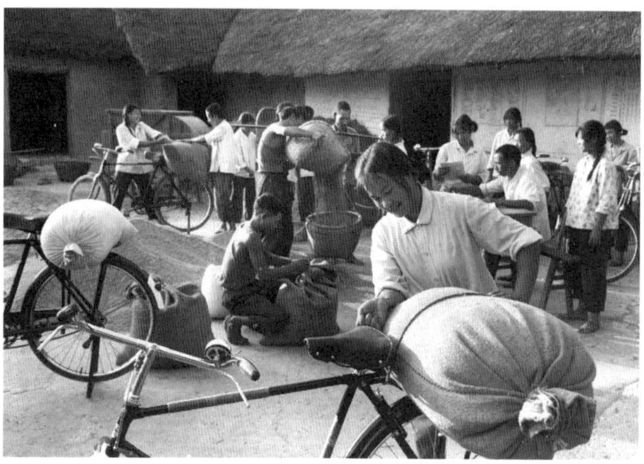

图6-2　1978年9月，广汉县向阳公社八大队一队的社员领到了预分的稻谷

会议过后，党委书记、各公社召开了社员会议，全县搞“包产到组”搞得热火朝天。有的呢，把组的范围划小，本来这个组二十户，他划个七八户，四五户；有的干脆就“包产到户”了。就跟当初“土改”似的，分田，丈量田，分牛，当时全县搞“包产到组”搞得相当热闹。省委发了简报，说金鱼公社一年增长了500多万斤，各地可以参观、学习。一下子各地都来了人，外省的也来了。周围的地区都带了县委书记到金鱼公社“看热闹”，我们当时一天到晚就忙着接待了。

正在这个时候，1979年3月15日的《人民日报》头版头条发表了一篇读者来信，还加了长长的编者按，说搞“包产到组”是倒退，“包产到户”是错误的。这报纸一登，县委政策研究办公室的主任边野，就拿着报纸叫我看：“常书记你看，‘包产到组’是倒退哦，你搞倒退，准备好挨批斗吧！”我当时看到这是《人民日报》头版头条发表的，就觉得来头不小，真是做好了挨批的准备。我那时就坐车子到省委去向省委书记汇报了这个情况。省委书记说："我们跟他搞的不一样。我们搞的是我们的。"本来我还怕被批斗，这下我心里又高兴了，回来继续在广汉推广"包产到户"。

我们一直把"包产到户"瞒到1979年

邓天元

1970年冬，县里发通知让我到群利工作，群利当时是全县最落后的一个地方，我知道这个情况，所以不愿意去。我记得当时是县委办公室主任夏伦说："你是共产党员你不去谁去？"所以最后我还是服从组织安排了。到群利公社以后，我做了很多事情，比如平反"反革命"、修水库、建沼气池等。但老百姓的温饱问题还是解决不了，所以我每天就琢磨着怎么解决这个难题。

从1971年起，栽完了红薯，我就按人头和猪头把种红薯的地分配给了老白姓，红薯叶子可以吃，挖根子可以喂猪，要在这些地里种菜、种花生、种玉米由你，所以这是一个基础。看起来就那么一点地，由于各家各户管得好，收成能抵几个月的粮。

我记得是1974年，一些老人说，周围那些鸡鸭猪糟蹋了的地，能不能拿给我们种点菜？因为老百姓可以编围栏来围，集体不行。我认为这是一件好事情，我也采纳了。但是那时候分地有些争论，我就搞了个变通的办法，说搞公猪代养。很多人家买不起猪，又缺肥料，我就搞集体贷款，贷下来后再从集体拿钱买。家庭困难的群众就给安排一头猪，你自己到市场上看，看中哪一头你就买哪一头，集体来给你付钱。我采取三个"一"的办法："（猪的重量）涨一斤，给一个劳动日，给一斤粮"。但是我不直接给粮食，而是把屋子周围那些鸡鸭猪糟蹋了的地分给他们抵，一丈地抵十斤粮，这就把问题解决了。接着，又有人提出把那些田边地角，荒着的、集体没种的土地包给私人种，我也是采取了这种方法。由于这么做，那些山坡田埂就被收拾得很好。

到1976年，我们就把旱地包完了。所谓旱地，就是没灌水的冬水田，这叫“水统旱包[①]”。这样做以后，每年起码增产10%，而其他好多地方都是减产10%。我刚去群利乡的时候，是9000多亩耕地，1万多人，四五十万斤粮食，到我离开的时候，10来年到了100多万斤粮食了，翻了1倍多。老百姓越搞越有劲。到了1979年，我们已经是“水旱全包”了。但是这事一直没被发现，如果县里区里有人来检查，大家都自觉地到一块地去劳动，任何一个村、任何一个地方都是这样的，在一起他们也不讲好坏，因为吃得饱，舒畅，所以暗地里搞一直没暴露。

我们一直瞒到1979年。我记得是1979年7月20日，栽完秧、栽完红薯，我们就到遂宁党校集中培训、学习。那天上午恰好遇到遂宁市几个县的武装部部长和政委[②]开会，他们上午来得比较早。遂宁市当时的书记周裕德，跟我们说家里旱得不得了，人畜喝水都困难了，要我们多跟家里打电话联系，多出主意。晚上我们在礼堂集中，周书记来讲话，说：“大家反映的情况你们要认真考虑下，多给家里出出主意，今年看样子是要出大问题。”等他讲完了，我也是放开了胆子，说：“你不要说得那么不得了，什么要大减产？我今年要大增产！”100多人马上把脑袋转到我这边来了。

周裕德说：“你说你有什么办法？”我说：“办法多的是，就是有些人怕丢官帽。”这话把他气到了，他把军帽“啪”的一下扔到桌子上：“邓天元，我不要官帽，你现在说！”我说：“说起来不好，你到我那个地方去看为好。”

我为什么不说呢？说不得啊！当时是“宁要社会主义草，不要资本主义苗”，搞“包产到户”是违背中央路线的，所以不能说。他第二天就到我们乡去了，去了8天，挨个检查，发现我们早就偷偷搞起了“包产到户”，也看到当地老百姓的日子越过越好，于是肯定了我们的做法。1979年，全县粮食产量人均减收100多斤，而群利人均增收了100多斤，差距有300多斤。

① 水统旱包：旱地包产到户，水田仍统一作业。

② 原来的武装部政委都是各县的县委书记。

我坚信分田单干不是搞资本主义，但这毕竟是违背了中央路线的。过去共产党员曾说“杀头不要紧，只要主义真”，杀了我一个，救活多少人都值，我也是这么想的。当时我大女儿都有十七八岁了，可以当家了，要把我怎么样我都不怕了。为什么非要这样干？因为我们实在太苦了！从旧社会的疾苦生活到新社会的有苦有甜，我都经历过，中华人民共和国成立之后，我们的生活还是很好的，群利每年每家每户都吃“蒸蒸干饭”，那确实不错。到了1958年建人民公社，我家交了2500多斤稻谷，所以1958年下半年和1959年也过得好，因为是吃原来老百姓交过来的粮食。但是，再往后就是吃大伙食团[①]，活干不完。比如需要出夜工的时候，晚上打起火把干活，结果有些人把火把绑到柏树上，人就在土壕沟里睡起来。这样一来，生产就差，没有收成，反正干多干少都是一样的。当时有个形象的说法——“出门一条龙，下地一窝蜂，干起活来你看我，晚上圈圈一样多”，晚上以圈圈打满为原则。所以越拖越不像话，生活越来越苦。

1979年，周裕德书记肯定我们的做法之后，每次去绵阳都挨批评。他对我说：“邓天元，阻力大得很。我每次去都挨批评，那些人都要跟我辩论。”

所以说我们的“包产到户”不是一天形成的，经历了许多磨难。那时候忙得很，我最迟六点钟起床，起来把脸洗了就跑村，哪怕是再远的村都得跑去看看。那个时候，内部传达讲话精神，“办法再多一点，步子再快一点”，我们很受鼓舞。我觉得不管它是“社会主义的草”还是“资本主义的苗”，人民没有饭吃、没有衣服穿，总不是好主义。当时推行“包产到户”有阻力，我就开座谈会，年轻人座谈会、老年人座谈会、中年人座谈会、妇女座谈会我都开。老年人抵触不大，但是年轻人就大些，在政策上他们要敏感一些，我是想讲明白为什么要那么做。

1980年，农业部来了个曾处长，他大概60岁，带着工作组来调查我们“包产到户”的情况。他大概住了半个月，到处走访，每天晚上都很晚回来。那半个月我们没有太多交流，直到快要走了的一天晚上，他说要跟我交流一下意见，说说他在群利乡的感受。他说，“第一个感受是你们没有派人来跟着我们”。走到群利乡，没有人“带路”。美其名曰“带路”，实际上是说管着不要乱走，怕人走到差的地

① 指“大锅饭”。

方去不满意。第二，“你们的老百姓生活过得不错”。他举了一个例子，说他走的地方、走的人家，在哪户人家坐着歇脚，都会给他泡茶，坐一会儿就是醪糟汤圆鸡蛋给端过来。中午没有去买什么，腊肉香肠就端出来了，这不容易，7月都有腊肉香肠。第三，“你们的老百姓很和谐，走了你们乡这么多地方，没有骂政府的”。由于生活好，老百姓们和谐相处。曾处长很好，他和我交换意见以后说：“老邓，我走之前，想把省委、地委、县委等领导都召集到你这里来，在这里搞试点，你怕不怕？”我当然不怕！《四川日报》那天也来了，我记得当时他们在讨论登报的标题，我们不敢说“包产到户”，只敢说“包干到户”，因为“包产到户”还是洪水猛兽。副标题是“记群利人民公社党委书记邓天元”。“包干到户”就那么登出来了。全县各区各乡都来参观了，他们问我们怎么做的，我们就把材料印给他们，我们那些表，多少人口、哪块田哪块地多少面积、多少产量等都是写得清清楚楚的。

和曾处长（来的）同一天，我们省上的《农村工作通讯》来了两个年轻人，他们住了六七天，走的时候跟我说，不能搞那些，给我传达了“27条规定”，同时还给我寄了很多不准“包产到户”的文件，隔一段时间给我寄一次，试图说服我。但是我一般翻了一下就不理会了。

我那个时候胆子更大了。“包产到户”后，每个生产队储的粮有上万斤，每个队都有大粮仓。而重庆缺粮食，我们缺肥料，我就拿粮食跟他们换尿素肥。我修水库，水泥也是这么换来的：重庆东阳公社产水泥，他们要红薯，我就把红薯给他们运去，换来修水库的水泥。因为1976年我就把旱地包出去了，集体地只有水地了，所以生产都增产了，每年储备粮我都按5%～10%提储备。这样既把生产搞好了，也做生意赚了点钱，同时把乡里的建设也搞好了。

大概是1981年，群利公社的“包产到户”终于在全县推开。我觉得“包产到户”的意义，就是农民吃饱穿暖，同时使市场物资丰富。当年我下了决心要搞“包产到户”，即使坐牢都要去搞，就是为老百姓考虑，只要能把人民的命救了就值得。我到现在都还是觉得值得。我们这些人如果不是改革开放，早就已经不在了，因为改革开放把生活改善了，有吃有穿，现在电风扇、空调家家户户都有，我们那个时候连电视都是没有的。生活品质提高了，身体也健康了，我很心满意足。

7. 小岗村摁下红手印

1978年11月24日，安徽凤阳小岗村的18户农民偷偷立下了“包产到户”的契约，并摁上手印。这纸契约，成为中国农村改革的宣言书。

口述者：严宏昌（时任安徽省凤阳县小岗生产队副队长）

严金昌（1978年小岗村摁下红手印的十八户之一）

签契约按手印，偷偷“分田到户”

严宏昌

当时的小岗村很穷，是标准的“三靠队”[①]。小岗村从1956年进入高级社[②]，1958年开始“大跃进”，紧接着又是3年困难时期，饿死的人不少。这以后就实行了“责任田”，激活了农民的劳动积极性，虽说最后“责任田”没有继续下去，但这也证明了小岗村的土地并不是不能长庄稼，农民们尝到了一点甜头。十年“文化大革命”，也是小岗村不太稳定的十年，整个小岗村根本没有集体经济，生产没法干了，人心也散了，这就是“大锅饭”的弊病。

1978年8月，我回到了小岗村。公社副书记钱金喜组织小岗队新班子的选举，

① “三靠队”：吃粮靠返销，生活靠救济，生产靠贷款的生产队。

② 高级社：高级农业生产合作社，是我国农业生产合作化过程中建立的社会主义性质的集体经济组织。1956年由初级社发展而成，规模较初级社大。特点是土地、耕畜、大型农具等生产资料归集体所有，取消了土地报酬，实行按劳分配原则。1958年进一步发展为农村人民公社。

我被选上了。有个长辈叫关金珠，他一把拽着我肩膀，说："宏昌呀，小岗村所有男娃全当过干部了，比你小的也都干过了，就剩你了，这回你就带领我们，一天只要有两顿菜稀饭喝我就满足了。"我听了心里头挺不是滋味，特别是他最后说的那句话，我听了眼泪都流下来了。他说："宏昌呀，我不瞒你，我想喝一碗洋面浆，十年了，我都没喝上。"当时我这心里头，就堵着个大疙瘩，我一直在考虑该怎么办，睡都睡不着。

我先是尝试了多划自留地的办法，结果证明这行不通。于是我请教了一些长辈，问小岗村究竟该怎么干？有个长辈说："宏昌，我们还是怀念过去'土改'那段时间，但现在没有这个政策啊。"我心里就有数了，其实我也早有这个打算。回来后，我第一个找了严学昌，和他说了我的想法。当时他说："宏昌呀，这人人都想干，但是谁又敢干？"

那时候，不要说你干了，只要有人汇报上去，你还没干，"反革命"的帽子就戴上了。最后我说，我们要瞒上不瞒下，偷偷干。小岗就这20户，我们采取地下党的工作方法，单线联系[①]，问问大家可愿意这么干？这么一问，大家都说愿意干。但是谁来带头？谁敢带头？这个问题我心里有数，但不吱声；大家心里也都有数，也不吱声。没人敢往外说呀！

于是我发通知下去，所有小岗村在外要饭的家主，回家一个，就扣下来一个，等所有当家的到齐了就要开重要会议。虽然我没讲开什么重要会议，但是大家心里都明白。等了一二十天，最后18个家主都到齐了，还少2户——关友德、严国昌到江西要饭没回来，又联系不上。已经回来的家主就找我说："宏昌呀，我们不能在家等了，你看我们家老婆孩子都在外要饭，我们在家等这么多天了，再不出去就受不了了。"

所以我就想了个办法，由关友德的叔爷关廷珠、严国昌的大儿子严立坤为他们担保。这些安排好了，我马上回去通知大家：当天下午开会，地点就在严立华家。严立华家在村里最西头第二家，一般人不朝那儿去。

---

① 单线联系：秘密工作者之间的一种联络方式，一个人只有一个上级和一个下级，不与其他人发生工作联系。

严立华家没有板凳，就一张破桌子摆在中间，大家于是都蹲在地上。我看大家都到齐了，就拿出一包烟来拆开，一人一根。烟分完了，我就开始讲："我招呼你们来参加这个'重要会议'已经20多天了，今天才有机会聚到一起。我不说你们大概心里都明白吧？我们小岗村，已经穷到了今天这种地步！吃了国家20来年的粮食供给，我们愧对党养活我们这么多年！我们是农民，有手有脚有力气，还有小岗这片土地，为什么会落到今天这种地步？我们不但不能为国家做贡献，反而拖了国家的后腿。作为小岗人来讲，我们直不起腰，见不得人啊！今天召集大家来，就是要大家一起找出小岗村怎么搞好下一步生产的办法，让我们不但不要吃国家的，用国家的，而且要对国家有贡献，这才是我们小岗人作为农民应该做的事。"

有长辈说："宏昌讲得对，你那种办法，你不说我们大家都知道，用这种办法干，肯定能干好。你不要怀疑，我们都是过来人，现在小岗一头牛都没有，没法犁田，我们就用手挖爪刨，只要能把地分给我们干，我们保证干到粮食不但够自己吃，还对国家有贡献。但是有一条，谁敢带头这样干？国家没有这种政策，你干了，就像碰高压线一样，碰上去就没有命了。"那时候生产队不通电，谁也不知道什么叫高压线，民间传说高压线厉害，一碰就得死，所以他们就用它来形容"死"。

我说："既然你们说一定能干好，作为干部，我们就是有责任带头干。但不管怎么说，'农业学大寨'正在劲头上，这时候我们这种干法，肯定不符合国家政策。但是，马列主义的书我也看了不少，我们是干实事还是搞教条？我相信，如果我们能瞒住大家这样干一年，等我们取得效益的时候，就能理直气壮地向党汇报。如果我们的党认可了，我们就继续这样干；如果说不准我们干，到那时候我们就是犯罪，就是要坐牢，要杀头，这也是我们的命！"

"我们天天唱《东方红》，我们的共产党是领导全国人民走向幸福的，是老百姓的大救星。社会主义要的是什么？要的是不断地前进，不断地发展，领导全国人民过上富裕生活，并不是叫全国人民到处去要饭，过得这么贫穷。你们放心，如果我们走出了这条路，我相信党会对我们实事求是的。但是我有个要求，既然是我出来领着你们干，那你们收到的粮食，必须要踊跃地贡献给国家，第一要保证国家的，第二要留足集体的，剩下的才是我们自己的。分地给你们，你们多出力、多投入，干得好，你家粮食就收得多，完成国家和集体的之后，你剩下的就多；你偷懒不投入、不出力，粮食就收得少，但你也得完成国家和集体的，那你剩的就少。如果你不答应我这条件，那就不行。”当时我给他们总结3句话：“完成国家的，留足集体的，剩下都是自己的。”

分地一家一户干，人人都愿意。但口说无凭，我要大家立下字据。我把刚刚发完烟剩下的淮北烟空盒子拆开，把两张纸都铺开，就在上面写。当时严立富坐在旁边，说：“宏昌，那字写得太小了，我当记工员的时候买的薄纸，还剩在家里。”他回家拿了两张薄纸，我在那上面写好了前面总结的三句话。最后有人说：“宏昌啊，那如果倒霉了，你到那时候要怎么办？”大家就商量：“如果宏昌要倒霉了，我们剩下的人排着给他送牢饭。那如果大家都被逮去了呢，只要一天还能给二两稀饭喝呀，我们就认命了。”也有人说了：“都逮去是不可能的。”最后有人说：“那如果他被逮去了、坐牢了，或者杀头了，这都很难说。他家的小孩怎么办？我建议只要我们家小孩能念书，也要保证他家的小孩能念书；我们家小孩有饭吃，也必须要保证他家的小孩有饭吃；我们要饭，也领着他家的小孩，大家要把他家小孩养活到十八岁。”我就把大家说的“保证将我们的小孩养活到十八岁”随笔写上了。我加了个“们”字，是因为这是由我们三个干部带头干的。

写好了，我把20户的名字都列上，还差个带头的。前面讨论了，“千将有头，万将有尾”，没领头的一切都是空啊。我说：“既然你们要求了，那我就带着你们干。”最后我把我的名字签好了，还没盖章呢，我就问严俊昌、严立学，让他们在前面带头的地方签个名。他们都说在户里签，户里签就户里签吧，我就在带头的地方签上自己的名字，盖上我的私章，所以在那张契约上有我两个名字。

这里边还有个问题，当时写到日期，问谁都记不得，大家都在各地要饭，一天到晚只知道怎么弄一口吃的了，哪还知道是初一还是十五？而且我们农村都记农历不记阳历。后来大家说，应该差不多快到阳历新年了，估摸着就是12月了，所以我就写的12月。过了两天，我在供销社看见日期是11月26日，往前一推算，才知道那天应该是11月24日，我们把日期写错了。

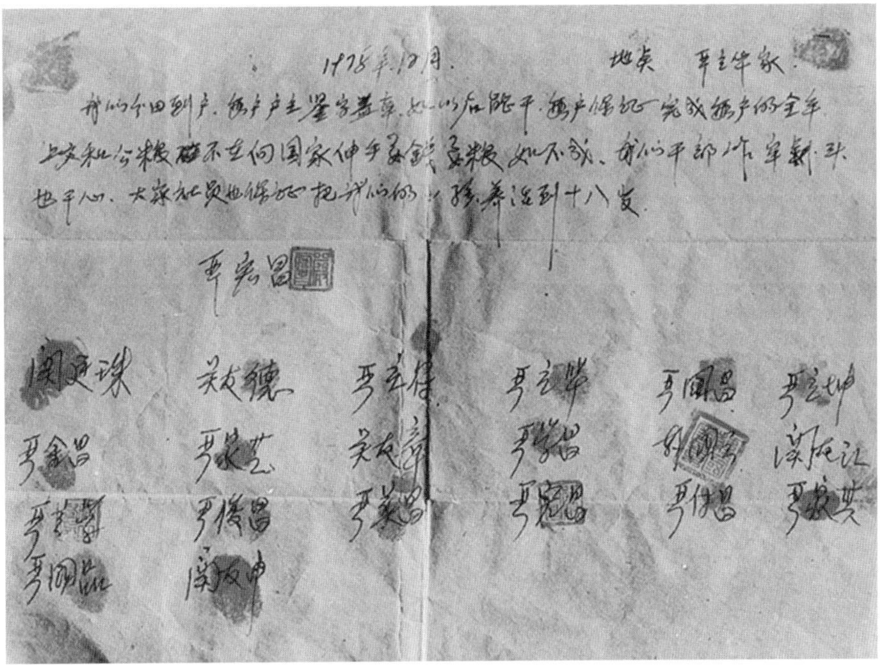

1978年12月. 地点 严立华家.

我们分田到户，每户户主签字盖章，如以后能干，每户保证完成每户的全年上交和公粮，不在向国家伸手要钱要粮。如不成，我们干部作牢杀头也干心，大家社员也保证把我们的小孩养活到十八岁。

图7–1 1978年11月24日，安徽省凤阳县小岗生产队18户农民偷偷按下红手印，签下大包干契约书

契约书写好后，我要求他们不要告诉家人，只有今天参加会议的人知道。如果有人问这田怎么搞的，就说分到户来耕作，一亩地做好了给记多少分。大家都异口同声地说好，就按照这样办。

所以我们就开始分地。小岗队有千百亩地，从一个队里头，去分一户一户的地是不容易的。我们就采取一个队划成两组，两组再划成四组，四组再划成八组的方式，形成爷们组、弟兄组，那还不好分吗？这不就等于到户了吗？所有能分的全都分到各家，哪家要是觉得没分好，我们再去处理。当然这里面也有很多矛盾，我们都想尽办法解决了。

这之后不久就要过春节了，有人来告诉我，说公家牛房的牛粪被人抢了。那牛粪堆了多少年都没人往田里挑，当时我一听就笑了，说：“可是真的？”他们说真的。我说这是好事，你们要挑也赶紧去挑。最后挑得连牛房的院墙土都被老百姓抢到田里去了，一二十年没看过这个效果，现在出现了，这就证明，群众的劳动积极性真的已经被激发了，这是好事。

于是我趁机招呼老百姓把小岗的冬耕田翻出来，春天好生产，不然到春天都变成荒草地，没法耕种。我鼓励大家去亲戚所在的生产队借牛、借犁子，把冬耕田给犁了。这个冬天小岗村翻出了几百亩地。

但是这个时候犁冬耕田，公社和周边的生产队就怀疑了。人家说奇怪了，任何地方冬耕田都没犁，小岗村今年怎么一下犁了几百亩地？而且借的还都是外队的牛和犁耙。但我们什么都不说。

我想，这一次我带头干，我的责任非常大，开弓没有回头箭，如果这种方法干不赢，明年我肯定要进监狱；如果干赢了，用事实向党汇报，可能我还有一线希望。只能赢不能输啊！所以地犁过以后，我真是愁得睡不着觉，一天到晚除了翻书，就在想怎么做。

后来有一天我无意中买了两斤花生粒子，父亲跟我说："今年冬耕田犁出来了，没有肥料，种别的庄稼肯定也长不好，但花生没有肥料照长，过去种地，哪块地孬我们就种花生。"父亲的话提醒了我，我就一粒一粒数，按最保守的算法算了一笔账，算完之后我高兴得一夜都睡不着觉，我认为这是最有把握的，肯定能干赢。

第二天天一亮我就开社员会，把种什么、怎么种、怎么算账跟社员讲解了一遍。我要求他们每家最少一口人种一亩花生，多了也不反对。家里有鸡的卖鸡，有猪的卖猪，能变钱的都卖掉，去买花生种子回来，能种多少种多少。今年把小板凳卖掉了，来年卖掉花生的钱就能换一把椅子，这还不放心吗？大家都说好，都愿意这么干。最后借不到钱的连自己的供应粮都卖掉了，到处去买花生种子。我们那年一下子种下去300多亩花生，人均种了将近3亩地！

我们种的是春花生，到接近立夏的时候，那花生棵像大盘口一样大，一棵一棵摆得像旗子似的，连片几百亩。周边的群众都感到新奇，整个滁县地区也找不到这样的效果。有人反映到公社，公社就怀疑我们把地分到各家各户了，一次一次给我们施加压力，说我们一定是把地分了，那么小岗村所有的供应粮、化肥、种子、牛草、贷款等，凡是国家给的，一律不再享受，并且公社还要斗我96场，说我在搞资本主义。

化肥不给我，我就招呼老百姓在家搞农家肥；牛草不给我，我就想办法到别的公社去借、去赊。不给种子我可真没办法。那时候的种子在市场上买不到，全要制表到粮站去领。不给供应粮，家家都没有粮食烧锅。我就给群众开会，动员大家一定要自己解决困难。那时大人在田里干活，小孩拎着大茶缸小罐子，拴上绳，到周边要饭，要来饭就拎到田里给大人吃。

我们就是这样把几百亩花生种了出来。之后我就问上面要稻种，眼看打稻种的季节就要过去了，稻子在夏至后再种下去，就不结稻了。离夏至还剩3天了，我找严立学和我一起去找公社书记张明楼。到那里跟他好说歹说，我都给他磕头了，他就是不给，说他不会支持我搞资本主义的，并且还要批斗我。我就跟他吵了一架，最后，实在没办法，我就和严立学回去了。

我回到家里正吃饭时，严俊昌跑来，一把抓住我肩膀晃着说："宏昌宏昌，赶快跑，上面恐怕来逮你了，你犯法了，有一辆小车在那停着，来了好几个人。"我说："就算我犯法了，我往哪儿跑啊？犯法就犯法，我哪儿都不去。"正说着呢，来了个人，就是梨园公社的青年团书记，他说："宏昌，后边有人找你，叫你去一趟。"我就跟他去了。

快走到地方的时候，张明楼书记指着我对一个人说："就是他第一个搞分田到各户。"等我走上前了，他就跟我介绍说："这是我们县委陈书记。"县委书记到农村，我从来没见过呀。陈书记说："是你把田分到户了吗？"我稍微迟疑了一下，想跟他说真话，又怕他不允许，心想该如何回答他。

正迟疑的时候，他说："我问过那边搓花生的妇女，那妇女说花生都是分到她们各家各户的，有这回事吗？"我说："花生是小农作物，是分到各家各户的。""不对吧？我听说你把所有的地都分掉了。"他这样说的时候，我就对他笑笑。他问我："你这样分到户，能干好吗？"我说："能干好，只要允许我这样干，我不但能干得叫老百姓不吃供应粮，不用救济钱，还要对国家做贡献。""你真能这样吗？你要真能做到，我三年不叫你对国家做贡献。"我一听，正合我意，就说："陈书记你要真叫我这样干，我保证到秋天就有效益。""那你要干不好呢？""我既然能把它分下去，我就能随时收回来。"

后来他单独把我拉到一旁，说："宏昌呀，你们这样干，我也知道能干好，但是现在没有这种政策，以前给你享受的牛草、贷款、供应粮的待遇，不能再给你们了，和政策不符呀，我看你就别要了。种子呢，我让张书记给你。”我说：“谢谢陈书记，什么都不给我，就给我一点稻种，我就满意了。”他说好，回过头对着张明楼书记说：“张书记呀，我看呀，小岗村他们的稻种你就给宏昌吧，再不给他，马上过期就不能种了。”张书记没有办法，说那好吧。所以当天晚上我们就把稻种挑回来了，连夜分到各家各户。

陈庭元书记临走时又说：“张书记，正好你们板桥区的领导也在，你就叫他干一年吧，他已经分到各家各户了，并到一起，账也不好算呐。”张书记说：“那他这个算资本主义啊。”陈书记就说：“好，我们就算他是资本主义了，我凤阳县3000多个生产队，他一个队搞资本主义他能搞到哪儿去？他不就是为了多收一点粮食，能吃饱饭吗？”陈书记允许我们干一年，给我们吃了第一颗定心丸，我们对他相当尊敬。

在县委、县政府、板桥区领导的关怀下，我们放开手干。1979年秋天我们获得了丰收，当年油料作物总产35200斤，卖给国家24933斤，而我们小岗村的实际油料任务是300斤，一下子就完成了百十年的任务。我们的粮食总产132370斤，相当于1966—1970年这5年粮食产量的总和，一下子卖给国家24995斤，实际任务是2800斤，完成了国家多少年的任务啊！以前我们生产队，一头猪都不能贡献给国家，这一年，家家都留1头猪，向国家卖了35头肥猪，实际任务是1头。所以我们这还不算踊跃对国家做贡献吗？上面领导来调查以后，肯定了我们的产量，说我们不是搞浮夸，是实实在在的还留有余地。

压力太大，县委也顶不住了

1979年，小岗村的人均收入达到400元以上。有些大户，一户就收全队过去一年的粮食。效益出来了，周边人一看，这小岗村一年有这么多的收入，人人都想这样分到各家各户干呀，所以大家都悄悄地瞒上不瞒下地学了我们小岗。

这样公社的压力就很重了啊。张明楼书记说，小岗像瘟疫一样影响了人家。紧接着《人民日报》的头版头条登了张浩的来信，批判“分田到户”。再加上地方的一些领导思想不统一，最后逼迫小岗必须并起来。陈庭元书记表了态，他也顶不住了："小岗是我同意干的，这一年成绩不少，就是国家的一些重点试验单位，也没有小岗这样好。小岗一年没要国家一分钱搞得这么好，但是，现在政策的原因，而且周边又暗暗地都学了小岗，怎么办？我也知道责任重大，小岗是我允许干一年的，大不了我再叫它并回来。"

但是我坚持说现在不能并。这个点子是我想的，天上这个洞是我戳的，现在不管怎么样，再大的错误，由我去顶。我坚持保留我的意见。所以之后板桥区委书记、副书记一天到晚盯着我、劝我。他们天天来找我，我就搪塞，老百姓还是相信我的多。虽然1979年5月我就已经被撤职了，但没想到老百姓还都听我的，他们说你不并我们都不并，结果全队都不愿意并。

1979年秋天，凤阳县顶不住了，周边的芜湖、定远、嘉善都学小岗也分了田，这股势头一直蔓延到和江苏的交界。压力太大了，最后没有办法，陈庭元书记来找我，做我的思想工作。我说："陈书记，我既然这样做了，就不会再回头了。对与错，留给社会去评价。这一年小岗有这么大的效益，学小岗，哪个地方都会有这么大的效益，为什么不愿意这样做呢？"陈庭元书记最后说："那你真不怕倒霉啊？"我说："真不怕，杀头我都去。今天杀了我的头，将来还会有人像我这样做。我是王小二盖猪圈——一心门朝南了。陈书记你放心，我绝对不会并，我也绝对不会连累你。你对小岗这么关心，我心里感激你。如果我倒霉了，你受牵连了，小岗人就是要饭也要养活你陈书记。"当时陈书记眼泪都掉下来了。

最后他说："好吧，后天你到凤阳去一趟，你敢去吗？"我说哪里我都去。说完他就走了。我没给家里任何人讲。那天天还没亮我就起来了，挨个看看小孩，我意识到，不会有第二次机会了。看完4个小孩，我就准备走了。

走到门口，我心里头始终很难过，我真要坐牢被杀了头，我这些小孩怎么办？虽然人家说要把我小孩养活到18岁，但人家也都要饭了，拿什么来养活你孩子？我强忍着眼泪，在门口走来走去。正好被我老婆看见了，我想想瞒她也瞒不住了，就给她讲了。我说："我对不起你，我这趟去凤阳县，可能回不来了。这4个小孩，你们姊妹4个，一人给我带一个，一定要把小孩养大成人。如果说还有来生的话，我一定会报答她们（哽咽）。”说完这话，我老婆就哭了。我说：“不要哭，已经走到这一步了，但是我放不下你们娘儿几个，放不下我的父母，以后你一定要照顾好我父母，把小孩带出来。不要怕告诉孩子说我被枪毙了、杀头了，他爸爸没干孬种事！他爸爸为的是能让大家吃上一碗饭，不是为了自己！我该走了，再迟就赶不上车了。”我就这样走了。到了凤阳县，我直奔县委，吴庭美叫车把我送到了党校。

我一进去，陈庭元书记就介绍说，这就是小岗队的副队长严宏昌。我一看一屋子的人，七嘴八舌的，当场就给我定了性，说：“你是拉社会主义倒车，挖社会主义墙脚，你是走资本主义道路的标准的‘现行反革命’。你还有什么话说？”

那我还能讲什么呢？我就只能跟他们辩论了，我说：“你说我是‘现行反革命’，从哪儿说起？你说我拉社会主义倒车，究竟社会主义的方向是什么？是叫人要饭，还是叫人对国家有贡献？我们贫穷叫社会主义，还是我们富裕叫社会主义？你的那个社会主义和我讲的这个社会主义，是互不相符的。我认为我在搞社会主义，你认为你们在搞社会主义，我有点想不通。”最后我就把小岗村的经过，从前到后这一年的效益，对国家的贡献，一条一条讲给他们听。他们摆不过我呀，我那是事实呀。那人就从座位上愤怒地站起来，把手一比量，说：“我们宁愿你们小岗一年三百六十五天都吃国家皇粮，也不准你们这样干！”有人说：“莫跟他讲了，把他送去吧。”就要把我送进监狱。我说：“你今天把我送进去，我心里也是不服的！”

我要求给地区打个电话，因为之前地委书记王郁昭和7个常委看了小岗村的整个状况后，在我家碰头开会。王郁昭表态说：“陈庭元能批你们干一年，今天我们地委就能批你们干三年。如果这三年，哪个说你是‘反革命’什么的，随时随地找我。今天我们在场的7个人，找到哪个都算数。你直接找人也行，打电话找也行。”那时他就在我那个小笔记本上写号码，写好了，交给我。所以当时我就非要给地委打个电话，我说打了电话再逮我也不迟。

我要拿电话，有人就把电话拖过去了，说：“你个‘反革命’，还用我的电话？”我说实在不给我打，我到邮电局花两毛钱打。他说：“你还有这机会吗？”

我当时想，我是没这机会了，把我逮进监狱，我哪有这个机会呢？我就抢那个电话，一抢电话，有人就把电话给搂过去了。最后，蹲在墙根底下的陈庭元书记站起来说："你叫他打一个试试。"王郁昭的电话我死记烂背在心里头，正好那天派上用场了。

没打通之前，我心里是七上八下的。万一找不到王郁昭，他们肯定把我搞监狱里去了。电话一打通，我心里怦怦跳呀，也不敢说话，心里不停地想，一直等那头说话了，我才跟他接上话。

"我找滁县地委王书记。"

"我就是呀。"

"我是小岗的严宏昌。"我心里这块石头一下子放下来了。

"你在哪儿？"

"我在凤阳，他们要把我往监狱里送呢。"

我正说着话，陈庭元上来，把电话抢过去了。王郁昭说："我听说你们现在要逮他？暂时莫逮，我们下个月1日到省里开会，我们再碰头。等从省里开会回来，你再逮他也不迟，现在先把他放回去。"陈庭元挂下电话说，地委的确有这个意见，不能逮，王书记叫暂时把他放回去，等下个月1日，到省里开会后再说。大家于是都不吱声了。

我说："陈书记，你叫我回去，公社还说我是'反革命'呢，我还是不敢回去呀。"他说："我马上跟你们梨园公社张明楼打个电话，你回去后，要一如既往地叫老百姓搞好生产。"因为我临走的时候，有很多老百姓不愿意播种了，化肥也不愿意朝田里撒了，他们知道我是"现行反革命"，马上要倒霉了，这田过几天也不是自己的了，马上要并回去了。

这以后我就回家了，到家已经十点多，娘儿几个在家哭呢，邻居都在我家坐着。正好这时我推门进家，大家非常惊讶，都问我情况。我说："被地委书记王郁昭救了，但是到下个月1日怎么定我，还不知道呢，我这两天还能在家陪你们。"

我那时心里也没有底。从那天起，我就天天在家写小岗这一年的经过，写小岗从1949年中华人民共和国成立，到"土改"，一直到我"包干"这一年的成果。我就这样一直写，没上过床睡觉，觉得时间不够，困了就趴桌子上眯瞪会儿，醒了再写。所以说，中央收到我那么多的材料，就是这样写出来的。接着陈庭元书记就派吴庭美来写小岗的调查报告，材料都是我提供的。我总认为他是被派来帮我打官司的，帮小岗人的“包干”打官司的，所以我天天在家里搜集材料，每天早上我起来送材料给他，送完就回来，再了解到有什么情况，我再送过去。

后来在省里的会上，吴庭美写的调查报告《一剂必不可少的补药——凤阳县梨园公社小岗生产队“包干到户”的调查》被陈庭元交给王郁昭，王郁昭转给万里。万里一连看了三遍，看完之后，他就想来小岗看看了。

万里来小岗了

当时接到通知，说万里明天8点钟到小岗，我们既高兴又害怕。高兴的是省委书记要来小岗，怕的是如果他不准我们继续干，我可能当天就要被带走。我那心里头始终堵得慌，七上八下的，不知道万书记究竟是什么态度。我跟妻子说，我的命运就看明天省委书记对小岗的态度了。如果不准“包干”，你也不要伤心，带着小孩慢慢地过吧，我明天肯定会被人带走。

我正说着，忽然有人敲我家门，我寻思这时候都11点多了，会是谁呢？起来开门一看，是我们板桥区委书记、副书记两人。

“都这么晚了，你们怎么这个时候来？”

“我们能睡着觉吗？明天万书记来，今晚提前来看看你。如果万书记不叫你干，这就是我们最后一面；如果万书记允许你这样干，你可能替我们说句话？说我们地方老百姓都愿意这样干，都要求要干。”

我非常感谢这两个书记，这么晚了，还来关心我们小岗的事，还嘱咐我明天怎么汇报。我说：“跟万书记汇报这事，你们放心，我搁家一天到晚写这些材料，这都是我轻车熟路的，叫我背我都背得出。万书记来我会实实在在地汇报，一点空话都不能讲，但是我有什么说什么，怎么做的我就怎么说，犯法就犯法，好也好，坏也好，我只说实话。”他们说：“对，我们今天来就是这个意思，就是要你说实话，我们支持小岗的做法。如果省里不同意，哪怕你讲到北京，没有钱我俩给你出路费，我们工资也不高，一个月百十块钱，家庭还要生活，我们两个书记一人给你200块钱。”我听到这里，心里感到一阵一阵的温暖，真是说不出的感激。这么冷的天，又是半夜，板桥离我们十四五里路，两个人是急奔来的，那时连个脚踏车也没有，就是走来的，连茶水都没喝一口就走了，我很感动。

他们走后，我失眠了一整夜。第二天天一亮我就起来了，早饭也没吃，就在村里转。到了8点钟多一点，我就在最西头等着，看见从一辆黑色轿车上下来一个穿黄大衣的大高个子，我估计就是万书记，后面跟着市、县领导。我就朝前走去问：“首长是万书记吗？”他对我点点头说：“我是。”他跟我握握手。地方领导就介绍说这是小岗队的干部严宏昌。介绍完，我就指指我们村子，说我们朝那头走，欢迎万书记来视察。他问我是不是能随便看，我说：“万书记您随意看，您高兴看哪家您去看哪家，随便您看什么。”他说：“看起来你这里是真的，你去过大寨吗？”我说早去过。他说：“大寨是固定的一条道路，固定的一个地方，固定的有人带着讲解，你走在路上要看到有个岔路，想过去到那家望望，就插个小牌子写着游人止步，或者写着谢绝参观；见到小孩想问话，小孩不理你，直接就跑掉了，问到大人，大人像哑巴一样不搭话，你这就跟大寨不一样了。”我说：“万书记，随便您看，怎么看都不管。”

于是，万书记从西头到东头挨家挨户地看，一家都不落。他看的是什么呢？第一，看粮食。各家有多少粮，用手往粮堆里拨拨，用脚踢踢，看有没有造假，看得非常仔细。我解释说：“各位首长，我们这里不会有半点假，实实在在的，是什么粮食就是什么粮食。你看我们一家家门口堆的草垛，就是收庄稼的草呀，你看我们家门口的草垛大小能不能跟上过去生产队集体的草堆呀？”那些人看看说：“对啊，这一家家都是这么多草在这儿堆着，那粮食肯定假不了。”第二，看各家的箱子。万书记说，你们丰收了，是不是家家都添一点新衣服？箱子里放的都是什么？我说，过去要饭的时候，箱里什么都没有，一件一件的破烂衣服都搭在一根绳上，现在添置新衣服了。第三，看各家的锅，他要看看老百姓吃的是什么。又看各家的桌椅板凳，看得非常仔细。

因为是一户一户地看，看到最后就到我家了，万书记就坐下来了。当时我家里头就放了一张桌子，之前也没考虑到他一定会在哪家休息，所以临时把桌子搬过来放在中间，我坐在桌子那，坐西面朝东，他是坐东面朝西。这一张桌子就坐了我们俩，各级领导都坐在万里的后边。

我心里没有底啊，这跑了一圈，他从没跟我说过一句放心的话，我坐那的时候心里头怦怦地跳：万书记愿不愿意让我们这样干呢？万书记就讲了："你不要怕，我这次来小岗呢，也是会议一散会就过来了，听说你们小岗搞了'包干到户'，不管怎么样，我今天来主要是想了解小岗的情况，你把小岗所有的前前后后的经过，讲给我听一下。"我说："万书记你要我从哪讲起？"他说："你从什么时候记事，就从什么时候开始讲。"他给我一下把时间线拉得那么长，当时我脑子里就一懵，哪还想得起来什么思路啊，心里七上八下的，讲话都讲不成句。他说："你想想，不要有顾虑，有什么你就给我说什么。"我心想怕也没用，于是稍微稳定了一下情绪，就开始向万书记汇报。我从1949年中华人民共和国成立，1950年"土改"开始讲起，一直讲到1978年的"大包干"，1979年的大丰收，讲了将近3个小时。整个过程他只是听，一直不吱声。等我汇报完后，他说的第一句话是："我早就想这样干了，就是没人敢。"

听了万书记的话，我心里的一块巨石陡然间落了下来，当时真恨不得跪下来给他磕头！我说："万书记，谢谢你，谢谢你！"我的眼泪一直在眼眶里转，我想能听到这句话，最起码我这命也能保住了。

他接着讲到他在外国参观的经历，他考察了美国的农庄、日本的农庄和华人在国外搞的农庄，每家都有一排排的小瓦房，有的还有小拖拉机。当时听得我心里好羡慕，我们住的是篱笆墙、破草房，还东倒西歪的，瓦房、拖拉机我们想都不敢想呀！我说："万书记，我们农村要能走到那一步，就好了。"他说："你们会的。如果照这样干下去，你们不仅会有拖拉机，也会有一排排小瓦房。"当时听万书记这话，感觉像在做梦一样，我们没敢往这处想呀。

最后我跟万书记说："我这样干，有人说我是'现行反革命，拉社会主义倒车'。"他说："有这回事啊？我们社会主义是要农民富裕起来，解放这么多年了，没想到农村还这么穷，我们都有责任啊！你们就这样干，县里叫你干一年，地区批你干三年，我批你们干五年！如果谁再说你是‘现行反革命’，这个官司你交给我，我来帮你打！”我又说：“万书记，还有其他人也想学我们这样干。”一听我提到这个，板桥区委书记忙凑过来，对万书记说：“其他的老百姓也想学小岗，怎么弄呢？”万书记说：“谁要学就学呗，只要对国家有好处，对国家有贡献，能提高农民生活水平，谁愿学谁学，你们不要像唐僧对孙悟空那样老念紧箍咒，少念几遍紧箍咒他不就自然学成了吗？”

当时板桥区的两个书记就给他作揖了，说谢谢万书记！那一天万书记在我家的谈话，其实是冒着很大很大的风险的，当时中央没这个政策。他说：“我们要实事求是，今天我来看小岗，小岗是实实在在的，没有一点浮夸，我非常佩服，也非常满意，你们就这样干，我批你干五年，五年以后我再来看你们。”

12点多他们就要走了，车子发动后，一连停了3次，万书记下车叮嘱了我们三件事：“第一，你们一定要实事求是，不能搞浮夸风啊。第二，你们一定要多养猪，农村要想把粮食生产搞上去，要多积肥料，一头猪就是一个小化肥厂啊。你们每一户一年最少养两头猪，肥料也有了，到时候向国家贡献一头，自己留一头过年，生活也改善了。第三，一定不能卖‘过头粮’啊！每家收多少，除了对国家的贡献，自己要多存一点粮食，不能为了粮食产量搞浮夸，把粮食都卖给粮站去充斤数，最后自己不够吃。你们要记住，任何人叫你们卖，都不能卖‘过头粮’。”我说：“万书记，我向您保证，一定实实在在，粮食生产我们搞好，养殖业务我们

图7-2　1979年1月，安徽凤阳县梨园公社小岗生产队18户农民将集体土地承包到户，得到省委第一书记万里的积极支持。图为万里在批示文件

也会搞好，并且坚决不卖‘过头粮’，留足粮食改善生活。”他说：“你们的生活水平能提高，我就放心了。”后来，我们一直按照万里书记的教导组织生产，一不求名、二不求官、三不求利，我们就实实在在地干，能做到什么样我们就做到什么样。

万里说的话真的实现了

万里走的第二天，全凤阳县都知道了，老百姓自动学小岗，把土地都包干分掉了。因为万书记给我们吃了一颗定心丸啊，凤阳县农村的“大包干”得到了省委书记的肯定，我们的心也就定下来了。

但是困难还是有的。头一年虽说人均收入达到400元，但我们的生产资料相当薄弱，好几家用一头牛，住的都是破草房，很多年得不到修缮。虽然说当年大家都有点收益，但是小岗穷了20多年，每家都有很多债务要还，这一年小岗人把个人借款、公家贷款，全部还清了。我们向陈庭元书记申请了贷款和计划指标，买牛买化肥，他同意了。这年秋天，我们有富余的人家都买了耕牛和肥料，每家都有一两吨肥料搁那准备生产，所以底气也足了。

从那以后，小岗的粮食产量一年比一年高。1979年我们收了13万多斤粮食，1980年我们的粮食产量达到22万多斤，1981年达到了35万多斤，一点点进步，一年比一年高。从没有牛到有牛，从有牛到有拖拉机，从拖拉机到半机械化，再到全面机械化，小岗的粮食产量就这样一步步增加起来了，最高的时候粮食产量达到60多万斤。所以说在农业上，我们始终没放松。

在养殖方面，我们养了猪、鸡、鸭、鹅等禽畜，这部分的生产也没落后。另外，我们卖粮只卖余粮。今年收的粮食除了吃的，剩下的要一直留到第二年的粮食收下了，才把旧粮卖掉。我们就按着万书记的话实实在在地干，用5年的时间真的实现了他说的盖瓦房，在过去，这是想都不敢想的。

1982年我写了一封信给万里，他那时候已经是分管农业的副总理，我请示他，农民能否买拖拉机？过去私人是不能买的。他给我回了一封信，准我们买，但是需要计划指标。后来，我得到安徽省政府的支持，要来了计划指标，第一个买了四轮机[1]。所以一步步走下来，小岗村有了新面貌，万里当初说的话实现了。

图7-3 严宏昌在村里第一个买了拖拉机

那时我们想都不敢想会过上现在这样的好日子，包括当时按手印的包干契约会成为国家文物，哪敢想啊！那时就是为了吃饭，能吃饱饭，也能对国家做贡献，这是我们农民的心愿。我们从来没有想过，小岗能带头点燃中国农村改革这把火。我一直在想，没有党的十一届三中全会，没有最后党的认可，没有当时这么多领导默默的支持，我把命丢了也做不成这些事啊！我在没有政策的情况下这样做，没叫我坐牢也没杀我头，对党、对这些领导，我能不爱他们吗？真是比亲情还亲呀！我唯一想的就是不能辜负各级领导的期望和关怀，只有把小岗的生产红红火火地搞上去，才是我能给他们最好的报答。

严金昌

1978年我们搞了“大包干”，说实话，主要是为了吃饱饭，那时候的小岗队穷啊。当时在场按手印的有18户，还有2户人家，一个单身汉叫关友德，还有一个老头子严国昌，各算1户，这两人要饭没回来，所以当时在场的只有18户当家人。

搞“大包干”不是临时说干就干的，而是大家在一起酝酿了好长时间。当时生产队各方面条件都比较差，我们干一天活得几毛钱，全年吃200多斤粮食，搞得少吃无穿。小岗村没有一块砖，没有一片瓦，大家住的都是泥墙草房。200多斤粮食哪够吃一年的？老百姓就到处要饭，没办法啊。我从1973年开始当生产队长，也干了好多年，但是干不

① 指拖拉机。

好。为什么干不好呢？刚解放那会儿，农民分了土地，那个阶段过得好。之后从合作社到人民公社，再到1958年“大跃进”，大炼钢铁，吃“大锅饭”，把人们的思想搞乱了。过去吹牛皮，说每亩地我能收到10000斤，“人有多大胆，地有多高产”，你说收10000斤，就能收到10000斤吗？收不到的。这简直是说空话，不是实事求是。

1960年以后每家有二分小园地。在当时的政策下，越穷越光荣：喂猪不超过1头，鸡鸭不超过3只，再多了就是资本主义，要割资本主义尾巴了。我们队的关友德是个单身汉，他也不干那小园地，一天到晚在外面讨饭，到处流浪，说：“一条汉子好混啊，一人吃饱全家不饿。”当时我们宣传队还给关友德作了一首诗：“关友德思想好，小园地净长草，南瓜长得拳头大，辣椒长的丈把高。”他是无产阶级，要向他学习嘛。可是如果向他学习我们早就饿死了。我们老婆孩子一大家人，不干怎么办呢？孩子多，生活困难，哪有钱呢？到了年关，我老婆买了两斤肉回家。我问孩子：“今年我们家年夜怎么过？可以买鱼买肉吗？”那时候能买点肉、买点鱼吃就算不错了。孩子说：“我妈买了两斤肉，你没在家没舍得吃。”过去我们房子上面有钩子，钩子上习惯挂个篮子，晚上猫跳上去把篮子弄掉了，肉掉下来，被狗吃了。一年了，小孩没吃上一块肉，我心里确实不是滋味。孩子不就盼过年嘛，能吃点鱼吃点肉，平常没有那个条件，结果过年买了两斤肉，小孩没捞着吃，给猫狗吃掉了。我那时候心里真是特别难过。

所以在1978年以前，由于各种原因，小岗村非常贫困。吃没得吃，穿没得穿，住没得住，大家都在外面要饭，心里不是滋味呀。说实话我也要过饭，我不好意思走到人家面前去，那真是眼泪往肚里滚。过得这么悲惨，往大说对不起党、对不起国家，往小了说也对不起老婆孩子。

我们这个村没有一户不要饭的。所以在生活的逼迫下，大家走到一起，你一言我一语，谈谈我们怎么靠自己救自己。不能老是靠国家。我们本身就是农民，我们是种粮食的，为什么收不到粮食？后来大家一致认为，只有把地分开，各家各户干才行。不要说现在还有牛有犁有耙，就是凭锄头刨，使锹扒，我们也会有饭吃。大家在一起酝酿了好长时间，一直到1978年11月，除了前面说的两户在外面要饭没回来，其他都回来了，都说我们像这样一盘散沙似的不行，必须聚在一起正式讨论怎么干，怎么才能把地分开。我们小岗队有800多亩土地，怎么分给各家各户共115个人呢？

我记得那一天，天比较黑，伸手不见五指。当时我们都聚到严立华家。为什么决定在严立华家开会呢？因为他家在我们庄前面，比较偏僻，我们搞“分田到户”是秘密的、偷着干的，不准任何人说出去。

说实话，开会的时候，我们的心情是比较沉重的，也知道这样干肯定犯法，是国家政策所不允许的。但大家一致认为，为了活命，为了自己能救自己，这不丢人，对得起国家，对得起老婆孩子，这条路走下去，就是杀头我们也心甘情愿。所以我们在分地的时候定下了契约：如果我们能干成，首先完成国家的，留足集体的，剩下的才是自己的。如果说干不成，干部坐牢我们送牢饭，干部杀头我们把他的小孩养活到18岁。为什么要按手印呢？就是为了约束自己，万一犯法了谁都不要推脱责任，你的手印按在这里，按照我们的话说，“既然逞英雄，就不要装孬种”，有责任大家共同承担。

我们是冬天分的地，为了不让旁人知道，这事得秘密进行。全队的地亩册在家里画成框，一劈两半，东一组西一组，然后东组划成四个组，西组划成四个组，一

图7-4　安徽凤阳县小岗村部分“大包干”带头人合影。

直划到爷们组、兄弟组，这样小块田就好分了，没有什么矛盾。如果大家都在一起分，矛盾就大了，不好分地。为了公平，我们在分地的时候采用的是抓阄的办法，抓到哪儿是哪儿，有不满意的就私下协商沟通再换。那时候分地不管孬田好田，多个三亩五亩的，这都是无所谓的事情了，大家不斤斤计较，也不考虑这事能干长远，只考虑收一斤是一斤，能给我收一斤，我吃饱饭能干一年，我就心甘情愿了，以后怎么搞，那是国家政策问题。

渐渐地，有人到公社报告小岗单干了。公社就来调查，我们不承认，都说我们搞小产包工呢。但世上没有不漏风的墙，有些人无意中说出去了，所以最后我们还是承认了。于是公社就把我们的牛草、种子、贷款等，凡是国家给的全部扣掉，不给小岗了。

没有种子，我们去借种子；没有牛草，我们去借牛草；没有吃的，我们去要饭，吃了再干活。这样梨园公社的张明楼书记就顶不住了，他要向县里汇报。县委书记陈庭元听说后就到小岗来实地考察。一开始我们都不承认，后来我们看到了县委书记的态度，他看到我们当时穷得呀，吃没得吃，住没得住，穿没得穿，有的家里都搞得不像样了，人穷水都值钱，很同情我们。我们认为他也是自家人，也就跟他承认了。

陈书记回去开会讨论“分田单干”，但是在会议上没通过。所以后来陈庭元又向地委书记王郁昭汇报了，等王郁昭来的时候啊，就接近秋天了。他一看我们庄稼长得那么好，特别高兴，因为农民的劳动积极性被调动起来了。但是他回去开常委会，这事也没通过。

虽然都没通过，但其实县里市里没强制叫我们并起来，就等于是默认了。1979年我们来了个大丰收，家家都收了很多粮食，这一年够以前十年的。真没想到能收这么多粮食！那一年老天爷相助，种什么收什么，我们天时地利人和都全了。所以第一年我们就超额完成了国家交给我们的任务，还了一部分贷款，集体留了一部分粮食，剩下的都是我们自己的。过去舍不得卖粮啊，被饿怕了，就都把粮食储存在家里。

到了1980年春天，因为王郁昭跟万里汇报了小岗的情况，万里就亲自到小岗来了，说要看看是不是有那么多粮食。

我们之前都不知道他要来，他到了小岗就挨家挨户地看。过去搞“浮夸风”，有生产队粮食搞假，底下搁上草，上面搁一层粮食，领导来检查了，就说你看我们粮食丰收了，实际上下面都是草。所以万里到这儿考察得非常仔细，挨家挨户地看，挨个进去摸，看看究竟是不是粮食。最后万里看到确实收了那么多粮食，心里特别高兴。后来万里可能向邓小平汇报了情况，邓小平把这事拿到中央常委会去讨论，通过以后就向全国进行推广。

所以总而言之，还是党的好政策的功劳，没有党的好政策我们也干不成，我们能过上今天的生活，还是党的好政策给我们带来的，我们很感激。

8. 亲历安徽省“包产到户”的实践探索

中国的改革是从农村开始的，农村的改革是从安徽开始的。安徽农村联产承包责任制的试点起到了先锋和示范作用，促进了全国农村改革的成功。

口述者：王郁昭（时任滁县地委书记）

汪言海（时任安徽日报社驻六安记者站记者）

“省委六条”的出台

王郁昭

1977年6月，万里任安徽省委第一书记，主政安徽省的工作。他来了以后，对稳定安徽形势、发展建设安徽主要采取了几个重要措施。

第一个措施，撤走“支左”[①]部队干部。6月22日省委开会，他说：“现在安徽从省、地市到县各级领导班子基本上都是‘支左’部队的，所以首先要欢送全省几千个“支左”部队干部回部队，说明他们‘支左’的任务已经完成了。各地、市、县都要开会，只讲‘支左’的成绩，不讲‘支左’的失误。”并且规定一个星期完成任务。所以我们回来以后马上开会，请部队的领导吃饭，欢送他们回部队工作。

第二个措施，揭批“四人帮”的罪行，查清“四人帮”的有关人和事。全省掀

① “支左”：“文化大革命”期间军队支持当时被称为“左”派群众的人们。

起了揭批、查清“四人帮”罪行运动的高潮。对过去在“批邓”中存在的错误，领导要带头检讨，放下包袱，轻装前进。

第三个措施，调整各级领导班子，任命新书记。原来的省委常委15人中，有5人是“支左”人员，5人是“文革”中上来的“群众代表”，5人是被结合进来的老干部。根据中央的指示精神，“支左”人员、“群众代表”均回原单位工作，同时迅速把原来受批判、被关牛棚的大批老干部解放出来，从中选出几位为省委常委，组成了新的省委领导班子，接着又着手解决各地、市、县的领导班子。①

第四个措施，抓革命、抓生产。万里提出要以生产为中心，把安徽经济搞上去。8月1日，我到省里参加庆祝八一建军节的大会，省委第二书记顾卓新对我讲：“你们地报来的《关于落实党的农村经济政策的调查情况和今后意见的报告》②，万里已经批了，你回去以后把那135篇报告，挑选几十篇比较好的印成一本册子，将来开县委书记会议的时候发给各地、市、县参考。”所以我回来以后就选了有代表性的15篇调查报告，连同地委的报告和省委的批示，并把我在6月3日召开的“落实农村经济政策”汇报会上所做的总结报告作为第一篇，印成一本册子——《认真落实党的农村经济政策——滁县地区调查材料汇编》，引起了很大反响。

那么滁县反映的情况，是不是具有普遍性，是否符合安徽的实际呢？万里、顾卓新③、赵守一④等领导同志就下到全省各地进行调查研究，因为正好是小麦收了以后打场脱粒的时节，所以省委当时的调查就叫“麦场调查”。调查的结果是滁县地区的报告符合全省的情况。因此就决定省里也起草一个文件，这就是出台“省委六条”的背景。

为了起草这个文件，省农委专门到滁县地区全椒县开了座谈会，了解滁县地区

---

① 王郁昭：《往事回眸与思考》，中国文史出版社，2012，第150页。

② 1977年春，滁县地区抽调了300多名干部，对全区落实党在农村经济政策上存在的问题进行调查，经过80天写成的135篇调查报告。

③ 顾卓新，1977年6月至1982年3月任中共安徽省委书记、省革委会副主任、省政协主席、省人大常委会主任、省委第二书记等职。

④ 赵守一，1977年6月任中共安徽省委常委。1977年10月任中共安徽省委书记、安徽省革委会副主任。

落实党的经济政策的情况，省委管农业的书记王光宇[①]亲自主持这次会议。另外，他们也到其他地方进行了现场调查研究。

11月，省委召开农村工作会议，各县委书记对省委起草的文件进行了讨论。万里说："农业生产怎么搞好，管理怎么搞好，主要应当坚持因地制宜、因时制宜的原则，实事求是，走群众路线，抓农业机械化，这是完全对的，但是，最重要的生产力是人，是广大群众的社会主义积极性。没有人的积极性，一切无从谈起，机械化再好也难以发挥作用。调动人的积极性要靠政策，只要政策对头，干部带头，团结一切积极因素干社会主义，群众就会积极起来，农业就能上得快。"

"在这之前，省委批转过滁县地区一个材料，省委和许多地、市、县委都做了一些调查研究，向会议提出了六个问题，供大家讨论，主要是走群众路线，集思广益，把政策搞好，把管理搞好，我们是一个方针——以生产为中心；一个规定——关于当前农村经济政策几个问题的规定。"[②]在这个会上基本没有什么大的争论。

经集体讨论研究，最后会议通过了这份文件，文件名是《关于当前农村经济政策几个问题的规定（试行草案）》，即安徽"省委六条"。"省委六条"的主要内容是：允许各个公社根据不同的生产特点建立各种各样的生产责任制，要尊重生产队的自主权；减轻社队和社员的负担；落实按劳分配政策；粮食分配要兼顾国家、集体和个人利益；允许和鼓励社员经营自留地，发展多种经营；开放集市贸易；等等。安徽新华社的张万舒同志说，"省委六条"基本上是以滁县的报告为基础写成的。

1978年2月，《人民日报》发表了一篇文章，题目是《一份省委文件的诞生》，这是由姚力文[③]和省新华分社记者田文喜两个人写的，还加了编者按。

邓小平同志特别重视安徽的"省委六条"，他对各省、市介绍了安徽"省委六条"的经验。在这个时候，广东省委第一书记习仲勋打电话到安徽，说要派人到安徽来学习经验。后来来安徽的广东省副省长黄静波同志一行听了省委的介绍后，就

① 王光宇：1956年5月至1979年12月历任安徽省委书记处书记、省政府副省长、省革委会生产指挥组副组长、省委常委，省委书记、省革委会副主任。1980年1月至1985年3月历任安徽省委书记、副书记。

② 万里：《万里文选》，人民出版社，1995，第101-102页。

③ 姚力文：时任人民日报社农村部主任。

表示要到滁县地区看一看。当时我是滁县地委书记，接待他们到全椒县老观陈大队参观。大队的新、老书记向他们汇报了本村的情况。接着我就带他们参观老观陈大队，看老百姓的庄稼生长情况，看老百姓新盖的房，看老百姓的门口、平日晒衣服被子的架子上，晒着的很多腌的鸭子，每户有一二十只，还有过年时杀猪腌的猪腿、肋条等，他们看了以后很羡慕，因为那时城市里的很多东西都要凭票供应，如粮票、肉票、油票、糖票、豆腐票、花生票等。

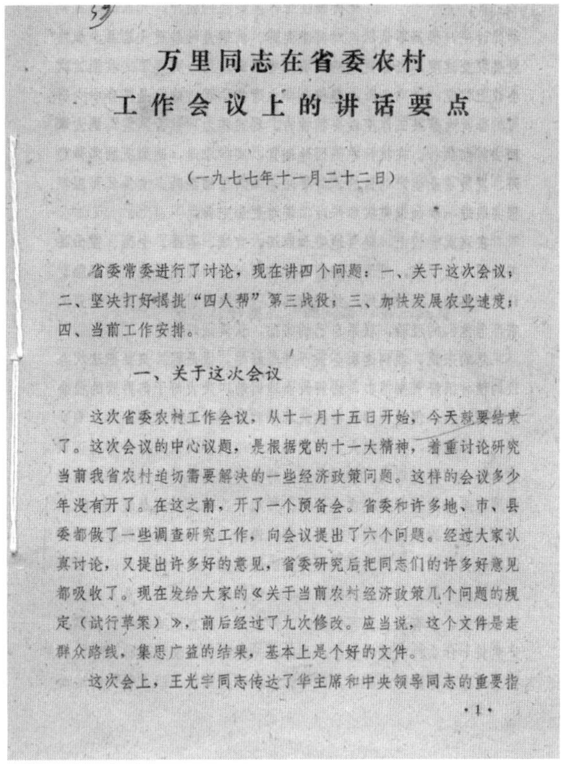
万里同志在省委农村
工作会议上的讲话要点
（一九七七年十一月二十二日）

省委常委进行了讨论，现在讲四个问题：一、关于这次会议；二、坚决打好揭批"四人帮"第三战役；三、加快发展农业速度；四、当前工作安排。

一、关于这次会议

这次省委农村工作会议，从十一月十五日开始，今天就要结束了。这次会议的中心议题，是根据党的十一大精神，着重讨论研究当前我省农村迫切需要解决的一些经济政策问题。这样的会议多少年没有开了。在这之前，开了一个预备会。省委和许多地、市、县委都做了一些调查研究工作，向会议提出了六个问题。经过大家认真讨论，又提出许多好的意见，省委研究后把同志们的许多好意见都吸收了。现在发给大家的《关于当前农村经济政策几个问题的规定（试行草案）》，前后经过了九次修改。应当说，这个文件是走群众路线，集思广益的结果，基本上是个好的文件。

这次会上，王光宇同志传达了华主席和中央领导同志的重要指

·1·

图8-1　1977年11月22日，《万里同志在省委农村工作会议上的讲话要点》

总之，当时安徽的“省委六条”影响很大。到地区传达的时候，老百姓听了一遍，有的地方还要求再念一遍。如来安县大英公社，原来在房子里开会，后来人越来越多，就转到院子里开会，念了一遍后，再念一遍。全椒县有一个老头听说有这个“省委六条”，很高兴，但他将信将疑，所以走了五六十里路到县委，问有没有这个“省委六条”，县委回应他“有”，并把“省委六条”的内容念给他听。他听了以后讲了一句话：“这就着了，毛主席的政策又回来了。”说明当时安徽的“省委六条”在全省、全国的影响

人民日报
RENMIN RIBAO
毛主席语录
发展体育运动
增强人民体质
普及与提高相结合　努力发展体育事业
全国体育工作会议在北京召开
英明领袖华主席和叶付主席为会议题词
一份省委文件的诞生

图8-2　1978年2月3日，《人民日报》刊发了姚力文和田文喜撰写的《一份省委文件的诞生》

是很大的。

全力抗旱，“借地度荒”

1978年，滁县地区遭遇了百年不遇的大旱。旱情从1978年的3月开始显现，春旱、夏旱，又秋旱，基本上没有下过透雨。所以1978年2月，省委任命我为滁县地委书记，对我来说是“迎头一棒”。当时旱情的程度现在都很难想象。我举几个例子：当时兔子、野鸡、麻雀都看不到了，连毒蛇都到山上有泉眼的地方去了。滁县曲亭公社有个老百姓养了一头小猪，小猪也要吃水啊，他没有办法，就把小猪用绳子拴了牵到集市上去卖，结果没人买。最后太阳偏西的时候，这个老百姓就把小猪的绳子解开了，拍拍小猪的屁股自言自语地说：“你走吧，你逃命吧。”有的地方种玉米，开始时长得很好，但后来出天花（雄花）的时候，经40摄氏度左右的太阳一晒，天花干枯了，由金黄色变成了白色的雄花粉，玉米没有了，结成粒了。王光宇书记原先到嘉山县（现为明光市）时，一大片玉米长得很好，后来再去时看到天花都败了，他落泪了。所以说，旱情特别严重，老百姓吃水都特别困难。

新华社记者张万舒同志，写了三篇“动态清样”：第一篇《活着的人没有见过这样的大旱》，第二篇《政策稳，人心定》，第三篇《今年的损失明年补回来》。八九月间，民政部部长程子华、国务院救灾办公室副主任颜士庭，先后到滁县地区视察灾情。此外，省委第一书记万里曾经两次到滁县地区视察。他到种小麦的地里用力一扒，小麦种子还没有发芽；到黄豆地里去看，虽然都长得很好，但没有结荚。万里同志说：“这是不以人们的意志为转移的、不可抗拒的自然灾害，但一定要发动群众发扬天大旱、人大干的精神，千方百计抗旱保粮，把损失降低到最小限度。”

因此，滁县地区决定全力以赴进行抗旱。老百姓没有水吃，我们就送水下乡，橡皮袋子装上水，用车子送到各村。有时候老百姓看到送水的车子来了，他们就把车拦住，甚至跪在那里哀求：“我这没有水，你把水留在这里吧。”那个时候，凡是有水的地方都在抽水，抗旱队把省水电厅的80多台柴油机都要来了，水管子、柴油机一车一车地运到滁县地区。老百姓看了以后说：“乖乖，像渡江战役打仗一样，水管子老粗，像大炮一样。”通过这些设备，我们到处建立翻水站，水塘干了，就在水塘里挖口小井，底下有水，就把水抽出来。

另外，万里同志曾当过北京市的副市长、市委书记，所以他就和当时的北京市顺义、大兴、怀柔、昌平、通县县委商量，让他们到滁县地区来帮助打井。他们来了以后，一看滁县是丘陵地区，不像北京是个平原，一打下去就有水，而且滁县地区有些地区是红砂层，红砂层没有水，要通过红砂层打到地下才能打到水。所以打井有的成功有的失败。我记得凤阳县城南公社打井成功了，老百姓高兴得不得了；在定远县，丘陵上面打井也出水了；打井队在嘉山县县城关镇东侧还打出了自流井，水一天到晚地流，水量虽然不大，但老百姓很高兴，老百姓吃水有困难的时候，就拿桶提一桶回来。这都是我亲眼看到的情况。

当时万里同志看旱情这么严重，秋种种不下去，对来年群众的生活必然带来更大困难。他于9月8日召开了省委常委会议，提出：今冬明春的关键是搞好秋种，不能让农村大片土地抛荒。如果集体种不下了，可以把地借给老百姓，他能种多少就种多少，谁种谁收，不计征购。经过常委讨论，这次会议形成了“借地度荒”的大胆决定：“一是在完成秋种计划之后，凡是积极创造条件扩种小麦的，其扩种面积明年收购时不计统购，由生产队自己支配。二是要放手发动群众，充分利用‘四旁’[①]，一切可以利用的空闲地、开荒地多种蔬菜、蚕豆，也可以种粮食，水库周围可以撒播油菜，谁种谁收谁有，集体无法种的，也可以划出一定数量的耕地借给社员种。[②]

但政策出台后立刻引起了争议。有人说，集体不能种，那么个人就能种了吗？这不是单干吗？万里同志说，集体种不了的地，如果农户能利用他的劳动力，能种一点就种一点。如果秋种种不好，明年日子就不好过。万里同志强调，是集体种不下的，农户能种，允许他种。

我们地委曾派干部下乡，要求每人口袋里、书包里装上一些油菜籽。你下乡去，看到哪个地方比较合适，你可以撒些油菜籽，将来可以长油菜嘛，老百姓可以

---

① 四旁，指村旁、宅旁、路旁、水旁。

② 王郁昭：《往事回眸与思考》，中国文史出版社，2012，第162-163页。

吃油菜，有利度荒。当时很多水库都干了，有的老百姓根据“借地度荒”的政策，就在水库旱的上游撒了油菜籽。结果呢，第二年油菜长得很好。所以我们提出来个口号：“就是个大金娃娃也允许你抱到家”，谁种谁收谁有。

“三个秘密武器”

1978年9月，大局已定，滁县地区旱情严重。滁县地委于是召开三干会[①]，布置抗旱救灾的任务。因为那时候关于真理标准的讨论已经进行了4个多月，大家思想开始解放了，所以有公社书记在会上就提出了一个尖锐的问题，他说：“中国农业搞不好，为什么搞不好？难道我们这些公社书记都是笨蛋吗？我一个是笨蛋，两个是笨蛋，我全地区242个公社书记都是笨蛋吗？难道只有外国人能把农业生产搞好？只有大寨才能搞好？建议地委放手让我们干，干好了不求有功，干坏了，我们自动下台。”我认为这个问题很有意思，说明干部思想解放了，敢讲话。所以我就说：“你们有什么话都可以说，实践是检验真理的标准，不要怕。”鼓励他们大胆地发言。

结果呢，发现了三个秘密的典型。哪三个典型呢？第一个是来安县烟陈公社杨渡大队魏郢生产队，1978年春他们把生产队二十几户人家分成了两个组，搞“包产到组”。这两个组，暗中比赛着干。结果呢，1978年大旱之年，不但没有减产，而且由上年的8万多斤增长到12万多斤，油料超过历史最高水平。这是第一个典型。

第二个典型是天长县的新街公社，他们把棉花“包产到户”了。新街公社不是棉产区，棉花种植面积较少，是小宗作物。眼看着棉花的苗要枯死，他们干脆把棉花“包产到户”，每一家分几垄子，老百姓早晨洗脸、刷牙都到田里去。所以这个公社的棉花苗没有旱死，秋后棉花比上年增产89.6%。这是第二个典型，也就是把小宗作物“包产到户”。

第三个典型是来安县广大公社。这个公社实行了干部岗位责任制，干部下乡包队，规定一定的指标，即把粮、棉、油、猪、禽、蛋等生产指标分解成100份。秋

① 三干会：三级干部会议，分为市级和县级两种形式。市级三级干部会议的三级是指市、县、乡镇三级行政单位；县级三级干部会议的三级是指县、乡镇、村三级行政单位。

后算账，凡是增产的项目，公社发给你一定数量的奖金。所以到秋后结算时，这个公社大旱之年没有减产反而增产。这是第三个典型。

这三个典型，有人称它们为“三个秘密武器”。我在总结发言的时候充分肯定了这三个典型。

会后，我临时有事到合肥，万里同志知道了，通知我到他那去谈谈农村的情况。这是我第一次和他面对面直接谈话，从晚上7点谈到10点多，新华社记者张广友也在场。我把滁县地区的农村情况和存在问题、抗旱救灾的情况汇报后，重点把这三个典型向他汇报了。万里同志听了以后非常重视，让我回去对这三个典型进行认真调查，写出调查报告，报到省委。所以回到滁县地区以后，我和陆子修、秘书崔传义到魏郢生产队对“包产到组”进行调查，新华社记者张广友到广大公社了解情况，天长县新街公社就委托天长县政研室写出了报告。报到省委以后，万里同志就让办公厅主任于廉打电话给我，说我们可以把这三个典型进行试点。经地委研究，决定每一个县可以在一个大队或公社进行试点。为此，地委在10月20日以“滁地发〔1978〕96号”文件向各县发出了通告。为了能正确理解三个典型的重大意义和在试点中应注意的问题，我亲自写了一个批语下发了。因为我亲自调查过，我认为他们这些办法都能够实现增产，对老百姓有好处，所以我支持他们。

图8-3　王郁昭同基层干部查看麦苗生长情况

这个文件发出以后，在全地区引起很大震动。嘉山县管店区委书记出于好意，委托一个人带话给我：“你的胆子这么大，你怎么能公然提倡‘包产到组’和‘包产到户’？你这是要犯大错误。”定远县藕五塘公社有人对地区农业局的局长说：“地委王书记胆子也太大，怎么敢搞这样的试点，早晚要犯错误。”但是老百姓很拥护，原来只允许在一个大队或一个公社试点，结果不是试点的公社也自发地搞起了“包产到组”和小宗作物“包产到户”。到了1979年3月，滁县地区已经普遍地搞起了“包产到组”。捂也捂不住了，你能试点，我不能试点吗？所以这个时候“包产到组”的生产队已发展到地区生产队总数的68.3%。在这种情况下，有少数地方在暗中搞了“包产到户”，名义上到组，实际上是到户。不久，就发生了“张浩来信”事件，使得搞了“包产到组”特别是暗地里搞了“包产到户”的地方，干部群众的思想一度混乱，人心惶惶。

“张浩来信”

1979年3月12日，国家农委在北京召开农村工作座谈会，安徽派省农委副主任周曰礼、滁县地区全椒县委书记王杰出席会议。这就是所谓的“七省三县座谈会”。在这个会议期间，出了一件事：甘肃有一个干部张浩，写了一封读者来信，3月15日在《人民日报》头版头条上刊登了，并加了编者按。信中说，“现在实行的‘三级所有，队为基础’，符合当前农村的实际情况，应充分稳定，不能随便变更”“轻易地从‘队为基础’退回去，搞分田到组、包产到组，也是脱离群众、不得人心的。同样会搞乱‘三级所有，队为基础’的体制，搞乱干部、群众的思想，挫伤积极性，给生产造成危害，对搞农业机械化也是不利的”。编者按则说“已经出现‘分田到组’‘包产到组’的地方，应当认真学习中共十一届三中全会原则通过的《中共中央关于加快农业发展若干问题的决定（草案）》，正确贯彻执行党的政策，坚决纠正错误做法”。

来信发表之后，安徽代表坚决反对，会议上发生了激烈的争论。安徽的代表也写了一篇读者来信，标题为《正确看待联系产量的责任制》，几天之后在《人民日报》头版的中间位置上发表了，《人民日报》也加了编者按，承认发表张浩的来信和编者按中有些提法不够确切。

3月15日那天我正在嘉山县招待所，吃早饭的时候，我听到中央人民广播电台在播送“张浩来信”和《人民日报》编者按，思想为之一震，急忙返回滁县。经过老嘉山公社时，我进了公社大队，问他们听了中央电台的广播没有，他们没有反应。于是我继续往前走，到了滁县的黄泥公社。一进门我就看见了公社书记蔡中芳，他张口第一句话就说："你来得正好，我这里的老百姓听了中央电台广播后，人心惶惶，纷纷来公社问，是不是我们又要犯错误？人心不稳，对春耕生产很不利。"我同他们进行了短暂的座谈后就急忙回地委了。因为来不及召开常委会了，我要办公室主任陆子修起草一个电话通知，内容大概是这几条：第一，现在是春耕大忙的季节，各种形式的责任制一律不变，不要误农时。第二，各种形式的责任制，都是地委决定的，完全符合党的十一届三中全会精神，如果有什么问题，由地委领导负责。第三，要坚持实践是检验真理的唯一标准的观点。究竟哪一种责任制形式好，秋后看实践的结果。第四，有关部门要继续做好春耕物资的调拨工作和供应。第五，各县委要通过各种形式迅速把通知内容传达下去，做到家喻户晓，做好群众思想工作。电话通知下达各县县委后，嘉山县委书记贾长志说："现在是春耕大忙季节，就是刀架到我的脖子上我也不改。"凤阳县委书记陈庭元说："我是王小二盖猪圈——一心门朝南，我绝不改变。"滁县县委书记冯骏回答说："党的政策怎么能改来改去，不能朝令夕改，定下来的事情不能随便改，所以我们坚决不动。"听到这样的回答，我很高兴。

3月16日，万里同志突然来到全椒县，在古河区委开会。万里有规定，他到哪里，事先是不通知的。县委电话报告给我后，我马上坐车赶到了古河。我进去时，区委的同志正在向万里汇报干部群众由于"张浩来信"引起思想波动的事情。等他说完，我就把滁县黄泥公社干群的反映和地委发的5条通知做了汇报。万里说："你们现在还和'文化大革命'一样，听了北京来电就坐不住了，不就是《人民日报》发表了一封读者来信吗？你们为什么就这么慌？报社就好比公共汽车，你可以打票坐车，我也可以打票坐车。《人民日报》，别人可以写读者来信，你也可以写读者来信嘛。不管什么办法，只要能增产，对国家做贡献，集体多提高，人民生活能改善就是好办法。你们要知道，报社是不会管饭吃的，如果秋后老百姓没有饭吃，那我要找你县委书记、县长算账，我不会找报社。"大家听了万里的话，压在心里的一块石头落地了。接着他到了滁县，一路上我把滁县地区的情况做了汇报。吃过晚饭，已经很晚了。

第二天我们从地区到天长县，路上经过来安县，在来安县城东郊，万里看了一户姓唐的养猪专业户。他家养了9头大肥猪，还开了个豆腐坊。他的豆腐做得好，县委食堂、县城里的饭馆都订他家的豆腐，生意不错；他用做豆腐的浆水和豆腐渣喂猪，猪长得很肥；他还承包了几亩地，用猪粪施肥，庄稼长得很好，日子过得很红火。万里看了以后很高兴，他说每一头猪等于一个小化肥厂，就是要像这样形成多种经营，能做什么就做什么。

接着我们就去天长县。刚到天长县，万里就说要下车，之前安排的点他不去了。下车后他到了上庄生产队，家家户户门都锁了，只有一户门开着，在外面能听到里面敲敲打打的声音。我们进院一看，有两个木匠在干活，正在做家具、打橱子。原来这是生产队长的家。木匠说他们都在外头田里干活。把生产队长找回来以后，生产队长说，我儿子今年要结婚，我请木匠打几件家具。这个生产队长院子里种了一大片蒜苗，长得密密麻麻的，很茂盛。万里就问："你这个大蒜为什么种得这么密，怎么长大蒜头？"队长回答说："我这二分地，我准备靠它卖一二百块钱。为什么呢？我现在要间苗[①]，10棵一把，拿稻草一缠，能卖几毛钱，这是第一次收入；蒜薹出来了，我们把蒜薹拔出来，拿到市场卖一块多钱一斤，这是第二次收入；大蒜头长大了，要卖两三块钱一斤，这是第三次收入，所以我这能卖一二百块钱。"万里听了以后，说："他这么一块地方的蒜苗可以收入三次，中国的农民是聪明的。只要把群众的积极性调动起来，中国的农业一定可以搞好！"

3月18日，我们又到了嘉山县涧溪公社。看大门的人说社员都不在家，都下农村搞"包产到组"去了，只有一个岁数大的公社副主任因患感冒在家休息。这位公社副主任来了以后说："我们正在搞'包产到组'。现在大部分都搞好了，只有少数生产队还在讨论。要经过老百姓讨论好多次才能把思想统一起来，所以现在正是讨论的时候，矛盾很多，但讨论完剩下的几个队很快就可以搞好。"我们听了很高兴。这个时候公社隔壁区委来了个秘书，一进门就对万里说："你们来得正好，现在农村乱七八糟，思想混乱，吵得不得了啊。"我们问他什么不得了，他说现在都

---

① 间苗，又称疏苗，指在农作物种子出苗过程中或完全出苗后，采用机械、人工、化学等方法去除多余部分的幼苗的过程。

在争吵。这时公社副主任说："只有争争吵吵，最后才能统一思想，这是很正常的。"我们离开后万里在车上对我讲，公社副主任是深入基层的，知道怎么讨论怎么好，那个年轻的秘书，他根本没下乡，光是听说，不了解农村的实际情况。

到了嘉山县招待所，晚饭后，县委书记说，县京剧团为了配合国家恢复高考，编了一个剧本叫《唐太宗和戴胄》，想请万里同志去看戏，万里同志欣然同意。晚饭后刚一出招待所的大门，后面就有人喊，说北京来电话找万里。万里就回去接电话，原来是国家农委主任王任重打来的。王任重说："现在北京召开的七省三县座谈会，分歧很大，特别是安徽的代表，反应很激烈。"万里说："现在是春耕大忙的季节。不管是什么形式的责任制，即使是'包产到户'我也同意，实践是检验真理的唯一标准。我是秋后算账派，秋后看结果怎么样，搞得好可以继续搞，搞不好纠正过来就是了。"王任重同意万里的意见。

3月19日，我们到了定远与凤阳交接的地方——范岗公社，这里是大旱之年的重灾区。一进村家家户户都锁了门，突然看到一户门半开着，烟囱在冒烟，我们走进去一看，一位70多岁的老太太，正在揭锅盖子，蒸了一锅馒头，中间有两条"龙"，几个鸡蛋。万里问："老大娘，去年你们受了灾，还有什么困难？"老大娘开始一怔，接着说："幸亏政府政策好，发了救灾粮，没有什么困难，我蒸了两条'龙'和几个鸡蛋给小孩子吃，可以辟邪。"接着我们到了公社，传达室的人说："干部不在家，都下乡了。"万里问，能不能找几个老百姓来谈谈？传达室的人说："可以到粮站去看看，来买救济粮的人多。"找来十几个人后，我们在公社召开座谈会，就讲搞"包产到组"和发救济粮的事情。这个时候有个青年人走了进来，他是上海下放的学生，他说："'包产到组'，我找不到组，人家都不要我，他们地方上的村东头、村西头，姓张的、姓李的在一起成立一个组，我和另外两户是外来的，没有人愿要我们，这怎么办呢？"万里说："你找不到，你们3户一起干嘛。"他说："那怎么行？一个组起码要5户。"我就说："万里是省委书记，说话当然算数。"万里反过来说："他是你们的地委书记，我们可以同你们县委和公社党委说一说。"听到我们这么说他就放心了。

这个时候，有一个生产队的指导员站起来，他穿了一身旧军装，是位复员军人。他说凤阳有一种办法，比他们还好。万里问凤阳是什么办法，我就把凤阳“大包干到组”的情况说了一下。万里说那也可以啊。那个指导员就接着说，那他回去也照凤阳的办法改过来。万里讲：“你们已经搞好了，现在不要改，秋后你觉得凤阳的办法好，你们再改也不迟。”后来省委仿照滁县地委五条电话通知的精神发了一份“省委代电”，重申前言，各种形式的责任制一律不变。全省经济稳定了。

小岗村的“大包干到户”

前面说到，在“包产到组”推开的过程中，有的地方暗中就搞了“包产到户”，表面上是到组，实际上是分到户了。其中凤阳县小岗村搞了“大包干到户”。我到小岗生产队看过，当时小岗队有20户人家，115口人，老百姓家里穷得什么都没有，而且村里一个男的都没看到，只看到几个女的。我问她们：“你们男同志到哪里去了？”她们回答：“他们都出去讨饭去了，没有回来。”我们就问：“你们为什么不搞生产？”她们只是笑笑不回答。这是我第一次到小岗的情况。

小岗很穷，农民没有积极性，一到冬天就出去讨饭，后来在地区推广“包产到组”的时候，小岗开始就分了4个小组，但搞不好，以后又分了8个小组，也还是搞不好。因为十年“文化大革命”，小岗损失很大，是名副其实的“三靠队”：生产靠贷款，吃饭靠返销，生活靠救济。“文化大革命”十年来，国家给了他们11.4万公斤的供应粮，贷款和无偿投资近2万元，现有的几头牛就是无偿投资买的。所以穷到这个程度，最后他们就干脆“包干到户”了。有一天晚上，他们就聚在一起秘密开会，按了18个手印，并签了一份秘密协议，协议上说明，他们“分田到户”，如果将来被人家发现了，他们坐牢了，全村要把他们的小孩子养活到18岁。

所以1979年的时候，他们就分户种地了。过去干活是排队一起干，现在他们是分户干，劳动的积极性很高，庄稼长得很好。周围村一看，说小岗怎么变样了呢？世上没有不透风的墙，最后别的生产队知道他们“包干到户”了，就一下子揭穿小岗了，说小岗搞“包干到户”，他能搞，我们也要搞，于是他们纷纷向公社提出要求。公社坐不住了，就对小岗进行批评，命令小岗还得合起来，不能搞。

以后这事又告到县里，县委书记陈庭元来了，公社书记向他反映：他们搞了

"包干到户"，这是复辟，是走资本主义道路。县委书记就说："哎呀，小岗穷成这个样子，穷得已经'灰'了，就叫他们试行一年吧。全县有3000多个生产队，就是他一个队复辟了，也没有关系，影响不了大局。"县委书记做了这么个表态以后，我也知道了。我就事先不打招呼，到小岗转了一圈，看庄稼长得确实不错，这做法确实很好。

1979年10月，滁县地委在凤阳召开四干会，地委、县委、区委、公社开会，总结推广"包产到组"的经验。在这个会议前，我首先开了一个不讲话的现场会。什么叫不讲话的现场会？就是要大家到这个村的每家每户去看，看完之前不讲话，看他们的粮食囤子、锅灶、厕所、家庭设施等。可以找任何人谈话，找五保户[①]也可以。我们只规定集合回程的时间。我们首先看了城南公社岳林大队的岳北生产队，看得很高兴：找老百姓谈话，老百姓说家里粮食都很多；五保户安排得也很好。第二个看了大庙公社后杨生产队。这个生产队穷了很多年，年轻人找不到老婆，女子不愿意嫁到后杨队。生产队长杨锦宇首先给我们介绍了情况，然后带我们到每家每户去看。杨锦宇介绍情况时说，他们村搞了"包产到组"以后，现在有一个青年找到了老婆，他的老婆是四川人。另外呢，他说他家现在是"开门5块钱"：家里的粮食很多，养了五六十只鸡，每天能收五六十个鸡蛋，鸡蛋每天能卖5块钱。另外他还盖了一座新房子。

看完回来以后，有的公社书记要求，能不能到小岗去看一下？听说小岗搞"包产到户"了。那时候中央文件明确规定不许"包产到户"，到那去看不就等于宣传"包产到户"吗?为了避嫌，最后我们决定趁着晚上，地委各部委、县委书记和区委书记到小岗看一看。那天我们在小岗从西头看到东头，每门每户都看了一遍。他们的粮食以前是每年3万斤，第一年"包干到户"粮食产量就超过了13万斤，棉花、油粮都完成了任务，所以大家都很高兴。我们看完了以后，地委常委在生产队副队长严宏昌家随便谈了一下。大家都说很好，思想完全一致，对小岗"大包干"责

① 所谓"五保"，主要包括以下几项:保吃、保穿、保医、保住、保葬（孤儿为保教）。五保对象主要指农村中无劳动能力、无生活来源、无法定赡养扶养义务人或虽有法定赡养扶养义务人，但无赡养扶养能力的老年人、残疾人和未成年人。

任制表示支持。因此，我就决定允许小岗干三年，进行试验，干得好还可以继续干。

就在这个时候，小岗人炒了一大箩筐花生，叫参观的人吃，参观的人怕违背群众纪律都不敢吃，结果他们只好把那花生倒在我们坐的大客车里。回来以后大家议论纷纷，说小岗“包干到户”，增产最多，就要求也搞“包干到户”。因为当时中央的文件规定不许“包产到户”的，所以，我在会议总结讲话时动了脑筋，变通了一下，说“包产到组”，三户就可以成为一个小组。实际上也就是父子组、兄弟组。会后，我打电话给省委管农业的书记王光宇报告了这事，他表示同意。

所以我这一讲，一下子凤阳的许多生产队都搞了“包产到户”，而且给了个名字，叫“大包干”，并编了句顺口溜广为传唱：“大包干、大包干，直来直去不拐弯，保证国家的，留足集体的，剩多剩少都是自己的。”这下子影响很大，县委坐不住了。因为不仅是公社反对，区委和县政府各个部门都有人反对。

公社书记就说：“你们不收回来，我就不发救济粮，不发种子，不供应化肥等。”以此相威胁。小岗已经做起来了嘛，威胁他也不干。结果12月下旬他们就把小岗生产队的副队长，“大包干”的带头人之一严宏昌（小岗唯一一个中学生）找到县委党校，对他进行批判，批他是资本主义复辟、倒退、走资本主义道路，说这是犯法的，甚至拍桌子威胁说要把他抓起来。

这时严宏昌急眼了，就说：“你们批判我，我这个事情地委王书记知道，他们批准我们干三年。”审问他的干部一听：“啊，地委同意你们搞三年？”他说不信打电话到地委去问。接着他们就给我打电话。我接了电话以后就告诉他们：“是的，我在那开会时，经几位地委常委研究，我们批准他们干三年，你们不要再批他了。马上省里要开会，我会后再对你们讲。”所以就暂时放他回去了。

接着省里在1980年1月2日召开了农村工作会议。我在会上做了发言，发言稿的题目是《顺应民心，积极引导》。在发言的最后，我脱离稿子，要求省委给“大包干”报个“户口”，承认它是社会主义生产责任制的一种形式。

我发言后，会场上很惊讶，讨论时争论很激烈。有的人甚至说：“你顺应民心，顺应的是社会主义还是资本主义的民心？”虽然有各种不同的意见，但是最后还是赞许的人比较多。到了1月11日，万里对会议进行了总结，万里很风趣、很幽默地讲到了“包产到户”。“孩子已经生下来了，他妈妈挺高兴，哎呀，可解决大问题了，你不给他报户口，行吗？那天王郁昭同志说了，孩子挺好的，给报个户口吧，承认它也是责任制的一种形式，许多干部去看过，都热乎乎的，但是回来以后又凉了半截。为什么呢？不合法呀，要批判呀，说它是资本主义。那根本不是资本主义，‘包产到户’不是分田单干，分田单干也不等于资本主义，没有什么可怕。不是我们提倡，我们的态度是不能打击群众的积极性，群众已经认可了，苦苦哀求‘让我们干两年好不好呀？’那就只能同意，批准！”[①]万里的讲话在省电台播了，并在《安徽日报》发表了。这一搞不得了呀！全省马上就轰动了，“省里都给报户口了”。当时是冬天，老百姓都在搞“冬修”（冬季修水利），回家后就“分田到户”。“包产到户”在全省就普遍推开了。但是这个“户口”只能在安徽地方，还不能在全国通行。

1980年2月，中央决定调万里到中央工作，担任国务院副总理，兼国家农委主任。在离开之前他到了小岗，由我陪同，他也从西头往东头走了一遍。最后在严宏昌新盖的大房子里座谈。他说，我早就想这样干，现在你们干得很好。严宏昌说：“别人说我们是复辟、倒退，今后我们还能继续干吗？”万里就说：“地委批准你干三年，我批准你干五年。干得好，你继续干，永远干下去。你们富起来都住两层的小楼，我就高兴了。以后谁讲你们复辟、倒退，这个官司由我万里去打。”万里讲得很干脆。后来万里从凤阳离开，到皖北去了。

做好撤职准备，但我问心无愧

1980年6月1日，我去巢湖参加会议，因为去晚了一点，结果秘书送了一份文件给我看，即邓小平5月31日的一篇谈话稿，题目是《关于农村政策问题》，并且打招呼，只许看不许抄，说这是一个征求意见的稿子。我一看这个稿子对我们非常有利：邓小平在这篇文章里说，农村政策放开了以后，有的地方搞了“包产到户”，像安徽的肥西，增产很多。“凤阳花鼓”唱的那个凤阳县，搞了“大包干到户”，也是一年翻身大变样。有的同志担心，这样搞是不是不利于集体经济的发展。他认

① 万里：《万里论农村改革与发展》，中国民主法制出版社，1996，第75-82页。

为不必担心，关键在于发展生产力。生产力发展了以后，低级的集体经济就会向高级的集体经济转变，并且提出了四个条件。我一看，顾不上“不许抄录”的规定，当即我就叫秘书抄了下来。6月2日晚上，我冒着大雨回到滁县。6月3日，我召开地委书记和县委书记会议，传达了邓小平那篇文稿，大家都很开心。

到了8月，安徽省委就在合肥开省委常委扩大会议，汇报对“包产到户”调查的情况。在这个汇报会上，有个地委书记带头发言，反对“包产到户”，为会议定了调子。接着其他各地市一起反对，围攻“包产到户”。但有几个市委书记，说穷的生产队可以搞“包产到户”，富的生产队不要搞“包产到户”。六安地委书记徐士奇讲：“我们共产党是为人民服务的，明明知道‘包产到户’能够增产，为什么不让人家搞，和老百姓对着干？”他重复了几遍：“我们为什么要和老百姓对着干？”有的地委书记干脆不发言。这时，省委第二书记顾卓新说：“王郁昭你讲讲吧！”我被点名后站起来，说：“首先从理论上讲生产力和生产关系的原理，初中生都懂得生产力和生产关系的关系，但是贯彻起来是很困难的。我们老是改变生产关系，还没有搞几天就变，变来变去。根据我们调查，现在生产增产最多的就是‘包产到户’，其次就是‘包产到组’，再其次增产不多的和减产的就是原来的生产队。我的结论就是，队不如组，组不如户。”这时有领导气冲冲地讲：“难道集体的生产就不如‘包产到户’、单干吗？”我回答说：“那些生产瞎指挥，干活‘大呼隆’，就不如‘包产到户’。”接着我有点动情地说：“我们滁县地区，‘包产到户’‘大包干到户’面已经很大了。如果省委领导同意我们搞，我们就继续完善提高把它搞好。如果不同意，你就下个红头文件，不许搞‘大包干到户’。按照党的原则，党员服从组织，下级服从上级，我改过来就是。我已经准备被撤职，但我问心无愧，我对得起党对得起老百姓。”我眼泪都下来了。整个会场鸦雀无声，大家都看着我。

在这种情况下，省委第二书记顾卓新就说了：“看来我们这个会议分歧很大，不好做总结了，我建议把邓小平那一篇《关于农村政策问题》的讲话稿念一遍，代替会议的总结。”这个时候省委秘书长就把那个文件拿出来，在会上念了一遍就散会了。散会以后，新华社分社的记者张万舒说：有人形容今天的回忆，是在王郁昭

“舌战群儒”和徐士奇“苦口婆心”的气氛中结束的。

当天晚上，我感觉肝有些痛，便于第二天到安徽医学院做了彩色B超的检查。医院一查，说我有脂肪肝，并且现在已经有肝腹水了。这一讲，我很紧张。就在这个时候来了电话，说省委第一书记找我，叫我到他家里去。在他家，他跟我讲了几句话：“你的工作不错，也有水平，不要因为这个事背包袱影响工作。”安抚了我一下。接着我就到省立医院了，经省立医院检查，说我有脂肪肝，但是没有肝腹水，所以我就放心了。

回到地区后我继续完善提高“大包干”，把它搞好。后来，“大包干”得到了小平同志的支持，迅速在全国普遍推广，只用3年的时间，全国99%的社队都搞了“大包干”。这是广大农民的选择，其迅速在全国形成星火燎原之势。我记得邓小平有句话：农村改革是农民的伟大创举，发明权属于农民。这是农民的首创，我们领导只是把他们的经验拿上来条理化、理论化，然后再推下去。同时，我们不搞强迫，允许看、允许等。接着，农村突破了以后，迅速推动了城市的全面改革和开放。农村的改革解决了温饱问题，中国的粮食很快从3000亿斤发展到6000多亿斤，中国的贫困人口由2.5亿人一下子减少了50%，温饱问题解决了。最后，农村改革还推动了乡镇企业的发展，邓小平说“乡镇企业异军突起”。短短几年，乡镇企业的产值就占了全国工业产值的1/3，推动了整个中国工业化的发展。另外，政策允许农民工在流动中就业，为解决中国农村的富余劳动力和二元经济结构做出了贡献。中国经济迅速发展，成为全世界第二大经济体。中国的

图8-4　王郁昭在田埂上讲解农业生产技术

国际地位有了很大的提高，也为现在的深化改革创造了条件。

回顾那段历史，在参与农村改革时，我是一个基层干部。我认为，看准了的问题就一定要坚定不移地走下去，要不断地提高农民的生活水平，推行家庭联产承包责任制。此外，在农村改革历程中，农村劳动力的问题也非常重要，尤其是在农工潮刚刚兴起的时候，有些人说他们是盲流，不允许他们出来。当时我的态度非常鲜明，我认为他们不是盲流，这应该是解决二元结构的关键措施，应该支持他们出来。因此，我发起组织了中国农村劳动力资源开发研究会，我被选为首任会长。可以说在这个问题上，我是走在前面的。还有就是在扶贫方面，我当时推动中国扶贫基金会带头进行机构改革，改成招聘制，没有机构编制。另外，我提出扶贫项目不要搞得太多，要集中几个项目，要搞就搞成品牌，所以原来的几十个项目，最后只剩下5个，这5个都被打造成了品牌，中国扶贫基金会也因此被评为全国5A级慈善机构。我也获得了中华人民共和国民政部颁发的“中国慈善贡献奖”的奖杯和证书，同时获得了“中国消除贫困成就奖”的奖杯和证书。回顾过往，虽至耄耋之年，我仍倍感欣慰。

宣传“包产到户”的前奏和铺垫

汪言海

1977年，我们安徽省出台了一个放宽农业的政策，全称是《关于当前农村经济政策几个问题的规定（试行草案）》，简称“省委六条”。万里任安徽省委第一书记后，考察了农村的实际情况，认为安徽农业问题太大、农民生活太苦，于是经过5个多月的调查，反反复复上上下下地研究，最后制定出了“省委六条”。“省委六条”出来后，全国反响很大。

因为当时还在搞“两个凡是”，在农村则搞农业学大寨，普及大寨县，各地都设立了普及大寨县办公室，而且还要搞“穷过渡”，规定的任务大概是10%，即10%的生产队，要向大队核算过渡。我觉得这是不现实的，是不可能实现的。万里来了以后，安徽学大寨虽然也贯彻执行，但不是太积极，是很消极的，反倒是制定了“省委六条”放宽政策后，在全国影响很大。根据“省委六条”的精神，我写了一份“包产到组”的内部材料，被新华社的《国内动态清样》刊用了。事情是这样的：1978年八九月间，有一天我看到六安县普及大寨县办公室的一份简报，这份简报点名批判一些区社的某些大队搞“三级半核算”，指责这种做法是“倒退”，是资本主义倾向，要坚决纠正。我从简报上提供的线索，顺藤摸瓜，调查了几个所谓搞“三级半核算”的大队。我记得，当时大队所在的公社，根本不敢派干部陪我调查，有的派会计，有的派兽医给我带路。原因是县里已经批判了，怕惹火烧身。原来，“三级半核算”就是分组作业，联系产量计酬，简称“包产到组”。当时，人民公社是“三级所有，队为基础”，这被写进了宪法[①]。于是搞“包产到组”被批判为“三级半核算”。我在调查中发现，凡是搞了“包产到组”的地方，都调动了社员的劳动积极性，都比“包产到组”以前的生产队有较大幅度的增产。于是我选择了中店公社红旗大队，写了一份调查报告，为“包产到组”正名。

当时，“包产到组”在国内尚属禁区。安徽省委制定的农业“省委六条”，放宽了农业政策，但只允许分组作业，不允许联产计酬。根据当时的情况，这个调查只能作为“内参”发稿。红旗大队“包产到组”的调查报告写好后，我送给六安县委审查，县委书记坚决反对，我又找了分管农业的县委副书记和县革委会副主任，还有一个县办公室主任，他们看了都说这个办法好，鼓励我发稿，在这样的情况下我才把这个内参发到省报。稿件首先在安徽日报社的《内部参考》刊登，后来，被新华社安徽分社知道了，他们便向总社转发。总社在《国内动态清样》以“绝密”件做了转载，供中央领导同志参阅，时间是1978年11月20日。这年年底，党的十一届三中全会讨论通过了《中共中央关于加快农业发展若干问题的决定（草案）》，放宽了农业政策，允许联产计酬到组，实际上就是“包产到组”，为农村改革艰难

① 1978年3月5日中华人民共和国第五届全国人民代表大会第一次会议通过《中华人民共和国宪法》，其中第一章第七条规定：“农村人民公社经济是社会主义劳动群众集体所有制经济，现在一般实行公社、生产大队、生产队三级所有，而以生产队为基本核算单位。生产大队在条件成熟的时候，可以向大队为基本核算单位过渡。”

地开了一个小口子。看了中央的这个决定，我很高兴，觉得自己做了一件有意义的事。它对党的十一届三中全会放宽农村政策，允许联产计酬到组起了多大的作用，我不知道，但我相信，“历史的进步是由一种合力推动的”，我可能是这种合力的一部分吧。

那段时间，我根据“省委六条”精神写了多篇报道。我认为，这些报道，特别是“包产到组”的内参，是我宣传“包产到户”的前奏和铺垫，我宣传“包产到户”，在新闻界为农村改革开第一腔，不是偶然的，而是一个渐进的过程。

以“借地种麦”为名搞“包产到户”

肥西县的“包产到户”是怎样搞起来的？这件事情我也是后来在调查中才了解的，它应该与这一年的大旱之年“借地种麦”有关，当时有“借地度荒，种保命麦”的说法。1978年，安徽省遇到了百年不遇的大旱，江淮地区很多地方，从春到秋没有下过一场透雨，特别是在江淮丘陵地区，几乎所有的山塘、水库都干枯了。鸟雀在天空飞着飞着就掉下来了，因为它没有水喝。塘里的龟、鳖、鱼也全部死掉了。9月，安徽进入了秋种季节，由于大旱，地硬得犁不动，种麦子要到很远的地方挑水种，眼看着因为大旱麦子种不下去，省领导就急了。

9月8日，省委召开常委紧急会议，研究秋种问题。省委第一书记万里说：“现在麦子种不下，明年春荒怎么得了？即使国家调粮食给他们吃，他们也没有钱买啊。”所以万里就提出来了，与其集体种不下去，让地荒着，不如借给农民去种。9月8日讨论的结果，是省委常委紧急会议做了一个决议，叫“借地种麦”：一是“把集体无法耕种的土地”借给农民种麦，每人三分地，超过计划扩种部分，不计征购，由生产队自己分配。二是鼓励农民利用“四旁”（村旁、宅旁、路旁、水旁）和开荒地多种粮食，谁种谁有。而且提法上是讲把集体不便于耕种的地借给社员去种。“借”是大智慧，“包”是当时的大忌，而“借”既不违背中央文件精神，又从安徽省的实际情况出发，调动了广大农民的积极性。“借地度荒”催生了“包产到户”，这是后话。

在那个时候下文件是很慎重的，因为争议很大。有人问，集体为什么种不下去呢？他们怕引发单干风啊。为了减少阻力，万里亲自召开了江淮之间旱情最严重的县委书记会议，让他们知道省委为什么要这么做，要求贯彻省委“借地种麦”的决议。于是，“借地种麦度荒”的政策，就像长了翅膀一样很快传遍江淮大地。

这个文件我没有看到，据说推迟到10月初才发下去的，但省委“借地种麦”的消息不翼而飞，传得很快。近水楼台先得月，肥西县离省城最近，他们好多人就在省委机关工作。9月15日，肥西县当时的县委书记常振英在山南区检查工作中，就向区委书记汤茂林传达了省委这个“借地”的决定。汤茂林一听就很兴奋，说：“那不如把地分给农民，农民干劲更大。”常振英一听，马上就制止，说不能分，叫“借地”，借与分是有严格界线的，性质不同。实际上省委讲“借地”，也是很有分寸的，因为这是个很敏感的事情，“借地种麦”是在特殊年景下的特殊措施，应该说是符合安徽省实际情况的，没有违背中央精神。中央当时实施学大寨，是不允许搞“包产到户”的。省委在这个问题上是既有勇气也有智慧的，只讲借，不讲分。汤茂林问，借多少呢？常振英说借三分地。汤茂林讲太少啦，常振英说具体怎么借，你们决定嘛。有了县委书记的这句话，汤茂林胆子就大了，当晚他带了秘书权巡友到他们蹲点的柿树公社黄花大队去，开了一个有23个党员和生产队长参会的会议，研究“借地种麦”问题。后来肥西县志称这个会议为“黄花会议”，就是说，肥西县的“包产到户”，最早就是从黄花大队“借地种麦”开始的。

会议研究到底借多少，怎么借。还是农民有胆量，说要借都借。怎么借呢，就是一个人一亩麦子，半亩油菜。名字叫什么呢？不叫“包产到户”，叫“四定一奖”：定任务，每人1亩麦，半亩油菜；定工本费，1亩5元；定工分，1亩200分；定上缴，1亩麦200斤，油菜100斤；超产全奖，减产全赔。这个决定在当时是胆大包天的，汤茂林觉得心里不踏实，因为这毕竟是个人决定。第二天一早他回区里去，召

图8-5　黄花会议会址——黄花大队油厂

开区委会议，区委会上大家一致同意这样做，因此就形成了区委的集体决议。因为大家都知道，在这样的大旱情况下，集体种麦任务是完不成的。

下午，区委7名委员全部到黄花大队宣布“四定一奖”政策。

17日，黄花大队开始借地。除100亩不宜秋种的地外，全部借地到户。

9月20日，汤茂林在黄花大队召开现场会，只通知附近3个公社即柿树公社、防虎公社和山南公社的党委书记和黄花大队附近9个大队党支部书记来开会，汤茂林是想在小范围内推广黄花大队的做法。结果呢，全区所有的公社书记和大队干部都去了，那个消息真灵通啊，一传十，十传百，大家很快都知道了。这个会议以后，山南区全区都搞了“借地种麦”。名义上是“借地种麦”，实际上很多大队、生产队，就以“借地种麦”为名，搞起了“包产到户”，这就是山南区走出的“第一步”。有人称汤茂林为“汤大胆”，毕竟这个“包产到户”没有中央文件支持，汤茂林他们心里是忐忑不安的。

山南区基本上搞起来了，很快就有了人民来信。9月20日开的会，9月下旬就有人民来信，他们写到省委、地委。很快，省委书记万里就看到了。人民来信辗转到省农委政策研究室主任周曰礼的手中，这时已经快到11月了。省农委政策研究室的同志，内心是支持“包产到户”的，就慢慢拖，拖到12月才去调查，一调查，发现山南区的秋种任务完成得既快又好。11月初，全区种麦10万余亩，油菜4.7万亩，超额9万亩完成县里下达的秋种任务。他们回来一汇报说山南区的做法成效很大，万里也就没有追究了。

但这件事情在万里心中留下了深刻印象。1979年2月1日，省委派出两个调查组到农村，传达贯彻十一届三中全会关于加快农业发展若干问题的决定。周曰礼带队到肥西县山南公社去宣讲中央的文件。在宣讲过程中，农民就跟他要求搞“包产到户”。农民说，1962年“责任田”是救命田，我们要想把农业生产搞上去，你讲的那套东西，都不起作用，最好的办法就是“包产到户”。周曰礼经历过1962年“责任田”这件事，他对农民的心愿非常了解。2月4日晚，周曰礼赶回合肥去向万里汇报，把山南公社农民的意愿向万里报告了。2月6日，万里就召开省委常委紧急会议，听周曰礼的汇报，研究山南公社农民的要求。而且实际上山南区以“借地种麦”为由头，很多地方已经搞起了“包产到户”，从秋种的效果来看，这个效果是非常好的。

但并不是所有的常委都同意在山南公社搞“包产到户”的试点。在争论中，当时的省委书记王光宇起了很大的作用。过去搞“责任田”的时候，王光宇就是安徽省委书记，他说“责任田”效果的确很大。讨论了一天，也争论了一天，最后万里下决心在山南搞“包产到户”的试点，但有个“三不”的规定，叫“不制止，不宣传，不登报”。

2月8日，周曰礼赶回山南公社传达省委决定。2月16日，万里召集江淮地区的六安、巢湖、滁县三地地委书记吹风会，说：“肥西县有的公社搞了‘包产到户’，错了我检讨。”仅20天，山南全区全面实行“包产到户”。又过了10天，全县40%的生产队实行“包产到户”。

在这种情况下万里还是有些紧张的，他要向中央汇报了。年前，省委就有人建议：在山南公社搞试点，要经过中央批准，因为这是很敏感的事情，在中央文件明确规定不许“包产到户”、不许分田单干[①]的情况下，下级要服从上级啊。在这之前呢，万里曾经讲过，让山南搞试点，如果滑到资本主义的道路去，我们可以把它拉回来，如果减产了，我一个省还不能支持一个公社吗？后来周曰礼又汇报全山南区都搞了“包产到户”，万里还是这个话：让它搞，一个区也没什么了不起，如果发展到资本主义道路上去，我们能把它拉回来，如果它减产了我们全省可以支援它。如果发展到一个县他也还是这样讲。但是他心里毕竟还是有些紧张的。本来是“三不”的，即“不制止，不宣传，不登报”，但现在这消息不翼而飞，你不宣传，他们相互间宣传起来了。在这种情况下，万里考虑要向中央汇报了。

怎样汇报呢？安徽省委于1979年3月4日向中央发了电报。电报在谈了安徽省出现的各种生产责任制形式之后说：“关于责任制的问题，我们认为，只要不改变集体所有制性质，不改变核算单位，可以允许有多种多样的形式……少数边远落后、生产长期上不去的地方，已经自发搞了包产到户责任制的，我们也宣布暂时维持不

① 1978年12月22日，中国共产党第十一届中央委员会第三次全体会议原则通过《中共中央关于加快农业发展若干问题的决定（草案）》，其中明确规定：“不许包产到户，不许分田单干。”

变，以免造成不应有的波动，由于为数不多，允许做试验，看一年，以便从中总结经验教训。”

这是一种领导智慧，既体现了组织原则，又体现了从实际出发、实事求是的思想路线。这以后山南区和肥西县的“包产到户”就一发不可收拾啦，并迅速扩展到其他的邻县。1979年这一年，万里两次到肥西县山南区去调查研究，倾听基层干部和农民的意见，并提出问题和他们讨论。这种深入实际的工作作风是非常可贵的。

因此我说肥西县的“包产到户”在我们安徽省是一个突破。1979年和1980年，中央和国家机关单位20多位负责同志，23个省市负责农业的领导同志，全国11所名牌大学（北京大学、清华大学、复旦大学等）的经济学家、教授，都到肥西县山南区考察、研究，包括大寨所在的山西省都派人来考察、研究，其影响之大，震动了全国。

对肥西县山南区“包产到户”的调查

之前，我对肥西县“包产到户”是怎么搞起来的并不知道，因为它有一个“三不”的规定，即“不制止，不宣传，不登报”。后来是怎么知道的呢？

那是1979年7月中旬的一天，我看到六安地区农业局有一个简报，说肥西县山南区在搞“包产到户”，引起了好多矛盾，并列举了“包产到户”的十大危害，说不符合社会主义方向，也违背中央文件精神。我看过以后，就问了个为什么：中央不准，又有那么多坏处，农民为什么要搞呢？我就想调查个水落石出。

1979年7月20日我来到山南区，发现当时的肥西县委书记正坐镇山南举办党员干部学习班，搞思想转弯子，纠正“包产到户”。在区委办公室里，我看到中共肥西县委7月16日正式下发的46号文件，文件强调，“不许划小核算单位，不许包产到户”，“要把包产到户的（地方）重新组织起来，把各种形式责任制中出现的偏向纠正过来”。

这天下午，山南区近千名党员和生产队长以上干部在区委会礼堂听纠正“包产到户”的动员报告，我旁听了会议。动员报告讲得很严厉，说如果你坚持搞“包产到户”，是党员的，要考虑你的党籍，是干部的，要考虑你以后能不能当干部。会议气氛很沉闷，散会时，我发现多数人情绪很差，有的气呼呼的，甚至用肥西话骂："增产还犯法？"这话给我留下了深刻的印象，至今难忘。

调查中我听了区委书记汤茂林的情况介绍，他给我讲了八个字，即"又想，又怕，决心，担心"。他说："'又想'，是因为包产到户确实能增产。报产量可能有虚数，但午季[①]粮食交售入库是真家伙。"他告诉我：正常年景，全区午季麦子交售量为110万斤左右，去年最高为170万斤。今年到目前为止，已入库1149万斤，是正常年景的10倍，是最高年景的六七倍。

图8-6 在田里竖起"筑防风墙 修拦水坝 坚决抵制肥西单干风"的标语

听着听着，我就在想：就一个"借地种麦"，一个"包产到户"，粮食就增产这么多，区粮站仓库满了，已经没有办法收购，农民排队交粮食，干部要去维持秩序，这是过去从来没有过的事情啊。"又怕"呢，是因为"三自一包"[②]已被批臭了，党的十一届三中全会通过的《中共中央关于加快农业发展若干问题的决定（草案）》明确规定"不许包产到户"和"不许分田单干"，怕犯方向性错误，怕"运动来了吃不消"。汤茂林说："省里只叫试验。"而所谓"决心"，是指坚决贯彻中央和县委文件，纠正"包产到户"。他说："叫我们带头搞倒退我们不能干。"

① 午季：指夏季。
② "三自一包"："三自"指"自留地、自由市场、自负盈亏"，"一包"即"包产到户"。

最后，汤茂林忧心忡忡地说：“一纠正，我担心明年粮食要大减产，向上，向下，都不好交代。”从他的担心，我发现他对“包产到户”还是很留恋的，后来的事实又表明，他并没有采取任何措施纠正“包产到户”。

那么，肥西县委为什么要出台一个纠正“包产到户”的46号文件呢？因为压力太大了，不光本县的一部分干部坚决反对，还有外地来山南考察的人也反对。县里感到压力太大，于是县委就出台了一个46号文件，要求坚决把“包产到户”纠正过来，把农民重新组织起来。我就是在这种情况下去采访的，我是想以一个记者身份客观来采访的，但是很难听到真话。我在区社办公室采访时，这些干部几乎异口同声地讲“包产到户”有很多坏处，矛盾大、纠纷多。但是等我晚上钻到干部的宿舍个别谈时，同样一个人的说法又不一样了。他会和我算他家“包产到户”后的收入账：增产多少，增收多少，再也不用当“超支户”了。

什么叫“超支户”？即某个农户一家人在生产队辛辛苦苦劳动了一年，一算账，他全家的劳动所得，领不回一家人的口粮，需要补交口粮款。有的人家呢，养一头大肥猪，卖给食品站，得到几十块钱来交这个口粮款。如果这户人家穷得无法补交，一些劳动力比较强的进款户，分配就不能兑现，从而又挫伤了他们的劳动积极性。“超支户”越多，说明这个生产队越穷。“超支户”成为当时农村的一个老大难问题。

我在调查中发现，农民对于“包产到户”的要求是很迫切的，也一直是提心吊胆的。上面一来人，很多农民就趴在窗口听消息，生怕说不许干。有时候农民与农民之间发生纠纷，第三者就去劝说：有话好商量，不要吵架，一吵架，让政府知道了就不让这样干了……县委46号文件给农民泼了一瓢冷水。他们想不通，就问：“国家多得粮[①]，社员多吃粮，为什么不让干？”有的议论说不卖粮了，防止以后减产没得吃；有的则表示用罢耕罢种的办法来反抗。

为了弄清事实真相，我住到馆北大队唐大郢生产队调查。我一户一户地访谈，或者召开座谈会，这一调查发现与先前在区社调查的情况大不相同，我发现农民对“包产到户”真是千盼万盼啊。听说省报有一个记者来调查“包产到户”，外大队

① 指多交征购任务。

的农民也纷纷来向我反映“包产到户”的好处，要我为他们说话。有一个农民叫解广毕，是何冲大队小山头生产队的。他一笔一笔地给我算了增产增收账。他告诉我：听到县委书记说不让干，他像丢了魂似的，想不通。他只有小学文化程度，但是他一天没出工，三个中午没休息，给华国锋主席和万里书记写信，反映“包产到户”的好处。社员们知道后，都要求在上面盖章按手印。他说：“我一人做事一人当，犯法坐牢我去，我不连累你们！”他对我说：“继续干，不仅今年大增产，明年还要大增产。要是‘归大堆’，明年肯定是乌龟过田埂——大跌跤子。”

7月25日，馆北大队大队长赵其安的话给我更强烈的震撼。赵其安说：“我们大队年年吃回销粮，我们当干部的脸上无光。中央说实践是检验真理的唯一标准，这一条在农村还兴不兴？”赵其安毕竟是大队干部，说话很有分量。

我第一次在山南区调查了10天，先进生产队、落后生产队都去了，反对、赞成的两种意见也听了。听说有一个农机站站长叫董光凡，反对得很激烈，我专门找到他，听他一口气讲了12条罪状，我一一记下来了。这12条罪状分别是:人干生分了[①]、人心干散掉了、班子干瘫掉了、耕牛干累死掉了、农具干毁掉了、机械干锈掉了、公房干倒掉了、大田干小掉了、科学种田干停掉了、公活干歇掉了、教育质量干低掉了、贫富悬殊干大了。

应该说，上述问题都不同程度地存在着，有的还比较严重，但不是普遍现象，我在调查中做了具体分析。比如累死牛的问题，山南公社上报累死8头，但公社书记只能说出2头。据区兽医站反映，现在社员对耕牛在乎多了，饲料管理普遍比“大呼隆”时期要好，发病率也比去年低。再如反映最多的争水、争牛、争农具的问题。我分析：争，有积极的一面，争的目的是为了增产，争的结果是能够增产。以往“大呼隆”时期也有矛盾纠纷，如为评工争吵，为验收农活质量争吵，为分配不兑现争吵，等等。问题是，人们对过去的争吵习惯了，而对新形势下的争吵就大惊小怪。据一些大队、生产队干部反映，现在干部好当了，矛盾纠纷比以往少了。由此可见，上述问题都是前进中的问题，是支流。过去农村每天晚上评工记分，一评就吵架。农民干活你怎么给人家定工分？这是很难的，所以只能搞男10分，女8

① 指矛盾纠纷多。

分，小孩3分、4分、5分，最省事就是这么个搞法。因此，干好干坏一个样，干多干少一个样，叫干活“大呼隆”，一起磨洋工，磨了二十多年，捆在一起受穷。因此，就连反对最凶的同志也承认：这个办法能增产，对两头都有好处，一是多数社员可以很快富起来，二是国家可以多得粮食。

为农村改革“开腔”

10天的调查使我被“包产到户”的威力所折服，也为农民的思想、情绪所感染，回到六安后我久久不能平静。写不写呢？说没有思想顾虑那是假的。我有家，也有妻女！但经过激烈的思想斗争后，我终于鼓起勇气，写了一篇5000多字的内部材料，叫《关于肥西县山南区包产到户的调查》。在调查的开头我写道：“半年的实践证明，这个办法深受绝大多数农民的欢迎，是现阶段高速发展农业生产的一个好办法。”在调查的结尾，针对肥西县委46号文件，我又说：“对于这样一个既能增产，又受农民欢迎的办法，为什么不去完善它，而要急于判处‘死刑’呢？让山南区人民再实践它两年，天就塌下来了吗？”

我的态度是非常坚决的，观点是非常鲜明的，但在那个乍暖还寒的“季节”，我的这篇调查报告，不用说公开报道了，连《安徽日报》的“内参”也登不出来。当时报社记者部的同志认为这篇调查材料写得好，很有说服力，很快编发打出“内部参考”清样送审。分管老总对我很严厉，他说：“我们内参也不能鼓吹分田单干呀。”一句话就把我顶回去了，我很无奈。记者部有一个叫黎建图的同志，在我万般无奈的情况下，他挺身而出，愤愤不平地说：“我们为农民说话怎么就这么难，我就不信《人民日报》领导胆子也这么小。”黎建图就冒险将这篇调查材料寄给人民日报社的朋友卢祖品。在《人民日报》登这样的内参，也是很不容易的。一般情况下只要一个分管的总编辑签字就行了，但这篇调查报告是三个总编辑签字的，其中总编辑胡绩伟还在生病住院，另外两个副总编分别叫李庄和秦川。我的这份调查报告很快刊登在《人民日报》1979年9月6日第1493期《情况汇编》（机密件）上，并呈送中央领导同志参阅。这使我很感动，因为在当时决定刊登这样的内部材料也是需要胆识的。

在9月、10月间，安徽省农委政策研究室的同志又把我的这篇调查报告推荐给中国社会科学院写作组，并于同年11月8日在社科院内部刊物《未定稿》增刊上刊用。至此，山南区“包产到户”的真实情况终于通过两个不同的渠道反映到中央领导同志面前。

此后，我又对肥西县进行了连续4次的调查，写了一系列的调查报告，这也就是我后来被称为“新闻界为农村改革开第一腔”的原因。我要说的一点是，当时我撰写这一系列调查报告，是冒着风险的。

为什么说是冒险？“文化大革命”中批判的“三自一包”，人人皆知。其中的“三自”就是自由市场、自留地、自负盈亏；“一包”，就是“包产到户”。“包产到户”，命途多舛。它自1956年9月在浙江省永嘉县诞生后，就一直处于被围剿状态。从1978年底党的十一届三中全会算起，到1982年中央“一号文件”正式肯定“包产到户”是一种社会主义集体经济的生产责任制为止，围绕“包产到户”，全国争论了4个年头。如从1956年算起，则是26年。在这样的背景下，我深知调查“包产到户”的风险，即使是写“内参”也有风险。

那么，明知有风险和阻力，我为什么自愿地、真诚地做这件事呢？我记得巴金曾说过这样的话：“不是我有才华，而是我有感情。”我和巴金不可比，但在这一点上的认识是一致的，我是带着对中国农民的深厚感情来做这件事的，我亲眼看到、经历了合作化、人民公社给农民带来的苦难，知道人民公社的劳动生产率极端低下，并亲历了“包”字的威力。这些经历和积累，在我身上形成了一种动力，一有机遇，就会促使我下决心去调查，这绝不是个人一时的心血来潮。对肥西县“包产到户”进行的长期连续的调查，是我记者生涯中最值得回忆的一段时光。恩格斯讲过，历史的进步是由一种合力推动的，我仅仅是这个合力中很小的组成部分。农村第一步改革，是安徽人民的伟大创举，我仅仅是一个记录者而已。感谢这个伟大的改革时代。农民创造的“包产到户”，一举瓦解了束缚农民手脚的“一大二公”[①]的人民公社体制。其伟大之处在于，不仅解放了农村生产力，还使农村生产

① “一大二公”是中共中央在社会主义建设总路线的指导下，于1958年在“大跃进”运动进行到高潮时，开展的人民公社化运动两个特点的简称。具体指人民公社规模大、公有化程度高。

力中最活跃的要素——农民，获得了第二次解放：获得了对土地这一基本生产资料的经营自主权；获得了对劳动者自身及其劳动创造出的成果的基本支配权；获得了选择职业、改变生存空间的权利。正是有了农民第二次解放后所获得的这种“自由”，才有了中国农村乃至整个国家生产力的大解放。现在，全国已经有2.7亿农民工活跃在各条战线上，为中国的改革和建设做出了巨大的贡献。这个无与伦比的生产力的解放，无疑是“包产到户”的改革所释放出来的。

9. 家庭经营为基础不可动摇

——家庭联产承包责任制的确立

从“两个不许”到“一个不许，一个不要”，从“边远山区单门独户可以搞”到“三靠地区可以搞”，再到1982年中央“一号文件”公布，为“包产到户”“包干到户”解除了最后一道紧箍咒，突破了人民公社“三级所有，队为基础”的体制框框，肯定了“包产到户”的社会主义性质，在实质上确立了家庭联产承包责任制。

口述者：杜润生（时任国家农业委员会副主任）

王郁昭（时任中共安徽省委常委）

段应碧（时任国家农业委员会政策研究室研究员、1982年4月后任中央书记处农村政策研究室研究员）

杜润生

七届六中全会后我离开农业岗位，被调到了中国科学院。工作岗位的变更并没有淡化我对农村的关注和牵挂，我利用这段时间抓紧学习，深入实际调查研究，总结历史经验，对农村工作实现了从实践到认识的理论升华。

“文化大革命”后，我于1979年再次回到农业系统工作，站到了农村工作这个岗位上。当时，新成立了国家农业委员会，我被任命为农委副主任，主要负责中国农村经济改革的政策研究。初回农委工作时，有同志好言相劝：不要再提倡搞“包产到户”。但是当时也有另外一种声音，有些同志认为，“包产到户”势在必行，只是时间问题。我坚信，自1956年以来，曾经三起三落，“野火烧不尽，春风吹又生”的“包产到户”，将成为未来一段时间农村工作中不可回避的争议所在。

1978年中共十一届三中全会后，中国改革的起点是以“包产到户”为标志的农村改革。而在此之前，高层争论异常激烈。在当时的政治气氛下，我试探性地提出，先在贫困地区试行“包产到户”。这一建言得到了中央高层的应允。那时在中央高层中，“包产到户”依然是一个很敏感的、有争议的话题。

我首先支持万里在安徽的改革行动。1980年，在中央长期规划会议上，我提出先在贫困地区试行“包产到户”的构想。“贫困地区要调那么多粮食救济，交通又不便利，靠农民长途背运，路上就吃了一多半，国家耗费很大，农民所得不多。建议在贫困地区搞‘包产到户’，让农民自己包生产、包肚子，这样两头有利。”这个建言得到时任副总理姚依林的支持，随后邓小平也终于发话表示赞同。1980年5月，邓小平对“包产到户”和“包干到户”明确表态。他说：“农村政策放宽以后，一些适宜搞‘包产到户’的地方搞了‘包产到户’，效果很好，变化很快。安徽肥西县绝大多数生产队搞了‘包产到户’，增产幅度很大。‘凤阳花鼓’中唱的那个凤阳县，绝大多数生产队搞了大包干，也是一年翻身，改变面貌。有的同志担心这样搞会不会影响集体经济，我看这种担心是不必要的。”

不过接下来的发展并不顺利。在1980年下半年中央召开的省、市、自治区党委第一书记会议上，很多人对“包产到户”的提法不明确支持，甚至还发生了激烈的争执，会议一时间无法继续。胡耀邦、万里和我商量对策，我反复地斟酌措辞改写文件，最终形成后来著名的1980年“75号文件”，即中共中央关于印发《进一步加强和完善农业生产责任制的几个问题》的通知。文件指出，对贫困地区来说，“包产到户”是一种必要措施。这个文件打破了多年来形成的“包产到户”等于资本主义复辟的僵化观念，向前迈进了一步。该文件虽然距今天已经遥远，但它在当时中国农村产生了较大的思想冲击。

应该说，“75号文件”是一份承前启后的文件，是大家争论的结果。在1980年9月14日至22日，刚刚调整了的中央领导班子召开了各省、市、自治区第一书记座谈会，讨论加强和完善农业责任制的问题。会议对“包产到户”问题进行了专题座谈。很多人对“包产到户”的提法不明确支持，甚至还发生了激烈的争执，会议一时间无法继续。贵州省委第一书记池必卿讲到贵州准备全面推行“包产到户”“包干到户”责任制时，黑龙江省委第一书记杨易辰表态说：“我们不搞那个东西。”池必卿接着说：“你走你的阳关道，我过我的独木桥。我们贫困地区就是独木桥也得过。”这成为概括当时会议气氛的名言。当时的《人民日报》发表的一篇题为《阳关道与独木桥——试谈包产到户的由来、利弊、性质和前景》的文章，就形象地描述了当时的争议情形。

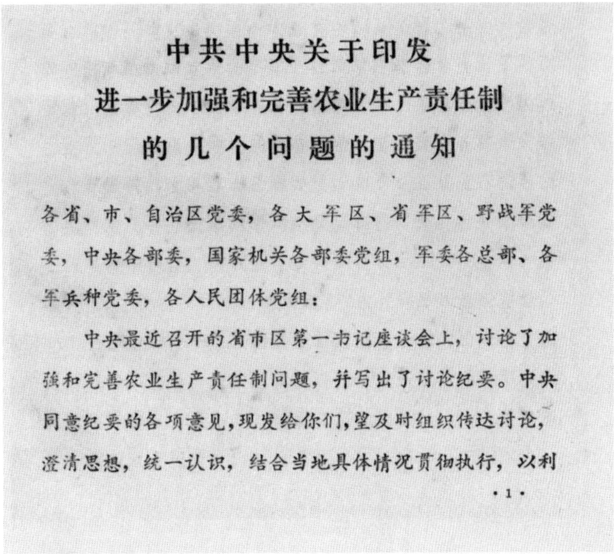
中共中央关于印发
进一步加强和完善农业生产责任制
的几个问题的通知

各省、市、自治区党委，各大军区、省军区、野战军党委，中央各部委，国家机关各部委党组，军委各总部、各军兵种党委，各人民团体党组：

中央最近召开的省市区第一书记座谈会上，讨论了加强和完善农业生产责任制问题，并写出了讨论纪要。中央同意纪要的各项意见，现发给你们，望及时组织传达讨论，澄清思想，统一认识，结合当地具体情况贯彻执行，以利

·1·

图9-1　1980年9月27日，《中共中央关于印发进一步加强和完善农业生产责任制的几个问题的通知》

这次各省、市、区第一书记座谈会，因意见不一致已很难再开下去了。为了解决这一难题，在会议闭幕之前，我和胡耀邦同志、万里同志商量处理办法，两次改写了文件，最终形成现在印出的《中共中央关于印发进一步加强和完善农业生产责任制的几个问题的通知》的纪要，即1980年“75号文件”。“75号文件”也可以说是一份承前启后的文件，它实际上把十一届三中全会决议中关于生产责任制的规定推进了一步。它肯定“包产到户”是一种为解决温饱问题的必要措施，承认群众自由选择的权利，认为不能自上而下用一个模式强迫群众。这是在农业政策上对“两个凡是”的破除。到1980年底，全国实行“包产到户”和“包干到户”的生产队从年初的1.1%上升到了15%。

“75号文件”：总算在中央给“包产到户”上了“户头”

王郁昭

1980年9月，中央召开各省、市、自治区党委第一书记座谈会，专门讨论农业生产责任制问题。会议由胡耀邦主持，华国锋、万里参加。当时国家农委主任王任重已经调任宣传部部长，万里兼任国家农委主任。这次会上对“包产到户”的问题也发生了激烈的争论。反对的主要有福建、黑龙江、江苏等省，拥护的有贵州、内蒙古、辽宁等省区。贵州省委书记池必卿、内蒙古自治区党委书记周惠、辽宁省委书记任仲夷都是坚定的支持者。会上黑龙江的省委书记杨易辰说，我们黑龙江省是搞大农场、机械化的农业，我不能搞“包产到户”，我是走的阳关道。贵州的省委书记池必卿就说，你走你的阳关道，我过我的独木桥。因为我们贵州比较落后，没有大农业，机械化也不是太好，所以我要走“包产到户”这条路。

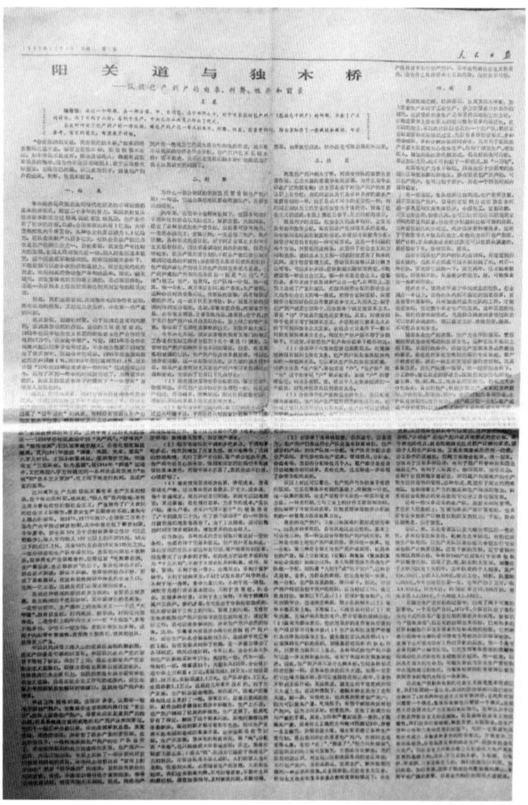

人民日报

阳关道与独木桥

——试谈包产到户的由来、利弊、性质和前景

图9–2　1980年11月5日，《人民日报》刊发了《阳关道与独木桥——试谈包产到户的由来、利弊、性质和前景》

会议围绕着这个问题展开了争论。散会以后，吴象同志写了一篇文章，叫《阳关道与独木桥——试谈包产到户的由来、利弊、性质和前景》，在《人民日报》上公开发表了。另外，邓小平同志那一篇《关于农村政策问题》的讲话稿公开，在关键的时刻起了停止纷争的作用，争论基本上平息了。

当时万里、张平化、杜润生等农委的同志准备了一个《关于当前农村政策的几个问题》的代拟稿。会上讨论国家农委的代拟稿时，虽然发生了争论，但最后还是达成了共识，最后形成的就是由国家农委杜润生负责组织起草的文件——《中共中央关于印发进一步加强和完善农业生产责任制的几个问题的通知》，即“75号文件”。文件里对农村经济进行了具体分析，认为可以按照原来的生产队搞集体经济，可以“包产到户”，也可以“包干到户”，各地要根据各地的实际情况分散决策。但是有一句话值得注意：“就全国而论，在社会主义工业、社会主义商业和集体农业占绝对优势的情况下，在生产队领导下实行的包产到户是依存于社会主义经济，而不会脱离社会主义轨道的，没有什么复辟资本主义的危险，因而并不可怕。”各地可以根据各地的情况自己决定。

也就是说，这份文件对“包产到户”虽然还没有完全肯定，还留了一个“尾巴”，说它们是依存于社会主义经济的，没有危险，但“包产到户”总算在中央文件上了个“户口”，总算被承认了。

“75号文件”发了，我很高兴，正好“75号文件”是国庆节前夕发的，我就把县委书记们召集到凤阳县，请他们吃饭庆祝国庆，庆祝“75号文件”发表。压在我们心中的一块石头终于落地了。

“一号文件”：给“大包干”报个能在全国通行的“户口”

1981年，中央要起草一份文件，也就是后来说的“一号文件”。9月，国家农委点名叫我参加起草“一号文件”的工作，我们就在十八所开会，历时20天。

在开会的时候，首先由杜润生做动员：“大家这次来是替中央起草一个关于农业生产责任制的文件，会上畅所欲言，有什么话就讲什么话，不抓‘辫子’，不打‘棍子’。”起草文件的过程，大体上分了几个阶段：

第一个阶段，讨论文件的框架，就是这份文件要讲些什么问题，框架要怎么写，大家随便发言。

当时除了各省来的代表，还有国家各部委来的人，他们不住在这里，每天都来不同的人，就以座谈的形式随便谈，愿意谈什么就谈什么。参加这次会议的人员我现在记不太清了，安徽来的是我，黑龙江来的是个姓巴的农工部部长，还有江苏的副秘书长、浙江金华地区的书记、河北的杨泽江、河南的雷太恒、山西的霍泛等。

在讨论框架的时候，农业部有个副部长突然发言，说："现在宣传'包产到户'多了，宣传'学大寨'少了。"我一听他的发言，火气就来了，马上驳斥他："你说现在宣传'包产到户'多了，实际上现在宣传'包产到户'才刚刚开始，现在你就受不了，那么农业'学大寨'，已经宣传了20年，天天喇叭筒子广播、电视广播'学大寨'，墙上写的标语是'学大寨'，穿的汗衫上印的是'学大寨'，喝茶的茶杯子上写的是'学大寨'，戴的草帽上也是写'学大寨'，你已经宣传了20年了，还不够吗？！"我发言的声音很大，会场上的人都很震惊。

第二个阶段，根据文件起草小组反复讨论拟出的文件提纲的纲目分组起草。在讨论框架和提纲的时候，我曾经提出过几个问题：第一个问题，要给"大包干"报一个能在全国通行的正式的"户口"，承认它是社会主义生产责任制的一种形式，这是我最关心的一个问题；第二个问题，要真正地坚持按劳分配原则，"按劳分配"不等于"统一分配"，不能笼统地说是"统一分配"；第三个问题，要搞好社会流通；第四个问题，要搞好科学种田。最后起草小组让我和山西省的霍泛、河南省的雷太恒等同志一起负责起草一部分。

第三个阶段，各组起草完了以后，最后由国家农委的人统稿，把形成的草稿再经集体反复讨论、修改作为初稿，然后向中央汇报。再由中央修改，并提交全国农村工作会议讨论。

农村工作会议由万里主持。万里在讲话中说"现在农业形势很好"，胡耀邦同志说是"方兴未艾"。在这个会议上又形成了文件草稿，由各省代表带回各地讨论，再根据各省意见修改定稿，最后由中央政治局讨论通过，1982年正式公布，这就是中央"一号文件"形成的大体过程。

胡耀邦提出：今后每年都要发一个以农业为中心的"一号文件"。我总共参加了三次。当时农村形势确实好得很，全国迅速解决了温饱问题，农民收入提高了，生活也改善了。

“一号文件”：“包干到户”是社会主义农业经济的组成部分

段应碧

第一个“一号文件”中关于“包干到户”性质的突破，就是肯定了“包干到户”“不同于合作化以前的小私有的个体经济，而是社会主义农业经济的组成部分”。文件指出：“目前实行的各种责任制，包括小段包工定额计酬，专业承包联产计酬，联产到劳，包产到户、到组，包干到户、到组，等等，都是社会主义集体经济的生产责任制。不论采取什么形式，只要群众不要求改变，就不要变动。”相比于1980年的“75号文件”，1982年的“一号文件”在这方面有了很大的进步。

1982年的“一号文件”可以说是中央正式大规模搞农业文件的开始，因为1980年，万里任国家农委主任，他是主张“包产到户”的，农委的人胆子也大一点了；后来中央决定撤销国家农委，1982年4月成立了中共中央书记处农村政策研究室，1988年改成中共中央农村政策研究室（简称“农研室”），而且是杜老（指杜润生）当农研室主任，大家于是放得开了。

当时我们起草文件，除了派大量人员进行调查以外，就是每天都在开会，有时候是请人来讲，有时候是我们自己开会，有时候是请地方的领导一起来开会，就围绕“包产到户”将来究竟怎么搞的问题，每场会议都争论不休。当时很多人都参加了讨论，甚至还负责起草一段稿子，最终把稿子和意见汇总到机关，由农研室副主任刘堪领着几个人起草稿子，我也是其中的一名“小兵”。我们是从来不在这些会上发表意见的，就专心听他们争论，然后再琢磨。

当时起草这份文件的核心问题是：把“包干到户”说到什么程度？“包干到户”是不是社会主义？大家心里头都知道答案，可是过去批判了几十年“包干到户”“包产到户”，要讲清楚它为什么就是社会主义的，也很不容易。最后还是杜老出了主意，就说它是“社会主义农业经济的组成部分”，不直接说它是社会主义，因为社会主义不止一个组成部分嘛。前面说过了，这是个很重要的突破，承认了包括“包产到户”“包干到户”在内的各种责任制，都是社会主义集体经济的生产责任制，并且说全国各地的情况很不同，各个地方、各个公社、各个队，责任制不能是同一种形式的，不能“一刀切”，即使在一个队里头，也可以不是一种形式，强调要采用多种形式。

说实在话，其实这份文件的起草，就是在这件事情上费工夫，我们几天几夜地琢磨这个东西，究竟怎么说才能让大家都接受？我们想要让文件达到一种效果：既能让搞“包产到户”“包干到户”的人感受到支持，又要让反对的人找不出反对的理由。所以难就难在这个地方。

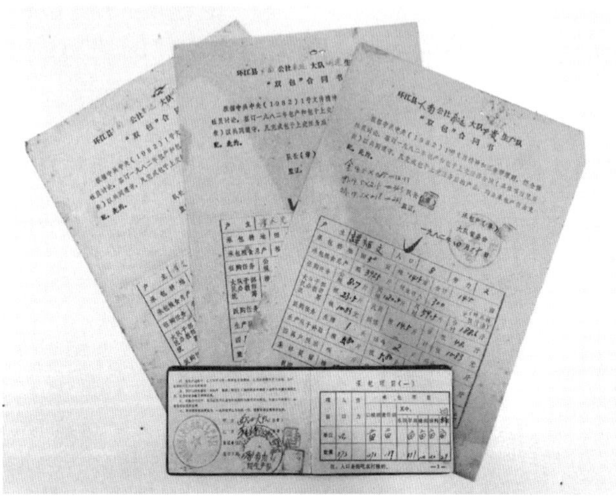

图9-3　1982年“一号文件”发布之后的农业生产责任制承包合同书

文件在中央通过，真正发出来以后，对生产起了很大的促进作用。大家一看，中央文件承认“包干到户”是社会主义农业经济的组成部分，肯定了“包产到户”，从此就基本打消了顾虑。所以除了一些发达的地方，很快，全国基本上都搞了“包产到户”“包干到户”。

中央指导“包产到户”的第一个文件

中央指导农村改革的文件（当时主要是中央的5个涉农“一号文件”），从根源上说，还要从党的十一届三中全会说起。党的十一届三中全会召开之前，因为农业形势紧迫，中央就定下来，要在党的十一届三中全会上讨论农业问题，在农业上采取措施，所以会前就起草了一份农业文件。这份文件是先由农林部政策研究室的人起草，再由当时管农业的副总理纪登奎领着国务院的“小班子”进行修改。

但是在党的十一届三中全会召开之前的中央工作会议上，会议方向发生了关键性转变，大家讨论了很长时间，最终确定了解放思想的新精神。那么，原来起草的农业文件就跟党的十一届三中全会新的精神完全不一致了，于是在中央工作会议后，据说是胡乔木用了几天时间，重新起草了一份稿子，这就是后来党的十一届三中全会原则通过的《中共中央关于加快农业发展若干问题的决定（草案）》（以下简称《决定》）。

这份《决定》，在农业上起了很大的作用，当然，这里面主要还是以阶级斗争为纲，学大寨运动，普及大寨县等，但是也提出了很多发展农业生产的措施，比如说：大幅度提高粮食的收购价格，统购价提高20%，超购价再提50%，那是多大的力度呀；还包括恢复农业银行等25条措施，这25条措施对农业生产是很有利的；文件还在第四部分提出了要建立国家农业委员会。在这份文件里，明确讲了“不许包产到户，不许分田单干”，但是在前面讲到责任制形式的时候也讲了，“也可以在生产队统一核算和分配的前提下，包工到作业组，联系产量计算劳动报酬，实行超产奖励”，这意思就是包产到组了。虽然讲的是“到组”，但是大家都明白，弟兄三个不就是个“组”嘛，“到组”必然“到户”，所以不赞成“包产到户”的人马上就警惕了。另外，所谓的“联系产量计算劳动报酬”，当时在实际工作当中就有一批人，在偷偷摸摸搞“包产到户”的时候，他们不敢用“包产到户”这个名称，也不敢用“责任制”，所以他们说“我们不是包产到户，我们是‘联系产量计算劳动报酬’”，他们是用这个词。恰恰《决定》里面也使用了这个词，所以很多人心里头都明白，这句话暗含了很多意思。

说实在话，我到现在也不知道，当时他们起草党的十一届三中全会《决定》的时候使用这个词——“联系产量计算劳动报酬”是什么含义，是不是暗含着对“包产到户”的支持。但是有一点值得注意，这份文件在1978年党的十一届三中全会上是原则通过，还要拿到党的十一届四中全会上讨论的。从这里来看，好像他们也这么认为，这句话就是偷偷摸摸搞“包产到户”的一种理论解释，所以我是这么理解《决定》里的这句话的：它本身就是对“包产到户”的一种支持。事实上当时很多搞农业的人也是这么理解的。所以说实际上这份文件本身就是前后矛盾的，前面说允许包工到作业组，联系产量计算劳动报酬，后面又说“不许包产到户，不许分田单干”。我认为要看中央文件对“包产到户”的态度，这是第一个文件，现在我们很多人忽视了这一点。

“真正撕开口子了”

1979年3月，国家农业委员会召开了一个七省三县农村工作座谈会（我那时已经到国家农业委员会政策研究室工作了）。会议是在向阳招待所召开的，参会的七个省是广东、湖南、四川、江苏、安徽、河北、吉林，三个县是安徽全椒县、广东博罗县、四川广汉县，至于具体哪些人参加我现在不记得了，就记得有个安徽的农委主任周曰礼，还有一个全椒县的县委书记。

这次座谈会围绕“包产到户”进行了讨论，可以说会上的大多数人都不赞成。所谓的“不赞成”，大多数并不是从心里就不赞成，只是不好表态，赞成的是少数，赞成者以周曰礼为代表。这次座谈会中间出了个“张浩来信”事件，就是甘肃有个叫张浩的干部，说他回到河南一看，好多地方都包产到组了，说是“包产到组”实际上“到户”了，他反映的的确是事实。但是《人民日报》加了一个很长的编者按，这个编者按一发，会上有些人坐不住了，包括杜老都在打听这是怎么回事，正在这里开会研究呢，就发表这样的来信，这是不是中央的意思？当时《人民日报》农村部的主任李克林也参会了，她在会上是支持“包产到户”的。大家就问她：“你在会上讲你是支持“包产到户”的，《人民日报》怎么搞这么个东西？”她说跟她没有关系，她也不知道怎么回事儿。后来安徽的代表联系了《人民日报》，也写了封来信，《人民日报》也加了编者按在头版发表了，这事就这么过去了。

会议开到一半，杜老把刘堪、裴润、张永千和我等几人找了过去，说他要跟中央汇报情况，让我们几个商量着起草一份汇报稿。这好办，一个晚上我们就整理出来了，但是这里又被一个问题卡住了，就是“包产到户”该怎么办，我们准备汇报稿的时候，稿子里面没有对这个发表意见。第二天杜老一看，不满意，这东西没有个态度不行啊，但是又不好表态，他就说了一句，“可以在孤门独户上做点文章”。

他这么一说，我们几个心里头就明白了，倒是真的可以在这儿开一个口子。因为在会上讨论的时候，贵州来的代表就说：“我们山顶上的那些人从来没有加入过社啊，名义上是在合作社里头，实际上他都是自个儿干活，你叫他到村里来干活，不行啊，从山上跑下来再回去，太不方便了。”所以说孤门独户还是可以搞的嘛。杜老这样说了之后，刘堪马上就把“偏远山区的孤门独户可以搞包产到户”加进去了。后来杜老带着这个稿子到中央去汇报，大家都赞成这条，没有哪个人表示反对。于是七省三县农村工作座谈会后发的《纪要》里边就有一句话，“除某些副业生产的特殊需要和边远山区、交通不便的单家独户外，也不要包产到户”，后来这句话就直接放到党的十一届四中全会通过的《中共中央关于加快农业发展若干问题的决定》上去了，就把原来的“两个不许”[①]改了。所以要说真正开口子的还是这份《纪要》，因为在这之前谁都不敢说“包产到户”这四个字，这文件居然说可以搞“包产到户”，虽然还有特定的条件，但也可以说是给“包产到户”撕开了个小口子了，把这“两个不许”改成了“一个不许”“一个不要”。这一改不得了，偷偷摸摸搞包产到户的人就欢欣雀跃了：这下中央同意了，他说我们偏远山区可以搞。这是第二个文件。文件一发，在当时的影响很大，把人们的思想都解放了，不管你有多少特定条件，反正“包产到户”是可以搞了。

“75号文件”：再度放宽

1979年6月，国务院总理带着几个人下去做了个调研，调研回来后，杜老跟我们几个人讲：“照这意思，全国分三种情况：最穷的地方可以搞‘包产到户’；一般的地方就不要搞‘包产到户’了，巩固现行的生产责任制就行了；好的地方呢，就搞专业承包，已经搞‘包产到户’的地方也不要硬纠了。”于是他又让我们起草个文件，也就是后来说的“75号文件”。这份文件里有明确的一条：吃粮靠返销、生产靠贷款、生活靠救济的“三靠队”，可以搞“包产到户”。这就大概占了全国生产队的1/3吧。文件强调说，“在社会主义工业、社会主义商业和集体农业占绝对优势的情况下，在生产队领导下实行的包产到户是依存于社会主义经济，而不会脱离社会主义轨道的，没有什么复辟资本主义的危险，因而并不可怕”。像“三靠队”这样的，老百姓已经对集体经济失去信心了，他们要搞“包产到户”，就应该

① 指前文提到的党的十一届三中全会原则通过的《中共中央关于加快农业发展若干问题的决定（草案）》中规定的“不许包产到户，不许分田单干”。

允许。

这份文件是以各省、市、自治区党委第一书记座谈会的名义发出来的，在会上杜老有个汇报，因此实际上这份文件的起草是这么一个过程：先有了文件初稿，再改写成杜老在会上的汇报稿，然后汇报稿加上领导的讲话，又修改成了一个文件，这就是“75号文件”。在这个会上，书记们的意见不一致，有的反对搞“包产到户”，有的主张搞“包产到户”，所谓“独木桥”“阳关道”就是在这个会上争论的，会后有人把它写成了一篇文章叫《阳关道与独木桥——试谈包产到户的由来、利弊、性质和前景》，发表在《人民日报》上。

“75号文件”还有一个特点。起草时刘堪提出，文件里能不能没有“人民公社”四个字？从事实上看，大家心里都知道人民公社是要改的，不能再搞了。但当时谁敢说呢？刘堪变通了下，说咱们这次的文件就不使用“农村人民公社”这个词了，但是后来没有办法，非得使用“公社”这两个字不可，不能用别的替代，所以这文件还有一个特点：第一次在中央文件里面，只出现了一次“农村人民公社”。“75号文件”发下去后，搞“包产到户”的就多了，可以说至少一半以上的生产队都搞起来了。当时杜老说了三种情况，但后两种情况，即贫困地区和一般地区，“三靠队”和一般社队，在实际工作中很难区分，大家都说自己是“三靠队”，都搞了“包产到户”，当时只有一些比较发达的地方坚持不搞“包产到户”。

在这之后就是1982年的“一号文件”了，这份文件的情况在前文中已经说过，就不再赘述了。总之，第一个“一号文件”明确了各种责任制（包括“包产到户”“包干到户”）等都是“社会主义集体经济的生产责任制”，并且“长期不变”，可以说是给农民吃了一颗“定心丸”，极大地调动了农民的生产积极性。1978年，中国粮食产量约为3000亿千克，搞了“包产到户”和“包干到户”以后，1984年，粮食就增加到了4000亿千克，农业总产值增长68%，农民人均收入增长166%，取得了举世瞩目的成就。[①]

① 杜润生：《杜润生自述：中国农村体制变革重大决策纪实》，人民出版社，2005，第137-138页。

10. 中央连续发布5个涉农“一号文件”

从1982年到1986年，中共中央连续发出了5个关于农村改革的“一号文件”。这5个“一号文件”重点解决了农村体制上的阻碍，极大地解放了农村生产力，调动了广大农民的积极性，推动了农村经济的巨大发展，提高了农民的生活水平，进而为城市经济体制改革提供了坚实的基础。

口述者：杜润生（时任中央农村政策研究室主任）
段应碧（时任中央书记处农村政策研究室研究员）
陈锡文（时任中国农村发展问题研究组副组长，发展研究所副所长、所长）

杜润生

1981年冬，中央召开了全国农村工作会议。会后不久，国务院领导到东北考察，写回一封信，建议：不要再强调不同地区不同形式了，让群众自愿选择，选上啥就算啥，领导不要硬堵了。我们就根据这个精神起草了1982年的中央“一号文件”（即《全国农村工作会议纪要》），正式肯定了土地的家庭承包经营制度，结束了关于“包产到户”30年的争论，从此“包产到户”成为中央的决策，群众、干部反映良好。胡耀邦说，农村工作方面，每年搞一个战略性文件，下次还要排“一号”。此后5年，每年的中央“一号文件”都是谈农业问题。在年初布置调查题目，到秋季总结，其间多次酝酿、探讨，冬天起草文件，次年年初发出。当时农研室还为探讨农村工作办了一个内部刊物——《农村问题论坛》，发表多种意见，为起草中央文件做铺垫。

1982年：正式承认“包产到户”的合法性，农业生产超常规发展

第一个“一号文件”的主要内容，是肯定多种形式的责任制，特别是“包干到户”“包产到户”，深受群众欢迎，现在应进入总结、完善、稳定的阶段。所有的责任制形式，包括“包产到组”“包干到户”“包产到户”，都是社会主义制度的自我完善，同一制度的实现形式，它不同于过去的单干，更不能当作资本主义去反对。土地等生产资料的公有制是长期不变的，责任制也是长期不变的。那时候许多地方的农民都担心，共产党的农村政策多变（广东农民怕“一年放，二年收，三年不认账”），也有农民听说“包产到户”只有“三靠”地区才可以搞，有“稳住中间地带，不要倾向包产到户”等提法，担心它又是一个“权宜之计”。所以“长期不变”这句话最能打动人心，说“一号文件”是让农民吃了“定心丸”，这给人们的印象非常深刻。有个农民听了文件传达后说：“这会儿上级主意说得在理，合乎庄稼人心意。”当天他就到城里书店要买本“包产到户政策书”。连一直批判资本主义思想的昔阳县也在1982年底实行了“包产到户”。起初，在北京的陈永贵表示犹豫，说：“咱大寨人愿意干吗？”结果出乎他预料，多数群众愿意干。社员说：“砸了大锅饭，磨盘不推自己转，头儿不干，咱大家干。”可见党的政策只要是代表人民利益，就会获得群众支持，顺利地贯彻下去。

文件的另一个要点是尊重群众的选择，不同地区，不同条件，允许群众自由选择。为什么强调这点？因为这是鉴于一个稳定性制度的形成，必定是群众自主选择的过程。这个过程，包括不同方面按本身利益要求和政治追求，相互对话，协调整合。我们既然要让群众自由选择，就暂时先不要把它变成国家的法律。法律应当作为已有社会实践选择的结果。所以，要划出一两年时间在社会推行，然后再成为国家的法令。为表明“包产到户”具有的兼容性，吸纳公有制和个体经营双重优势，将其正式定名为“家庭联产承包责任制”。

文件还提出疏通流通领域，把统购统销纳入改革的议程，有步骤地进行价格体系的改革。还重申了发展多种经营和社队企业。鼓励个体经济、私人经济和专

业分工。文件强调稳定，多种责任制并存，偏向按劳承包土地，但把“包产到户”“包干到户”都列为“社会主义集体经济的生产责任制”，指出社会经济主流还是“计划经济为主、市场经济为辅”。此外，还谈到了基层建设等问题。

尽管第一个“一号文件”内容很多，但最重要的是第一次以中央的名义肯定了“包产到户”，尊重群众的选择，并宣布长期不变。

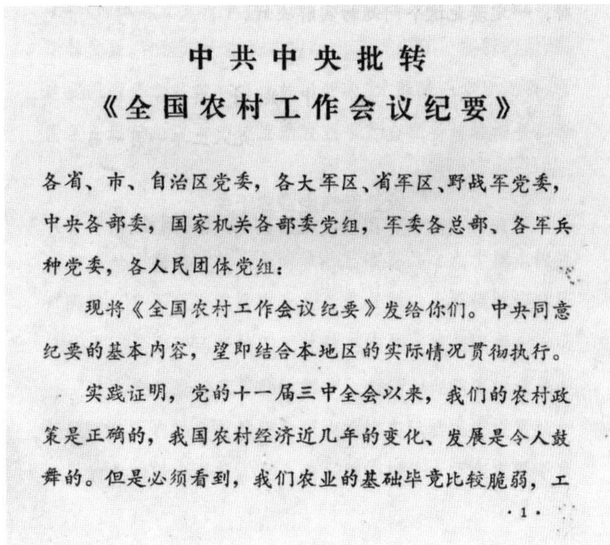

中共中央批转
《全国农村工作会议纪要》

各省、市、自治区党委，各大军区、省军区、野战军党委，中央各部委，国家机关各部委党组，军委各总部、各军兵种党委，各人民团体党组：

现将《全国农村工作会议纪要》发给你们。中央同意纪要的基本内容，望即结合本地区的实际情况贯彻执行。

实践证明，党的十一届三中全会以来，我们的农村政策是正确的，我国农村经济近几年的变化、发展是令人鼓舞的。但是必须看到，我们农业的基础毕竟比较脆弱，工

·1·

图10-1　1982年1月1日，《中共中央批转〈全国农村工作会议纪要〉》

这个文件报送给中央，邓小平同志看了以后说：“完全同意。”陈云同志看后叫秘书打来电话，说：“这个文件我已看了，这是个好文件，可以得到干部和群众的拥护。”他还亲自参加政治局会议，听取了说明，最后说文件好，说明也好，所提问题他赞成。

最后应该指出，“包产到户”之所以能在全国推开，其中非常重要的一点，是它解放了土地和劳动力。1978年，中国粮食产量约为3000亿公斤。集体化20多年当中，国家每年收购粮食300亿~350亿公斤，只要多购1/10就会挤占农民的口粮。可是，一搞“包产到户”和“包干到户”，到1984年，粮食就增加到4000亿公斤。同时，农业总产值增长68%，农民人均收入增长166%，取得了举世瞩目的成就。紧接着，劳动力从公社制度下解放出来，乡镇企业大发展，加之外资企业、私人企业形成一大块非国有经济，矫正了公有制经济形式过于单一化的弱点，并为农民收入增长开辟了新的巨大的来源。这些成就的取得，为推动中国经济改革起到了鼓舞信心的作用。

1983年：放活农村工商业

1982年9月，党的十二大召开，胡耀邦代表党中央所做报告提出，这几年来农村建立的各种形式的生产责任制，进一步解放了生产力，必须长期坚持下去，只能在总结群众实践经验的基础上逐步加以完善，决不能违背群众意愿轻率变动，更不能走回头路。国务院总理向五届人代会所做报告中，再次肯定联产承包制是“现阶段在农村发展我国社会主义经济制度优越性的一种十分有效的形式”。

在这一年里，我为酝酿扩大农村改革成果，曾在十二大做了题为《农村工作历史性变化》的发言，阐明“包产到户”“包干到户”，能够体现公私利益相结合、近期发展和远期现代化目标相结合的优点。农民要求现行政策稳下来，让他们好好干几年，希望党和政府能接受这个要求，帮助农民走出自身经济困境，多产商品，增加货币收入，谋求自身全面发展。

我的另一次讲话，题为《要继续把政策放活》。我在福建参观了一个孵鸡厂。14人每人出资2000元，厂房100平方米，1年孵化120万只小鸡。而在他们旁边，国营农场里面也有个孵鸡厂，已经投资几十万元，1年才孵50万只小鸡。我用这个第一手资料说明，在我国经济发展的现阶段，维持经济增长的投资主体只靠政府（从中央到乡政府）税收，谋生只靠在集体经济组织里按劳取酬，经济结构如此单一化，不可能带来好的发展效果。应该以公有制为主导，多种经济并存。按劳分配之外还应该允许按投入的生产要素，即按投入的资金、土地、技术实行分红，借以鼓励人们多积累、多投入，以补充国家投入的不足。

之所以提出上述问题，是根据下边反映的一些争论：允不允许私人买拖拉机和汽车，允不允许私人跑长途运输，允不允许合伙入股修鱼塘按股分红，等等。有一个小故事：湖北一位领导干部，曾坐汽车追赶一个农民驾驶的私人拖拉机，赶上去之后他责备机主说：“我要不是坐汽车赶，可能让你跑掉了”。农民回答：“是呀，你晓得汽车比拖拉机快，我晓得拖拉机比牛车快，你买汽车为什么不让我买拖拉机？”这位领导干部无言以对。当时交通部门不让拖拉机走公路，党政机关认为拖拉机是生产资料，只许公有，不许私购。

所以1983年的“一号文件”（即《当前农村经济政策的若干问题》）提出了进一步的奋斗目标：“两个转化”“三个一点”。即促进农业从自给半自给经济向较大规模的商品生产转化，从传统农业向现代农业转化；党和政府各部门、各级领导干部都应力求做到思想更解放一点，改革更大胆一点，工作更扎实一点，保证“两个转化”加快速度进行下去。中央做出改革决策，各部门先后组织讨论并就有关业务问题提出改进措施，返回来直接、间接地支持了农村改革事业。

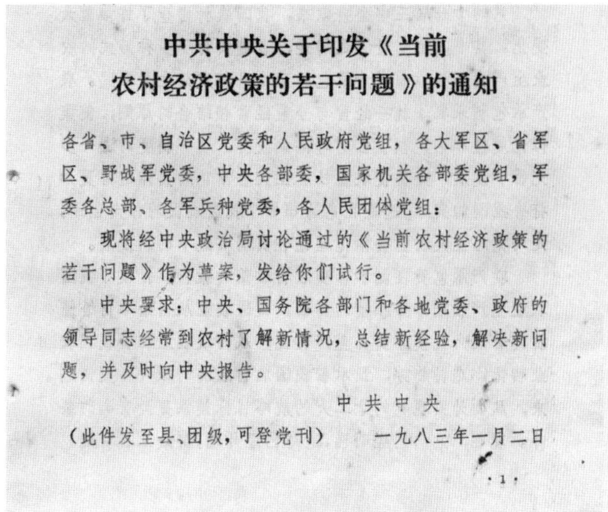
中共中央关于印发《当前农村经济政策的若干问题》的通知

各省、市、自治区党委和人民政府党组，各大军区、省军区、野战军党委，中央各部委，国家机关各部委党组，军委各总部、各军兵种党委，各人民团体党组：

现将经中央政治局讨论通过的《当前农村经济政策的若干问题》作为草案，发给你们试行。

中央要求：中央、国务院各部门和各地党委、政府的领导同志经常到农村了解新情况，总结新经验，解决新问题，并及时向中央报告。

中共中央

（此件发至县、团级，可登党刊）　一九八三年一月二日

·1·

图10-2　1983年1月，《中共中央关于印发〈当前农村经济政策若干问题〉的通知》

1983年这一年，农村改革的步伐加快，引起的经济生活变化也很显著。一是家庭承包普及到几乎每个村庄。一度按兵不动的黑龙江省委书记杨易辰也改变态度，诚恳地告诫各位同志，不要再坚持领导规定的那种体制了，还是尊重群众为好。他之所以这样说，是由于事实证明，实行家庭承包后，黑龙江农民办了一批拖拉机服务站、自营农机服务户、合作机耕组，为农户提供有偿服务。机耕面积达1270万公顷，比上年增加21万公顷，并不像原来担心的那样“包产到了户，拖拉机趴了窝”。二是农村劳动力从闲置状态下被解放出来，发展多种门路的商品生产。农业商品率由上年的51.5%提高到59.9%，产值达2753亿元，比1978年增加了1299亿元，增幅近90%。

1984年：疏通流通渠道，以竞争促发展

如果说前两个“一号文件”着力解决的是农业和农村工商业微观经营主体问题，那么，1984年的“一号文件”要解决的就是发育市场机制的宏观问题。

商品生产发展要求贸易自由，要求资金、土地、劳动力诸要素保持流动性。这

就与政府既定政策产生了矛盾。过去20多年农村实行统购派购制度，除了对粮棉油等项实行统购外，还对生猪、鸡蛋、糖料、桑丝、蚕茧、黄红麻、烤烟、水产品等实行派购或专营，品种多达132种，几乎包括了所有的农副土特产品。其中多项派购量占总产量的比重达90%以上，事实上，农村产品交易均由公营商业实行高度垄断。资金、土地、劳动力流动性又受到生产资料公有制和公社组织制度以及城乡分隔的户籍制度的限制。

经过深入调查，中共中央农村政策研究室鉴于卖粮难、财政补贴负担重等问题，整理出一个书面建议，提请中央书记处会议讨论。会议有胡耀邦、万里、宋任穷、薄一波、胡乔木、邓力群、胡启立、李鹏、习仲勋、方毅、郝建秀等参加。“建议”除陈述情况外，还提出农村经济迫切要求放松历史上多年形成的政府垄断、管制，以及其他妨碍农民进入市场的规定，以利于发展商品生产，摆脱穷困。拟议中的1984年“一号文件”应该围绕进一步发展农业生产力这个中心，疏通流通渠道，实行国家、集体、个人一齐上的方针，多种经济并存，创造一个以市场竞争促发展的新局面。我们提出的具体建议有：（1）土地承包期延长15年，在此期间允许有偿转让土地使用权；（2）允许农村社会资金自由流动，鼓励加入股份制合作、入股分红；（3）允许农民自理口粮进城镇做工、经商、办企业；（4）允许私人办企业雇工经营；（5）国营商业、供销社逐步开放贸易、退出市场垄断、改变服务方式，供销社回归民办。

到会领导同志大多主张再给农民吃一个“定心丸”，对研究室所提出的建议，（1）（2）（3）项原则上无异议通过。第（5）项，要商业、供销、财政部门进行清理，与粮食统购统销问题一并解决。准备第一步，只留粮棉油统购，基本上取消各种派购。第（4）项雇工问题，胡乔木提出一个如何对待党员雇工问题。经过讨论，意见未能取得一致，不好做结论。但大家同意，看不清的问题，可以放下再看一个时期，搞清楚再处理。这也是一种政策。会后请示邓小平，他说：“不急于限制，看3年再说。”

以上内容，均写入1984年的“一号文件”（即《关于一九八四年农村工作的通知》）。此外还包括发展社队企业、鼓励专业户生产致富、政社分设等问题。

1985年：调整产业结构，取消统购统销

经过3个“一号文件”，准确地说，经过对农村经济微观经营主体和宏观市场环境的同时改革，1984年我国农业生产达到一个阶段内的峰顶，由“手中无粮，心中发慌”转变为“粮食多了，卖粮难”的局面。

我随胡耀邦下乡察看，得出的结论是：谷贱伤农，靠现有的农业生产结构，不可能实现收入翻番任务，需要一个新的结构。当时的主要问题是，农产品统派购制度的改革滞后于农村经济发展的新要求。统购制已成为鼓励各省保省内自给或自给率的一项政策。这就迫使各省一定要下计划保证粮食中的自播种面积，因而影响了因地制宜安排种植业。例如海南也提出粮食自给。其实这里多种热带经济作物，通过对外贸易交换进口谷物，更合算，更受农民欢迎。华南地区都有这个问题，这些地方增加一些换汇产品，调进粮食，有利于北方提高粮食产量，增加收入，两头都能因地制宜。

这个道理谁都明白，问题在于农产品统派购制度行之已久，派生出分配问题和利益调整问题，惯性很强，改变甚难，好在正值党的十二届三中全会经济改革决议出台，城乡关系改善完全符合改革方向。因此，1984年的农村工作会议，众望所归，就把改革统派购制度、调整产业结构，作为1985年农村改革的中心课题。围绕这个中心，还提出发展林业，兴办交通，支持乡镇企业，鼓励技术进步、人才交流，放活金融市场，完善农村合作制，加强小城镇建设，发展外向型经济等任务，文件取名为《关于进一步活跃农村经济的十项政策》。

1986年：增加农业投入，调整工农城乡关系

1985年改粮食统购制度为合同收购，合同之外，由政府议购改为市场收购；派购的132项农产品，只留桑丝、药材、烤烟3项，其余均通过市场交易，由市场形成价格。在国务院领导人的支持下，这本来是一步到位的彻底改革，然而，问题就出在工农城乡的利益分配关系上。提高粮食收购价格，而没有相应提高对于城市居民的粮食销售价格。这样，粮食增产越多，财政补贴越多。到达峰顶的粮食产量及相

应的交售量，尤其是大量的超购加价粮食，使得国家财政不堪重负。这时，国家按“惯性”维持原有的利益分配格局，为了保持城市非农集团的收益现有水平，就以降低农民的贸易优惠来减轻财政负担。具体措施是，取消了原先的超购加价50%的规定，将所有粮食按平均价收购。虽然从静态看，“朝三暮四”与“朝四暮三”没有区别，但是从动态看，则大大减弱了对潜在粮食的增产激励。本来，超购加价是能够有效抵消土地报酬递减趋势，能够激励原先征购基数低、机会成本低的新的粮食主产区农民的粮食生产积极性的。尤其是几年来农业种植结构有了很大的调整，粮食播种面积已有下降，当平均价格没有能够随通货膨胀率及时调整的时候，种粮务农的比较利益低下，使得已经摆脱集体束缚的农民更加不愿务农种粮。河北的农民说，种一亩小麦还不如赶一趟好集；“两户”（专业户、重点户）惹不起“三户”（工商、税务、公安）。不少农民进城打工，跑买卖，农田粗放经营，加之当年气候不利，南涝北旱，东北早霜。

农民利益受损迅即反映在对粮食和其他农产品供应的减少上，自此出现了农业尤其是粮食生产的连年徘徊。

现在展示的上述图景，当初并不是这么清晰。是改革尚待深化，还是改革已经过头，大家对此存有不同看法。有的人认为，包产到户潜力枯竭，该有新动力了；有的人说是这个制度造成粮食徘徊，提倡一部分人先富起来，忘了共同富裕；也有的人说对形势估计不足，自满了。

国民经济经过几年的发展，宏观经济过程有了很大变化，在市场交换中呈现出农业成本上升，比较收益下降的态势。鉴于此，1985年底的农村工作部署就强调了“摆正农业在国民经济中的地位”。会议形成的1986年中央“一号文件”（即《关于一九八六年农村工作的部署》），决定从“七五”计划开始，增加对农业、水利的投资，恢复到1980年财政包干时的水平，保证粮食生产提升到4500亿公斤；从乡镇企业上缴所得税中指定一部分用于扶持农业，稳定化肥、柴油、农药、机械等农业生产资料价格，并保证原有补贴；加强对农业和乡镇企业的技术支持，建立一批商品粮基地和出口商品基地，主要是引进新品种，改善基础设施；建立“星火计划”乡镇企业技术改造，设计100类成套技术装备，建立500个示范企业，取得实用成果后向全国推广，大批量培训技术人员和管理人员。

文件在阐述农业在国民经济中的地位和作用时，着重说明农业不但是提供食品的产业，于人类不可或缺，而且，在当前的中国，它又是9亿人口赖以生存和发展的物质条件，因而也是国家社会安定团结的经济屏障。但农业又是一个弱质产业，它抵御自然灾害、参与市场竞争的能力受到抑制，需要为它创造一个有利于发育成长的适宜环境和稳固而有保障的支持系统。这正是农村改革解决了微观主体问题之后必须进一步解决好的宏观课题。

就在1986年，中央还责成中央书记处农村政策研究室、农牧渔业部、林业部、水利电力部、国务院农村发展研究中心等5家单位共同提出了今后10年增强农业后劲的建议，主要内容是：

（1）调整价格政策，缩小工农产品剪刀差，保证生产者有利可得。设农产品干预、储备基金。

（2）加速推广农业技术。主要是新品种、模式栽培技术，地膜、化学材料利用技术，施肥方法、节水灌溉、动植物防疫治病、饲料配方、林木速生、水产品精养、保鲜、加工、储运新技术。建立技术推广基金，提取技术推广费，早抓生物工程。

（3）整治土地1亿亩。包括开荒，改造低产田，控制非农用地，积极利用草山、水面。

（4）鼓励扩大耕地经营规模。

（5）调整产业结构，从种植业转出劳动力1亿。

（6）5年内增派20万技术人员到农村。

（7）加强农用工业建设。10年内再建10个化肥厂；发展农村电力，10年内建成800个电气化县，发展适用农用机械。

（8）5年内解决4000万最贫困人口的温饱问题，10年内使一般贫困地区通路、通电、通商，环境得到改善。

这8项建议立即得到中央领导同志的肯定。邓小平表示同意。国务院领导批示："思路对头，是可行的。"让田纪云具体批办。田纪云批示："可以按此意见组织进行。”

这8项建议在后来推动农村改革和生产力发展中是起了重要作用的。

继1986年“一号文件”之后，在1987年，深化农村改革主要围绕以下三项目标，即：①确立农户自主权；②发育市场体系；③继续展开优化产业结构。这三项目标实现的程度，将视作衡量农村发展成功与否的标志。

然而，理论上揭示不等于实际上解决问题，尤其当问题及重大的利益调整时更是如此。可以认为，至今这一问题仍然存在。中国农业的进一步改革，受制于城市国有经济改革和政治体制改革。用当时的一句话来讲就是，对于中国农村改革，一切“便宜”的项目已经出台，不触动深层结构，不能再前进一步了。正是这个原因，农村改革初期一系列“一号文件”的历史使命告一段落。1987年发了一个“五号文件”，这个文件也值得一提。中国农村改革并未终结，还须从经济全局改革中寻找前进道路。

以上是人们称之为5个“一号文件”的大体产生过程。5个“一号文件”，从始至终是一个集体创作的过程。每年的农村调查，由中央和各省农口的党政部门和研究机构共同组织。随后是农村工作会议（由各省主管农业的书记和省农委主任参加）展开讨论。再由起草小组归纳执笔。参加小组讨论次数多的同志有：刘堪、张云千、祖国补、段应碧（农研室）、王岐山、陈锡文、周其仁、王小强（农研中心发展组）、林乎加、何康（农业部）、霍泛（山西）、吴镕（江苏）、张根生（吉林）、王郁昭（安徽）、赵文欣（四川）、杜瑞芝（广东）、温秀山（福建）、董家邦（上海）、杨泽江（河北）、赵树执（北京）和谢华、杨钰、武少文、郑重、吴象等农口负责同志，大家一起讨论，而后共同议定上报稿。当然，参与次数较多的并不只

图10-3　1995年3月21日至23日，杜润生出席中改院主办的“中国农村经济改革国际研讨会”

是上述几位同志，这里仅凭记忆列出，定有遗漏。

（本文根据杜润生著，人民出版社出版的《杜润生自述：中国农村体制变革重大决策纪实》相关内容改编而成）

段应碧

为什么说不管是中国的干部还是老百姓，特别是农民，对20世纪80年代中央出台的5个“一号文件”印象这么深刻呢？因为当时农民非常关心这件事：“一号文件”出来没有？怎么说的？农民就是通过这个文件来看中央对“包产到户”“包干到户”的态度。由于工作的关系，我连续参与了20世纪80年代中央指导农村工作的5个“一号文件”和1987年中央“五号文件”的起草，下面我分别讲一下这几个文件的起草过程。

第一个“一号文件”，是关于“包干到户”性质、定位的突破，也就是承认“包干到户”是社会主义农业经济的组成部分，初步说明了“包产到户”不姓“资”，强调了要进一步放宽农村政策。文件指出：“目前实行的各种责任制，包括小段包工定额计酬，专业承包联产计酬，联产到劳，包产到户、到组，包干到户、到组，等等，都是社会主义集体经济的生产责任制。不论采取什么形式，只要群众不要求改变，就不要变动。”并明确了“包干到户”“不同于合作化以前的小私有的个体经济，而是社会主义农业经济的组成部分；随着生产力的发展，它将会逐步发展成更为完善的集体经济”。因此，1982年中央出台“一号文件”后，大家都看到了中央的态度，基本上没什么顾虑了，全国开始正式大规模搞“包产到户”“包干到户”。

第二个“一号文件”，关键问题是关于统分经营提法的起草。到1982年下半年的时候，关于农业生产责任制的问题，大的争论过去了，是该做结论的时候了，就是要正式给它定性，这也费了不少脑子。最后在文件里用的是：“党的十一届三中全会以来，我国农村发生了许多重大变化。其中，影响最深远的是，普遍实行了多种形式的农业生产责任制，而联产承包制越来越成为主要的形式。联产承包制采取了‘统一经营’与‘分散经营’相结合的原则，使集体优越性和个人积极性同时得到发挥。”“统分结合的双层经营体制”就是从这儿来的。

“双层经营”这个词，最早是杜老（杜润生）提出来的。我记得当时在北京东二环的空军招待所，我们几个人就此问题谈了一个晚上。杜老提出将联产承包责任制的定义提法分两层，集体一层，家庭一层，两层结合在一块叫“双层经营”。那天晚上讨论的时候，大家也有个很大的担忧，即担心“双层经营”的提法通不过。但是在第二天大会上，杜老就讲到了“双层经营”这个词，传出去以后，虽然有些争论，但渐渐地大家都接受了，这个说法一直用到现在。当时在给中央汇报的时候，有的领导同志就说，虽然我不赞成，但我实在找不出来反对的理由。在修改的时候我们又费了很大的劲，最后才确定“以家庭联产承包责任制为主的、统分结合的双层经营体制”。1983年中央出台的“一号文件”在农村工作的很多方面，特别是农业生产发展的规划方面，对“双层经营”做了非常明确的定性。文件指出：“这种分散经营和统一经营相结合的经营方式具有广泛的适应性，既可适应当前手工劳动为主的状况和农业生产的特点，又能适应农业现代化进程中生产力发展的需要。在这种经营方式下，分户承包的家庭经营只不过是合作经济中的一个经营层次，是一种新型的家庭经济。它和过去小私有的个体经济有着本质的区别，不应混同。因此，凡是群众要求实行这种办法的地方，都应当积极支持……应当始终允许多种责任制形式同时并存。”过去理论界和学术界一直有争论，1983年的“一号文件”出来后，基本上就没什么争论了。

第三个“一号文件”，在“包产到户”的问题上关键是关于15年承包期的争论，这个文件是逐步改出来的。

1984年的中央“一号文件”提出了一个关于延长承包期的问题。当时很多人说，既然“包产到户”“包干到户”不是解决温饱问题的权宜之计，那就应该长期稳定。最后文件中写的是“土地承包期一般应在15年以上”，那么，“15年”这个词是从哪儿出来的呢？也是大家讨论出来的。大家最早提的是30年，包括杜老讲的也是30年，因为1962年《农村人民公社工作条例修正草案》里有一条：“生产队是人民公社中的基本核算单位。他实行独立核算，自负盈亏，直接组织生产，组织收益的分配。这种制度定下来以后，至少30年不变。”农民知道这个“30年不变”就意味着长期不变。我们起草文件的时候找不到其他相关资料说到底该写多长时间，所以开始也写的是30年。但是开会的时候会上好多人不赞成，当时很多人本来就不赞成“包产到户”，他们提出了很多反对理由，比如30年时间太长了，人心都散了，等等。所以后来就折中一下，减半，写了15年。当时杜老让步说15年，我们几个也说就写“15年以上”吧，反对的人说不行，要加个“一般”，不是都得15年，也许只有三五年呢！所以，从开始讨论的“30年”改为“15年”，后来改为“应该是15年”，然后再改为“15年以上”，最后改成“一般应在15年以上”。所以这一句话不是一次就写成的，而是反反复复逐步改出来的。可以说到此就彻底解决了“包产到户”的承包期问题了。所以，到1984年“一号文件”出台以后，对于“包产到户”承包期的问题就几乎没有争论了，而且对于“包产到户”的性质、问题也说清楚了，承包期也延长了。农民热烈拥护，说：第一个和第二个中央“一号文件”让我们吃了“定心丸”，这个“一号文件”让我们吃了“长效定心丸”。

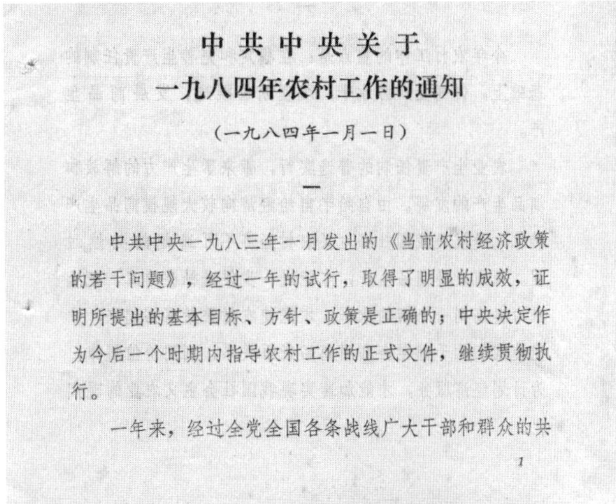

中共中央关于
一九八四年农村工作的通知

（一九八四年一月一日）

一

中共中央一九八三年一月发出的《当前农村经济政策的若干问题》，经过一年的试行，取得了明显的成效，证明所提出的基本目标、方针、政策是正确的；中央决定作为今后一个时期内指导农村工作的正式文件，继续贯彻执行。

一年来，经过全党全国各条战线广大干部和群众的共

1

图10-4　1984年1月，《中共中央关于一九八四年农村工作的通知》

第四个“一号文件”，是关于正式提出改革统派购制度的问题。1984年出现了一个情况：我们国家的粮食大幅度增产，当然也不仅是“包产到户”的功劳，但在中国破天荒地出现了一个“卖粮难”的问题。当时我们分析原因认为，根据粮食的产量、供需的总体水平，粮食还是供不应求的，因为当时还有好多人吃不饱肚子，主要还是流通问题。因为过去国家每年收多少粮食，都是有计划的，突然间粮食增产了，原来核定的销售指标却没有这么多，仓库放不下了。我们认为这是改革农产品统派购制度的一个好时机。其实，早在1982年“一号文件”中我们就尝试提出措

施“疏通流通体制”，但是不敢说改革统派购制度，因为所有制、计划经济和按劳分配是社会主义生产关系的三大组成部分，不敢轻举妄动。在准备起草1985年“一号文件”的时候，我们农研室内部包括杜老，比较一致的看法是，有必要正式提出改革统派购制度，我们认为这是农村改革的第二步。第一步是着力解决农业和农村工商业微观经营主体问题，第二步就要解决微观经营主体农户和市场的连接问题，要搞活流通。为此我们也做了很多准备，但是后来又担心，如果把1985年“一号文件”的主题定在改革统派购制度的问题上，中央不同意，怎么办？后来大家商量说，算了吧，不以这个为主题，因此还是按指导农村工作的常规写了一套文件，然后提交中央农村工作会议讨论，最后向中央汇报。因为当时起草完文件要先开至少一个星期的讨论会，结果讨论会上大家吵来吵去，争论不休。

讨论会开到中途的时候，中央书记处要听汇报。晚上我们在京西宾馆商量，有些人就跟杜老提出是不是把统购统销的事说一下，因为发到会上的文件只是说要解决粮食，没有从改革统派购制度来说。所以杜老去汇报的时候说到这事，结果中央领导同志都赞成，说这个统派购制度应该改，可以改。

既然中央同意，我们就去改文件，所以在开会期间又重新写了一份文件，因此原来的文件就作废了，新的文件主题就是改革统派购制度。我是头天晚上熬通宵，第二天又写了一天，晚上将稿子交给刘堪，刘堪又熬通宵，第三天杜老一看，认为还可以，于是做了一些修改就发到会上了。会上，中央书记处把文件中的其他问题也都定了，并且把定下的问题逐条罗列，因为是临时起草的，所以1985年的“一号文件”最短。整个过程就是这样。

1985年的“一号文件”跟之前起草的稿子完全不一样。有些内容，比如农业生产的很多措施和关于农业生产的问题、科技问题和建设问题都定下来了，都比原来写得简单，不像原来写的稿子论述性内容那么多，新的稿子言简意赅，就十条，也就是最后颁布的《中共中央、国务院关于进一步活跃农村经济的十项政策》。20世纪80年代中央出台的所有“一号文件”就只有1985年的“一号文件”最短，但这个文件意义很大，开启了对统派购制度的改革。当时对于这项改革是很慎重的，有些人担心：如果不给农民派任务，拿什么保证城市的供给呢？但是当时中央态度很明确，认为统派购制度是可以改的。就跟同意搞“包产到户”一样，除了中央谁敢定？小平同志说这个文件在改革上“迈出了相当勇敢的一步”。

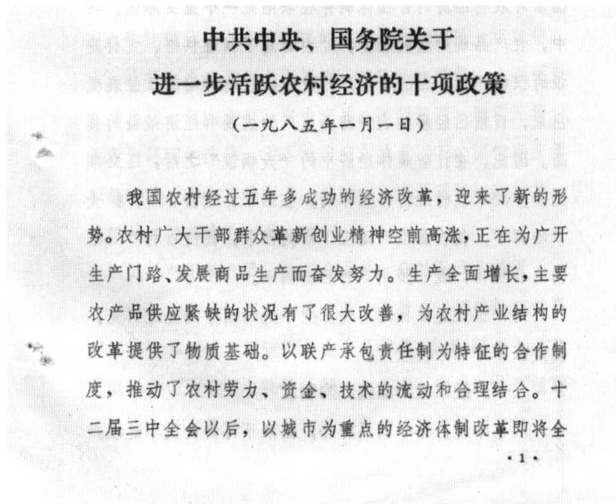

中共中央、国务院关于
进一步活跃农村经济的十项政策
（一九八五年一月一日）

我国农村经过五年多成功的经济改革，迎来了新的形势。农村广大干部群众革新创业精神空前高涨，正在为广开生产门路、发展商品生产而奋发努力。生产全面增长，主要农产品供应紧缺的状况有了很大改善，为农村产业结构的改革提供了物质基础。以联产承包责任制为特征的合作制度，推动了农村劳力、资金、技术的流动和合理结合。十二届三中全会以后，以城市为重点的经济体制改革即将全

·1·

图10-5　1985年1月，《中共中央、国务院关于进一步活跃农村经济的十项政策》

第五个“一号文件”，是关于增加农业投入的问题。1986年的“一号文件”出台之前，因为1985年粮食产量下滑了，因此反对“包产到户”的人就站出来说“包产到户”的潜力已经挖尽了。所以当时找了很多专家讨论这事，分析为什么减产。当时有人提出了“超常规增产”，这个词一提出来，大家一下就接受了。“超常规增产”的意思简单说来，是在过去政府对农业有很多投入，已经形成了潜在的生产力，但是由于合作化体制压抑了农民的积极性，所以大量的投入，包括农田水利等建设的功用发挥不出来。“包产到户”把农民的积极性调动起来了，潜在的生产力变成了现实的生产力，这几年不增加投入也能够增长，不是“包产到户”的潜力挖尽了，而是被压抑的潜力已经发挥完了。从今以后，国家要增加投入，要形成新的生产能力。杜老反复讲这个道理，引导大家找国家要政策，增加投入。文件肯定了农村改革的方针政策是正确的，必须继续贯彻执行。针对农业面临的停滞、徘徊和放松倾向，文件强调进一步摆正农业在国民经济中的地位，并提出要增加农村投入。

到了1987年就不是“一号文件”了，而是“五号文件”。改为“五号文件”也是有一定原因的。当时我们搞文件，杜老、刘堪就说，咱们别搞“一号文件”了，压力太大了，标题就不好写。每年的“一号文件”把老百姓的胃口吊起来了，老百姓每年都在等这个文件。但是，大规模的争论也过去了，接下来就是常规性工作，所以“一号文件”就改为了“五号文件”，这是一个原因。第二个原因，杜老认为应该对前面的5个“一号文件”做个总结，并指出下一步改革的方向，所以当时

“五号文件”的标题就叫《把农村改革引向深入》。第一段就是总结农村经济体制改革的进程：“农村经济体制改革的根本出发点，是发展社会主义的商品经济，促进农业现代化，使农村繁荣富裕起来。几年来，改革遵循坚持四项基本原则，坚持开放、搞活的方针前进，业已取得了重要成果，农村经济新体制的框架已经初步显现出来。”也不说这个新体制的框架到底是什么，因为当时是绝对不敢使用“市场经济”这个词的，但“商品经济”又说得不彻底，所以文件里干脆就不对此进行表述了。开始我们用的是构架，但是构架这词感觉太专业了，所以就改成了框架。下面很巧妙地列了自主权、市场体系、产业结构、经济形式、宏观调节等5条体现，其实就是按照市场经济体制来描述的，这在当时是费了脑子的。

既然决定以后不搞“一号文件”了，我们就在文件最后写了几句相当于告别的话：“十一届三中全会以来，中央连续发出一系列指导农村改革的文件，推动了农村改革和农村经济的发展。这些文件是群众实践经验的总结，反映了几年来农村发展的历程，其基本精神和政策是一致的，都是为了建设具有中国特色的农村社会主义制度。中央希望农村各级领导，要组织干部群众进行系统的学习，全面理解新时期农村政策的精神，进一步动员起来，巩固和扩大改革的成果，促进农业生产，为争取今年农村经济的新增长，为建设繁荣富裕文明的社会主义新农村而奋斗。”意思就是以后不搞“一号文件”了，实际上后来，同样还是每年开一次农村经济工作会议，每年搞一个文件，都是在每年年初，但不是“一号文件”了。

图10-6　2000年1月12日至14日，段应碧参加中改院举办的“中国农村土地使用权立法和制度安排国际研讨会”

从2004年开始，中央再次开始搞“一号文件”了。我印象中在2004年的“一号文件”出台前，我国粮食产量连续下滑，农民增收呈现低速徘徊的艰难形势，农业和农村问题矛盾突出，中央希望尽快扭转这种形势，所以再次把农业和农村问题作为中央“一号文件”的主题，聚焦农民增收的热点问题，出台了3项前所未有的惠农政策：对种粮农民进行直接补贴、减轻农业税费负担、对重点农产品实行最低收购价制度。这几项惠农政策极大地调动了农民的积极性，当年就增产粮食700多亿斤。

给“双包到户”定了性

陈锡文

我从中国人民大学农业经济系毕业的时候，中央的第一个涉农“一号文件”已经出台了，文件强调了两点：第一，坚持土地集体所有制，农村的集体经济不能搞垮了；第二，要发展各种各样的农业生产责任制。所以我们分配工作到中国农村发展问题研究组[①]之后，首先就是按照杜老的指示为1982年底起草的文件做准备，这也就是后来说的1983年“一号文件”。

我记得大概9月底，农发组组织了三四十个人到江西的吉安、宜春、赣州做调研，了解当地农村的基本状况。我在吉安调研了大概两个月，回来时已接近年底了。回来以后我跟杜老汇报情况，他就跟我讲，“双包到户”[②]要上户口，得先有个名字，男的、女的总得说清楚，对吧？起个小名不行，“包产到户”“包干到户”是农民起的小名，政策要有个正式的称呼。于是就开始考虑使用双层经营，后来规范的说法是“以家庭联产承包责任制为主的、统分结合（统一经营与分散经营相结合）的双层经营体制”。我记得在他的客厅里头，我还跟他争论，我说我下去调研了，你说的双层经营我觉得很难成立，因为已经包到户了，农民自己搞生产经营。当然生产队里也在搞经营，比如有的搞个小的乡镇企业，有的搞个小的运输队建筑队，但这跟农户的经营是两种经营，它们是互相独立的，而不是双层经营。就种地来说，按双层经营的说法，底下一层是农户承包经营，上面一

① 简称“农发组”。
② 指“包产到户”“包干到户”。

层是集体的统一经营。这时候杜老就说，好啦，下去吃饭去。当时房间里还有其他人，我就不说话了。他带着我坐电梯下去，电梯里只有我、杜老和他秘书。杜老很严肃地说，现在怎么可以不讲集体这一层呢？我印象很深刻。

那年中央在农村工作方面开了两个会。先开了一个农村政治思想工作会议，因为当时干部思想普遍混乱，弄不清楚“双包到户”是不是否定集体经济，以后农业到底要走什么路，因此这个会议的目的就是统一思想。另外1982年底开了中央农村工作会议，这次会议开的时间比较长，比预想的还要长一两天。什么原因呢？1982年的时候，农村已经出现了一种现象：有一部分人先富起来了，然后他可能就要自己搞个体经济、私营经济，这时他就要雇工了。对雇工这个问题，会上争论得很厉害。那么，到底该怎么办？这会上就定不下来。要先富起来，共产党员当然也应当先富起来，那么雇工行不行？尤其是党员雇工行不行？这个问题很尖锐，在会上始终议而不决。所以这事就没确定说是行还是不行，后来渐渐地个体经济和私营企业就有了身份和地位，这个问题也就不成问题了，所以政策是一步步往前推着走的。

在中央农村工作会上最终形成了1983年的“一号文件”，也就是第二个“一号文件”。这份文件非常重要的内容就是明确肯定了联产承包责任制是“在党的领导下我国农民的伟大创造，是马克思主义农业合作化理论在我国实践中的新发展”，又大胆往前推了一步，把性质定下来了。因为1982年的时候还不敢那么明确地说“双包到户”是姓“资”还是姓“社”，总之是要改革，要推进的，同时又要坚持土地集体所有制。之后1983年“一号文件”给了“双包到户”非常明确的性质定位，农民也就放心了。

这份文件出台之前，各地对“双包到户”都争论得很厉害。1981年夏天，我在滁县调查完回南京的路上，看见一河之隔的滁县地区的来安县和南京的六合县[①]，河对岸江苏人竖了个大牌子，写着“坚决击退安徽包产到户，反资本主义”，那时还是这么写的。所以1983年“一号文件”明确了它的性质，这是很重要的，基本上把思想扭转过来了。到了1983年春节前，全国29个省、市、自治区基本上都表了

① 2002年4月3日，国务院批准：撤销南京市大厂区和六合县，设立南京市六合区，以原大厂区和原六合县的行政区域为六合区的行政区域。

态，正式同意“双包到户”。

把农业发展、国家富强和实现四个现代化相联系

1984年的“一号文件”中一个非常重要的内容是规定承包期限。因为那时候中央没有统一规定，地方也不知道到底是让搞还是不让搞，各地的承包期都是各地自己定的。所以1984年“一号文件”就明确提出来：土地承包期一般应在15年以上，也就是后来说的15年不变了。而且我觉得这份文件有些话现在看仍然非常有分量，比如文件提出：“不改变‘八亿农民搞饭吃’的局面，农民富裕不起来，国家富强不起来，四个现代化也就无从实现。”所以文件提了一条，要让每个省、市、自治区都搞一点试点，什么试点呢？允许务工、经商、办服务业的农民自理口粮到集镇落户，这就是最早提出让农民进城的文件。

1984年“一号文件”给我的印象很深，文件中有三大政策：第一，土地承包期延长到15年。第二，允许农民自理口粮进城。第三，既然说要让农民自理口粮，进城去务工经商，显然人员有流动，那么土地也会有流动，于是文件就提出鼓励耕地向种田能手集中。这三件事我们一直做到现在。总的来说，1984年“一号文件”我觉得意义是非常重大的，它把农业的发展、国家的富强和四个现代化的实现联系在一起了。

涉及全局，文件起草难度很大

坦率地说，农村改革最初要定的那些事都通过1982年、1983年、1984年这三年的“一号文件”定下来了。到起草1985年、1986年的“一号文件”时，大部分涉及农村的政策都已经发布了。于是当时讨论得比较多的就是农村改革的第二步要怎么走，所以1985年的“一号文件”就叫《中共中央、国务院关于进一步活跃农村经济的十项政策》。其中有两项是比较重要的：第一，允许农村搞工副业。农村就这么点地，单凭种地农民是富不了的，于是鼓励发展多种经营，包括农村的工副业、乡镇企业等。第二，决定除个别品种外，国家不再向农民下达农产品统派购任务，按照不同情况，分别实行合同定购和市场收购。这项政策针对的是粮食和其他重要农产品统购统销的制度，这个问题很复杂。一方面粮食产量不断增长，1984年第一

次出现了“卖粮难”，当年粮食产量8146亿斤，这在当时的供求情况下大体够了，当然，一些贫困地区可能还有些农民没有吃饱，但总体上粮食是差不多够了。因为之前中央为了刺激农民的生产积极性，在1978年党的十一届三中全会原则通过的草案[①]里头就提出了提高粮价，粮食统购价格从1979年夏粮上市起提高20%，超购部分在这个基础上再加价50%。粮价提高了，农民当然就愿意多生产多卖粮了。

那么对国家来说，这个问题在哪里？政府收的粮食越来越多，平均价格就会越来越贵。到1984年的时候财政受不了了，因为当时城里的改革还没开始，城镇居民收入低，所以当初定的政策是对农民的粮食收购要提价，但对城镇居民的销售粮价不许动，那么就“购销倒挂”[②]了，这在数量少的时候还行，数量大的情况下财政就负担过重了。所以1985年“一号文件”第一次提出取消统购，实行合同定购和市场收购。这中间有一个大的变化就是粮食价格，在过去，比如说计划内收购的这部分，有个统购价，统购价是1978年定下来的120%，但是完成统购任务之后，再收的那一部分政府要加价，加价这部分价格就等于170%的价格。因为很多地方都是搞了“包产到户”以后粮食产量才恢复正常的，绝大部分地方因为过去常年受灾，产量也很低，国家已经对他们免征购了。所以到最后，国家收购的都是超产的部分，财政负担太重，因此国家就定了个政策叫“倒三七价格”，即三成按原统购价，七成按原超购价，两个权重加在一起算，这价格当然比统购价要高，但是比超购价要低。之前因为搞了“包产到户”和粮价提高，农民的劳动积极性大大增强，粮食产量不断增长；但是现在实行“倒三七价格”，粮食价格降下去了，农民的积极性也就降下去了。所以从1985年到1988年，连着4年粮食产量都是减产。这也就说明农村改革其实不可能是单兵突进的，它一定会涉及方方面面的问题，跟市民的关系，跟国家财政的关系肯定都有很多牵扯。也就是说到了1985年、1986年，改革面临的形势变复杂了，对农村来说，也不是你自己有一个好主意，就打开一大缺口又大踏步往前进，而是需要从整个国家层面统一考虑再向前推进。所以我记得搞

① 指1978年12月22日，党的十一届三中全会原则通过的《中共中央关于加快农业发展若干问题的决定（草案）》。

② 同一商品的购买价格高于销售价格。

1985年、1986年这两年的“一号文件”难度很大，因为都是涉及全局的事。

当时整个经济体制改革刚刚破题，计划经济这个概念还不能完全否定，1984年10月20日，党的十二届三中全会才第一次明确提出有计划的商品经济。让农村搞工业，原料从哪里来？能源从哪里来？市场在哪里？就计划经济来说，重要产品不光是农产品，还有钢材水泥等，都是统购统销的，都是国家统一调拨的，劳动力的就业也是国家统一分配的，所以你要再进一步放活农业，就要直接触碰计划经济体制了。我记得有一次陪杜老到辽宁去调研，在那开了个座谈会。杜老说同志们在会上的反映都挺好，但概括下来，目前大家的心态就是手足无措，进退失据，不知道到底该怎么弄。这要弄就得碰到大体制，你农民能搞的不就是这点地吗？谁来种，怎么种，一旦超出这个圈，这事就大了。

当时也定了很多政策，比如说，过去有一个概念叫“投机倒把”，就是列入国家统一收购、统一分配的这些产品，别人是不能来经营的。农民如果自己要经营粮油产品，就是不合法行为，你从这个地方倒卖到那个地方就是“投机倒把”。当时这个问题争论得很厉害，农民说我国家任务都完成了，我自己又吃不了，你还不允许我卖吗？这个地方价格低，我就跑一百里去那里卖，怎么就不行？于是就把这条稍微放开一些了，但是也加了限制：不能用机动车、汽车、卡车，允许你肩挑人背，最多弄个自行车，你驮得了多少，你驮呗。自行车毕竟不像汽车，它能跑多少，最多一二百里路。慢慢地“投机倒把”这个概念就这样被淡化掉了。

那么像雇工这类问题，1982年的时候小平同志说大家先放一下，看3年。几年后就没人说了，都觉得这很正常，

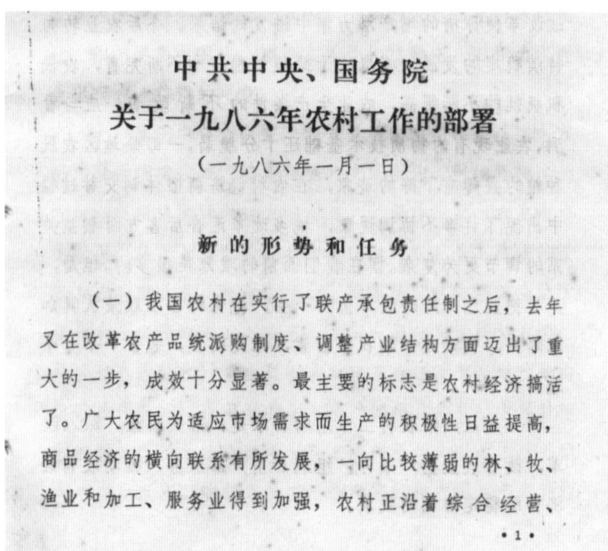

中共中央、国务院
关于一九八六年农村工作的部署
（一九八六年一月一日）

新的形势和任务

（一）我国农村在实行了联产承包责任制之后，去年又在改革农产品统派购制度、调整产业结构方面迈出了重大的一步，成效十分显著。最主要的标志是农村经济搞活了。广大农民为适应市场需求而生产的积极性日益提高，商品经济的横向联系有所发展，一向比较薄弱的林、牧、渔业和加工、服务业得到加强，农村正沿着综合经营、

·1·

图10-7　1986年1月，《中共中央、国务院关于一九八六年农村工作的部署》

所以我觉得1985年、1986年看似在改革上比较平淡，但是取得的一个突出成效就是逐渐地让人们的思想观念转变了。5年前根本不允许的、看作洪水猛兽的东西，5年后人们就觉得很正常了，他家有钱开个铺子，工人不够，他雇工人有什么不对？也就是说这个社会现象被大家接受了，慢慢地就不成问题了。

把"一号文件"停下来

1987年发的是中央涉农"五号文件"，到1988年就考虑不要再发了。因为最关键的是，之前每年发"一号文件"是有其必要性的，现实需要你对这一政策做出明确的解释，允许还是不允许，允许到什么程度，所以那几个文件在很多大的方面起了作用。但再往前就需要进一步探索了，所以大家就觉得好像也没有必要年年都发"一号文件"。我记得1984年底开会，研究1985年"一号文件"发不发的时候，其实已经有不少同志主张，没什么大政策，不必以后农村年年发"一号文件"。后来去请示万里同志，他当时是国务院管农业的副总理。万里当时说，现在情况看来，还是得发。所以1985年、1986年还是发了"一号文件"。那么1987年发了个"五号文件"之后，像那种推动整个农村改革的文件，就停下来了。

这里我觉得有一点要跟大家讲清楚，现在大家都认为党中央指导农业农村的改革发展似乎就是"一号文件"，这个理解是不对的。我想中央发的很多文件大家都必须看到，比如说比较高层次的文件。一是党代会的报告，里头肯定是有农业部分的，那么这5年起草农业的文件，最大的依据就是党代会报告中关于农业的那部分论述，你要把它落实下来。二是每年都有一次全会，也一定会涉及农业，比如说党的十一届三中全会、党的十一届四中全会，通过的决定都是讲农业的。[①]"一号文件"也是根据全会决定来制定的，并不是说农口这帮人自己就能变出来。党代会每次报告里肯定都会讲到农业。从全会来讲，1979年党的十一届四中全会是专讲农业的；1991年党的十三届八中全会通过了《中共中央关于进一步加强农业和农村工

① 1978年12月22日，党的十一届三中全会原则通过的《中共中央关于加快农业发展若干问题的决定（草案）》；1979年9月28日，党的十一届四中全会通过的《中共中央关于加快农业发展若干问题的决定》。

作的决定》；1998年是农村改革20周年，当年召开的党的十五届三中全会，审议通过了《中共中央关于农业和农村工作若干重大问题的决定》；2008年是农村改革30周年，召开的党的十七届三中全会通过了《中共中央关于推进农村改革发展若干重大问题的决定》。这些不是“一号文件”，但是它们在党的政策制定方面的地位比“一号文件”还要高。除此之外，包括发布1982年“一号文件”之前，中央也连着发了好几个文件，比如“75号文件”“35号文件”，都是关于农村改革的。1987年以后，也有农业文件发布，有的是党中央发的，有的是国务院发的，有3号的，有5号的，也有十几号的，基本上每个年度党中央、国务院都有发出关于农业农村工作的文件。

时隔18年的“一号文件”

2003年我调到财办①当副主任，分管农业农村，后来农办②单列了之后，名义上我是农办的主任。那么来了之后最重要的任务就是再起草一个关于农业农村工作的文件，因为2003年我们面临着一个很大的困难，粮食产量从1998年一直到2003年都是减产，连减5年。1998年粮食产量是10246亿斤，那是20世纪90年代粮食产量的历史最高水平，而在20世纪90年代有3年已经突破了1万亿斤；但到了2003年，粮食产量只有8646亿斤，差不多回到1990年的状态，眼看着粮食供不应求，要出问题了。所以中央研究决定，2003年开农村工作会议，一定要出一个含金量很高的文件。于是在2004年的“一号文件”里有三大政策：第一大政策，明确宣布要从2004年开始降低农业税税率。我记得2004年3月开人代会，总理做政府工作报告时讲到要从2004年起降低农业税税率，5年内取消农业税，全场掌声久久雷动不息。第二大政策，对粮食收购实行最低价制度。过去政策是保护价收购，最低价的含义跟保护价不一样，保护价是我出一个价格之后，你只要卖我就收，按保护价敞开收购农民余粮。那么最低价是什么概念？农民担心粮价下跌，自己受损失，政府就规定一个最低价，最低价其实是低于市场价的，当市场价跌下来，跌到最低价，政府就按

① 即中央财经工作领导小组办公室。

② 即中央农村工作领导小组办公室。

最低价收购粮食；当市场价又高于最低价时，政府就不用收了。所以有了这个政策之后，农民心里就踏实了。第三大政策，开始了对农业生产者的直接补贴，包括种粮补贴、粮种补贴和农机购置补贴。所以2004年“一号文件”的分量很重。

这份文件的起草过程是很费劲的，花了小半年时间。起草完了，第一步是开农村工作领导小组会，20多个部门一起研究；第二步是开国务院常务会审议修改；第三步是开中央政治局常委会，负责人到常委会去汇报。2003年，我第一次作为文件起草组负责人去常委会汇报。那天，我说完了汇报稿的内容，就表示还想补充一点。当时领导很诧异。我说，文件组在起草文件的过程中，大家普遍反映，如果这些政策都能出台，那么这是个含金量很高的文件，能不能快马加鞭、响鼓重锤，就干脆给这个文件定为2004年“一号文件”？第一个表态的是曾庆红副主席，他说：“锡文，如果是涉农‘一号文件’的话，离上一个这样的文件有多少年？”我说：“18年，上一个中央涉农‘一号文件’是1986年出的。”他表示赞成，“一号文件”在中国农村改革发展中是起了重要作用的。之后大家纷纷都表示赞成。当时会议是胡锦涛总书记主持的，他表态说：“第一，我同意这文件作为2004年‘一号文件’。第二，这样吧，‘一号’的序号就给到这个文件上，中共中央政治局常委会工作要点就改成‘2号’。”他后来一想，当然也可以改成上一年的最后一个文件，部署明年的工作，因为那时还是2003年的年底。这就把文件序号定下来了。那么这以后就很顺理成章了，从2004年“一号文件”一直持续到现在。这中间也曾有过议论：这个“一号文件”就这么永远弄下去，每年都要发吗？可不可以不搞了？或者换别的形式？所以这过程有过变化：2011年“一号文件”只讲水利。其实那时候我们就想动，因为综合性

图10-8　1999年1月11日至13日，陈锡文参加在中改院举办的“中国实行长期而有保障的农村土地使用权国际研讨会”

的文件年年发，但是去年布置的工作还是要落实的嘛，所以后来副总理也曾经考虑过能不能逐步地单项推出文件，比如2011年搞水利的，2012年搞科技的，2013年搞社会治理的，这样系列地往下走。最后跟胡锦涛总书记请示，他说还是要听听其他常委的意见，可能还是要突出主体，兼顾一般，每年布置整个农业农村的工作。所以就这样一直持续到现在。

我估计这事也是不大好改的，因为搞农业的人和农民对“一号文件”是有感情的，一是因为历史上“一号文件”对农村改革发展起的作用；二是农民很淳朴，他们的心态就是你把我排在“一号”，说明你重视我。其实文件序号跟文件的重要性是没有关系的，比如说我们原来讲的“承包期15年不变”，1993年11号文件又提出来“30年不变”。但是由于大家对“一号文件”的深厚感情，加上十几年下来也成惯例了，我觉得“一号文件”还会进一步继续下去。当然，像现在的某些部署，比如说2006年“一号文件”是推进社会主义新农村建设的，这不是当年就能干得完的事，而是一项长远的部署；再比如说2018年的“一号文件”讲的是乡村振兴，这也是一项长远的部署。所以“一号文件”的角度、内容，我觉得都要因时而变地进行研究，但是就我个人来看，“一号文件”专门用在农业农村方面可能还会持续下去，区别无非就是文件是综合性的还是专项性的。

11. 从取消粮食统购统销到粮食经营市场化改革

我国从1953年开始实行粮食统购统销，这是在特殊的情况下采取的特殊措施，对稳定当时的城市供应、支援国家的经济建设起到了重大作用。但长时间内收购价格被压得过低，形成“剪刀差”，损害了农民的利益。改革开放后，农村生产力得到大大提升，国家决定进行取消粮食和农产品统购统销制度的重大改革。到1993年底，全国95%以上的市县都完成了放开粮价的改革，粮票全面退出历史舞台。从2004年开始，党中央和国务院加大改革力度，决定全面放开粮食市场、粮食价格，进一步深化了粮食流通体制改革，确保了国家的粮食安全。

口述者：白美清（时任国内贸易部副部长兼国家粮食储备局局长）

我国粮食工作的三个阶段回顾

白美清

中华人民共和国成立以后，我国粮食工作经历了三个阶段：

第一个阶段，粮食自由购销时期（1949年至1952年）。1949年10月1日，中华人民共和国成立以后，粮食市场上多种经济成分并存，采用的是粮食自由经营的办法，由于粮食生产水平很低，粮食产需的矛盾、供求的矛盾十分突出。从1949年到1950年2月，不到一年时间，发生了4次大的物价波动。粮价带动其他物资价格全面上涨。但由于中央采取了许多坚决有力的措施，紧张动荡的粮食局面基本上稳定了下来。

1952年8月，中央人民政府委员会第十七次会议通过了《关于调整中央人民政府机构的决议》，决定成立中央人民政府粮食部，由章乃器[①]任部长，范式人[②]等任副部长，加强了对全国粮食工作的领导和宏观调控。据测算，1950年国营粮食收购数量占社会总量的23%左右。1950年至1952年，国营粮食收购和销售的比例逐步上升。

第二个阶段，粮食统购统销时期（1953年至1985年）。这一阶段长达30多年。从1953年开始，国家进入了大规模的社会主义建设的新时期，开始进行有计划的经济建设。这一阶段商品粮的需求日益增长，但是粮食生产赶不上消费的增长，于是供不应求的矛盾十分突出，存在的主要原因是人口增长了，虽然生产也在增长，但赶不上需求。统购统销实施前夕的1953年10月，全国粮食销量比上年同期增加了31%，其中大米销量增加59.5%，而1953年9月收购量仅占计划的81%，西北地区只完成了计划的46%，北京、天津等大城市粮食供应严重不足。为了解决这个矛盾，经反复研究，中共中央于1953年10月16日做出了《关于实行粮食的计划收购与计划供应的决议》，简称统购统销。当时统购统销政策有4个部分，包括：计划收购、计划供应、由国家粮食部门控制粮食市场、粮食实行统一管理的政策。这4项政策实行时间长达30多年。总体来看，统购统销是在特殊的情况下采取的特殊措施，对稳定当时的城市供应、支援国家的经济建设起到了重大作用。但是，必须看到，这一制度极大地挫伤了农民的生产积极性，损害了农民的利益。长时间内收购价格被压得过低，形成“剪刀差”，损害了农民的利益。

第三个阶段，粮食经营市场化的时期（1985年到现在），这是粮食工作发展的新时期。党的十一届三中全会以后，党中央、国务院根据新形势提出了粮食商品化、经营市场化的指导思想，决定积极又有步骤地、稳妥地取消粮食统购统销，

① 章乃器（1897－1977）：中华人民共和国建立后，历任中央人民政府政务院政务委员，中央财经委员会委员，中央人民政府粮食部部长，第一届全国人民代表大会代表，中国人民政治协商会议第一、第二届全国委员会常务委员，第三届委员，中国民主建国会中央副主任委员，全国工商联副主任委员。

② 范式人（1909－1986）：1952年8月至11月任中央人民政府粮食部副部长、临时党组书记（1952年9月起）。

图11-1　1955年8月25日，政务院全体会议通过了《市镇粮食定量供应凭证印制暂行办法》。1955年9月，以“中华人民共和国粮食部”名义印制的全国通用粮票开始在全国各地发行使用，拉开了中国“票证经济”的帷幕

推进粮食流通的市场化改革，分步实施，稳步前进，有计划有步骤地在全国推进。市场化改革分三个时段：第一个时段（1985年至1993年），1985年1月的中央“一号文件”，决定取消对粮食和主要农产品的统购派购任务，但仍保留合同定购。文件指出：“从今年起，除个别品种外，国家不再向农民下达农产品统购派购任务，按照不同情况，分别实行合同定购和市场收购。粮食、棉花取消统购，改为合同定购。由商业部门在播种季节前与农民协商，签订定购合同。定购的粮食，国家确定按‘倒三七’比例计价（即三成按原统购价，七成按原超购价）。定购以外的粮食可以自由上市。”“取消统购派购以后，农产品不再受原来经营分工的限制，实行多渠道直线流通。”第二个时段（1993年至2004年），1993年2月国务院颁布“9号文件”，即《国务院关于加快粮食流通体制改革的通知》，决定积极稳步地放开粮食价格和经营。这是经过了8年左右的时间，国务院出台的又一个关于加快粮食流通体制改革的通知。中央决定进入新的时期不再搞统购统销了，实行社会主义市场经济，搞活粮食流通。我参加了这个文件的起草工作和组织实施，1993年当年就全部放开粮价了，在此之前，食用油价格也放开了，这是中国粮食发展史上具有里程碑意义的改革。第三个时段（2004年至今），2004年5月国务院发布《国务院关于进一步深化粮食流通体制改革的意见》，决定在总结经验完善政策的基础上，2004年全面放开收购市场、粮食价格，积极稳妥地推进以市场为取向的粮食流通体制改革，建立确保粮食安全的购销网络。

粮食统购统销时期蹲点四川农村亲身经历

我从20世纪50年代开始下乡搞征粮赈粮工作，八次到工作组，目睹和经历了一些真实情况。

1953年，我担任中共四川省委统购统销工作队郫县工作组的副组长，在郫县新民乡搞统购统销试点。我和乡里两个干部在新民乡的金柏村蹲点，分管金柏、胜利、新象3个村的统购试点工作。当时我们感到的最大困难是高估产、高征购，去落实购粮任务时，上级下达的征购任务很大，而下边实际的产量没有那么多，根本完不成任务，工作组普遍感到相差太大，那时流行一句话叫“政策与任务的矛盾”。我们请示上级，是按政策办，还是按任务办？谁也说不清楚。我们费了九牛二虎之力，任务就是落不实，收不上来。工作组没有办法，只能召集村里各家各户的户主开会。我们事先和贫下中农说好，叫他们先报卖粮的数字，然后再叫存粮多的富裕中农自报卖多少，让大家来评议，贫下中农喊他们增加，反复讨价还价，一直搞到天亮，就用这个办法开熬夜会，把任务数报得差不多了，再散会。大家都是这样搞的，那时候没有别的办法。但是，春节过了不久，就有农户喊缺粮了。

1960年至1962年，我又参加了四川省委农村工作团在川南富顺县的农村蹲点，贯彻中央对农村工作的指示，纠正“大跃进”、公社化、刮共产风，“一平二调”，搞穷过渡、高估产、高征购，以及大办公共食堂等造成的恶果。我先后在牛佛区回龙公社等地蹲点，住在农民家里。我目睹农民受极“左”路线影响而产生的极其困难的局面，亲自了解到连口粮、种子粮都征购了的现象。那时农民大量发生浮肿病，出现非正常死亡，我想请示上级“开仓放粮”，但是到区、乡粮库一看，粮库也空空如也，无粮可调。

这一段经历对我们的教训非常深刻，终生难忘，我们作为共产党员，实在愧对农民。在认真贯彻中央一系列纠“左”指示，待到农村形势好转后，1962年夏天，我才调回省里。这一段农村蹲点的经历，与农民、农村基层干部朝夕相处，命运与共的经历，给我们一生最深刻的教训是：任何时候，千万不要丢掉祖宗多年留给我们的良田沃土！千万不要忘记十几亿人手中的饭碗！

彻底结束统购统销

彻底结束统购统销，这是在粮食流通领域具有划时代意义的改革。在10多亿人口的大国，结束实行了30多年的统购统销制度，实现向社会主义市场经济的平稳过渡，难度非常大，但意义非常深远。我国是世界上推行统购统销制度时间长、影响深、力度大的大国之一，工作波及面很大，稍有不当就可能引发供应链条的脱节，引发抢购的风潮，引发社会问题。

20世纪80年代后期和90年代初期，党中央、国务院采取了一系列新的政策，为全面放开粮食购销做了各项准备工作。

为应对1984年大丰收后的周期性波动、粮食减产造成的困难，国家采取了措施促生产、保供应，探索经验。1984年大丰收后，周期性波动就来了。1985年粮食生产下降了560亿斤，粮食供应关系趋于紧张，这既有自然调节的影响，又是对形势估计过于乐观而造成的被动。当时粮食销售也出现问题了，1985年提出用500亿斤粮食支持农业结构调整、休耕和发展饲料加工等，一下增加了500亿斤粮食开支。1985年、1986年两年在外贸上又出现了粮食出口大于进口的问题，1985年净出口64.4亿斤，1986年净出口23.8亿斤，以致粮食在1987年至1989年购销出现缺口，产区不愿调出，市场供应紧张。

国务院及时采取了一些相应措施，如从1987年起，对粮食收购实行“三挂钩”政策①，以支持粮食生产。这项开支属国家补贴，不进入收购价。这是我国在粮食史上实行价补分离的第一步尝试，受到了农民群众的欢迎。同时建立农村生产发展基金，从1986年起每年拨出10亿元专款专用，用于粮食增产。从1988年起，中央对地方又实行粮食购销合同包干和财务包干，一包3年，其中粮食订购合同任务稳定在1000亿斤，一定3年不变。

经过1987年至1989年这3年的努力，粮食生产回升，供需矛盾趋于缓和。根据国务院调粮领导小组的建议，国务院批准，在合同定购之外，通过市场议购，专项收购一部分市场调节粮。之所以将其命名为市场调节粮，是为了把这一部分粮食转化为储备调节之用，并按照市场化方向经营，把它搞活，使之在市场上起到调控作用。这项任务委托中国粮食贸易公司按市场化方式操作，统一经营，粮权归中央，

---

① “三挂钩”政策：合同定购粮与供应平价化肥、农用柴油和发放预购定金三者挂钩，每出售100斤贸易粮，奖售平价化肥6斤，柴油3斤，并按合同定购粮款的20%发放预购定金。

使用调拨由中央决定，起到了试验和探索作用。这是国家专储粮的前身，当时主要是在主产区收购，共收购粮食68.2亿斤，其中大米52亿斤，小麦7.8亿斤，大豆1.6亿斤，以后陆续用于贫困地区。1993年平抑粮价又使用了市场调节粮，对稳定粮食市场有利，对扶持主产区也起到一定的积极作用。存在的问题主要是财务费用上一些问题没有得到解决，一些地方粮食部门欠款严重、拖欠贷款、吃中央财政的大锅饭等。这为国家专项粮食储备制度的建立做了可贵的探索。1990年9月，国务院决定建立专项粮食储备制度，这是确保我国粮食安全的“压舱石”。它与当年7月国务院批准郑州粮食批发市场成立，是粮食改革的两个关键措施。特别是以中央储备为核心、以地方储备为支柱、以社会储备为基础的全国粮食储备体系建立起来以后，粮食制度改革的底气有了，信心增强了。

20世纪90年代放开粮价

1993年2月15日，国务院发出《国务院关于加快粮食流通体制改革的通知》，宣布放开粮价。放开粮价是关系千家万户、风险甚多的改革，搞不好会出现粮价波动、供应不到位等险局。当时统购统销几十年来积压在群众手中的粮票，有500多亿斤没有兑现，人们如果一兑现就会发生大混乱。这个难题怎么解决？本来这是平价成品粮，由于与市场价格存在价差，尽管国家规定粮油票证是无价证券，但在当时全国农贸市场无处不在的情况下，城市居民节约下来的粮油票可与农民小商贩交换鸡蛋、换价值相当的塑料制品等，它具有实际价值。当时我们粮食部到哪儿找那500多亿斤粮食兑现？国家专项储备粮才500亿斤，这难题怎么解决？有些学者形容这是统购统销“地震”震出来的“堰塞湖”，稍有不当就决堤、发生抢购，无法兑现，就会引起群众的极大不满，甚至发生闹事，发生大的波动。

那时国家财政很困难，我们想是不是拿一毛钱一斤去补啊，但没有钱，一算开支至少要50多亿元。当时国家整个财政收入才一两千亿元，50亿元是拿不出来的。所以第一个考虑的困难就是这个。国家粮食储备局反复研究，决定稳定市场，尽量减少波动，让粮油票证在不知不觉的情况下“自然消亡”。这是一步险棋，于是一方面动员各地粮食部门和粮库、粮店充分满足老百姓的平常供应，特别是要做好对困难群众、弱势群体的粮食供应。另一方面由当时的国家粮食储备局发出通知，公开向群众宣布一条政策：粮食价格放开后，继续保留城镇定量人口的粮食供应关系，存入档案。群众知道了这条政策后很高兴，认为国家粮食仓库里粮食装得满满的，粮油供应正常，粮油供应关系还继续保留。这就给大家吃了“定心丸”，群众担心缺粮的心理也逐步趋于正常，粮票的敏感度也就慢慢淡化了，国家没有花一分钱就平安解决了这个问题。

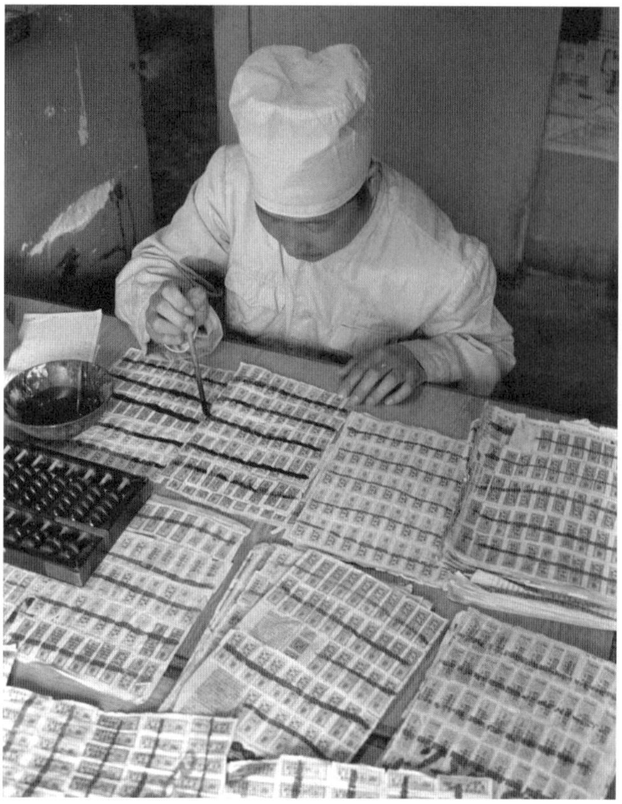

图11-2 1993年5月10日是北京开放粮油价格第一天，朝阳区西石门粮店的店员在登记注销最后一批粮票。至此，北京流通了几十年的粮票油票宣布作废

1993年“两会”期间代表用餐，第一次不用交粮票，同年5月北京市正式宣布取消粮票，其他省市也先后取消，粮票正式退出历史舞台。这是我们改革发展历程中的一个标志性的事件。

全面放开粮食市场、粮食价格

进入21世纪，粮食形势又发生新的变化，在20世纪末，连续3个年头粮食总产量突破5亿吨后，各类粮食市场粮食供应充足，价格稳中有降。这时国内又滋生了盲目乐观的情绪，扬言储备的粮食可以吃3年等，于是又陆续出台了措施，做了过度的反映，如取消对南方早稻、东北春小麦的保护价等措施，加上粮食生产在5亿吨大丰收之后的周期性波动的影响，我国的粮食总产量从1999年的5.3亿吨，下降到2003年的4.3亿吨。这是改革后的第二次较大的波动，2003年成为改革开放以来粮食总产量减幅最大的年份。

鉴于这种情况，党中央和国务院从2004年开始，加大改革力度，在2004年决定全面放开粮食收购价格，逐步取消农业税，加大对农业粮食的扶植，迅速扭转粮食下滑的局面，到2007年粮食产量恢复到5亿吨。经过几年努力，2013年粮食产量又达到60193万吨，突破6亿吨大关，成为改革后的第三次大丰收。

进入21世纪以后，又陆续发生冰雪灾害，“非典”侵袭，2008年世界粮食危机的冲击，以及2008年“5·12”汶川大地震等情况，我国粮食安全受到极大冲击，但由于我国粮食总产量在改革后翻了一番，由1978年的3亿吨上升到2013年的6亿吨，库存充足，同时还推行了粮食安全的省长负责制，充实加强了中央和地方储备体系，并建立了粮食应急保障机制，为我国的粮食安全体系增添了实力，因而能“稳坐钓鱼台”。

综上所述，应当特别指出取消统购统销、放开粮食市场所带来的翻天覆地的历史性变化。由于粮食是农业基础，吃饭是第一件大事，“开门五件宝，吃穿住用行”，“吃”是居于首位的，取消了粮食的凭票供应，结束了分配上的“票证经济”，解决了“吃”的商品的放开与繁荣问题，这样才带动了整个中国消费品市场的放开与繁荣，至今中国消费品市场可以说是琳琅满目，集世界名品之大成，应有尽有。历史表明，中国在粮食工作上做了正确的选择。党的十一届三中全会以来，中国的粮食改革为13亿人口的大国构筑了可靠的粮食安全保障体系，从根本上解决了人民的吃饭问题，为世界粮食事业的发展做出了突出贡献。改革开放40年，堪称我国粮食工作的黄金时期，人民将永远铭记在心。

12. 取消农业税

2005年12月24日至29日，第十届全国人大常委会第十九次会议在北京举行。会议审议并通过了《全国人民代表大会常务委员会关于废止〈中华人民共和国农业税条例〉的决定》，于2006年1月1日起正式生效，取消除烟叶以外的农业特产税，全部免征牧业税，国家不再针对农业单独征税，延续了2000多年的"皇粮国税"从此彻底告别了历史舞台。

口述者：陈锡文（中央农村工作领导小组成员兼办公室原主任）

郭书田（时任农业部政策法规司司长）

陈锡文

农村税费改革是农村改革中一个非常关键的步骤。从某种意义上讲，农村税费改革调整了国家和农民之间的经济利益关系，对我们国家来说是一项特别重要的改革。

但是这件事情确实很难，为什么？中国是一个农业古国，农业税的历史特别长，而且是比较规范的。我们讲农业税，按照比较规范的说法，就是"按地亩征税"。从近代一直到现在，农民交"皇粮国税"不是天经地义的吗？农民自己这么认为，社会舆论也这么认为，所以真要取消农业税难度是很大的。

为什么在改革过程中农业税的问题会突显出来？因为之前的人民公社体制是集体统一经营的，农民每年的收益都要先扣除国家和集体的部分后，再作个人分配。那么，属于交给国家的税，农民在拿到收益之前就已经交掉了。所以对每一个家庭来说，尽管很苦，收益很少，但是没有人是从自己兜里掏钱去交税的。

但是实行“包产到户”以后就不一样了，“包产到户”是“保证国家的，留足集体的，剩下才是自己的”，并且因为人民公社的体制被瓦解了，农民就开始要自己从收益里拿钱交税了。而且除了国家税之外，还有一些其他的税要收。这样就麻烦多了。

我记得很清楚，有一年夏天，我在凤阳小岗村调研的时候，就发现这个问题了。“包产到户”搞了两三年，农民日子是比过去好过了，家里的粮食早就满满的了。但是如果要农民掏点钱出来修路、搞水利，就会有些麻烦。有一天，我专门用了一天的时间，跟生产队大队长一起去农户家里收修路搞水利的钱，大概每户要交两三块钱，结果觉得很难受。队长走到谁家去要钱，要不就没人（其实他只是躲起来了），要不就即使有人，也没有是痛痛快快给钱的。男主人在外头跟生产队长谈，女主人就在家里头“指桑骂槐”“拍桌子摔凳子”的，到最后两三块钱揉成一个小纸团扔到门口，但大队长还是捡去了。我觉得很难受。

农村有很多公共事务要办，一定要有钱，如果地方财政没钱，当然就得让农民自己筹。所以这个问题实际上要从我们农村的经营体制来看，从过去集体统一核算，统一分配，先做扣除之后再分给农民，变成现在倒过来，农民自己创造收入自己来交，必然会产生矛盾。这里的问题就在于农村经营体制改了，但是国家的财政税收体制以及公共财政的建设没有跟上去，改革不配套。有些观念还是农民自己的事自己办，办事的钱农民自己出，所以矛盾就逐步被激化。

我记得20世纪90年代这个问题就已经很尖锐了，中央第一次高度关注这个问题应该是1992年。1992年12月24日，中共中央总书记江泽民在武汉主持召开湖北、湖南、江西、安徽、河南、四川六省农业和农村工作座谈会，专门研究减轻农民负担的问题。1998年9月，还专门成立了由财政部、农业部、中央农村工作领导小组办公室的主要负责同志组成的国务院农村税费改革工作小组。我记得20世纪90年代，尤其是中期，中共中央办公厅每年都要发当年涉及农民负担恶性案件的情况通报，一般来说一个通报有将近20个案件，说明当时矛盾很尖锐。

于是中央也在考虑搞农村税费改革试点，其实有的地方已经先开始行动了，比如河北省和安徽省。20世纪90年代的时候，河北省委搞了“公粮制改革”[①]的试点，简单来说，就是把农民要交的“公粮”确定了，农民就交一次，之后不能再向他收取其他费用。安徽的阜阳地区也有搞改革试点，我也参加过他们的一些会议，听过他们的一些汇报，但是这个矛盾一直没得到彻底解决，所以中央也在研究有没有根治的办法。

1994年，我到中央财经领导小组办公室工作，一直到1998年10月，我回到国务院发展研究中心。大概是1999年5月，中央财经领导小组办公室副主任段应碧同志，和我聊到税费的问题，当时我们觉得可能有一个机遇可以抓住。为什么说是机遇呢？第一，1999年进行了工资改革，当时国务院正在起草一个重要文件，也就是“12号文件”，主要内容是提高党政机关、事业单位和国企职工的工资。段应碧同志说：“你看文件光考虑城里，咱们能不能借这个机会也给农村说一点话？”第二，1999年是中华人民共和国成立50周年，所以说我们就在想能不能以50周年庆典的名义给中央递交报告。

我想这事能做，因为我所在的国务院发展研究中心是智囊机构，各方面还是比较宽松的。于是我跟段应碧同志策划商定了，以我个人的名义，写一份报告给国务院，他来想办法递上去。当时我们还没敢叫税费改革。当时我们只提了“停收一年农业税，免收一年农业税”，当时也做了一些测算，而且报告最后提到了免收农业税。但这钱从哪里来？税不收了，政府开支的钱怎么办？所以我们当时一块商量了一个主意，就是允许地方政府发债，先把缺口补上，然后再想办法。

报告写了以后，因为当时这个事情很敏感，以中央财经领导小组办公室的名义提，显然是不合适的，但又必须按程序，报告完了才能出。我记得那时候我回到农村发展研究部当部长，报告是以我个人的名义写的，计划写给温家宝副总理，再报朱镕基总理。那怎么报呢？我自己报当然也不合适，所以我就递交给了当时我们的主任王梦奎，由王梦奎主任亲自签批送给了朱镕基总理。总理批给当时发改委两个管流通体制的部门，他们对这个关于粮食流通体制改革的报告还算是接受的。

---

① 公粮制改革，主要做法是将农业税与村提留、乡统筹合并，按照正常年粮食产量的8%~10%征收粮食，政府按卡收粮，农民按卡交粮并以此作为抵扣各种乱摊派的依据。

到了5月，我又递了一个报告，报告的主要内容是“停收农业税一年试点”。这是很大的事，以个人的名义送，也不是太合适。于是我们就想了个办法，把报告编入王梦奎主任编的一个择要专送件给送上去了。时任国务院副总理的温家宝同志看了很赞成，报给朱镕基总理，朱镕基总理也很赞成。他当时说：“我给你们准备300亿元，你们下去先搞。”

文件报上去没多久，大概6月在京西宾馆召开了部署落实“12号文件”的会议。朱总理在会上讲了“减一年免一年”，当时还没说税费改革，因为时间原因也没来得及解释资金缺口要怎么解决（我们本来计划“缺口”允许地方政府算账，缺多少批准地方政府发债多少，以后再想办法还），所以大家都不同意。后来朱总理在做会议总结的时候，第一句话就讲：“这是个大事，大头不免，屠宰税能不能免掉？”这样说完，大家表示同意。屠宰税名义上大概要征收44亿元，实际能征收20亿元，所以这就把20亿元免掉了。第二句他就说：“既然大家都不同意，我只能下决心推进税费改革。”

朱镕基总理说：“要马上研究一个税费改革的方案出来。”于是到1999年底，我们用了半年时间把方案弄出来了。整个测算下来，农民的负担有几个部分：一是农业四个税收，二是“三提五统”，也就是村里的“三提留”①和乡镇村里边的“五统筹”②，加在一起共十二项。这是很不合理的，虽然税率很低，但是征的费很多。所以当初方案设计的重点考虑，第一就是要减轻负担，第二是要规范化，第三是要长期稳定。

经过反复测算，方案决定农业税按照农作物的常年产量和规定的税率依法征收。常年产量以1998年前5年农作物的平均产量确定，并保持长期稳定。也就是说，随着产量的增加，实际上税率是在下降的。调整农业税税率，将原农业税附加并入新的农业税。新的农业税实行差别税率，最高不超过7%。但是不许再征收乡镇“五统筹”费。这五件事是属于公共财政的范畴，将来是要由国家出钱的。村里边的“三提留”由国家代收，叫农业税附加，以农业税正税的20%为上限征收，收

① 指的是公积金、公益金、共同生产管理费。

② 指的是教育统筹、计划生育统筹、民兵训练统筹、优抚对象统筹、架桥修路统筹。

完这两项后别的都不许再收了。那么这么算下来，农民的负担是有所减轻的，1300亿元中大概能降三四百亿元，而且讲得清楚了，变得规范了。另外，屠宰税完全取消了，农业特产税也进行了调整，按照农业税和农业特产税不重复交叉征收的原则进行征收，并提出了取消统一规定的劳动积累工和义务工。

2000年农村税费改革开始试点。当时采用了让各省自愿报名的办法，中央财政和地方政府一起测算，实行税费改革之后，每个省会减收多少钱，中央负责补，因为这改革是要“割肉出血”的呀。最后只有安徽省报名了。那时这事是由安徽省常务副省长张平同志直接负责的。我们给安徽省再三测算，最后算出来，安徽省大概要减收10亿元，所以中央也承诺了要补贴安徽省10亿元。2000年一年，安徽省就按照方案在搞试点。到2001年开“两会”，本来“两会”前中央已经定了，国务院也做了方案，决定2001年要扩大农村税费改革试点。但是“两会”期间，安徽省代表团里有一个人大代表，是教育厅的副厅长，他在会上提了个很尖锐的问题：“农村税费负担重，可以说六七成都是因为义务教育，国家给义务教育的钱太少了。虽然大家都同意减轻农民负担，但是这不能让农村义务教育办不下去。”这个意见是很尖锐的，要解决只能靠中央多补贴。

另外，安徽在进行了一年的试点之后，最后决算发现这一年的亏空大概是17亿元，远不止10亿元，因为还有别的收费。这样总理就有点担心了，原来说一个省是补贴10亿元，现在一下上涨70%，每一个省再补7亿元，要是全国各个省都这么来，对财政来说压力太大，所以最后中央决定2001年暂缓扩大，安徽接着试。

到了2002年试点的范围就扩大了，到2003年已经全面铺开了。当初定的是农业税和附加合在一起最高收8.4%，到了2003年的时候，各方面条件开始有了，财政状况也比较好，所以进行改革效果也比较好。当初之所以要进行税费改革，最重要的是保证农村社会的稳定，协调党群关系、干群关系。渐渐地，地方各级都意识到这是好事，都愿意干。所以到了2003年下半年，出现了很多往前推进的局面，有的地方就自己开始降低税率了，甚至有个别真正发达的地方，已经不收农业税了。

2003年，在研究2004年“一号文件”的时候，国务院就正式提出降低农业税税率，从7%降到5%，那么农业税附加就是1%，合在一起征税带农业税附加共6%，

图12－1　2005年12月29日，十届全国人大常委会第十九次会议在北京人民大会堂闭会。会议经过表决，通过全国人大常委会关于废止农业税条例的决定

一共降了2.4%，这是在2004年推出去的。2004年3月5日，在人代会上温家宝总理做政府工作报告时就讲了，“逐步降低农业税税率，平均每年降低一个百分点以上，五年内取消农业税”[①]，而实际上后来的进程比这更快。2004年“一号文件”出台之后，有的地方就走在更前头，有的降到3%，有的降到2%，有的干脆就不要了。大概到2004年底，大部分地方都已经取消农业税了。

到了2005年，按照原来的计划2005年是进一步降到3%，这样农业税附加就是0.6%，一共是3.6%，但实际上很多地方已经干脆取消农业税了。2005年底，十届全国人大常委会批准废除《中华人民共和国农业税条例》，宣布从2006年1月1日开始，取消农业税。

这事确实是意义重大。对农民来说，如果按照1999年的价格算，整体要少交1300亿元，这就变成他们的收入了。更重要的是在这个过程中提出了一个问题：过去很多农村的公共事务，中央财政、地方财政都没有出钱，是让农民自己办。现在不收农民的钱了，可事不能不办啊。所以又提出了一些新的政策，比如2003年开始建新农合制度、2003年开始从贫困地区将农村孩子义务教育全部免费，连课本也免费，等等，这些都是从那时候开始的。

推进税费改革后，我记得当初财政部金人庆的两句话很感人。第一句叫“让公共财政的阳光普照农村大地”，第二句叫“让公共财政的雨露滋润每个农民”。这时候国家才开始掏钱办农村公共事务，才有了公共财政的概念，也才把农业的生产、农民的生活和公共财政挂上钩。农业支持保护政策、农村基础设施建设、农村

① 中共中央文献研究室：《十六大以来重要文献选编》（上），中央文献出版社，2005，第833页。

图12-2 2006年9月1日，中共中央政治局常委、国务院总理温家宝出席全国农村综合改革工作会议并发表重要讲话。伴随着农村税费改革进入农村综合改革的新阶段，农村改革的核心内容由农村税费改革时期的规范农村税费制度、理顺农村分配关系转为以乡镇机构、农村义务教育、县乡财政管理体制改革为主要内容的上层建筑变革

社会事业发展、基本公共服务的提供、基本保障制度的建立等，都是在那以后。

所以农村税费改革关系的不仅仅是农村，不仅仅是“三农”，它更是我们整个国家经济体制改革、经济运行当中非常关键的一个环节，其实是把农村和整个国家的财政体制、财税体制以及整个公共管理、公共服务、社会保障等都连到了一起，意义是非常大的。

郭书田

关于减轻农民负担与改革农业税的问题，我一直为之呼吁。当时农民反映比较强烈的有两个问题：第一个就是工农业产品的价格“剪刀差”，这是影响农民收入的一个重要原因；第二个就是“三提五统”。我们在调查这个问题的时候，农民反映的三句话非常清楚：“头税轻，二费重，各种摊派无底洞”。

“头税轻”，指的是农业税，也就是我们所说的“皇粮国税”，就是“公粮”，这部分占农业总产值的3%。这个占比比较低，农民是承认的。所以小岗村搞“包干到户”，第一句话就是交足国家的。因为农民知道不能欠国家的，农民懂得这一条，所以人家认可头税是轻的，只占3%。

“二费重”，费是指“三提五统”。“三提”是指村这一级的公积金、公益金、干部管理费；“五统”是乡一级的，大都是政府的事情，主要是教育附加、民兵训练、计划生育、民政优抚、民办交通费等，这部分的费用很重。

“各种摊派无底洞”，主要是指乱收费、乱罚款、乱集资，名目繁多，这是农民负担最重的。还有一个是“两工”问题，叫作劳动义务工与劳动积累工。这个乱收费收起来是没底的，叫作“无底洞”，所以农民反映特别强烈。

在温家宝当副总理时，就很重视这个问题。1996年8月13日召开的农村工作座谈会在讨论农民负担问题时，我参加了，我向温家宝副总理反映了农民负担太重的问题。根子在中央有关部门上面，因此要刹源头，标本兼治，既要解决当前突出问题，又要解决根本问题。我说，在下到农村调查时，农民把负担重的问题说得一清二楚，即“头税轻，二费重，各种摊派无底洞”，他表示这是值得高度重视、研究解决的重大问题。

关于“三提五统”的费重问题，我与一些老专家向中央建议，乡的五项统筹费，属于政府应负担的费用，应该取消。“两工”要严格控制数量，把无偿改为有偿。村的“三项提留”，在人民公社时就有，问题是数量太大，农民负担太重，应予减轻。中央提出对农民应“多予少取”或“只予不取”，但是实际上是“少予多取”或“只取不予”，农民意见很大。农民除了按规定缴纳农业税外，还有四个轮子驱动（乡办、村办、个体、私营）的乡镇企业上缴的税金，数量是很大的。

我曾经统计过，多年来，农民纳税的总量超过国家财政支农的总支出，这是很不公平的，反映出城乡二元经济社会结构深层次的矛盾。在如何减轻农民负担问题上，在高层领导中，一直有不同的认识与主张。

2000年2月23日，我们给中央写了一份《从根本上解决农民负担问题的建议》，这个文件是由我牵头，还有几位老同志一起讨论写出的。根据粗略计算，农民一年的负担很重，其中包括农业税310亿元、屠宰税20亿元、教育附加费69亿元、“三提五统”900亿元、“两工”1350亿元等。我们的意见就是要改就彻底改，要下最大的决心，把“三提五统”取消，农业税不能提升，也不是降低的问题，就是要彻底免掉。温家宝副总理于2月26日批给有关部委主要领导人研究，并在文件多处划了重视的横线。朱镕基总理于3月1日批示：“请印发国务院各部委领导同志参阅。”

当时我还是有一点保守，没预料到会产生这么大的力量，2005年底把农业税

人民日报
RENMIN RIBAO

农业税条例正式废止
中华人民共和国主席令

全国人民代表大会常务委员会关于废止《中华人民共和国农业税条例》的决定

中央农村工作会议在京召开
研究"十一五"期间推进社会主义新农村建设 全面部署2006年农业农村工作
温家宝出席会议并作重要讲话 黄菊出席

人大常委会第十九次会议在京闭会
吴邦国主持 通过畜牧法和全国人大常委会关于废止农业税条例的决定

人大常委会举行第十八次法制讲座
吴邦国主持

我国首条液化天然气船出坞

社论

图12-3　2005年12月30日，《人民日报》刊发《全国人民代表大会常务委员会关于废止〈中华人民共和国农业税条例〉的决定》

等税费负担都取消了，我多年的一个心愿，终于实现了，当然是很高兴的。这项举措在我们国家农村改革历史上是一件了不起的大事啊，后来我们到农村调查情况的时候，农民都反映，共产党太好了。怎么个好法呢？农民说："不但不跟我们要钱了，还给我们钱。"我说："给你们钱指的是什么？"农民说粮食的"四项补贴"，乡村干部也不再是只向农民要粮要钱的人了。

所以，做一件好事，农民就会从内心里头感谢你，说共产党好。我认为我在农村搞多年政策研究，最大的体会就是善解民意，民心不可欺。在农村，民指的就是农民嘛，处处都要为农民着想，我多次讲这个意思，我说我们农村工作的一个出发点和落脚点就是维护农民的利益，让农民有真正的获得感。现在有个新的词语叫获得感，这就是衡量我们工作有没有政绩的唯一标准，没有第二个标准。

13. “天下第一村”：华西村的故事

20世纪80年代起，华西村就成为富裕农村的代名词。改革开放之初，老书记吴仁宝带领全村从“靠天吃饭”的小农经济走上工业反哺农业的道路，打造出一个中国农村集体经济发展的样本。进入新时代，现任华西村党委书记吴协恩，则致力于带领华西村走上一条转型升级的发展之路。

口述者：吴协恩（江阴市华西村党委书记、主任、华西集团董事长）

父辈们的华西村

吴协恩

华西村过去是一个非常穷的村庄，基础差、土地少，人均不到十分地。这样一个村庄要改变面貌确实不容易啊。我们的父辈“穷则思变”。他们当时首先要解决吃饭问题，老书记就制定了一个十五年规划，这个规划实际上做了两件事：第一件事就是新农村建设，把12个自然村集中到 个中心区域，扩大良田面积；第二件事就是把我们华西村七高八低的土地全部平整。过去我们种粮食产量低，主要是靠天吃饭，天不下雨就旱，多下雨就涝，这样是种不出稳产、高产的粮食的，所以老书记花了7年时间带领老一辈解决这个问题。

为了制定一个符合华西实际的发展规划，老书记带领干部和群众代表，在1964年冬天，踏遍全大队1300多块田地、40多条河沟、12个村庄。一边勘测一边商量，田地怎样平整比较恰当，新河开在哪里比较有利，新村建在哪里比较适宜。在老书记的引导下，大家认为，高高低低的田地要平整，弯弯曲曲的河道要开直，星星点点的村落要集中。现场边走、边看、边议，重造山河、重建华西的规划，逐渐明朗起来。

到1968年，华西村就完成了这件事情，这在过去是很了不起的，光土方就有100多万立方米，都是靠我们华西的老百姓的肩膀挑出来的。1968年完成以后，老书记又在想，把老百姓的温饱问题解决了，但是怎么富起来呢？因为我们经常接触百姓，有打过工的，也有做过厂房的，面貌都改变了，住上了瓦房平房，解决了温饱，但是手里还是没有钱。所以1969年的时候，老书记就偷偷搞起来一间小五金工厂，当时的出发点主要是为了解决农业的投入问题，因为农业没有大的投入，生产就算有一定的提高，也不会有很好的收益。老书记就决定以工补农，将工业上赚的钱贴补到农业上去，增加对农业的投入，包括机械化，包括农业肥料，包括选好的品种、科研等。因为这些都要花钱，所以老书记就想到要办工业。在当时的历史背景下，我们农民是不能办工厂的，农民办工厂是要进监狱的，要割“资本主义尾巴”。但是老书记为一方老百姓，他不怕，在党支部开会的时候他就说，有责任他担，就这样偷偷地搞起来了，这是第一代乡镇企业，华西村最艰苦的阶段也就是这8年。

到了1978年改革开放的时候，实际上华西已经算比较富裕的一个村庄了，当年的收入是达到了28万多元，销售超过了100万元，在农村来说已经算是比较好的了。后来我们的乡镇企业可以名正言顺地办了，华西靠过去的一些原始积累，就走得更快啦，也意味着从农业走向第二步工业化的道路。

一路走来，我最大的体会不是华西老百姓有多富裕，我的体会是他们老一辈的精神值得我们去学习，他们这一代人是真正与时俱进的、创新的一代人，也是小平同志讲的“摸着石头过河”的一代人。我总结了三条。

第一条是老书记是一个信念坚定的人，第二条是他是有思想的人，第三条是他是一个无私奉献的人。

第一，老书记是一个信念坚定的人。如果理想信念不坚定，华西就没有今天来之不易的幸福生活。比如那个时候你讲错一句话，做错一件事，可能就要批你，或者把你打成反革命等，老书记也挨过批，但这没有挫伤他的积极性。也有人查过他，但也没挫伤他的积极性。他是个意志很坚定的人，受到委屈、受到不公对待的时候，他都能坦然面对，为什么？因为他心里装的是老百姓，他要践行我们共产党的宗旨：全心全意为人民服务。老书记他做到了。

第二，他是一个有思想的人。他这个人不仅自己会改革而且会总结，他能用朴实的语言讲出深刻的道理，这是老书记的特色。比如说他对中央精神的很多理解，跟人家不太一样。过去要“抓革命、促生产”，老书记贯彻落实的时候，他跟我们村委开会讲“抓生产、促革命”，我们首先要抓好生产，再来促革命。如果先促革命再来抓生产，那地谁去种，先做再讲。

再比如“允许一部分人先富起来，先富帮后富，最终实现共同富裕”。这是小平同志的话。而老书记他是这么做的，他不仅让华西村老百姓富起来，也不忘周边村，不忘我们全国的农村老百姓，他认为一村的农民富了不算富，要全国的农民富才是真正的富。

他对我们国家政策的理解，我认为是深刻的。比如说解放思想，改革开放。他说解放思想要有思想，改革开放要有方向，也就是说解放思想不是一句口号。首先你自己要去解放思想，解放思想了，你的工作就搞得好。所以说老书记是一个有思想的人，我们应该好好向他学习。

老书记始终想到的是老百姓而不是自己，他提出华西的干部要做到“有福民先享，有难官先当”，我们的宗旨就是要为一方百姓服务。你是基层干部，你就要有这种胸怀。改革开放以后，经济建设上来了，对我们党员干部的诱惑多了，如果不提升教育和要求的话，党员就会犯错误，就会经不起考验。所以老书记在20世纪90年代就提出了新的要求，要大家搞明白这件事情，搞明白就不犯错误，少犯错误，华西到现在没有哪一个人因为贪污而出问题的，这是老书记教育的方法得当。

第三，老书记是一个无私奉献的人。他走的时候就是两袖清风，一个人做到两袖清风是不容易的，他对自己的要求到最后都是这样。从不在生活上去讲究，但是在工作上，他是没有所谓8小时工作制的。如果按每天8小时来算，他到80多岁就已经工作超过100年了。他每天说话至少2到5个小时，有时候半夜里我们也要开会。

他半夜里也要到工厂里去转的，他把全身心用到工作当中去了。在无私奉献上，最经典的就是他那句话："家有黄金数吨，一天也只吃三顿；豪华房子独占鳌头，一人也只占一个床位。"我打心里尊敬他，因为他们这代人是真正为我们下一代创造条件，是冒着风险去创新的一代。

老书记也善于学习别人好的东西，比如他带领我们学大寨，他是学大寨人"自力更生、艰苦奋斗"的精神。1978年小岗推行大包干、分田到户，我们华西没分，因为华西已经走过了这个阶段，不需要分。但是我们学他们的精神，解放生产力、打破"大锅饭"。应该说在老书记身上我们真的学到了很多。所以每一年的3月18日，也就是老书记的忌日，我们班子成员都要到老书记的灵前去宣誓，因为在老书记灵前讲的话，说到要做到，以此来激励我们继承和发扬他的优良传统。

当时没有学小岗分田到户就是因为实事求是。因为华西本身是人多地少的一个村庄，我们后来叫"七统八分"，实际上我们走向了乡镇企业的发展道路，就把农民变成了工人，发展乡镇企业了。而农业这一块我们实行了机械化，不需要那么多农民，我们专门成立了一个农业公司，一个村的地只要7个人管理就可以了。华西已走过了小岗的阶段，如果我们脱离实际照搬照抄的话，所有的产业都将倒退，华西学人家好的经验、好的理念，不在于他们做什么我们也做什么，而是要学他们怎么解放思想、怎么来打破"大锅饭"。所以老书记让我们全体村民讨论分还是不分，最后我们没有一个村民要分的，那么我们就听村民的意见，不分。所以说分田到户不在于分与不分，关键是解放思想，我个人认为这点最重要。

20世纪80年代初，我们还归苏州地区管的时候，小平同志到苏州来视察，其中就有华西村的汇报。我们华西村工业化道路的发展不是一成不变的，是从无到有，从有到大，所以到1985年的时候我们已经开始实行股份制了，20世纪90年代我们就成立了集团。我们是集体控股的，村民也都有参股，我们村的公共事业、社会事业比如造桥、看不起病的弱势群体等，我们用集体这块来帮助他们。

我认为华西的改革调整是与时俱进的，是有利于华西的发展壮大的。我们的分配来源有三种形式，第一种是多劳多得，工资加奖金；第二种是资本分红；第三种是按人头分配。我们这三种分配形式是适合华西的体制和机制的，所以华西一路发

图13-1 “天下第一村”华西村

展，不断地壮大。

而且我发现我们的老一辈，特别是老书记他从没满足过，不断地在否定自己，所以华西乡镇企业才走得这么快，才有了这样一个原始积累。在那个时候，发展经济实际上是要看胆量的，是要靠闯的，所以我个人认为在90年代那个阶段正好是从小到大的一个阶段，就是从小打小闹到形成规模企业、形成产业链的一个阶段。华西村的乡镇企业之所以一直在发展，没有没落，原因就是不断创新，结合新形式，不断地去调整。我个人认为，其实乡镇企业的发展对国家的贡献是巨大的，不仅仅是富裕了农民，更重要的是推动了中国经济工业化道路的经济形式发展。这一点是了不起的。

2001年起，老书记和华西人创造性地提出了“一分五统”，先后四次纳入周边村，华西面积和人口大幅度增加，成为全国农村走向共同富裕的典型。“一分”就是村企分开，企业和村子不搭界，比如华西集团跟大华西是不搭界的。因为企业一定要市场化，如果回到过去“吃大锅饭”，那你这个企业早晚就要倒退。“五统”统的是什么呢？经济统一管理、干部统一使用、劳动力在同等条件下统一安排、福利统一发放、村建统一规划，这样大家的精神都一样了。实际上华西的“一分五统”最早就是4个村加入大华西，这4个村都是华西帮助他们的。这4个村的经济不行，有3个村实际上已经是资不抵债。我们当年帮助他们的时候也做得很好，但后来连银行的钱都还不了。老书记一看，我们花了这么多的精力和财力帮助他们还是不行，算了，干脆我们就自己帮，老百姓的基本保障、福利完全由华西来解决，干脆加入华西村吧，所以叫“一分五统”。到去年为止，我们每年给周边20个村的帮助，发放各项福利，包括在基础设施建设上花的钱，要达到9600万元以上。想想看，一个村每年还要帮助周边村付9600万元以上的钱是不容易的，当然也会促进我们把经济建设得更好。这4个村加入大华西以后，其他村都想加入华西，老书记说你们想加入就加入，干脆多帮一点，这样一帮就帮到20个村庄。

先富带后富，实现共同富裕

1995年，为了响应国家的扶贫号召，我们分别在宁夏、黑龙江建立了两个省外华西村，实际上这也是老书记提出的，我们只是实践。20世纪70年代华西稍微好一点以后，就已经开始帮助周边村了，从送拖拉机到送汽车搞运输再到后来帮助他们建工厂等，各种帮扶，老书记就开始尝试了，因为他看到还有很多农民并不富裕。他曾带队从东北地区跑到西部地区去看，西部地区特别是宁夏老百姓没水，是在求生存阶段，所以宁夏华西村的主要目的就是解决温饱的问题。黑龙江华西村主要是解决富裕起来的问题，黑龙江人是吃得饱的，但是生活条件并不好。老书记建新的华西村，我个人认为叫“抛砖引玉”，就是华西来带个头，去帮助那些需要帮助的老百姓。

1995年9月，宁夏华西村的建设开始运作，地点选在银川近郊戈壁滩上的镇北堡。老书记从宁夏周边的贫困县搬迁了882户最穷的农户迁居此地，盖房、盖小学，从长远的人才培养上考虑，甚至还建了中等专科学校。授人以鱼不如授人以渔，老书记还安排了宁夏华西村的600个年轻农民到华西村培训，委派华西村党委副书记瞿建民、华西集团公司副总经理瞿永兴等前去镇北堡蹲点帮助管理，驻宁夏华西村委会达5年之长。5年时间，宁夏华西村初具规模，建成住房2000多间，开垦荒地1万余亩，植树18万株，绿化面积达到1200亩，还建成了木制地板、空心砖、氯化稀土等40多家企业，年总产值超亿元。有的农民不仅有了彩电、空调、冰箱，甚至还有了轿车，宁夏华西村成为国务院和宁夏回族自治区评选的“民族团结先进集体”，农业部评选的“东西合作示范区”。宁夏华西村建好后，村民用华西村“名声当牌子，扶贫资金做引子，招商引资闯路子”。宁夏华西村富了，西海固地区1万多名农民也走出了荒山。

黑龙江也是这样，我们当时是实施三年扶贫计划。黑龙江并不都是黑土地，有些地方还是盐碱地，我们把松花江水引上来，开垦土地，再开垦河面，不光让农民有地种，而且还有副业——养鱼，这样老百姓的收入就增加了。最关键的还是理念转变的问题。过去东北一些老百姓到了冬天就没有活干啦，我们去了以后就发动老百姓，到城里边去做一点小生意卖点菜等，只要是创收的，不违法的都可以。我记得村里最早只有一辆“小三轮”，到后来家家买“小三轮”，村民动起来了，为了改变自己的生活，他们开始进城了，这就是理念的转变。

不仅仅是这两个村，我们帮扶的还有其他更多的地方，我们扶贫也是在不断摸索、创新的一个过程。有些扶贫如果你扶得不好，反而会增加他们的负担，比如说这个村没有好的工厂，你去帮他们办个工厂，他们管不好，几年下来就资不抵债，反而增加了这个村的负担；有的村庄不适宜搞工业，适合搞农业或者搞副业，帮助他们也要因地制宜，我们从中总结了很多失败教训。

还有一个我们最终的体会：最好的效果就是搞培训，也就是“扶贫先扶智”，来转变他们的观念。我每次跟到华西交流的村支书讲，不要看到自己的不足，你这个不足说得不好听也是一种借口。所以关键还是理念的问题，你想不想改变，你有没有发现你的优势在哪里，你首先要动起来。这么多年我们已经搞了40多万人的培训计划，像贵州我们搞了近12000个基层干部的培训计划，吃住都在华西。后来我们回访看看他们到底怎么样，一看非常好，大家都干起来啦，村干部带头，你这个村就改变面貌啦，老百姓的生活水平就改善啦。关键是动起来，不要一看到华西这个样子，就认为你们几辈子都赶不上，谁叫你赶？华西不是一夜就这样的，华西过去也是一个穷村啊，就是靠老书记带领我们老一辈干出来的，天上没掉馅饼下来啊，现在国家政策鼓励、支持你去干，你还不抓住这样的机会，所以我说没有理由不发展。华西一个村富了不算富，全国富了才是真正富啊。

我们每年各种形式的扶贫要达到大概1亿元人民币，每年都这样，为什么要花这么多的钱？因为我们华西富起来是靠国家改革开放。华西的老百姓富裕了，还有很多其他地方的老百姓没富裕啊，我们应该去帮，应该要让他们富裕起来。

特别是党的十八大以来，习总书记提出实现中华民族伟大复兴的中国梦，这是我们每一个干部的责任，也是我们先富帮后富应该去做的事情。当然我们也一直在这样做，以双方的优势进行互补，既帮助了他们，也发展我们，走向共同富裕。所以说扶贫不是简单的经济方面的支持，更重要的是转变对方的理念，理念转变了，才能真正走向富裕、真正脱贫。生活条件差一点不可怕，思想贫穷才是最可怕的。

新时期华西村转型发展之路

1999年，华西股份公司在深圳证券交易所挂牌上市。过去称我们的乡镇企业是游击队，当华西发展到一个新的阶段的时候，应该要逐步地变成正规军。怎么进一步来提高我们华西管理者的水平？不仅自身要去提高，还要借助外力来提高，上市是最好的一个途径。我们有这样一个上市公司，其他的企业都可以向这个上市公司学习，这个也是借用外力，促进我们内部管理提升的一个有效途径。

老书记当时不同意，他是反对公司上市的。我个人认为，第一个他是怕我们干不好，因为会变成一个公众公司，他是用激将法。第二个我们要去理解老一辈，因为老一辈他们是喜欢看得见摸得着的东西的。但是进入新世纪，发展新的经济简单靠体力是不行的，要有胆识地去发展，市场经济逐步成熟，特别是商品进入过剩阶段，那你就要靠知识去赚钱，要有胆识地去发展经济。

其实老书记那代人是创新的一代人，没有他们的创新，哪来我们的改变。他们那代人的创新是冒着生命危险去做的，我们这代人的创新是国家鼓励你鞭策你去做，可想而知他们的创新有多难。我们要理解他们，华西好不容易建设成这样一个村庄，他容不得半点失误。老书记的生命是与华西紧紧联系在一起的。你如果做一些新的创新会有一些风险，而有些风险他不了解，就不敢去尝试，这很正常，就像我们现在对下一代的有些新生事物不了解一样，我们要去尊重他，我们要通过一些实际的操作让他知道这件事情是好事，对华西是有促进作用的。所以老书记最后还是同意我们去做了。我个人认为，创新总归有一个理解的过程，关键是你怎么去统一大家的思想。当时我是极力赞成上市的，我就想利用华西股份公司来促进我们企业管理水平的提升，财务、经营更公开、更规范、更透明。华西发展到一定阶段，需要新的提升动力，借外力来促进我们内部的改革、完善。所以后来老书记也特别高兴，他亲自去敲钟。

华西也走过了不同的阶段，到我接班的时候正好已经形成了规模企业，形成了产业链，当然你还可以增加几条生产线，还可以增加销售量，问题在于你一味地这样扩大再生产行不行啊？风险在哪？我们办企业一定要用危机意识去管理企业。华西进入新世纪以后，制约传统工业的要素变多了，也就是珠三角过去出现的一些问题，长三角也体现出来了。劳动力成本大幅度提高，甚至出现用工荒的问题；土地成本大幅度提高，环境容量不够；开放力度太大，环境逐步变差，这些都是制约传统工业发展的要素。但是转型也不是随便转的，你发展慢一点没关系，总有条路子出来，思想不正就是绝路了。

我当时带队出去考察，思考到底华西是走高科技的发展道路还是走服务业的发展道路。北到中关村，南到深圳特区，中间到上海去学习，我们一路走下来，结合华西的实际，认为华西还不具备条件走高科技的道路，而做服务业在我们这个区域来说是最佳时期，为什么？那时候大家认为扩大再生产就是要办企业，而服务业正是一条短腿，上海是要走服务业的道路，我们可以学上海，发展慢一点，但路子走对了就不怕。所以我们当时就初步形成了一条向服务业进军的路子。但是转型首先要转变理念，我提出了从量到质的转变，从体力向脑力的转变，就围绕这两个"转"做文章。

第一个"转"是转观念。坚决不再扩大再生产，而是实行技术改造，实在不行、不能改造的高耗产能就关掉。后来关掉了9个企业，腾出空间，发展服务业。第二个"转"就是体力向脑力的转变。今后的竞争不是行业竞争，是人才的竞争，今后的发展要靠智力来发展，而不是靠体力来发展。我们现在还有一块传统工业，为啥有？因为我们是循序渐进地来调整，不是一刀切，如果一刀切的话，我们还有这么多老百姓要就业，而现在新兴产业他们又进不了。因为他们没有证，现在有证才能上岗啊，都要考试，为了转型让老百姓失业，我认为这个不可取，所以要两者接轨。我当时提出的第一个目标是花10年时间达到两个“50%”，也就是传统工业、服务业两条腿走路。通过10年的努力，实际上超过了两个“50%”，到目前为止我们服务业的贡献率已经超过了65%。如果我们不早转，那现在的华西一定是困难的华西，幸亏我们转得早，才能应对这样一个周期长的调结构阶段。所以说转变增长方式、转型一定要在好的时候去转，好的时候有精力有财力，如果现在再去转，往哪里转？怎么转？所以说我们转型的动力主要来自我们华西自身发展的需要，我说不要再等，我希望我们华西的企业都是这样，要领着走而不要跟着走，只有领着走了才能不断创新，跟着走永远在后面，这就是华西在转的过程当中的一个出发点。而且我们的转还要是可持续的转，不是说一夜之间要做到什么样子，而是要长久。我有一个体会，在这个转型过程当中，我们发现你销售了多少，跟你这个好是没有关系的，跟你这个力量是没有关系的，我们现在的好，主要是讲的人均产出，而不是简单的销售，我认为现在这样的转比过去又上了一个台阶，也适应了这个新的发展需要。

华西的发展之路不是一成不变的，我们也在不断结合新形式不断调整变化。因为我们一些制度、一些人不适应现在的发展，那我们要去调整，包括股份制的改革问题，过去叫“我是股东你是打工者”，现在讲“合伙人制”。我们要实时地去改变，改不适应新形式发展的东西。改人、改制度、改股份。这当中，难改的就剩骨头啦，最难的就是人的问题、制度建设的问题，股份也是涉及每家每户的问题，但是你不改，从长远来看会阻碍华西的经济发展。所以说每一次困难的克服，实际上就是华西的一次进步。

老书记最不喜欢讲的就是模式，我认为每一个单位每一个企业都有自身特定的模式，关键是发展的成果要让老百姓都享受到。经济建设一定是走市场化的道路，这一点不会变，只有这样才能适应经济发展，才能立于不败之地。我记得华西超过第一个100亿元的时候，是我当书记不久，正好集中在产出，他们跟我开玩笑，说你一上台就超过100亿元了。实际上这不是我的成果，没有老书记打下的基础我哪里有创新的机会啊。所以我认为不去谈什么模式，而是谈什么适合华西的发展我们就做什么。

“两个一百年”发展目标

一个村也好、一个企业也好，首先看的是一把手，一个好的一把手他能够带好一班人，会发展得好。我们华西很幸运，因为老书记带领华西走的是共同富裕这条道路。但是我们的机制走的是市场经济的道路，按老书记的话就是：社会主义有社会主义的优越性，资本主义也有资本主义的优点，要把它们结合起来，他们好的一些制度我们要学，我们社会主义有优越性的制度要保留，我们社会主义的优越性就是为人民服务，发展为民。这样一来就形成了华西的特色，人家到华西来学习交流，我就跟他们讲，学华西不是简单地走华西的路，每个地方的特色都不一样，简单地学华西、走华西的路，不一定能适应，可能会水土不服。但是你最终可以为了一个目标去走，为一方百姓这个目标去走，你的形式方法可以变。

我上任以后，很多人跟我开玩笑，说创业难，守业更难。到底难在哪里？我没太多地考虑。如果吃老本那会不难吗？还有一个就是你不要去把老一辈的功劳成绩背到自己身上来，你应该是重新开始，在他们的基础上做得更好，守是守不住的，只有闯才有新路，老一辈创新创业的精神要学习，要为我所用。所以我们不断地调整，不断地改变，也就是说进一步地完善，让华西有一天能变成真正的正规军，这就是我为之奋斗的目标啊。

另外，我身后有那么多的老百姓，我一个人苦没关系啊，但如果由于我的失误、由于我的思想落后，让老百姓苦，那就是我的过失了。所以我不能等，我也不能守，只有创新才能让老百姓生活质量提高，让他们的幸福感增强。实际上改革就是改革不完善的地方，对华西来说，我们也有很多不足的地方，改就是改掉我们不足的地方。说得直接点就是为了明天更好才改的，不是说我一个人要去改，而是要让我们的村民、职工都理解你，知道你为啥要改，这样才可以顺水推舟地去做事情。我举个最简单的例子，就像大妈跳广场舞的问题，现在变成一个社会问题。我认为大妈跳广场舞是非常好的事情，问题在于我们过去没有规划设计到这一点，没有地方让她们去跳去玩，没有空间给她们，最后产生矛盾。这个问题躲是躲不掉的，你怎么来疏通、怎么来引导她们？或者给她们创造有条件的地方，这样就解决问题了，她们也感谢我们又为老百姓多做了一件事情。这个改一定要从“疏”的角度去改，不要从“堵”的角度去改，只有这样才能顺理成章，实际上这个不断调整改变的过程对我来说也是学习的过程。

我提出“两个一百年”：“百年企业”和“百年村庄”，为什么？是因为华西已经到了这个节点，具备条件去考虑长远发展、长远的建设，要用百年大计来规划设计。如果真建成“两个一百年”，华西的每一棵树都是百年大树，都是一个历史景点。所以华西的长远目标就是为了“两个一百年”来做事，考虑问题、最终实施都要用百年大计的这种思维去做，这样我们华西的发展就可持续啦。我最大的梦想就是两件事情：我这一生能否把华西建成一个真正意义上的“农村都市”，再有一个就是我这一生干下来也能像老书记一样，等到我退休的时候，村民都叫我一声“老书记”，那就是我最大的满足。

第三篇

自党的十一届三中全会确立了改革开放的基本方针以来，党团结带领全国各族人民不懈奋斗。自1992年党的十四大提出建立社会主义市场经济体制的改革目标以来，经过20多年不懈探索、大胆实践，取得了成功、积累了经验。社会主义市场经济的改革方向，依然是推进中国现代化建设的引航之灯。

14. “皇甫平系列”评论文章始末

1991年2月至4月，上海《解放日报》发表了4篇署名为皇甫平的评论文章，文章围绕“解放思想、深化改革、扩大开放”这个中心，宣传邓小平的最新思想，被誉为继“实践是检验真理的唯一标准”后第二次思想解放运动的开山之作。

口述者：周瑞金（时任《解放日报》党委书记）

周瑞金

从1988年开始，邓小平同志每年都到上海来过春节，前三次到上海过春节，他都住在上海西郊宾馆，平时也不大出来。1991年是他第四次到上海来，但是这一次与前几次大不一样，他天天出去参观，看汽车制造业、家电行业、长征火箭、浦东开发……他一边看，一边表达很多看法。

当时的市委副书记陈至立同志分管我们宣传口，她给我看了一份小平在上海视察过程当中的谈话，这个谈话是按照当时上海市委书记兼市长朱镕基同志陪同视察谈话整理的。谈话一开始，小平同志就说改革开放要讲几十年，不是他一个人讲，全党都要讲。现在改革开放还有一点阻力，有思想顾虑，但改革开放不能停止，要承担得起改革开放的风险。他还讲了要进一步开放。他说上海是一个开放的码头，听取浦东汇报的时候说金融是现代经济的核心，金融改革活了以后全盘皆活。他还说，上海过去可以是人民币自由兑换的地方，以后我们也要这样做。他说中国的金融要在世界上有地位，应该从上海做起，他要求上海思想要更解放一点，改革的步伐能够更快一点。特别是谈到市场和计划是经济手段，不要把市场经济看作资本主义，把计划经济看作社会主义，说得非常好，为我们进一步改革指明了方向，往市场经济体制方面去深化改革、扩大开放，这个思想非常鲜明。

当时我看了很有感触。为什么我看到小平同志这个讲话触动那么大呢？1989年之后国内就很少谈改革开放了，当时报纸上都是反对和平演变、批判资产阶级自由化的声音，接下来几年的时间里，东欧剧变，苏联解体，形势非常严峻。那时候有一批政治家、思想家、理论家就提出来，以经济建设为中心不够，还要有一个政治中心，要加强社会主义教育。

我当时已经担任《解放日报》一把手，在这样一个理论背景下，我和很多的干部及群众都很郁闷，我们原来的“一个中心，两个基本点”的基本路线要不要坚持？改革开放要不要推进？

在这个情况下，当我看到小平同志在1991年到上海过春节时的谈话，就感到豁然开朗了。所以我当时就认为要写一些文章，其实那时候我已经知道我要调到香港《大公报》任社长去了，我想最后为《解放日报》留下一点东西，要把小平同志这种新的改革开放思想宣传出去。虽然当时陈至立副书记给我看谈话不是要布置我写文章，也没有讲要宣传，只是让我掌握这份材料，但是我自己感到小平同志讲得很清楚啊，改革开放是全党的问题，那《解放日报》是上海市委机关报，就应该带头讲改革开放，所以宣传小平同志的讲话方向肯定不会有问题的。

第二天我就在思考怎么搞。2月13日小年夜，我请了评论部的凌河，还有当时上海市委研究室的施芝鸿，我们三个人研究合作写几篇文章宣传小平同志实行改革开放的最新思想。我先说了第一篇的构思，辛未羊年是改革年，站在了一个新的历史交替点上。12年一个轮回，回顾上一个羊年正是1979年，是党的十一届三中全会之后的改革起步的元年。12年来的改革，我们取得了巨大的变化，实践证明改革开放是强国富民的唯一道路，只有坚持改革开放才有今天，只有坚持改革开放才有更美好的明天。这个话今天看来没有什么，但是在当时谁也不敢谈20世纪80年代改革开放成绩的情况下，是不容易的。我们在回顾12年的改革开放成绩的同时，展望了下一个12年，也就是2003年。我们认为到2003年中国正好进入了小康社会，解决了中国的温饱问题。另一个回顾就是一个甲子，1991年回顾前面一个60年是1931年，是“九一八事件”，日本侵略我国，占领沈阳。这说明，如果国家落后就要挨打。再展望下一个60年是2051年，到2051年我们正好实现了 “三步走”战略第三步，达到了中等发达国家的水平，人均收入达到4000美元。朱镕基同志在传达党的十二届七中全会精神时提出来，“何以解忧，唯有改革”，这个话我也引进文章里了。所以我们第一篇《做改革开放的“带头羊”》就在2月15日即大年初一发表了。那一天的报纸上面是邓小平同志在大年夜和上海市委、市政府领导共话新春的照片和报道，下面就是皇甫平的评论文章。

过了3个星期左右，到3月2日我们又发表了《改革开放要有新思路》，这篇文章把小平同志春节在上海谈话时谈的要搞市场经济这种新的改革思想写出来，提出来我们20世纪80年代的改革主要是增量改革，在体制外的改革。90年代的改革的新特点新思路是要进入体制内的改革，要进入国有企业、公有制的改革，要把市场经济突显出来，要从把市场和计划当作制度的标志这样一个思想里面解放出来，要把小平同志提出的社会主义也有市场经济这个思想突显出来，这篇应该是全部文章里面最重要的一篇，在当时引起了很大的争论。

再过20天，3月22日，我们发表了第三篇文章叫《扩大开放的意识要更强

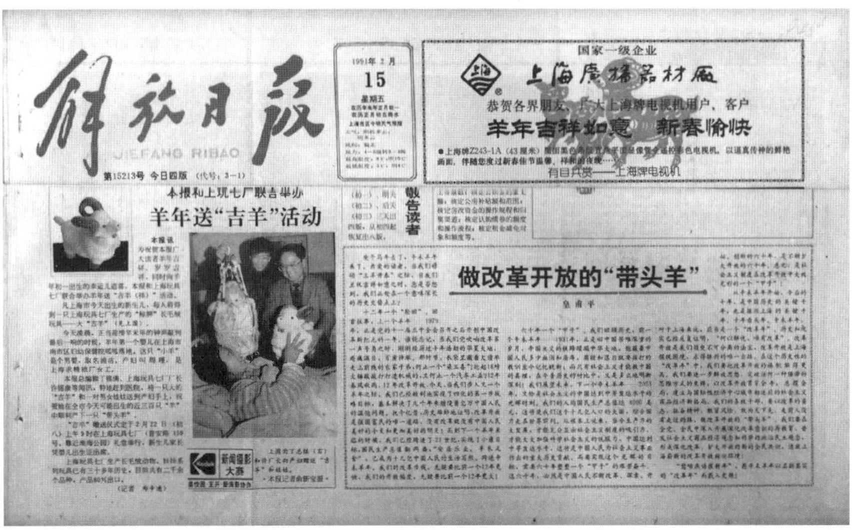
解放日报
JIEFANG RIBAO
第15213号 今日四版 (代号：3-1)
1991年2月
15
星期五

国家一级企业
上海广播器材厂
恭贺各界朋友、广大上海牌电视机用户、客户
羊年吉祥如意 新春愉快
有目共赏——上海牌电视机

本报和上玩七厂联合举办
羊年送“吉羊”活动

敬告读者

做改革开放的“带头羊”
皇甫平

图14-1　1991年2月15日，《解放日报》发表“皇甫平系列”评论文章第一篇《做改革开放的“带头羊”》

解放日报
JIEFANG RIBAO
1991年3月2日 星期六

上海市农工商实业总公司聘请上海市恒信律师事务所
鲍培伦律师、叶志林律师担任常年法律顾问
为维护本公司合法权益，特聘请常年法律顾问。本公司及下属各企业的有关法律事务，均委托常年法律顾问办理。
上海市农工商实业总公司法定代表人吴以康总经理
总公司地址：上海市中山南二路520弄29号　电话：4330731
总公司法律事务室　蔡薇芳　4374690
律师办公地址：上海市复兴中路597号（文化广场内）　电话：4336850×4分机

放农资逾亿元
特郊区推广农业科研成果

流行色应用展评会在沪开幕
上海襄括服装综合金奖5枚

中美合资上海首家阀门公司成立

改革开放要有新思路
皇甫平

图14-2　1991年3月2日，《解放日报》发表“皇甫平系列”评论文章第二篇《改革开放要有新思路》

些》。这一篇主要是讲开放，因为小平同志春节在上海谈话时很强调要对外开放。他认为我们引进外资是为了发展中国的经济，经济如果不开放，一点信息都没有，是不可能发展起来的。现在世界上的经济发展，资金、技术、人才都在融合当中，只有相互开放、相互融合，才有经济发展。如果不对外开放，我们什么都发展不起来。小平同志的这个观点，我们在第三篇文章中充分体现出来了。第三篇文章强调要扩大开放，要引进外资，让外资到中国来办企业。我们认为我国已经明确了外资在我们这里注册，在我们这里交税，用我们的劳动力，是和我们的民族工业一样的，不要把外资和自力更生对立起来，和自己发展经济、民族工业对立起来。

第三篇文章我们提到了浦东的开发开放，例如设立保税区、让外资银行进驻、进出自由、免交出口税等政策，当时其他4个特区是没有的，这一些开放的政策，如果受“姓资姓社”的困扰，就迈不开步了。结果“左”派就抓住这个观点对我们展开了批判。他们用一个大标题《改革开放可以不问姓社姓资吗》来对我们进行批判，认为不问“姓社姓资”的改革开放，必然会把中国引到资本主义道路上去。

但是20天以后进入4月份，我们继续发表第四篇文章叫做《改革开放需要大批德才兼备的干部》。我们写改革开放要用什么人。在这一篇文章里我们论述得很清

解放日报
JIEFANG RIBAO
'91春季常熟市商品交易会
准备对"两会"进行采访
上海冶金局昨正式决定
生产经营权全部下放企业
扩大开放的意识要更强些
皇甫平

图14-3　1991年3月22日，《解放日报》发表“皇甫平系列”评论文章第三篇《扩大开放的意识要更强些》

楚，改革开放要用德才兼备的人，要坚持革命化、知识化、专业化、年轻化“四化”干部方针，特别强调小平提出来的为改革开放做出政绩、得到群众拥护的干部，我们要大量使用。当时我们用了战国时期荀子的一篇文章里提到的几种人才：一种是“口能言之，身能行之，国宝也”，能讲话，会讲话，又很会干事，这样的人才是国宝级的人才；一种是“口不能言，身能行之，国器也”的，口不善表达，但能做事，实干家，这个是国器，很有用场；一种是“口能言之，身不能行，国用也”，很有点子，但实干不行，这属于国用的人才，可当作智囊似的人才，也可以用；一种是“口言善，身行恶，国妖也”的坏人才，不能让这些人进入我们改革开放的领导班子。

我们从2月15日到4月中旬这段时间连发了4篇署名为皇甫平的文章，尽管我们是比较有节奏的，不是接连发文章，不想引起很大震动，但还是引起广泛的注意。首先，在国内我们广大群众和干部看到这几篇文章都感到吹来一股改革春风，感到是思想的一个解放。全国各省、市、自治区驻上海办事处的人都来打听，皇甫平的文章是什么背景，要把皇甫平的文章都搜集来，好好地研究。国外舆论也非常关

改革开放需要大批德才兼备的干部

皇甫平

图14-4　1991年4月12日，《解放日报》发表“皇甫平系列”评论文章第四篇《改革开放需要大批德才兼备的干部》

注，当时美联社、法新社、路透社都来打听，特别是塔斯社记者说一定要来见我，要采访我这个是不是邓小平讲的，一定要来证实。当时引起的反应大都是正面的、非常拥护的。

1991年本来是改革年，最后变成改革的争锋年。“左”的政治家、理论家就抓住皇甫平的文章进行批判，所以那段时间是我压力最大的时候。但是我也坚持认为，宣传推进改革开放，绝对是没有错的，完全符合历史的潮流。所以我虽然不能正面发文章反批判，但是还是想办法来抵制这种东西，所以我用几个动作来和他们继续周旋。在舆论上，8月份我发表了《论干部精神状态》一文。当时正好苏联发生“八月政变”，我就写了干部的精神状态，就是一定要集中精力来推进改革开放，坚持“一个中心，两个基本点”这样一条基本路线，推进改革开放，心无旁骛地把我们的经济发展上去。苏联宣布解体以后，我又写了一篇《科技是第一生产力的理论和实践意义》，谈到生产力发展才能决定社会制度的命运。我讲苏联的“红旗落地”，不是因为它的卫星上天，恰恰是因为它跟不上现代新技术革命的要求，出现了很多制度上的毛病，脱离了广大人民群众，所以走向了衰败，这是深刻的历史教训。我们中国一定要发展生产力，推进新的科技革命。

想不到，到了1992年春节前几天，施芝鸿跑来跟我讲，说小平同志到深圳又发表了一篇讲话，是一年前小平同志讲话的延伸，而且说基本路线要一百年不能够动摇，不改革就死路一条。我说这个很重要，我就委托他帮我写一篇评论员文章，我说正好“皇甫平”一周年，大年初一我就在《解放日报》头版头条刊登，这个题目非常显眼，叫《十一届三中全会以来的路线要讲一百年》，文章一出来舆论完全轰动。历史真是很巧，1991年的大年初一我写《做改革开放的“带头羊”》，挨了一年的批判。第二年的大年初一，就是1992年的大年初一，我们又发表了一篇《十一届三中全会以来的路线要讲一百年》，反击这一年的所有批判，舆论大变。后来新华社转载了《深圳特区报》的《东方风来满眼春》，我们2月4日发评论，是全国最早传达小平同志南方谈话精神的。《解放日报》在这两个春节令人难忘，在1992年的中国好新闻评奖、上海好新闻评奖中都高票得了一等奖。

我们在4月份又专门写了4篇评论。第一篇是《论走向市场》，论述了为什么我们要搞市场经济改革，被选为1992年党的十四大文件起草组的参考文件。第二篇是《论加速发展》，强调发展是硬道理，过几年就要上一个台阶，加速发展。第三篇是《论改革开放姓社不姓资》，这篇评论我们本来在1991年的时候就想写出来了，它真正地回答了“三个有利于”的原则，有利于发展社会生产力，有利于增强国家的综合国力，有利于提高全国人民群众的生活水平，这就是“姓社”的。《论加速发展》和《论改革开放姓社不姓资》被《人民日报》全文转载了。第四篇是《论换脑筋》，强调要按市场经济改革来换脑筋，这篇文章被《北京日报》全文转载。

15. 亲历1992年邓小平视察南方

1992年1月18日至2月21日，邓小平先后视察武昌、深圳、珠海、上海等地，历时35天，行程6000多公里，并发表了备受国内外关注的南方谈话。邓小平南方谈话对中国20世纪90年代的经济改革与社会进步起到了关键的推动作用，掀起了改革开放新高潮。

口述者：李　灏（时任深圳市委书记）
吴松营（时任深圳市委宣传部副部长）
梁广大（时任珠海市委书记、珠海市市长）

李　灏

我是1985年8月任广东省副省长、深圳市市长的，到1986年5月任深圳市委书记兼深圳市市长。我到深圳之前，也就是1984年，小平同志来过深圳视察，然后题词："深圳的发展和经验证明，我们建立经济特区的政策是正确的"。我到深圳之后，差不多每年都请他来深圳看看，但是因为各种原因都没来。1992年我没有请他，他反而来了，这一次完全是他自己要来。

小平同志乘坐的专列在1992年1月19日上午8点到达深圳。当时，我和省委书记谢非、市长郑良玉在火车站迎接，其他的市领导，比如厉有为、王众孚啊，还有一些人就在迎宾馆桂园迎接。按照原计划是要安排老人家休息的，因为坐了一路火车很辛苦。但是坐了不到半小时，他说："不行，我要出去走走。"当时我们都没有准备，于是就马上准备车。

我记得刚一上车，就聊开了。小平同志非常关心深圳的发展，深圳特区成功与否是事关我们中国特色社会主义成功与否的大事。他到深圳的那天上午，兴致很高。

后来是先看市容市貌，小平同志当时越看越高兴，边看边说，8年过去了，这次来看，深圳发展这么快，他没有想到。这就回答了：第一，在这种路线指导下，会发展得很快；第二，你快是快，但我们还是社会主义，不是资本主义。小平同志上了车就滔滔不绝，与1984年不同，那次没说什么。因为当时还不能回答什么问题，你说做得成功，当时还不能回答这个问题，这是个微妙的区别。看完市容市貌后，小平同志很高兴，我们就请他到国贸大厦，然后又看皇岗口岸，在皇岗口岸又看了香港。然后又到了锦绣中华、仙湖植物园，在仙湖植物园又栽了树，还到了一些其他地方。

在车上，我首先向小平同志汇报了深圳市经济发展的情况，我认为深圳这些年之所以发展很快，主要得益于对外开放，不仅从国外引进资金、技术和管理经验，我们进行的土地有偿使用、发展股份制、建立证券市场，以及公务员制度和廉政建设等许多改革和做法，也是借鉴了香港及国外的经验。

谈到办经济特区的时候，小平同志说，有的人认为，多一分外资，就多一分资本主义，“三资”企业多了，就是资本主义的东西多了，就是发展了资本主义，这些人连基本常识都没有。小平同志明确提出，计划多一点还是市场多一点，不是社会主义与资本主义的本质区别。计划经济不等于社会主义，资本主义也有计划；市场经济不等于资本主义，社会主义也有市场，计划和市场都是经济手段。然后小平同志提出了“三个有利于”这个著名的判断标准：“判断的标准，应该主要看是否有利于发展社会主义社会的生产力，是否有利于增强社会主义国家的综合国力，是否有利于提高人民的生活水平。”①

除了参观市容市貌时的讲话之外，其他主要的讲话就是1月20日在国贸大厦第53层旋转餐厅，那是象征“深圳速度”的地标。他听了我的汇报之后就开始讲话，主要讲要坚持党的十一届三中全会以来的方针政策，要坚持“一个中心，两个基本点”的基本路线。他说：“不坚持社会主义，不改革开放，不发展经济，不改善

① 邓小平：《邓小平文选》（第三卷），人民出版社，2009，第372页。

图15-1　1992年1月20日，邓小平登上深圳国贸大厦第53层俯瞰深圳市容，在观看深圳经济特区总体规划图，听取关于深圳改革开放和经济建设的情况汇报后发表谈话

人民生活，只能是死路一条。基本路线要管一百年，动摇不得。”21日，小平同志在参观民俗村和锦绣中华途中，谈起共同富裕问题，他说：“一部分地区有条件先发展起来，一部分地区发展慢点，先发展起来的地区带动后发展的地区，最终达到共同富裕。”[①]1月22日上午，小平同志到了仙湖公园，在公园种了一棵高山榕，这是常青树。当时有人介绍发财树的时候，他说：“让全国人民都种，让全国人民都发财。”[②]1月22日下午，邓小平同志和杨尚昆同志在市迎宾馆接见了深圳“五套班子”[③]负责人，他主要强调：改革开放胆子要大一些，敢于试验，不能像小脚女人一样。深圳的重要经验就是敢闯，没有一股气呀、劲呀，就走不出一条好路，走不出一条新路，就干不出新的事业。

小平同志还指出，“社会主义的本质，是解放生产力，发展生产力，消灭剥削，消除两极分化，最终达到共同富裕。证券、股市，这些东西究竟好不好，有没有危险，是不是资本主义独有的东西，社会主义能不能用？允许看，但要坚决地试。看准了，搞一两年对了，放开；错了，纠正，关了就是了。关，也可以快关，也可以慢关，也可以留一点尾巴。怕什么，坚持这种态度就不要紧，就不会犯大错误”。[④]他说：总之，社会主义要赢得与资本主义相比较的优势，就必须大胆吸收和借鉴人类社会创造的一切文明成果，吸收和借鉴当今世界各国包括资本主义发达国家的一切反映现代社会化生产规律的先进经营方式、管理方法。[⑤]1月23日，小平

① 邓小平：《邓小平文选》（第三卷），人民出版社，2009，第374页。
② 中共中央文献研究编《邓小平年谱》，中央文献出版社，2004，第1336页。
③ 即深圳市委、市政府、市人大常委会、市政协、市纪委。
④ 邓小平：《邓小平文选》（第三卷），人民出版社，2009，第373页。
⑤ 邓小平：《邓小平文选》（第三卷），人民出版社，2009，第373页。

图15－2　1992年1月23日，在前往珠海的快艇上，邓小平指着广东地图对广东省委书记谢非说："广东要争取20年赶上'亚洲四小龙'。"

同志结束了在深圳的考察，登上快艇，要到珠海去看一下。在深圳他主要讲的观点就是这个特区"姓社"不"姓资"，社会主义也可以搞市场经济。我们要两手抓，两手都要硬。经济发展要像新加坡一样，社会建设也要像新加坡一样，两手都要硬。我们特区是个试验，我们要发展快一点。我们发展得已经够快的了，他还嫌我们慢，临告别的时候，我和郑良玉副书记、厉有为等送他到码头，他和我们都很亲切地握手告别，然后往码头那边走，走了几步之后呢，突然转过身向我走过来，然后和我说："你们要搞得快一点！"小平同志对我们社会主义那真是满腔热血呀，中国怎么能发展得更好更快，能赶上或者超过人家，他那个心情啊真是太急切了！这样一位80多岁高龄的老人家忧国忧民啊，对我们党、对我们事业真是操心啊，令人感动！

吴松营

1991年初，深圳的旧火车站改建，大家想，新的火车站应该找谁题词呢？当时广州铁路局深圳火车站的同志就说，请李灏同志题词，因为当时他是我们市最高领导人，他原来是国务院的副秘书长。李灏同志说最好能请小平同志题词。大家听了很高兴，但问题是小平同志已经退休，不对外题词了，他能给我们题词吗？后来李灏同志就说试试看。所以由深圳市委给中央办公厅打了个报告。到了这年4月份的时候，小平同志真的给深圳市题词了。而且当时我刚好在北京参加全国宣传部长会议。深圳市委办公厅给我打电话说："吴部长，你是不是还在北京开会？"我说："是啊。"他说：

“李书记有一件事要交代，小平同志给我们题词啦，你赶快到中办去拿。”深圳市办公厅也给中办打电话说明此事。所以我就到中办把小平同志题写的“深圳”两个字取了回来。取回来以后大家都在想，我们原来要求老人家给深圳火车站题字，是写“深圳站”，结果他只题了“深圳”两个字。于是大家就想到，老人家很有思路的，深圳不能站，深圳还要继续跑，还要继续当排头兵，还要往前走，所以他不写“站”，他只写“深圳”两个字。还有他毕竟快90岁的人了，所以写“深圳”的深字下面一个木字，他有一笔抬得比较高，可能是因为他老人家手有点抖了。“深圳”两个字复制的时候，那一笔就稍微敛一点了。这个事情大家可能不会都知道，但档案里面有记载。那两个字是我从北京带回来的。

实际上后来我想，小平同志之所以同意给深圳题词，是因为准备到深圳来了。果然，不久后市委就接到中办电报，到了1992年1月19日，他老人家坐火车来了。其实，他到了武汉就开始讲话，对当时不抓紧抓好改革开放、发展经济的做法表示不满意：“会议太多，讲话太长，不做实事，有什么用？”我当时是市委宣传部的副部长，被抽调去参加接待工作，分工应该是管新闻出版、舆论导向。晚上开接待工作预备会议的时候，邓办王主任提出来说：“老人家已经是88岁高龄的人了，也可能是最后一次到深圳特区视察。你们广东省委和深圳市委要指定专人做好记录，否则将来我们对不起历史。”广东省委书记谢非同志、深圳市委书记李灏同志大概都没有派人做记录工作的思想准备，因为从没有过要我们地方党委派专人做中央主要领导同志记录工作的先例，所以大家你看我、我看你，都不出声。会议沉默一阵子之后，有个领导同志突然提出来说：“老吴，吴松营同志。”王主任不认识我，他说：“哪一位是吴松营同志？”李灏同志就指着我说：“这是吴松营同志，是深圳市委宣传部副部长，也是我们深圳市的一个笔杆子。”

王瑞林主任一听，又征求谢非同志的意见。谢非同志过去当省委副书记时就认识我，他点头表示没有意见。王主任就对我说：“老吴同志，那你要负起这个责任啊，而且这个记录要很详细，时间要到分，然后地点一定要清楚，要详细记录。”所以后来我们的记录稿特别详细。

参加完预备会议回到住处之后，我越想越觉得不对，我从来没有做过这么责任重大的记录工作，就去找市委主管宣传口的副书记厉有为同志。我到他房间跟他讲，我说怎么能让我记录呢，这应该是办公厅主任的工作，接待分工我是管新闻、管外宣的呀！他一听就笑着说："老吴啊，你当时在会上又不说。现在会上定的东西，我们市委哪里敢改这个记录人啊。"我说我哪里见过这场面，省市的主要领导、中办和中央警卫局领导都坐在前面，连广东省的公安厅厅长、深圳市的公安局局长、中央办公厅主任都是坐在后排的工作人员呐，我哪敢在会上说什么。厉有为同志又笑着对我说："我知道你在想什么，任务已经定下来，你就好好干吧，我们大家会支持配合你的记录工作的。"这样，我就只得接受这个记录任务了。

当时，我既然接受了做好记录工作的任务，就要想办法尽量做到最好，所以我跟省委、市委领导提出我们还是要抽一组记者，虽然不报道，但是可以当历史资料保存，这样的记录更详细、更真实。在向有关部门和领导请示后，我就从深圳电视台抽调了一名摄像记者和一名文字记者，还指定《深圳特区报》副总编陈锡添和摄影部主任江式高来跟着。有了《深圳特区报》摄影部主任、著名的摄影记者江式高一路跟随，这样才保留了邓小平同志在深圳视察的许多珍贵资料和照片。

当然，我也把"不报道"这个事情同陈锡添和江式高讲明，让他们的心里有个底。我还对陈锡添说："你不如先跟着我一起做好记录工作，将来万一要报道，你也就有详细资料了。"他表示同意并在几天的记录工作中与我密切配合。再就是小平同志四川口音非常浓，好在我的老岳父也是四川人，所以我还能听懂一点。但小平同志毕竟是一位接近90岁的老人，有时候讲话中口音不是很清楚。为保证详细、准确的记录质量，我又从市委宣传部办公室抽了一个四川籍的党员干部凌泳到迎宾馆，从市广播电台调了一部好的机器和一位女技术员，她们待在迎宾馆的一个房间里，任务就是每天放我交给她们的邓小平的录音带，原汁原味地记录下来。我特别交代，不要改动，他咳嗽一下你也用逗号记录下来就行了。然后我晚上自己整理，整理成稿后我还得给邓办王主任等看，因为有些话他们可能听得比我更准确。再一个是老人家说的话不一定都要记录，或者不是可以随便记录的，请他们把关。所以我是如实记，让他们看看我的记录完不完整，准不准确。等他们看完以后，第二天他们吃早餐之前我去拿。拿了以后再交给小沈抄正，他是我从市委宣传部办公室临

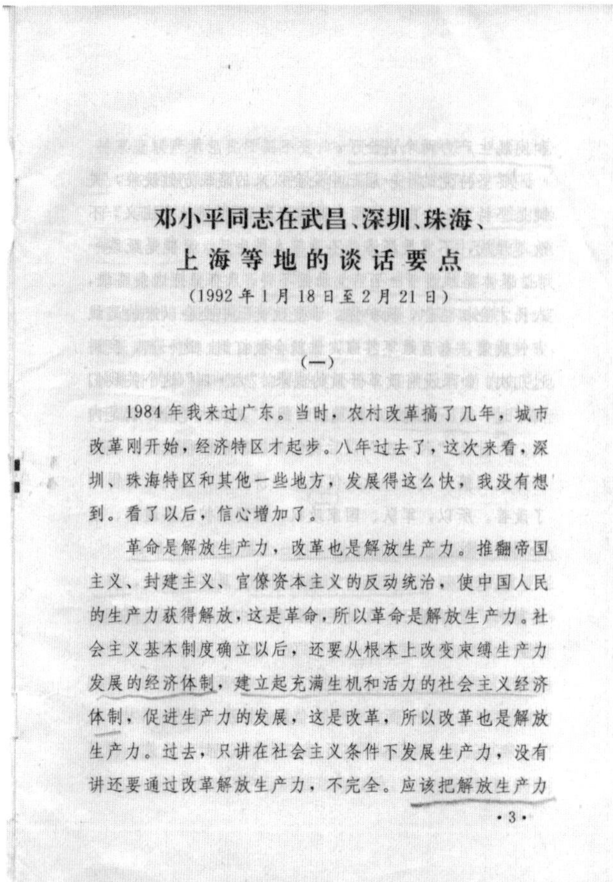
邓小平同志在武昌、深圳、珠海、
上海等地的谈话要点
(1992年1月18日至2月21日)

(一)

1984年我来过广东。当时，农村改革搞了几年，城市改革刚开始，经济特区才起步。八年过去了，这次来看，深圳、珠海特区和其他一些地方，发展得这么快，我没有想到。看了以后，信心增加了。

革命是解放生产力，改革也是解放生产力。推翻帝国主义、封建主义、官僚资本主义的反动统治，使中国人民的生产力获得解放，这是革命，所以革命是解放生产力。社会主义基本制度确立以后，还要从根本上改变束缚生产力发展的经济体制，建立起充满生机和活力的社会主义经济体制，促进生产力的发展，这是改革，所以改革也是解放生产力。过去，只讲在社会主义条件下发展生产力，没有讲还要通过改革解放生产力，不完全。应该把解放生产力

·3·

图15-3　1992年中共中央2号文件，《邓小平同志在武昌、深圳、珠海、上海等地的谈话要点》

时抽调的党员机要秘书，政治可靠。我的记录是一天一稿，到最后综合整理出一份总的谈话纪要，报给市委，市委再向上报。

小平同志19日上午9点下火车后被接到深圳迎宾馆。按行程计划，老人家88岁了，坐了两三天的火车，要他休息一下，第二天也就是20日才安排参观。可老人家到迎宾馆后就说坐不住，想马上出去看看，老爷子在火车上休息得不错，精神状态不错，可以出去走走。所以临时调中巴、调公安警卫，有关领导赶快拟定出行路线。小平同志一路走一路看，到火车站的时候，他女儿指着新火车站上面“深圳”两个金色的大字说：“老爷子，那两个字还是您题的，是您的专利。”他马上往上看，高兴地笑笑。10点35分的时候，邓小平乘坐的中巴到皇岗口岸。后来有些人出书说是19日下午到皇岗口岸，这是不准确的，明明是上午10点多到了皇岗口岸。到了那里以后他看到了对面的香港，久久凝视。我在《邓小平南方谈话真情实录》一书里有一段内容专门写这个情节。他1990年1月见李嘉诚先生时说过：“我争取活到1997年，就是中国收回香港之后，到中国自己的土地上走一走，看一看。”遗憾的是，他1997年2月去世了。

小平同志谈话内容很丰富，当时给我们最重要的鼓舞就是“深圳的经验就是敢闯”。我们听了以后就感觉到这不是一般的话，他不但肯定了深圳经济特区的

发展，而且进一步肯定深圳的经验是敢闯，是实实在在干出来的，是对当时“会议太多、讲太长”现象的批判。小平同志在深圳考察、讲话中，在国贸讲话的时间最长、最多。实际上我们整个规划是，上午9点钟从迎宾馆出发，9点15分到国贸，计划上去以后再坐30分钟，9点45分老人家就要从国贸下来了，去参观先科公司。这都是已经计划好流程了的。20日就安排去国贸。王瑞林主任说，老人家喜欢接近群众，不用清场，不用让老百姓离开，所以当时没有戒严。中巴车到国贸门口，就有人认出来了，就喊：“邓小平，邓小平。”甚至有香港人也看到了，高兴地大声叫：“邓伯伯，邓小平。”工作人员很快扶着他老人家进电梯里。假如按原来计划的半个小时，应该说很快就能下来，但是他在旋转餐厅讲话讲了差不多1个小时。底下的人传邓小平上去啦，大家要看邓小平，所以很多人都跑来了，我们下了电梯到大堂的时候，人山人海。一楼有个大型的音乐喷水池，喷水池周围原来有一些栏杆，是给大家看喷水池的，人不会这么多。但是老百姓们听说邓小平来了，周围的人，包括很多香港人都跑来看邓小平，二楼上边都站满了人。小平同志他一看，高兴了，还跟大家招招手。这一招手不得了了，大家都喊啊，“邓爷爷好”“邓伯伯您好”。我们工作人员就喊危险危险，赶快把老人家送出大堂。因为在那里招手的话，地方越来越拥挤，这边的护栏都要塌下来了。

谁知道一出来，广场上黑压压的都是人，都赶来看邓小平。但是应该说，当时深圳的文明程度很高，那么多人在那里叫啊喊啊，有的人甚至走过来要跟小平同志握手。假如说大家涌动起来发生踩踏事故的话，那是很危险的，但是没有发生意外。

其中有一个情节，就是有一个人拼命地挤啊，挤到前面说要去看邓小平，结果警卫一下把他挡开了。挡开以后呢，他一直说“我是老右派，是小平同志给我平反的”。我们很多人都看到了这个情景，深圳市公安局的梁达均同志就跟警卫员说让他看一下吧。这样就让他来到前面近距离看看邓小平。很快，警卫人员将小平同志送上中巴，走的时候，群众秩序井然，自动让开一条路给汽车走。当时大家在车上很感慨，说，哎呀，改革开放的深圳这个文明程度很高。这就是国贸的一些花絮吧。

再补充老人家在国贸的情况。小平同志一坐下来，李灏的汇报还没有完毕，他就马上插话了。他的话是从哪里开始的呢？因为国贸这一层是转动的，在玻璃上贴着“香港”“罗湖”“福田”……旋转到贴着“香港”那块玻璃的时候，服务员就讲：“大家注意了，现在我们对着的是香港。”

这时，邓小平马上很有兴趣地望着对面香港的方向。李灏就抓紧时机向小平同志汇报说：“香港这些年经济发展很快，号称人均国民收入7000美元。深圳去年人均收入只有2000多元人民币，还远远低于香港。但是，就普通老百姓而言，深圳人民的生活要比香港人民稳定且有保障，例如深圳普通职工家庭基本上都能够住上五六十平方米的两室一厅。而香港的普通工人，恐怕打一辈子工，甚至两三代人打工也不可能有这样的居住条件。”邓小平一听，兴奋地打了一个手势，大声说：“是的，社会主义就是能够集中力量办大事，为老百姓办好事。”然后，老人家就像是有所准备那样，一句句、一个个问题地就国内外的重大事情发表意见……讲社会主义怎么能够集中力量办大事，应该怎么样为老百姓谋利。

小平同志一再强调要敢闯，闯出什么禁区呢？就是不要总是纠结办特区是社会主义还是资本主义，是“姓社”还是“姓资”。判断是非的标准是什么？是“三个有利于”，就是要看是否有利于发展社会主义的生产力、是否有利于增强社会主义国家的综合国力、是否有利于提高人民的生活水平。符合“三个有利于”的就是要敢于去做，不要老是瞻前顾后，怕东怕西，你要去闯，敢于去闯才是主旨。我一看他开始讲话了，就示意坐在老人家身边的李灏同志，让他赶紧录音。我给了一个录音机给他，这个录音机是我专门让宣传部的同志前一天赶到免税商店买的。开始，他还说要请示，不知道中央警卫局同意不同意。我说很多场合比如在中巴上，我是不能靠近老人家的，如果不同意，记录搞不好，也有你们的责任。谢非同志在旁边听了就笑着说：“哎呀，吴部长啊，我们回来向你汇报不就行了嘛。”我也笑着说：“你不汇报也行啊，反正记录工作搞不好，‘打’的是你们的‘屁股’，而不是‘打’我这个下属的‘屁股’。”大家都笑了起来。后来两位领导就去请示，中央的同志就同意了。

老人家一开始讲话时我也站在后面。李灏见到我用手示意后，就把手伸到西装上衣的口袋开启录音机，并向我点头，意思是搞定了。没有想到记录工作第一次出了一个“险情”。当时的录音机是要按两个键的，一个启动一个录音，两个键一齐按下才能录音。当时李灏没有按那个红的，只按启动键，听到“嗡嗡嗡”走了，就以为搞定了。中午回到迎宾馆，我马上找李灏拿回录音机，回到自己房间试着放，反复几次都听不到声音。我根本不敢吃饭。因为老人家讲了差不多1个小时的话，没录上不就惨了。我就赶快去餐厅找李灏，我说：“哎呀，李灏同志，怎么没听到声音呐？”他说：“怎么搞的？我按啦。”李灏也紧张起来。

后来是谢非同志的秘书陈建华帮的我们。陈建华跟谢非同志在餐厅吃饭，听到我和李灏的谈话，跑过来，用眼神叫我出去，问我有什么事，要不要帮忙。我听了很高兴。原来他有一个大一点的录音机放在西装袋里，只录了一半，但毕竟有了一半的录音了。我们是很熟悉的朋友，他半开玩笑地跟我提了一个条件：第一是给他一个像李灏拿的那个一样的当时最先进的录音机。第二是给他配备好的录音带。我说没问题，你赶快把录音给我。后来，那段时间我每天无论在哪种场合，都自己带着录音机，当然李灏所带的录音机也不会有“险情”了。然后我把所有录音和文字记录全收集起来，尽量做到圆满完成工作任务。

从国贸出来小平同志的心情非常好，因为他到深圳要讲的话，基本上在国贸上面已经讲完了。所以到了先科以后老人家精神非常好，一下车见到叶华明董事长带着人来迎接他，就问叶华明说：“你是老二吧？”叶华明说：“我是老四。”小平同志感慨地说：“我们40年没见面了。”然后就一边参观一边同叶华明亲切交谈。他到先科，主要是想看高科技发展的情况，所以一直在询问高科技的问题，其中有一个大的问题，就是一定要做好知识产权保护，他强调说：“要遵守国际有关知识产权的规定。”他讲的这个内容是很重要的。然后他还看了先科公司表演的节目，先科公司很用心，专门在职工中找了一个四川小伙子，他大方地用四川话自我介绍，说：“我叫赵敏，是先科公司的职工，现在我为大家，为小平同志唱一首《在希望的田野上》。”唱得非常好。小平同志听后称赞说：“唱得很好，不走调。”

我站在旁边听老人家称赞说“不走调”。就想，老人家的右耳有点背，所以他女儿总是在左边给他做翻译，大声跟他讲。那么他说“唱得很好，不走调”，他怎么能听得清楚啊？我猜，他是心情好啊，而且给他唱歌的是四川籍的小伙子。所以他称赞这个小伙子，唱这歌曲，不走调。通过这一块可以看出来，在国贸讲完话以后，老人家的心情非常愉快。

人民日报 海外版
PEOPLE'S DAILY OVERSEAS EDITION
1992年3月31日 星期二
壬申年二月廿八 第2248号
東方風来满眼春
——鄧小平同志在深圳紀實

图15-4　1992年3月31日《人民日报（海外版）》的报道《东方风来满眼春》

当时的锦绣中华是深圳也是中国最大最重要的旅游点之一，是一处文化圣地。由于这个景点非常有特色，而且是爱国主义教育基地，一下子带动了整个深圳的酒店行业和旅游行业，并且成为全国著名旅游景点，所以21日，我们就请小平同志去考察参观，轻松一下。到了景点以后，小平同志坐在电瓶车上游览，可以看出当时他非常轻松。锦绣中华里有中国主要的景点，像天安门、黄果树瀑布等，这些景点按照比例缩小，但却按照原样布置。小平同志看了以后很高兴，看着像小孩一样，高兴得笑个不停，还不断问人家这个那个。其中有一个情节就是，我们参观到布达拉宫这个景点，在布达拉宫前面的时候，老人家主动跟他秘书提出来，说：“我们一家人进里面照个相吧”。老人家难得有这个兴趣，当时这么一说，所有的工作人员都避开，让他一家人在一起照相。这是我们《深圳特区报》的摄影记者江式高同志照的。

照完以后小平同志出来，我站在旁边，听到老人家跟秘书和家人说：“我就是这个地方没有去过，其他地方都去过。”后来想了想，为什么老人家专门选在布达拉宫前面照相。第一，布达拉宫的确是一个圣地。第二，当时刘邓大军挺进大西南的时候，邓小平是政委，解放西藏以后他应该带着大军进西藏了。结果大军还没有进西藏的时候，中央发了一封电报，毛主席要调他回北京工作。因此刘邓大军解放西藏的时候他没有去，老人家一直挂念这件事情。

从华侨城回迎宾馆的时候，由深圳市市长郑良玉陪同。因为21日那天国家主席杨尚昆同志要来深圳了，谢非和李灏跟小平同志请假，赶到飞机场接杨尚昆同志。在车上，郑良玉市长跟小平同志汇报说："您看，我们华侨城过去实际上就是一个荒山野岭，周围什么建筑也没有，海边就是一个烂海滩，一条公路我们叫深南公路，当时这条公路还是泥沙的。经过这些年的建设，现在建成世界一流的旅游景点，每天成千上万的人到这里来参观旅游，拉动深圳和整个南方经济。"小平同志听了以后很高兴，就说，关键就是政策，为什么一个那么落后的地方，用了十年八年的功夫搞成现在这样，就是因为政策支持。

在我们从锦绣中华回迎宾馆的路上时，邓小平听了市长郑良玉同志汇报后又强调说，我们扶贫是对的，要先富带后富，将来你们对国家的贡献要更大。总之，小平同志反复强调要敢闯，要脚踏实地，实干。他在深圳反复讲这些问题，说深圳的经验就是实实在在干出来的，是几代开荒牛干出来的。

梁广大

1992年1月，小平同志第二次到南方视察。1992年1月23日上午，我们借了珠海海关902缉私艇一早就去深圳蛇口接他。见到他下车了，我走上前去接他，用双手紧紧握住他的双手说："邓书记，我们盼您来呀，珠海人民也盼您来呀。"他说："我也想来看看你们啊。"我分别介绍来迎接他的珠海市委副书记黄静、海关关长刘浩、市公安局局长关玉嘉同志后，他就转身同深圳市委书记李灏等握手告别。广东省委书记谢非当即拉开我在一边说："广大同志，我有些事情跟你商量一下。"我说："什么事啊。"他说："我看老人家这几天很想讲话，但是他又没有讲出来，我们两个分工一下，我汇报省委的，你汇报特区的，但是我们两个汇报时间不要太长，各不要超过15分钟，让老人家多说说，看他有什么要说。”我说：“好吧。就这样定了。”

伶仃洋上指明航向

我就带小平同志上船到船的一层会议室坐下来，谢非先把广东省的地图打开，向小平同志汇报广东省的情况。他说广东这些年变化很大，但是发展不平衡。广东经济发展大概划分“三个世界”：“第一世界”就是珠江三角洲，发展得比较快；“第二世界”是东西两地，就粤东和粤西这两地，发展快一点；“第三世界”是山区特别是粤北的山区，发展得比较慢，差距比较大。谢非说我们的计划是尽快把山区发展起来，争取再过20年，赶上“亚洲四小龙”。小平同志说，要得要得，20年广东要赶上“亚洲四小龙”。我们不仅经济要搞上去，社会风气、社会秩序也要搞好，两个文明建设都要超过他们，这才是有中国特色的社会主义。

谢非汇报后，我就汇报珠海的情况。我说：“邓书记，您8年前第一次到珠海，到现在8年了，珠海变化也很大，整个工农业总产值突破100亿元，人民生活也有比较大的改善，但是我们作为珠海特区靠近港澳，很多问题对外非常敏感，影响

图15-5　1992年1月23日，珠海市委书记、市长梁广大，市委副书记黄静等在深圳蛇口码头迎接邓小平同志。图为邓小平同志和梁广大亲切握手（吴兵 摄影）

改革开放和特区建设，最大的问题是我们有些政策不稳定，变来变去，所以外商就持观望态度，有的甚至不敢进来。”

没等我说完，小平同志就批驳说：现在，有右的东西影响我们，也有“左”的东西影响我们，但根深蒂固的还是“左”的东西。有些理论家、政治家，拿着大帽子吓唬人，不是右，而是“左”。“左”带有革命的色彩，好像越“左”越革命。“左”的东西在我们党的历史上可怕呀！一个好好的东西，一下子被他搞掉了。右可以葬送社会主义，“左”也可以葬送社会主义。中国要警惕右，但主要是防止“左”。右的东西有，动乱就是右的！“左”的东西也有，把改革开放说成是搞资本主义，认为和平演变的主要危险来自经济领域，这些就是“左”。接着我汇报说现在有人说我们搞的都是资本主义市场经济那一套，是典型的走资本主义道路。我话音刚落，小平同志马上批驳说，市场经济不是资本主义独有的，也不是资本主义的专利，计划经济不等于社会主义，资本主义也有计划，市场经济不等于资本主义，社会主义也有市场。计划和市场都是经济手段，社会主义的本质是解放生产力，发展生产力，消灭剥削，消除两极分化，最终要达到共同富裕。大家听了以后长时间热烈地鼓掌。我继续汇报说，现在还有人指责我们特区搞得太快了，很多地方连温饱都还没有解决，这样搞行吗？小平同志马上说，这里有一个高速度与低速度的问题，低速度就等于停步，停步就等于倒退，如果现在周边一些国家和地区经济发展比我们快，我们不发展，或者发展得太慢了，老百姓一比较就有问题了。他说现在能快就快，不要挡，有条件的地方尽可能快一点，这样才有条件帮助支持发展慢的地方。他说你们正在发展，将来你们就要支持发展慢的地方。大家又热烈地鼓掌。

我又汇报说有些人仍然指责我们，说现在社会风气不好，不少地方出现了“黄赌毒”，都是改革开放办特区带来的。小平同志又马上说，“黄赌毒”不是改革开放才有的，也不是改革开放带来的，这是个管理问题。我们一定要坚持两手抓，一手抓改革开放、一手抓打击各种犯罪活动，“两手抓，都要硬”。

我继续汇报说现在有些人指责我们搞经济特区，实际上是搞两极分化。小平同志说，我们不是搞两极分化，让一部分人先富裕起来，才能带动大家富。过去我们搞了几十年的共同富裕了，能搞起来吗，大家一样穷。只有先富才能带动后富，才能达到共同富裕。

我又继续汇报说现在有人指责我们，这样搞实际上是搞和平演变，只抓经济不抓阶级斗争。小平同志马上就批驳说，这是十分错误的，只有发展经济才能从根本上防止和平演变。他稍微停了一下又继续说，我们发展比较快就是1984—1988年这5年期间，首先是农村换上很多新的面貌，农作物大幅度增长，农民的收益大幅增加，乡镇企业异军突起，广大农民购买力大大增强了，不仅盖了很多新的房子，而且家里有自行车啊、缝纫机啊、收音机啊、手表啊几件高档产品，这些都进入农民家庭了。

说到这里，小平同志又停顿了一下又说，1989年治理整顿他是赞成的，而且确实需要，经济过热确实也带来一些问题。但这5年加速发展可以说是一种飞跃，跟“大跃进”不同，没有损害发展的肌体，这5年的加速发展应该说是功劳不小，这是他的评价了。治理整顿他赞成，如果不是这几年加速发展，整个治理整顿也没有那么快见效。

小平同志说，改革开放一开始就有不同的意见这是正常的。短短十几年我们国家发展这么快，就是靠改革开放，中国不搞改革开放只有死路一条。事实上，小平同志这次来看到深圳和珠海这几年的发展特别快，他很高兴，感觉这样的发展非常正确。我们在船上的汇报十分投入和愉快，船已到珠海靠岸了，我们也不知道，仍在谈，还在汇报，小平同志还在讲话。小平同志的女儿邓楠进到会议室说：“你们还在谈啊，省政府、珠海市的领导都在岸上排队等你们了。”我就站起来往舱外看，省、市领导都站在上面排着队迎接小平登岸了。

我说：“邓书记，今天我就汇报到这里，明天再汇报吧。”然后小平同志站起来往船外走。海关关长刘浩说：“请首长同我们的船员照个相好吗？”小平同志答应了。他们早已在船头排好队了，前面摆了几张座椅，便分别坐下照了相后登上岸了，我介绍来迎接他的朱省长和市领导雷于蓝等领导后，一行人便上车驶往住处。

到高科技企业视察

第二天小平同志参观凝血酶厂。厂长迟斌元带着一些员工排队迎接，并带小平同志到其办公室小客厅坐下，向小平同志介绍什么是凝血酶。他说现在产品已经打入国际市场了，每个员工每年的生产总值都达到20多万元。随后便参观每个车间，小平同志说我们每年都应该有新东西，每方面都要有一席之地，否则就受人家欺负。他说尽管他岁数大了，但他感到很有希望，这十几年进步很快啊，今后进步会更快，各行各业都要通力合作，集中力量打歼灭战，每个行业都要树立一个明确的战略目标。

图15-6　邓小平同志手拿凝血酶产品不断地询问产品的技术开发情况。邓小平同志告诉迟斌元，中国每一天都应该有新东西。广东省委书记谢非、省长朱森林和珠海市委书记、市长梁广大等陪同视察（何华景 摄影）

第三天我们陪小平同志去亚洲仿真系统工程有限公司考察，这是一家创建于1989年的高科技企业，这家公司也被列入国家火炬计划。公司负责人游景玉早已安排职工在门口欢迎小平同志到来指导。游景玉向小平同志汇报亚洲仿真系统工程情况，它是20世纪70年代才兴起的高科技技术，是一个系统工程，采取模仿的办法解决航天、航海、军事、电站等复杂的人员培训的重大课题。小平同志边听边看到很多工程师，他就问游景玉："科学技术是第一生产力，这个论断你认为站得住脚吗？"游景玉毫不犹豫地说："我认为完全站得住脚，我们是用实践来回答这个问题的。"小平同志点点头："就是靠你们来回答这个问题。"小平同志参观车间各个环节时看得十分认真细致，看到这么多年轻科技工作者，他对我们讲："你们要带个头，希望所有出国留学的人员都回来，不管他们过去的政治态度怎么样，都可以回来，回来要妥善安排，这个政策不能变。"他在一台电子计算机面前停下来，感慨地说："你们现在的条件比50年代好得多了，大家要记住那个年代，钱学森、李四光、钱三强那一批老科学家，在那么困难条件下，把'两弹一星'和很多高科技搞起来，应该说，现在的科学家更幸福了。"游景玉介绍这些设备都是最新的。小平同志说："我是看新鲜的，越新越好，越高越好。越新越高，我就越高兴，我高兴，人民高兴，国家高兴。"考察要结束了，游景玉已安排员工排好队站了几排，请他合影。小平同志非常高兴，说：“好！我要和青年人拉一拉手。”

他考察后临上车在车门口时转过身对着我和游景玉说：“你们对国家要爱啊，中国要发达起来，中国穷了几千年了，现在就是改变这种状况的时候了，现在就要抓住这个机遇，要抓呀要抓呀。”我看到他充满了对国家、民族的爱，这令我十分感动。我两眼充满热泪，扶他上车。在车上他说：“我看到这个厂，这么多科学工作者，全国就更多了，现在科学工作者跟过去不同了，过去多艰难啊。”他希望所有出国的留学人员都回来，他们在国外做二等公民、三等公民，谁看得起他们，只要回来，国家会更加重用。谢非说我们广东省现在有激励政策，欢迎他们回来工作回来创业。小平同志说，不是要解放吗，解放就要放开嘛，不要管得太死，来去给人家自由，大多数人都愿意回来的，大多数人都希望国家发展、国家富强的。我当即说：“邓书记，您一贯重视科技人才，我根据您的指示，准备今年3月份重奖科技人员，奖给他们小汽车、房子，甚至上百万元啊。”还没有讲完，他就举出右手大拇指，说他赞成。所以我3月份便召开有突出贡献科技人员奖励大会，有的人拿到奥迪小汽车的，有的人拿到了房子，有的人拿到上百万元的支票，在全国都引起很大震动。小平同志说，不开放不行啊，世界这么大，今天是一个样，明天是一个样，发展有快有慢有好有坏，一关起门来，信息都没有了，怎么去跟踪呢，我们要开放啊，开放信息就灵通了。

小平同志在珠海期间每天上午都去参观，去考察。在江海电子厂有限公司参观的时候，他听了总经理丁钦元的汇报后十分高兴。他说：“你汇报得很好，你们所做的一切都体现了高度的爱国主义，是对社会主义的贡献，感谢你们，感谢你们全体职工。不是有人说‘姓社姓资’吗，我看啊你们就是‘姓社’的。”他转过身对我说（我坐在他背后），“你们这里就是很好的社会主义。”

坚持改革开放不动摇

第5天小平同志登上芳园楼酒店顶层的旋转餐厅，珠海拱北和澳门尽收眼底。谢非说：“您提出‘一国两制’的构想，即将变成现实了。”他听了以后点点头。

我汇报说，办特区之前珠海有不少人跑到澳门和香港去，有一个生产队，生产队长一早起来派工吹哨子，吹了几遍都没有人到，有劳动能力的都走光了，剩下老人和小孩子。改革开放十几年来，这些人都回来了，甚至有个别澳门的女子也嫁到珠海来了。他听了以后就笑起来，说这个好啊，说明社会主义能够战胜资本主义。

他又说，广东处在第一线，见证了我们国家的发展变化，人民高兴，世界瞩目，证明我们党的十一届三中全会的路线方针政策是正确的，谁想变都变不了。他说，说来说去就是一句话，坚持这个路线方针政策不变。改革开放以来我们定的章程并不少，而且是全方位的，经济、政治、科学、教育、文化、军事、外交等方方面面都有明确的方针和政策，而且有准确的语言来表达，这些不能变，一变人心就不安啊。他又讲安徽“傻子瓜子”这个问题：“当时有些人不舒服，说年广久赚了100万元，主张动他。我说不能动，一动就坏事了，以为政策变了，弄得人心不安，那样做就得不偿失了。现在还有些人不舒服了，说我们搞资本主义，不要怕。如果资本主义来了，我们也欢迎，真正的资本主义正在衰退，世界舆论认为，马克思主义还会振兴，赞成马克思主义的人还会多起来。城乡改革基本的政策一定要长期稳定，当然随着实践的发展，该完善的完善，该修补的修补，该舍去的舍去，但总的一定要坚定不移啊。有了这一条中国就有希望，谁反对改革开放，就让他去睡觉好了。”

他接着说：“我坚信赞成马克思主义的人会越来越多的，因为马克思主义是科学的，它运用历史唯物主义，指示了人类社会发展规律，封建社会代替奴隶社会，资本主义代替封建主义，社会主义经历一个长过程的发展后，必然代替资本主义，这是社会历史发展不可逆转的总趋势。但道路是曲折的，资本主义代替封建主义的几百年间，发生过多少次皇朝复辟？所以从一定意义上说，某种暂时复辟也是难以完全避免的规律现象。一些国家出现严重曲折，社会主义好像被削弱了，但人民经受了锻炼，从中吸取教训，将促使社会主义向着更健康的方向发展，因此不要惊慌失措，不要认为马克思主义消失了、没用了、失败了，哪有这回事？美国人说苏联垮台了，就轮到中国了，中国就要做给他们看看。”小平同志用坚定的语气对着谢非和我说，社会主义从总的方面来说，没有错，我们跟着这条路线走，中国永远不会倒，不仅不会倒，而且会沿着社会主义道路飞速发展，从历史长远来说，再用一百年社会主义就能发展到中等水平，到那个时候，资本主义就会衰弱，就会有更多的社会主义国家出现，这要靠我们啊！这个担子落在中国人的肩上。

小平同志在珠海的时间，除了参观视察工厂外，我们在车上经常就一路走一路汇报，一路听他讲话，我知道小平同志很快就要结束珠海的考察了。在他考察的最后一天，在车上，我说："您这几天讲了一系列极其重要的指示，我们一定坚决贯彻到底。"他立即回答说："我的话还有点用处，我的用处就是不动摇。"谢非马上就说了："这是最重要的。"小平同志的讲话，让压在我们身上十多二十年，社会上对特区和改革开放各种非议的思想压力和顾虑一下子消失了。

一个月以后，我邀请了香港文汇报社社长、香港大公报社社长、澳门日报社长过来，把小平同志这一次珠海视察发表的一系列重要讲话的照片给他们，希望他们帮忙发表出去，支持特区改革开放。因为当时正值苏联解体等事件，很多外商不敢进来投资。他们第二天就在香港和澳门登报，引起香港和国际媒体的高度关注，纷纷转载。小平同志还是这么健康，而且对改革开放这么坚决，这么充满着信心，引起国际非常强烈的反响。然后内地的《珠海特区报》《羊城晚报》《深圳特区报》也转载了《东方风来满眼春》，影响很大。

党的十四大全面贯彻小平同志1992年南方谈话的主要精神，整个国家的改革开放事业继续走向辉煌。所以我感觉1992年的南方谈话确实对国家改革开放大业而言是很大的推动力，影响了整个中国的发展，影响了世界，小平同志确实是一个伟大的领导人，受到全党全国人民和世界各国人民的尊敬。中国能够有今天，离不开改革开放，离不开走中国特色的社会主义道路。现在以习近平同志为核心的党中央也是高高举起改革开放这面大旗，全面深化一系列重大改革，非常得民心，非常符合中国实际，中国已经真正地站起来、富起来了，正在变得强起来。整个中国不仅自身在改变，还对世界产生了深刻影响。

16. 经济学界关于按劳分配和价值规律的讨论

党的十一届三中全会前后，经济学界结合当时我国面临的实际情况，开展了对按劳分配、价值规律、生产目的、社会主义商品经济等问题的讨论。其中，四次全国按劳分配理论讨论会是我国经济界拨乱反正的重要标志。此外，1979年全国经济理论讨论会关于价值规律的讨论是拨乱反正的重要内容，它最大的突破就是有不少经济学家提出社会主义经济也是一种商品经济。

口述者：周叔莲（时任中国社会科学院工业经济研究所研究员）
张卓元（中国社会科学院经济研究所研究员）

周叔莲

1977年春，在“两个凡是”方针出台的同时，国家计委经济研究所、社科院经济研究所等几个单位在经济学界发起了关于按劳分配理论的讨论。[①]之所以选择从按劳分配开始，是因为中华人民共和国成立以来一直实行按劳分配原则。然而，在“文化大革命”期间，这一原则却被“四人帮”污蔑为“资产阶级法权”，“四人帮”在按劳分配问题上散布的各种谬论，在人们的思想上引起了极大的混乱，压抑和束缚了广大干部和群众建设社会主义的积极性。[②]从某种意义上说，按劳分配不仅是一个理论问题，

① 黄黎：《为“按劳分配”正名：1977—1978年的按劳分配理论讨论会始末》，《党史博采（纪实）》，2008年第5期。

② 同上。

更关系到广大人民群众的切身利益，直接影响着人民群众建设社会主义现代化的积极性。

“文化大革命”以后，我记得冯兰瑞他们想写一篇批判“四人帮”攻击按劳分配的文章。当时邓小平同志复出成立了政策研究室，冯兰瑞实际上是研究室成员。“文化大革命”一结束，他们都非常积极地去批判“四人帮”。当时的情况是多数人都还心有余悸，但是都对“四人帮”恨透了。我记得冯兰瑞等人在写本小册子，他们找我到家里，参加他们的写作。我在旁边也可以说些话，如果需要，他们就记录下来。这种写文章方式以前是很普遍的。我记得1977年的春天，他们的文章写出来以后，叫我们一起到于光远在中南海的办公室去。那一次去于光远办公室的人有冯兰瑞、吴敬琏、赵履宽等。于光远就说，我们研究怎么批“四人帮”在按劳分配问题上的谬论。

于光远组织的全国按劳分配理论讨论会是我国经济界拨乱反正的重要标志。全国按劳分配理论讨论会仅1977年就召开了三次。之所以由此破题，是因为它是当时最尖锐的经济政策问题，也是妨碍发挥职工劳动积极性的最明显因素。

1977年4月13日至14日，第一次全国按劳分配理论讨论会在北京举行，中国社会科学院经济研究所、国家计委经济研究所、北京市委党校、北京大学等30多个在京单位的100多位理论工作者参加了这次会议。在第一次全国按劳分配理论讨论会上，我和吴敬琏、汪海波三人准备了两篇论文，一篇是批判“四人帮”在按劳分配上的“左”倾理论，还有一篇是从正面论述应该恢复奖金制度。

讨论会上，吴敬琏指出，按劳分配与物质刺激是既有联系又有区别的两个概念，在“四人帮”的影响下，把一切有关物质利益的东西都加到按劳分配上是错误的，对物质利益问题讲都不准讲，也是错误的。苏绍智就张春桥提出的两种公有制决定按劳分配的谬论进行了批驳。他认为，马克思和列宁谈到按劳分配的条件时，指的都是单一的全民所有制，党的八届六中全会的决议也指出，即使已经由集体所有制过渡到了全民所有制，仍然将保留按劳分配的制度。

另外，也有个别与会者认为按劳分配是产生资产阶级和资本主义的经济基础，而这种错误的认识，正是极“左”政治路线的一个重要思想基础。因此，对于按劳分配的问题，首先要解决的要害就在于此。会后围绕这个问题我们继续研究与讨论，为下一次讨论会的召开进行了准备。①

1977年6月22日至23日，第二次全国按劳分配理论讨论会召开，近百个在京单位的400多位理论工作者参加了这次会议，先后有20多人在会上发言。会议结束时，于光远做了总结性发言："经过几个月的研究，我们开了两次会，取得了一些进步：第一，对张春桥、姚文元诋毁按劳分配的谬论进行了一些分析和批判；第二，不同意见的争论有了一些展开。会上百家争鸣，这是很大的成绩。'四人帮'横行时，不可能开这样的会。这次发言有准备，有研究，可惜讨论还不够充分，还缺少面对面的互相诘难和答辩。是否四个月以后再来讨论，办法是先开二、三天小会，大小会结合。"②

经过充分准备，第三次全国按劳分配理论讨论会于1977年10月25日至11月1日在北京举行，继续对按劳分配理论进行深入讨论。参加讨论会的除了135个在京单位的500多人外，还有来自23个省、市、自治区120多个单位的280余人。这次全国按劳分配理论讨论会的主要议题是：（1）如何完整地、准确地理解马克思主义关于按劳分配理论的问题；（2）按劳分配与"资产阶级法权"的问题；（3）按劳分配与劳动报酬形式问题。与前两次讨论会相比，这次讨论会上涉及的问题更为广泛深入，除了上面已经说到的问题外，还提出了按劳分配中的平等和不平等、按劳分配和"资产阶级权利"、按劳分配和劳动报酬形式等问题。还有一些问题讲得更具技术性，比如计件工资、奖金。不过，这些今天看来是技术性的问题，在当时却和政治紧密地联系在了一起，其中一些同志提出应当为奖金恢复名誉，恢复奖金制度，这在当时引起了很大的震动。③

我的《论社会主义工资及其具体形式》这篇文章是1977年7月开始写的，然后经过和吴敬琏、汪海波讨论修改后联名发表。修改以后，由吴敬琏作为代表，在第三次全国按劳分配理论讨论会议上做了发言。全文发表在当年12月5日和12日的

① 黄黎：《为"按劳分配"正名：1977—1978年的按劳分配理论讨论会始末》，《党史博采（纪实）》，2008年第5期。

② 同上。

③ 同上。

《光明日报》上，占比较大的篇幅。而且吴敬琏做了比较大的修改。我记得文章有四个小标题，包括“计件工资在社会主义生产中有没有积极作用”等，这些问题都是针对“四人帮”攻击按劳分配工资制度的论点提出来的。当时工资和奖金方面的调查报告是比较少的，这篇研究文章应该说是在调查研究的基础上写的，还花了较长时间，内容比较丰富，有一定的水平，也起过一定的作用。

1978年10月25日至11月3日，在中央工作会议前夕，更大规模的第四次全国按劳分配理论讨论会在京召开。有500多名代表参加了本次会议，他们分别来自中央和28个省、市、自治区的研究单位、大专院校、新闻出版以及其他部门，是规模最大、参加人数最多的一次全国按劳分配理论讨论会。于光远在大会上说按劳分配是党中央特别关心的问题。1975年8月，邓小平同志在国务院讨论国家计委起草的《关于加快工业发展的若干问题》时讲道：“坚持按劳分配原则。这在社会主义建设中始终是一个很大的问题，大家都要动脑筋想一想。所谓物质鼓励，过去并不多。人的贡献不同，在待遇上是否应当有差别？同样是工人，但有的技术水平比别人高，要不要提高他的级别、待遇？技术人员的待遇是否也要提高？如果不管贡献大小、技术高低、能力强弱、劳动轻重，工资都是四五十块钱，表面上看来似乎大家是平等的，但实际上是不符合按劳分配原则的，这怎么能调动人们的积极性？我看高温、高空、井下、有毒的工种，待遇应当跟一般的工种有所不同。工资政策是个很复杂的问题，要研究。”①

1978年3月28日，邓小平同志同国务院政治研究室负责同志谈话时说，“国务院政治研究室起草的《贯彻执行按劳分配的社会主义原则》这篇文章我看了，写得好，说明了按劳分配的性质是社会主义的，不是资本主义的”“我们一定要坚持按劳分配的社会主义原则。按劳分配就是按劳动的数量和质量进行分配。根据这个原则，评定职工工资级别时，主要是看他的劳动好坏、技术高低、贡献大小。政治态度也要看，但要讲清楚，政治态度好主要应该表现在为社会主义劳动得好，做出的贡献大。处理分配问题如果主要不是看劳动，而是看政治，那就不是按劳分配，而是按政分配了。总之，只能是按劳，不能是按政，也不能是按资格”“现在小学教员

① 邓小平：《邓小平文选》（第二卷），人民出版社，2009。

图16-1　经济学界关于按劳分配问题的4次研讨会发言汇编

的工资太低。一个好的小学教员，他付出的劳动是相当繁重的，要提高他们的工资。将来，有些教得很好的小学教员，工资可以评为特级。各行各业都要设立特级，以鼓励人们终身从事自己的职业。要实行考核制度。考核必须是严格的、全面的，而且是经常的。各行各业都要这样做”“要有奖有罚，奖罚分明。对干得好的、干得差的，经过考核给予不同的报酬”“稿费制度也要恢复，并根据新的情况加以修订”。[①]

1978年，全国职工10多年来第一次增加了工资。接下来，有了奖金，有了计件

贯彻执行按劳分配的社会主义原则

本报特约评论员

图16-2　1978年5月5日，《人民日报》刊发评论员文章《贯彻执行按劳分配的社会主义原则》

① 邓小平：《邓小平文选》（第二卷），人民出版社，2009。

工资。因为按劳分配，中国迎来了一个劳动者生产积极性高涨的时期。

张卓元

1959年有一个全国经济理论讨论会，也是中国第一次召开全国性的经济理论讨论会。当时名义上这个会是中国科学院经济研究所和上海科学院经济研究所一块合作开的。实际上，最主要的核心人物是薛暮桥、孙冶方和于光远，他们三个人组织了这个会。当时毛主席有一个很重要的批示，为了纠正“一平二调”①，提出价值规律。会议实际上也是借着毛主席这个批示，让大家重视价值规律的作用。所以在那次会上，有不少的文章提出要尊重价值规律作用，要让价值规律在生产流通中起调节作用，发挥它促进生产力发展的作用。那时候我们还很年轻，主要是当记录员，整理点资料。吴敬琏、孙尚清、陈吉元跟我，我们几个人有过一个笔名叫郑经青，写过一些文章。当时也谈了尊重价值规律作用，这应该算是比较早的。

20世纪60年代初，特别是针对纠正“大跃进”的错误，大家好像对价值规律作用比较重视。应当说，当时对价值规律作用的讨论具体化为社会主义要讲究经济核算，要讲究经济活动的效果。讲究经济核算，经济效果都是价值规律作用的具体化。因为经济核算主要是成本和利润的核算，要重视利润的作用。经济效果更是要包括投资效果，你投资100万元以后你多少年能回收。所以这是价值规律作用具体化，实际上是纠正“大跃进”的时候不记工本、浪费严重，以及消耗了大量的人力、物力，但是产出极少的现象。价值规律作用就是为了纠正这个现象。1964年，我和何建章写了关于按生产价格定价的文章。我最早接受这个观点，然后去阐发这个观点，应该是受孙冶方的影响。因为孙冶方主张资金利润率，主张按生产价格定价。我们当时在讲道理上，讲了各种各样的因素，但是他都没有逃脱一条，就是这个按生产价格定价。虽然没有跳出计划经济的框框，但是对于传统的、以行政定价为主的那种价格体制也算是一种冲击吧。就是说不能主观随意地来定价，定价要有

① 注：一平二调是平均主义、无偿调拨的简称。

科学根据。那么合理的根据是什么呢？我们认为应该是按生产价格来定价。但是现在来看，不成熟在哪里呢？当时你就在计划经济下，实际上你是做不到的。没有市场竞争，没有部门内和部门之间的竞争，你形成不了平均资金利润率。你那个价格就很难说是像资本主义国家一样按生产价格定价，它不具备客观条件。但是我们对原来那种计划体制、行政定价体制，应该有所改进，这是1964年。后来这个问题就变成政治问题了，说是提倡“利润挂帅”。再后来批孙冶方，批生产价格论，这就是“文革”前有关价值规律的问题。

1979年的无锡会议，又叫“第二次全国经济理论讨论会”，有300多人出席。会上有很多突破的东西，第一个，也是最大的突破就是有不少经济学家写文章认为社会主义经济也是一种商品经济，甚至有一篇文章还提到是有计划的商品经济，这篇文章后来获了孙冶方经济科学奖，因为他比较早地提出这个观点。社会主义经济也是一种商品经济有各种说法：一种说法是社会主义商品经济；还有一种说法是社会主义经济既是计划经济又是商品经济，两者统一。按照第一种说法，价值规律是主要的规律。按照第二种说法，价值规律和有计划规律是共同起作用的。这是1979年会议比较大、比较新的观点。

第二个就是关于价值规律的作用。1979年会议对价值规律作用提得比较多，认为我们过去很多经济工作是违背经济规律，或者不尊重经济规律。有的文章就提出来，我们现在的经济工作要尊重经济规律，最主要的是要尊重价值规律，这应该比1959年又大大地前进一步了。

第三个是关于价格形成方面的讨论，比较多的人赞成即使是国家定价也要按生产价格来定价，也有个别的文章主张定价的时候要考虑市场机制的作用。这个也往前走了一步。

第四个是关于企业。会上有人认为企业是相对独立的。1980年《中国社会科学》杂志第1期刊登了蒋一苇的文章，提出企业是独立商品生产者和企业本位论的观点。既然整个社会的经济是商品经济，企业是独立的好，相对独立的也好，那么商品生产者和经营者应该得到肯定。

我想那次会议主要在这四个方面有突破。参会人员都认为要尊重价值规律作用，不要把社会主义经济看成计划经济。即使强调社会主义经济是计划经济的，也要利用价值规律作用，要尊重价值规律作用，充分肯定商品货币关系的存在，承认企业的相对独立性，企业要有自主经营权，这些方面看法是比较统一的，但程度有差别，有的走得远一点，有的稍微慢一点。但是改革在往前走，包括价格放开的步子也比较大，逐步又有经济学家认为还是不能够否认社会主义经济是商品经济，而且对以计划经济为主也提出质疑。

所以，到了1984年中共十二届三中全会前后，就有一些经济学家开始向中央建议，要针对社会主义经济是不是商品经济给出一个回答。我参加了马洪组织的一篇关于社会主义商品经济的文章，题目是《关于社会主义制度下我国商品经济的再探索》。这篇文章是马洪布置我和周叔莲来起草的。于是，我就找了财贸所的研究员刘增禄，让他先起草个底子，我和周叔莲在这个基础上改，改了以后再交给马洪。马洪布置任务时没有说它的用处是什么，只说是写篇文章，论述社会主义经济是商品经济。因为他提出来还是应该肯定社会主义是商品经济的，他也知道我们同意这个观点，所以我们就从各个方面进行论证。这篇文章给他以后，他找了吴敬琏一起改，高尚全等都有对文章提出建议，要说明社会主义经济是商品经济。后来得到邓小平的支持，所以中共十二届三中全会提出我国社会主义经济是公有制基础上的有计划的商品经济。这可以说是迈了很大的步子，肯定了社会主义经济是有计划的商品经济。大家看中的是后面“商品经济”4个字，关键是肯定了商品经济。既然是商品经济，那就意味着价值规律是商品经济的基本规律，因此价值规律的作用得到了充分的肯定。

17. 成立国家体改委

国家经济体制改革委员会的成立，意味着经济体制改革工作进入了一个新的阶段，表明在决策层的认识上改革被放到了关乎国家发展全局的地位。从1982年成立到1998年撤销，国家体改委一共存续了16年。这16年间，体改委在中国改革的设计和推动中发挥了重要作用。

口述者：贺光辉（时任国家体改委副主任、党组书记）

洪　虎（时任国家体改委副主任、党组副书记）

彭　森（历任国家体改委副处长、处长、副司长、司长、副秘书长、秘书长）

贺光辉

成立国家体改委，是客观形势要求有一个为中央和国务院决策起参谋作用的机构。在没有国家体改委之前，实际上国务院已经有国务院体制改革办公室。20世纪80年代初，“文革”结束不久，经济存在极大困难，遇到很多问题和矛盾，经济正处在“调整、改革、整顿、提高”期间。当时不论农村还是城市，工农业发展都面临很多急需解决的问题，大家都有着一种急迫的心情，各级领导层也都急切地想尽快摆脱这个困境，赶快把经济搞上去。在这个形势下，不从体制上进行改革是没有出路的。所谓经济管理运行机制，只靠行政命令、计划调控的办法是不行的。是按产品经济来管理和运行，还是按商品经济来管理和运行，这些必须从理论上、观念上有新改变，在经济政策上也要有新改变。同时也有利益格局上的一些矛盾，上下之间，左右之间，综合部门和专业部门之间有很多矛盾，中央和地方之间矛盾就更大。因此需要成立专门的机构和人员来研究这些问题的改革，于是国务院成立了一个国务院体制改革办公室，从改革角度来理顺这些关系，寻求解决的办法，当时只是一种很朴素的想法。国务院体制改革办公室主任由当时的国务院秘书长杜星垣来兼任，副主任是周太和同志和安志文同志，人很少。具体工作由廖季立、杨启先这些计委出来的人来做。因为毕竟计委是所有经济部门中最大的综合经济部门。历来我们经济工作就有一个习惯，计委是统帅经济全局的，这是计划经济的鲜明特点。

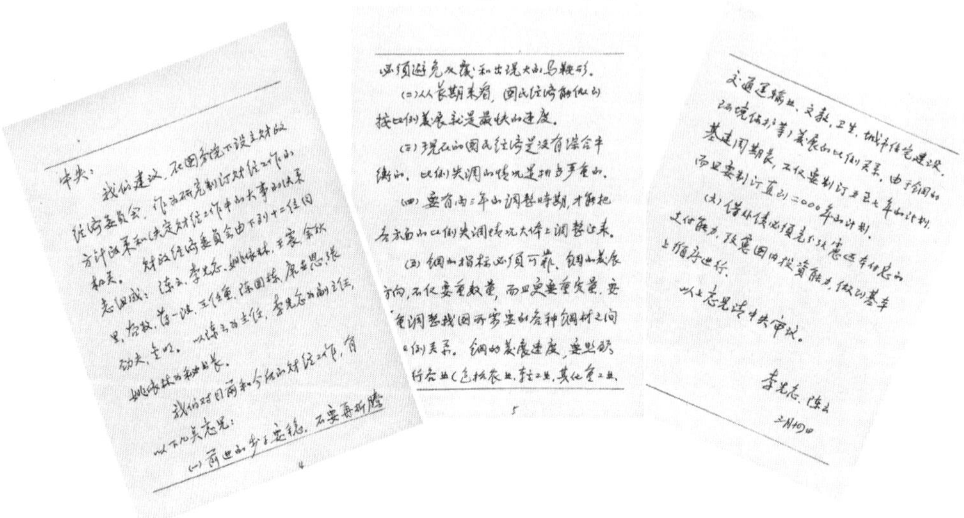

中央：

我们建议，在国务院下设立财政经济委员会，作为研究制订财经工作的方针政策和决定财经工作中的大事的决策机关。财政经济委员会由下列十二位同志组成：陈云、李先念、姚依林、王震、余秋里、谷牧、薄一波、王任重、陈国栋、康世恩、张劲夫、金明。以陈云为主任，李先念为副主任，姚依林为秘书长。

我们对目前和今后的财经工作，有以下几点意见：

（一）前进的步子要稳。不要再折腾，

4

必须避免反复和出现大的马鞍形。

（二）从长期来看，国民经济能做到按比例发展就是最快的速度。

（三）现在的国民经济是没有综合平衡的，比例失调的情况是相当严重的。

（四）要有两三年的调整时期，才能把各方面的比例失调情况大体上调整过来。

（五）钢的指标必须可靠。钢的发展方向，不仅要重数量，而且更要重质量。要着重调整我国所需要的各种钢材之间的比例关系。钢的发展速度，要照顾各行各业（包括农业、轻工业、其他重工业、

5

交通运输业、文教、卫生、城市住宅建设和环境保护等）发展的比例关系。由于全国的基建周期长，不仅要制订五年、七年的计划，而且要制订直到二〇〇〇年的计划。

（六）借外债必须充分考虑还本付息的支付能力，考虑国内投资能力，做到基本上循序进行。

以上意见请中央审议。

李先念 陈云

三月十四日

图17-1　1979年3月14日，李先念、陈云联名写信给党中央，提出用两三年时间调整经济，把各方面比例失调的情况大体上调整过来

国务院体制改革办公室成立的时间很短。国务院体制改革办公室成立起来以后，只能做点调查研究工作。遇到问题的时候进行一些专题研究，向国务院提一些建议，但解决不了本质问题，解决不了体制上、机制上的根本问题。

1982年，党中央和国务院领导提出要有一个有权威的行政机构来统管这个事。于是1982年3月8日，在第五届全国人大常委会第二十二次会议上通过了《全国人民代表大会常务委员会关于国务院机构改革问题的决议》。该决议决定成立国家经济体制改革委员会。由总理兼任主任，选择一些有经验的同志来当副主任，任命薄一波同志为第一副主任，具体抓这一工作。杜星垣、周太和、安志文、童大林4

人为副主任，薛暮桥、马洪为顾问，周太和兼任秘书长，廖季立、董峰为副秘书长。

1982年5月4日，设在中南海北区的国家体改委正式办公。国家体改委成立以后的一次党组会议上，薄一波同志提出，这是个新生事物，大家都没有经验，但要有新气象，机构设置也要体现精干、效能，即小而精，人不必多，司局机构也不必过多、过细，分几个专业小组即可。所以国家体改委的编制很精干，只有100人。我们的任务主要是调查研究，考虑体制改革的总体方案和规划，找一些部门和城市进行改革试点，为中央最后决策起一个参谋作用。我是1983年初夏到国家体改委工作的。我是怀着一种发扬探索、全力以赴的态度来工作的，新的工作也有很大的吸引力，我衷心期待自己能有新成长、有新提高。

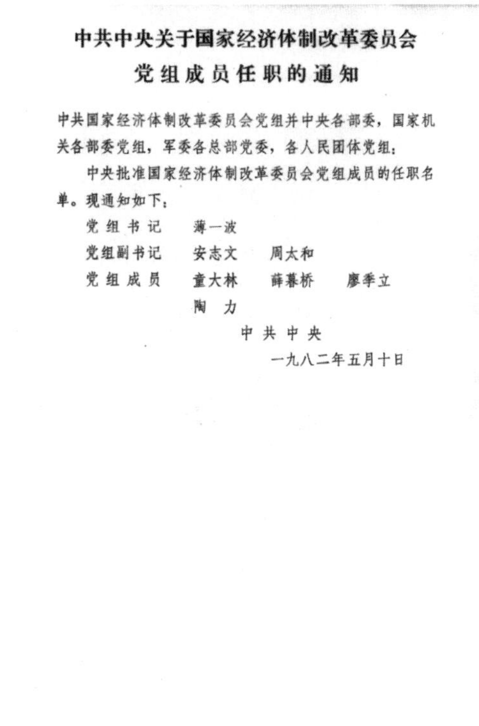

中共中央关于国家经济体制改革委员会党组成员任职的通知

中共国家经济体制改革委员会党组并中央各部委，国家机关各部委党组，军委各总部党委，各人民团体党组：

中央批准国家经济体制改革委员会党组成员的任职名单。现通知如下：

党组书记 薄一波

党组副书记 安志文 周太和

党组成员 童大林 薛暮桥 廖季立 陶力

中共中央

一九八二年五月十日

图17-2 1982年5月10日，发布《中共中央关于国家经济体制改革委员会党组成员任职的通知》

国家体改委首先是总结国内外的经验。第一是总结我们在过去30多年的社会主义建设的经验，什么是好的，我们可以继续保留发扬，不足的我们怎么完善它，错误的我们怎么改革。第二是调查研究，总结国内国际经验。周太和同志负责专门研究国内的经验；安志文同志负责研究苏联的社会主义经济几十年来的主要经验是什么，它存在什么问题，结合着我们自己的经历和体会来考虑；各部门还成立了专门的写作小组总结具体经验。整个20世纪80年代初，我们正处于对各方面矛盾和经济进行调整、改革、整顿的过程之中，但如何调整、改革需要一个通盘考虑，要从改革的角度，从体制机制深层次的矛盾的角度来研究这些问题。

我记得1982年人大常委会上决定新成立的国家体改委职能有两项：一个是负责经济体制改革的总体规划、总体设计；另一个是协调各方面改革的工作，制订单项改革的方案。后来在改革的实施中，光协调还不够，有些改革要经过试点、试验，没有经过试验不宜推开，能不能成功改革，必须试点，试点成功再推开。这就是人们常说的“摸着石头过河”。所以在改革初期，确定在沙市和常州这两个市进行市级综合改革试点。其实在国务院体改办成立后就开始抓这两个试点了。后来我们觉得可以考虑一个大一点的城市。因为沙市、常州都是中小城市，国家计划又不能直接管到，国家计划只能管到省一级和直辖市一级，搞一个大一点的城市来试验更有意义。为什么选择大城市呢？大城市是综合的，工业、农业、商业，甚至劳动、物资等要素资源较集中。

因此在1983年下半年，又增加了一个重庆市作为综合改革的试点。从试点经验中我们积累经验，慢慢才认识到计划体制改革的重要性。当然，这又涉及了财税体制、流通体制以及物价改革等各方面，财税体制、流通体制、物价改革又和企业改革连在一起。为了搞活企业，首先须改革税制，实行“利改税”，从调整税率，到实行税制改革，最后实行分税制改革，扩大地方财权，以调动地方和企业的积极性。1992年从中央到地方实行的分税制，是朱镕基副总理亲自抓的。为此，他带领有关部门负责同志到若干省，一个省一个省地交换意见，进行讲解。我就跟着他到了广东、海南等省。谈什么呢？主要是如何划分基数。分税制在一个什么上缴基数上分？像广东省当时上缴财政的基数较高，即上缴中央财政比例很大，如果按那个比例划分，广东就说我吃亏大了，我留不了多少。当时主要为了解决中央财政困难，需要集中中央财力，所以需要重新划分税率，使税率处在一个合理的定位上。分税主要是所得税这一块怎么分，国企开始的所得税率是35%，外资企业那时候是33%，后来提出能不能国内企业和国外企业一样，都把税率定到33%？那不行，国家还是要集中多一点财力以解决困难办大事。后来，为了减轻国企负担，将国企的所得税率也调整为33%了。分税制改革经实践证明是成功的，是符合实际的，中央、地方利益均照顾到了，一直坚持到现在。当然中间小的调整还是有的。

从企业改革开始，从微观开始到宏观整体改革，我们走了一个循序渐进、重点突破与整体推进的过程，所用时间较长。中间根据改革深化的要求，我们曾搞过好几次总体方案，如在20世纪80年代中后期曾搞了整体设计的三个方案，国家体改委叫“三大改革方案”，最后选择了一个。

1998年以后，国务院机构又进行了一次较大的调整，对国家体改委的职能也进行了调整，继续保留这个名称，还叫“国家经济体制改革委员会”。但这是一个高层的议事机构，由总理和各个主要部门的部长组成，是个虚的机构。委员会成员有总理、国家体改委第一副主任、党组书记，还有国家计委主任、财政部部长、中央人民银行行长、经贸委主任这几个综合大部门的第一把手。并决定在国务院办事机构中设立国务院经济体制改革办公室，简称“体改办”，就把国家体改委的历史使命结束了。那些年来，国家体改委做了大量的事，通过试点，抓各方面的改革，为改革探索了不少路子。国家体改委在改革开放30多年中起到的最重要的作用我觉得就是为中央决策，为改革开放在政策上和一些做法上，提供了一些有效、有价值的建议，也可以说是设计方案。比方说，“八五”计划期间，整个改革总体方案是国家体改委提出来的，最后被中央采纳了。现在叫“顶层设计”，其实那时候我们还是按照中央确定的职能研究改革的总体规划，进行一些改革的试点和协调各方面的改革方案与工作。当然，它只是从经济体制方面来说的，没有涉及政治、文化、教育、国防、社会等其他东西。

“八五”改革总体方案，以企业改革为中心环节，其他宏观调控系统、市场体系的完整、法律的配套、社会保障各个方面都联系到，是个完整的整体推进方案。在香山的一次工作会议上，我的报告题目就叫《突出重点，全面推进》，就讲这么一个总体思想。所以我觉得，应该说我们国家体改委还是起到了很好的作用。如果这个机构一直保留下去，一直发挥它的作用，发扬它的求是精神，发扬它富于创造、敢想敢干、勇于探索、勇于实践的精神，不断完善，对我们后来的改革，我相信帮助会更大。我认为我们国家体改委在最初改革的10多年中，为中央下决心改革、进行更好的改革起了一个参谋作用、助手作用。

党的十八大以后，党中央成立中共中央全面深化改革领导小组，除中央常委和主管改革的中央负责同志外，还有主要部门的负责同志参加，进行改革的总体研究规划、顶层设计，实现全面深化改革的目标，把改革提到一个新的高度，为实现中华民族伟大复兴的中国梦提供了体制机制上的保证。我们为之欢呼和庆幸，新的改革春天又来了。党的十九大后，党中央为了强化党的统一领导，又将中共中央全面深化改革领导小组改为深化改革委员会了，将改革放在了一个新的历史地位上。

洪虎

国家经济体制改革委员会，是1982年3月第五届全国人大常委会决定设立的。国家体改委设立有两个大的背景。第一个背景是1978年党的十一届三中全会召开后，确定了把全党工作的重心转移到社会主义现代化建设上来，实行改革开放的方针。当时提出了三个新问题：在管理方法上，要特别注意克服官僚主义；在管理制度上，要特别注意加强责任制；在经济政策上，要允许一部分地区、一部分企业、一部分工人农民，由于辛勤努力成绩大而收入先多一些，生活先好起来。

党的十一届三中全会之后，中国的改革首先是从农村开始的，那时党中央已经有了一个机构专门负责农村改革。而中国的城市经济体制改革是从企业、从微观层面开始探索的。当时以企业为中心的整个经济体制改革还没有很系统的蓝图或者总体规划，着眼的是“能改什么就改什么，看准了什么就改什么”。觉得企业的问题比较多，就把企业改革作为整个经济体制改革的中心环节。企业改革怎么改，还没有上升到整个经济体制机制层面上来认识。改革开放是一体的，为了扩大开放的需要，好多是从对外开放的角度率先进行改革探索。从对外开放来看，当时有一个国务院进出口管理委员会，后来又改成了国务院特区办公室，他们直接负责对外开放这一部分的工作。缺的是什么呢？缺的就是以企业改革为中心的城市经济体制改革的统筹规划。全国的改革缺少一张宏观的、总体的蓝图，没有一个单位来牵头做这件事情。

第二个背景是国务院当时面临着机构改革，从1980年开始的国务院的机构改革，是归并各个部门的职能，成立综合性的委员会，把部门转成“总公司”，政府管理职能归并到委员会，把部门向企业化方向推进。但是，实践了2年以后，觉得这样的体制不适合，于是1982年就纷纷撤销了当时的一些综合性委员会，比如说国家机械委、国家能源委、国家农业委等，恢复部的建制。当时我所在的国家机械委就面临着被撤销的局面。这个时候特别新设立了国家经济体制改革委员会，国家体改委作为一个新设立的国务院的职能部门，由时任国务院总理兼任主任，由原来的国家机械工业委员会主任、国务院副总理薄一波担任党组书记和第一副主任。国务院历来实行分口管理，分几个大口，财经、工交、商贸、农林、政法、文化等，这些口子内的改革相互之间都是有牵连的，比如企业改革不单纯是企业的事儿，职工下岗分流就遇到了社会保障问题。而这些问题在国务院是跨口的，要协调这些事，靠国务院的副职去做有时候难度比较大。我理解，当时为什么要国务院总理亲自兼任国家体改委主任，就是因为改革这个工作的性质特点是跨行业跨领域的，要加强协调工作的权威性，这是一个。另一个就是随着全党工作的中心转到现代化建设上来，而改革开放又是现代化建设的核心内容，所以国务院总理去兼国家体改委主任，体现了“总理屁股要坐在改革上”这样一个要求。国家体改委的职能是综合性的，它的主要职能就是统筹、规划、协调和试点，新成立的国家体改委是被赋予了全新职能的一个部门。经济体制改革刚刚展开时，在党的十一届三中全会的公报里，提到了经济体制改革的主要弊端是权力过于集中，改革的办法就是下放权力。当时还没有提出经济管理体制改革的问题，还是着眼于从管理方法上解决权力过于集中的问题。后来，逐步涉及经济管理体制的改革，需要设立一个综合部门负责经济管理体制的改革，就成立了国家体改委。

当时，除了农村改革和对外开放，剩下的经济体制改革都由国家体改委负责统筹；规划就是要制定长远的改革目标，当时就提出三年、五年、八年等这样阶段的改革规划目标；协调就是改革牵扯到其他部门的职能时，需要由国家体改委牵头来进行协调；试点就是由国家体改委组织进行经济体制改革的试点工作，这与推进改革的方法有关，当时叫“摸着石头过河”，试点先行。

在国家体改委成立以后的前几年，几乎每年国务院都要批转国家体改委年度改革规划，为什么是国务院批转呢？第一，提高了国家体改委规划的权威性。第二，国务院保留了回旋的余地，就是规划是国家体改委提出来的，是试点。既然是试点，有的可能试成了，有的可能就试不成，试不成怎么办呢？国务院再出面来纠正

图17-3　1982年3月8日，第五届全国人大常委会第二十二次会议通过决议，同意设立国家经济体制改革委员会，由国务院总理兼任主任

体改委的规划。这样国务院就很主动，工作有回旋的余地。这里我举两个例子说明这个问题。一个就是计划单列的试点工作，这是由国家体改委牵头，国家计委参与进行的，当然也要协调其他有关部门。在开始的时候，国家体改委认为计划单列单位应适度分散，多列些计划单列单位，有利于解决省级政府权力过于集中的问题。计划单列试点城市都是从原来省里头独立出来的，这样省里对其的干预就减少了。体改委在组织试点的过程中就发现了省会城市计划单列和省的矛盾特别大。因为一般省会城市都是省里的经济发展的中心，很多项目都安排在省会城市。一旦把省会城市计划单列了，省里就跟这个城市分灶吃饭了，就两条心了。这个时候，省里就会把好多项目投资转到其他城市去了，整个省的投资效益就大大地降低了，在这种情况下就激化了省会城市和省的矛盾，各地的意见很大。最后国务院综合考虑后，觉得省会城市不宜搞计划单列，只把那些沿海开放城市，或者过去在省里处于一种副中心地位的城市，比如四川的重庆、辽宁的大连、山东的青岛、浙江的宁波、福建的厦门、广东的深圳等城市搞计划单列，它们跟省的矛盾就没那么尖锐了。这时候，国务院出面来纠正国家体改委过去在计划单列试点过程中不完善的地方，就非常主动，调整了计划单列试点城市范围以后，省和省会城市的矛盾就得到了缓解。

这是一个让国家体改委处在试点工作第一线，国务院处在试点工作的第二线，有利于推进完善改革试点工作的很有说服力的例子。

第二个是地方机构改革的试点。当时，国务院领导认为政府机构改革从上往下改阻力很大，很难形成统一认识。而国务院机构的设置又要经过全国人大常委会的批准，所以想要搞新的机构改革探索程序很复杂，很难形成共识。最后国务院领导同志提出一个主意，机构改革能不能从中间突破，选择那些地级市进行试点，也不要搞省会城市，因为省会城市牵动比较大。国家体改委领了这个任务，就积极组织搞中间突破的机构改革试点，结果中间突破机构改革试点过程遇到了很多问题。主要是国务院和省这两个层次的机构仍然存在，只把地级市这个机构撤销或者合并了，上面主管部门就给这个地级市施加压力：该你参加的会不让你去，你就不了解信息；该分配给你的资金和安排给你的项目，不分配、不安排给你，你就得不到这方面的支持。结果当时机构改革中间突破试点的城市总结了一句话，叫做“下动上不动，越动越被动”。后来发现这样的做法实际上是行不通的，还得要有个机构改革的总体方案。这件事儿也是国务院后来出面纠正了。

所以说国家体改委组织的改革试点不都是成功的试点，不成功的事也不少，但是谁来纠正呢？最后都是由国务院出来纠正的。所以不能由国务院直接出面做出试点的决定，如果国务院直接做出了试点的决定，试点过程中发现有问题，就很难处理，如果纠正就会让群众留下“朝令夕改”的印象，如果不纠正就会使问题越来越大，这都影响国务院的威信，有一个国务院主管试点工作的部门处在第一线，国务院就主动得多了。

国家体改委在设置的时候，它只是负责搞改革试点工作，试完了，逐步形成了相对固定的管理体制，就按政府部门的职能分工，该由哪个部门管理的工作，就转到哪个部门去管。因而，国家体改委在搞试点工作的时候，是只有“脑袋”，没有“屁股”的，也就是说，只有国家的整体利益，没有部门的局部利益，不容易产生“屁股”指挥“脑袋”的问题，这样才能保证试点工作的客观、公正。所以，国家体改委这样一个机构，是中国改革开放很有特色的一个机构，改革的特点就是既需要总体规划，但又不能照抄照搬外国的，而要从中国的实际出发，总结自己的试点经验，然后再加以推广。比如，股份制的试点是国家体改委负责牵头抓的，那么股份制要试点，你首先得要有公司法，但是当时国家没有制定公司法，怎么办呢？国家体改委就率先用制定部门规章的形式，出台了《有限责任公司规范意见》和《股份有限公司规范意见》，即通常所称的“两个规范意见”，股份制的试点就是按照“两个规范意见”进行的，由国家体改委审批股份制试点企业。当国家制定《中华人民共和国公司法》以后，就按照《中华人民共和国公司法》审批的程序办理，股份制企业审批权就不在国家体改委了，转到有关职能部门去了。这样做对国家体改委有好处，使它没有自己的部门利益局限性，只是负责改革探索、试点试验，然后上升成为管理制度，试点在全国推开时，按管理制度贯彻执行，国家体改委不再自己去操作。随着国家体改委职能的逐步完善，后来国家体改委也设了农村改革司，设了对外开放机构，统管了整个经济体制改革。

国家体改委后来为什么又撤销了呢？这实际上涉及当时对改革的一种认识和判断，即改革到底是一种阶段性的任务、一种发展经济的措施，还是伴随着现代化过程的一项长期的生产关系和上层建筑的变革。如果认为是前者，改革只是一种措施，只是一种阶段性的任务，那么达到了预期目的，负责改革的机构就没有必要存在了；如果认为是后者，那么负责改革的统筹、规划、协调和试点的机构，就应该长期存在。当时认为现代企业制度已经建立得差不多了，企业改革的任务基本完成了，社会主义市场经济体制已经建立了，改革的一些完善或扫尾工作可以转交给各个管理部门去做了，国务院不再需要设立一个经济体制改革的统筹、规划、协调和试点机构，因而，国家体改委也没有存在的必要性了。1998年，国家体改委作为国务院的一个综合职能部门撤销了，原有的人员精简了一部分，转成了国务院体改办，职能完全变了，变成了国务院的一个办事机构，不再有具体的行政职能了。国务院体改办运转了5年也撤销了，后来把改革的职能划转到国家发展计划委员会，统筹成立国家发展和改革委员会，这就是整个历程。

现在回过头来看，伴随着我国现代化事业的发展，我认为，国务院设立一个经济体制改革的综合统筹、协调的部门是十分必要的。因为从经济体制改革的本质上来说，它是经济管理体制的改革和经济运行机制的创新。而经济管理体制的改革实质就是要改革传统的社会主义计划经济体制，更好地发挥政府的宏观调控作用；运行机制的创新实质就是充分发挥市场机制配置资源的基础性作用。两者结合起来就是实行社会主义市场经济体制。把经济体制改革与计划分配资源机制的职能组成一个部门，就很难实行计划体制的改革。俗话说：“靠自己的刀，难削自己的把。”现在看来，实际上影响生产力发展的深层次的生产关系和上层建筑的变革是永无止境的；同时，经济体制改革也扩展到全面改革，从经济领域逐步扩展到政治领域、社会领域、文化领域和生态文明建设领域，越来越和实现中华民族伟大复兴的目标紧密结合在一起。

彭森

1984年中，我由中共辽宁省委政研室调到国家体改委工作。虽然我的档案1985年才正式转过来，但是1984年就调入国家体改委开始工作了，出差、开会、写文件我都参与了。来了以后先后任副处长、处长、副司长、司长、副秘书长、秘书长，我基本参与了国家体改委改革的全过程。

人们常说中国的改革是一次前无古人、史无前例的社会实验，是在中国共产党领导下的第二次长征。我认为说得恰如其分。第二次长征实际上和第一次长征一样，开始时思想准备、组织准备都是不足的。1978年党的十一届三中全会原计划是研究农业发展和今后两年经济工作的，但经过讨论，最终确定了“解放思想，实事求是，团结一致向前看”的思想路线，开启了改革的大幕。

同样，当时改革的目标模式、改革的具体组织架构、领导机构都没有落实。最早国务院分管改革的机构是1980年成立的国务院体制改革办公室。这个机构也仅仅是在国务院忙时设立的一个办公室，由国务院秘书长杜星垣同志担任主任，人也很少，只有十几个人，这种体制维持了一两年的时间后，已远不能满足推进改革的需要。到了1982年3月，第五届全国人大常委会第二十二次会议正式决定，“设立国家经济体制改革委员会，由国务院总理兼主任”。这距离党的十一届三中全会已过去三年多时间了。

国家体改委成立之初，主要的职能是负责体制改革的总体设计。1982年3月30日，当时的国务院主要领导召集薄一波、薛暮桥、马洪、安志文、周太和等人开会，明确先搞100人的编制，内设1个办公室4个组，分别是规划组、协调组、理论组、调研组。这就是很初步的一个机构架构。开始还是由薄一波同志担任党组书记，因为薄一波同志原来是副总理兼国家机械委主任，而1982年那次机构改革把国家机械委给撤销了，所以薄一波同志把国家机械委当时一些优秀骨干，包括负责行政、后勤、党务的同志也都带了过来。因此国家体改委刚刚成立的时候，很多干部都是原来国家机械委的，包括高尚全、洪虎，都是从国家机械委过来的。这个情况持续了半年左右，到了1982年9月，正式定编时组织架构就变成7个组，增加了生产、流通、分配3个组，改为105个人的编制，但是当时的干部还不多，只有几十人。

我是1984年来的，当时报到就发工作证，我的工作证编号是84号，那时只有80多个人。当时党组书记已改由安志文同志来担任，安志文同志先后两次出任国家体改委党组书记，第一次从1983—1987年，第二次从1988—1990年，共做了6年。

图17-4 《中华人民共和国国家经济体制改革委员会任命书》

在国家体改委成立的时候，国务院主要领导同志对其工作方式、工作任务有几个基本的要求：第一个是关于国家体改委总的职能，强调这是一个负责改革总体规划的部门，是党中央、国务院的一个参谋助手。但是自己人手又很少怎么办？就要动员一些社会理论研究部门的力量，这是第一个要求。

第二个是关于改革的目标。改革无非是两个方面的任务，一个是要解决计划和市场的关系，另外一个是要解决中央和地方的关系。经济体制改革说到底是改计划体制。所以安老（安志文）一直到八九十岁，他都在讲，新中国成立后我这一辈子就干两件事，第一件事是老老实实地搞计划经济，第二件事是兢兢业业地改革计划经济。

第三个是关于改革时间的一个设想，总体上看改革的工作可能用10年来完成。因为就当时中国人的时间观念十年八年都算是比较长的，在近现代史上，十四年抗战、十年“文革”都是一个比较长的时间概念了。而从1978年党的十一届三中全会到成立国家体改委已经过去了几年，所以当时国务院主要领导同志提出，完成改革任务可能用不了10年，5年又太短，我们争取再搞6年，到1988年能把体制大致理顺，当时对国家体改委是这么样一个要求。

到了1987年，李铁映同志担任国家体改委的主任。李铁映同志这次仅仅担任了1年时间的主任。当时国家体改委的职能已明确为规划、协调、试点三个方面。但在这1年多的时间里，李铁映同志主要是抓“358规划”，即三年、五年、八年的规划。

国家体改委在20世纪90年代进入正常发挥一个职能部门作用的过程。当时陈锦华同志当了2年多的主任，后来1993年又是李铁映同志当主任。期间国家体改委的编制和机构也发生过多次变化。因为1988年时机构改革撤销了国家经委，国家经委撤销的一部分职能并到国家计委。而与企业管理、企业改革有关的4个司并到国家体改委，这样国家体改委从1厅7司，就变成了1厅11司，又新增加了政策法规司、企业体制改革司、经济管理司、培训司等，国家经委编制过来了100多人。那个时候应该是国家体改委编制人员最多的时候，1988年7月定编为300人。1990年6月，农村改革工作从中央农研室转到国家体改委，而企业司、培训司划到国家计委，国家体改委编制减为270人。这个情况延续到1991年，朱镕基同志调到国务院当副总理，主持常务工作后，成立了国务院生产办公室①，生产办后来又变成国家经贸

① 1991年7月17日，国务院第八十一次常务会议决定，撤销国务院生产委员会，成立国务院生产办公室，是国务院的办事机构，在国务院的领导下对各省、自治区、直辖市经委（计经委）、生产委员会的生产工作进行业务指导，对国务院有关部门的工交生产工作进行必要的组织协调，对工交企业进行宏观调控和指导。

委，所以企业司、培训司等慢慢地又从国家计委转到经贸委。国家体改委的内部机构几经整合，最后稳定在190人左右，是这样的一个情况。

20世纪90年代的改革，主要是宏观的改革任务比较重。包括分税制改革、金融体制改革、房改、医改等方面的一些任务慢慢地就压上来了。但是在改革过程中国家体改委的职能和一些部门的职能发生一些交叉，比如说按照党的十四届三中全会的要求，企业改革就是要建立现代企业制度。建立现代企业制度，当时要搞100户企业试点。后来朱镕基同志拍板说这个事情应该由经贸委来做。张彦宁同志原来是在体改委当副主任，分管企业改革；后来回到国家经贸委去当副主任，还是管企业改革这摊事。当时李铁映同志、洪虎同志建议说“三七开”，30户交给国家体改委，70户交给国家经贸委。另外比如房改，原来的房改办是设在国家体改委的，领导小组组长是李铁映同志，办公室主任是陈学斌同志。后来到了20世纪90年代中后期，房改的工作慢慢就拿到建设部去了，刘志峰同志也到建设部去当副部长。还有一些宏观的改革，包括分税制的改革也是国务院主要依靠财政部的同志去推动的。

所以到了20世纪90年代的后期就出现了一个说法，就是国家体改委还要不要保留。因为当时的一些同志认为，这种以改革作为主旋律的发展阶段，可能搞个10年、15年，但不应超过20年。从1978年到1998年已经搞了20年了，他们觉得国家体改委作为职能部门可以撤并。在1997年发现了这个问题以后，李铁映同志很重视。当时他就让国家体改委的党组书记张皓若和洪虎两个人以个人的名义，跟李铁映同志、胡锦涛同志和李贵鲜同志汇报这个情况。这个报告是3月27日报来的，李铁映同志当天就批给胡锦涛和李贵鲜同志，因为李贵鲜当时负责编制工作。报告主要是认真总结了国家体改委成立十五六年大体做的工作，是党中央、国务院在改革方面不可或缺的参谋助手，给中央提供了很多重要的建议。另外提出改革工作任务还很重，有七项重要改革都在进行，国家体改委的总体规划、协调推动和综合试点任务也很重。在这关键时刻，国家体改委的撤销可能会影响改革的进一步深化。同时还要考虑到一些政治影响和社会影响，特别是国际影响也不好。这个报告报上去以后，关于要撤并国家体改委的说法还是不断地流传，不断有人在谈这件事情。这件事情一直到了1997年底，那时候党的十五大已经开完了。在1998年的1月，李铁映同志决定给江泽民总书记和诸常委再写封信，这封信是我起草的，写了四个问题：

第一，设立国家体改委在政治上比较有利。能够给社会传达一个很重要的信心，给世界也树立一个中国坚持改革开放的形象。"政治上有利"是李铁映同志他亲自加上去的。

第二，设立国家体改委有利于集中决策，分散风险。国家体改委负责的一些重要工作，现在实际上还没有做完，应该继续坚持设立这样一个重要的改革机构。它重要的职能是可以分散中央、国务院决策的风险和责任，国家体改委挺在前面可以起到一个协调、组织、规划的作用，可以在一定程度上分散决策风险。李铁映同志在这段加上去一段话，明确表示不同意把国家体改委改成咨询机构或办事机构。

第三，体改队伍是宝贵财富。当时国家体改委就189个人，当时我算了算全国各个省、市的体改队伍有1万人左右。这些人都是搞了十几年改革的优秀人才，对改革既有感情，又了解情况。像这样有改革经验的干部，"散之容易，复聚则难"。这话也是李铁映同志亲自加的。他说国家体改委人不多可以办大事，但一旦撤销了，下边整个队伍就没有了。

第四，建议成立一个高层次的体改机构，恢复大委员会制度。他讲："两次出任国家体改委主任，深感改革是全局，改革的领导机构是关键，要更好发挥体改机构的作用。"当时他跟我说体改机构关键还是应该由中央主要领导同志来主持，这个工作如果找不到合适的人，总理来做是最好的。总之，他坚持应该要有这样一个高层次的体改机构。

党的十五届二中全会是1998年2月25日召开的，会议要讨论机构改革的方案。在会前，方案先发给各个部门的党组讨论，这个方案也发到了国家体改委的党组。当时一看就很明确，撤销国家体改委，成立国务院经济体制改革办公室。在这种情况下，张皓若同志、洪虎同志他们再一次给中央写了个报告，还是坚持说应该继续保留国家体改委。最后实在不能保留国家体改委的话，还是应该建立一个高层次的改革机构，下设一个体改办。体改办既是国务院的办事机构，也是一个大委员会的办事机构。这跟李铁映同志之前讲的意见是差不多的，都讲到了这个问题。所以到了二中全会和3月份的人代会，最后讨论的方案进行了调整。不再说撤销国家体改委，而是说国家体改委改组成国务院高层议事机构，总理担任国家体改委主任。这样给外界一个信号，就是国家体改委还是有的，而且更重要了。但是新成立一个国务院体改办，作为国家经济体制改革委员会的办事机构。原来国务院特区办对外开放的职能并入国务院体改办，减少了一个正部级机构，给人感觉改革的组织力量还在整合和加强。这个高层议事机构，总理担任主任，财政部部长刘仲黎同志调过来任国家体改委副主任兼国务院体改办主任。国家体改委的委员主要是宏观部门的主要负责人，如国家计委主任曾培炎同志、国家经贸委主任盛华仁、财政部部长项怀诚、人民银行行长戴相龙等，都是正部长。只有一个副部长就是洪虎同志，但是他半年后就去吉林省任省长了。这个高层次议事机构不纳入国务院组成部门序列，设立后实际上也没有开展活动。

国务院体改办从1998年开始组建到2003年的3月，持续5年时间。我开始任秘书长、党组成员，2000年1月任副主任。国务院体改办作为国务院的办事机构，严格按国务院领导的要求，不独立下发文件，不召开全国性会议，不在报刊上发表文章。但国务院领导交办的任务都完成得很好。2000年11月刘仲藜同志调任全国社保基金理事会任理事长，王岐山同志接任主任。王岐山同志在国务院体改办整整工作2年时间，到2002年11月，党的十六大召开的前夕，就调到海南去当书记了。2003年成立了国家发展和改革委员会，当时国家经贸委也撤销了，国家经贸委和国务院体改办的职能人员并到国务院发改委来，马凯同志担任发改委主任。我带领原国务院体改办的主要工作人员转到了国家发改委。

2008年张平同志当主任的时候，我担任副主任，大致这么一个过程。我觉得国家体改委作为国务院的一个职能机构、职能部门，是党中央、国务院在改革方面的参谋和助手，在改革的规划、协调、试点和立法等方面的职能还是非常重要的。你真正想把改革放到一个突出位置上，没有这样的一个强有力的机构来做这工作是不行的。从1998年以后到党的十八大前，这一阶段改革工作相对平稳，是常态化的、专业化的职能工作。党的十八大以后又开辟了改革的一个新的阶段。党的十八大成立了中央全面深化改革领导小组，设立了深改办。2018年3月，中央印发了《深化党和国家机构改革方案》，将中央全面深化改革领导小组改为中央全面深化改革委员会，而且是习近平总书记亲自来主持委员会的工作。中央全面深化改革委员会本身的职能定位就包括决策的职能，有关改革的重大决策，都是中央全面深化改革委员会在负责。这样就加强了党中央对涉及党和国家事业全局重大工作的集中统一领导，强化了决策和统筹、协调的职责。

18. “上山、山上、下山”：莫干山会议忆述

1984年莫干山会议是我国中青年经济科学工作者“第一次集体发声”，参会“以文选人”，就我国经济体制改革中的重大理论问题和现实问题进行了讨论。这次会议不仅使一批中青年经济学家脱颖而出，走上舞台，也为20世纪80年代的改革提供了重要的思路，引起中央高层领导的重视。

口述者：常修泽（时任南开大学经济研究所讲师；现任中国宏观经济研究院教授、博士生导师，兼莫干山研究院学术委员会联席主任）

常修泽

1984年9月3日至10日在浙江省德清县莫干山举行的全国中青年经济科学工作者学术讨论会（史称“莫干山会议”）是我国中青年经济科学工作者“第一次集体发声”。参会“以文选人”，就我国经济体制改革中的重大理论问题和现实问题进行了重要的讨论。这次会议不仅使一批中青年经济学家脱颖而出，走上舞台，也为20世纪80年代的改革提供了重要的思路，引起中央高层领导的重视。需先申明一点，我不是莫干山会议的发起者或组织者，只是一名普通的参与者。只不过后来，我又自觉自愿地成为这段历史的搜集者、研究者。以下，是我结合自己的经历和所掌握的文献、史料，再现的莫干山会议前前后后“上山、山上、下山”的一部分情况。

图18-1 1984年9月浙江莫干山，中青年经济科学工作者学术讨论会合影

背景：会前中国改革面临的三个焦点

1984年，莫干山会议召开，国内背景主要是三个焦点。

第一个焦点，就是中国的经济体制改革面临着一个历史性的转型。重点要由农村转向城市。因为在此之前，中国的改革是从农村起步的，就是1978年11月24日（党的十一届三中全会前一个月）小岗村农民率先实行大包干。农村经过五六年的改革，取得了突破性的进展，粮食产量增长的速度相当之快。农村改革已初见成效，那么如何趁着势头，把农村的改革推进到城市里边来，这是当时面临的问题。中国的改革开放到了一个新的历史关头。

第二个焦点，就是理论创新的问题。据我所知，1984年10月将召开中共十二届三中全会，要讨论《中共中央关于经济体制改革的决定》，这就涉及一个改革用什么理论来支撑的问题。像中国社会科学院经济研究所以及上海、广东等地的一些专家，特别是像当时著名的经济学家薛暮桥先生，他就力主把社会主义商品经济作为改革的理论支撑。他在《关于经济体制改革的初步意见》中就指出“现在我们提出现阶段的社会主义经济，是生产资料公有制占优势，多种经济成分并存的商品经济，是对30年来占统治地位的教条的挑战”。但是，国内的经济学界还有另外一种观点，也叫另外一种派别。他们认为要按照计划经济理论或它的变形——“计划经济为主，市场调节为辅”这样一个理论来进行。这也反映了当时他们的一个思想认知，就是不能把我们的经济概括成社会主义商品经济，否则就会削弱计划经济的格局和作用。

第三个焦点，就是改革实践中提出的问题。1978年开始搞改革，从1978年到

1984年这一段时期，实践中虽取得一些成就，但事实上有些改革遭到了挫折。接下来，怎么迎难而上、深化改革？迫切需要实实在在的解决方案。

正是以上背景，促成了1984年的莫干山会议，这是比较广阔的一个历史背景。

基础：会前的“多股中青年力量”及其思想准备

国家有需求，中青年这方面也有供给。从全国看，1984年之前，中国的经济学界中青年几股力量已经开始兴起，为莫干山会议准备了组织条件和思想条件。

一是从全国经济学界看，三股中青年力量开始崭露头角。第一股力量是中央国家机关内以及国家机关周围聚集的一批中青年研究者。以中共中央书记处农村政策研究室和国务院农村发展研究中心为代表，农村研究这块已经形成一支不可小觑的力量，很成气候。第二股力量是高等学校。北大、清华、人大、南开、复旦等等。第三股力量就是中国社会科学院以及有关省的社会科学院的力量。

二是中青年力量在京城的聚集。20世纪80年代初期，这几股力量在京城已经开始聚集，形成合力，自发研究中国经济问题。从史料看，他们在莫干山会议之前几年，已经初露锋芒。

三是地方中青年崛起。地方的朋友也很活跃，例如我所在的南开大学经济研究所的青年学者就办有读书会，探讨世界和中国的发展问题，并以“南世中”的笔名在《读书》杂志发表论作。

四是国民经济讨论会的思想准备。在京城和地方这些学术圈子的基础上，1983年，朱嘉明、黄江南和张钢等先后组织了9次国民经济讨论会，每次30～50人不等，内部讨论不报道，讨论会已经触及当时中国经济的一些深层理论和实践问题，包括宏观经济问题、财政体制问题、金融体制问题（含证券市场）、国有企业改革问题以及社会就业问题等。

正是那个时代国家和民族的需求与中青年的智力供给这两个方面碰在一起，才有了莫干山会议这么一个时代的风云际会。

“上山”：莫干山会议的筹备与集中上山

以今天的视角来看，莫干山会议实际上是一个由民间发起，中央新闻单位出面组织，有关研究机构参与和支持的会议。所以我曾经在有关文章里边写道，这叫作“民办官助”。“民办官助”的一个具体例子就是王岐山同志从农研中心拨出了1万元人民币来作为会议的经费。不要小看这1万元。当时这1万元，很管事的，而且关键不在数目多少，它表明一种态度，就是说有关部门支持召开这个会。

根据笔者搜集的资料，会议的主要发起、组织者有四位，即国务院技术研究中心的朱嘉明、中国社会科学院工业经济研究所的黄江南、《经济学周报》的负责人张钢、时任浙江省经济研究中心副主任刘佑成。根据四位发起、组织者的有关材料，莫干山会议的酝酿发起不是仓促的决定，而是经过几个月的反复酝酿、商议和策划过程。根据我对历史资料的梳理，是从北京初步酝酿，到杭州策划商议，再到天津归来北京，最后敲定的。

1984年6月12日，《经济日报》发布了《本报等五单位将召开中青年经济学术讨论会，广泛征集论文邀请入选者作为正式代表出席》的消息，消息称：“将于9月上旬在浙江省联合召开‘中青年经济科学工作者学术讨论会’。讨论的中心内容是我国经济体制改革中的重大理论问题和现实问题。从本月中旬开始，向全国广大中青年经济科学工作者广泛征集论文。论文入选者将作为正式代表应邀出席会议。” 论文选拔一个很重要的亮点就是“五不讲”，即“不讲学历、不讲职称、不讲职业、不讲名气、不讲关系”，总的说就是“以文选人”。这是关于召开莫干山会议前的信息。6月12日正式发的这个征文启事，实际上是个动员令，动员全国的中青年经济科学工作者，向国家的改革开放提供研究成果。

从1984年6月12日到8月15日短短两个月零几天，收到的来稿（包括论文和研究报告等）一共1300多篇。这1300多篇成果由论文评审组来进行阅读和挑选。论文评审组的组长是王小鲁同志，当时他在《中国社会科学》杂志编辑部编《未定稿》（内部刊物）；还有一位组长是周其仁同志，他当时在农发组工作，是一位对农业问题很有研究、功力深厚的学者。副组长有朱嘉明、卢迈、宋廷明、高粱四位。评审组成员还有若干，主要参与看稿。因为后来来的稿子甚多，原来的审稿队伍人手不够，就又扩大队伍，张少杰、蒋跃、夏小林、高善罡等都是论文评审组成员。按照“以文选人”原则，经过严格审稿，从1300多篇来稿当中选了100多篇（选定114人，另给浙江10个名额，共计124位代表）。可以说，参加莫干山会议的124位代表，大部分是“以文入选”的。

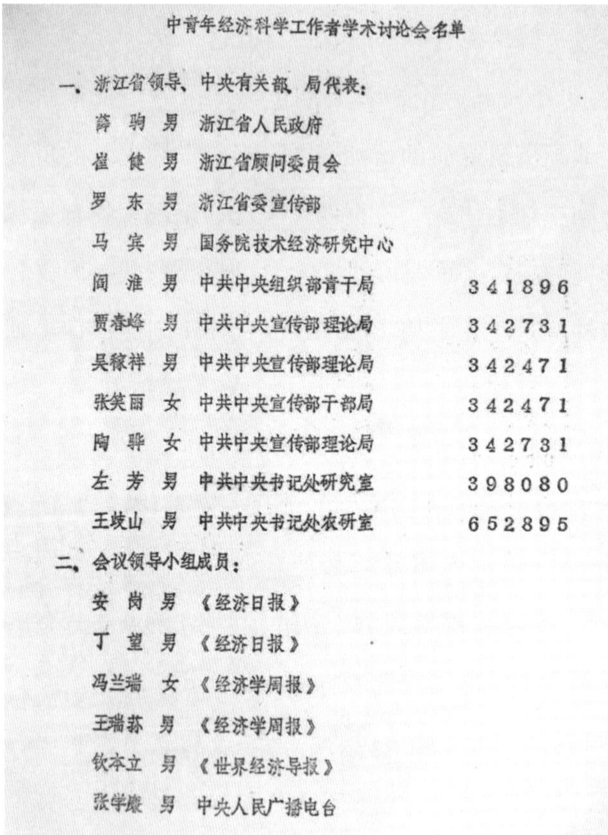

中青年经济科学工作者学术讨论会名单

一、浙江省领导、中央有关部、局代表：

姓名	性别	单位	电话
薛　驹	男	浙江省人民政府	
崔　健	男	浙江省顾问委员会	
罗　东	男	浙江省委宣传部	
马　宾	男	国务院技术经济研究中心	
阎　淮	男	中共中央组织部青干局	341896
贾春峰	男	中共中央宣传部理论局	342731
吴稼祥	男	中共中央宣传部理论局	342471
张笑丽	女	中共中央宣传部干部局	342471
陶　骅	女	中共中央宣传部理论局	342731
左　芳	男	中共中央书记处研究室	398080
王岐山	男	中共中央书记处农研室	652895

二、会议领导小组成员：

姓名	性别	单位
安　岗	男	《经济日报》
丁　望	男	《经济日报》
冯兰瑞	女	《经济学周报》
王瑞荪	男	《经济学周报》
钦本立	男	《世界经济导报》
张学康	男	中央人民广播电台

图18-2　1984年在莫干山举行的全国中青年经济科学工作者学术讨论会名单（部分）

为使会议筹备工作有序进行，成立了会议筹备组，据我掌握的资料，会议筹备组的组长是张钢，副组长两位，一位是徐景安，他当时是国家体改委规划处处长，还有一位副组长是黄江南。到8月底，整个筹备工作基本完成，然后就是准备上山。

会议召开时间是1984年的9月3日。9月1日，我和南开大学经济研究所李罗力、杜厦、金岩石以及天津的郝一生等由天津乘火车到达杭州。下车后在杭州站附近的红楼招待所报到，住了一晚，第二天集中乘坐大巴前往位于杭州市西北方的德清县莫干山。

回想春秋时期，一对夫妻莫邪和干将在此铸剑，锻锤成雌雄宝剑（雌号莫邪，雄称干将），后世为纪念他们，遂将此山命名为“莫干”。鲁迅先生曾著有《铸剑》一文。我当时想，虽然不是来此“铸剑”，但要实实在在地“论剑”吧。

“山上”：莫干山会议召开及讨论的问题

图18-3　举行莫干山会议开幕式的天主教堂

1984年9月3日上午9点，全国中青年经济科学工作者学术讨论会开幕式在莫干山450号的一个天主教堂举行。主持开幕式并致辞的是《经济学周报》主编王瑞荪先生。王先生在会上给我印象最深刻的一句话是“我们这次会议是在我国经济体制改革深入发展，经济科学研究十分活跃的情况下召开的”。

王瑞荪先生讲完话以后，中共中央宣传部理论局副局长贾春峰先生也有一个致辞。他那个致辞的题目叫作《时代的召唤　崇高的责任》。当时我就觉得这10个字分量很重。前一句5个字，提出了我们这些年轻朋友到这里来聚会，是“时代的召唤”，似乎蕴含着“时势造英雄”的味道。他标题第二句5个字，叫“崇高的责任”。显然是想说，你们到这来开会，不是来游山玩水的，是要给中共中央、国务

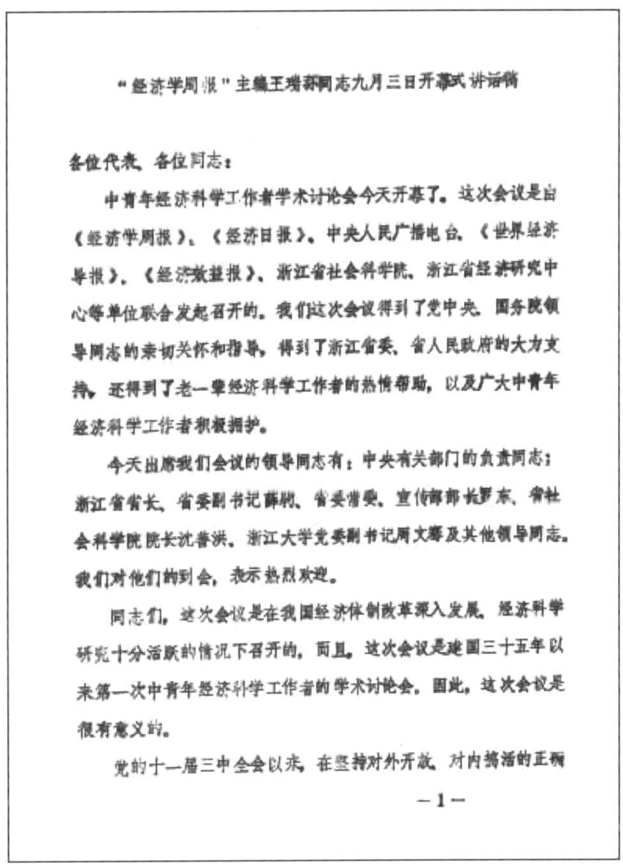

“经济学周报”主编王瑞荪同志九月三日开幕式讲话稿

各位代表、各位同志：

中青年经济科学工作者学术讨论会今天开幕了。这次会议是由《经济学周报》、《经济日报》、中央人民广播电台、《世界经济导报》、《经济效益报》、浙江省社会科学院、浙江省经济研究中心等单位联合发起召开的。我们这次会议得到了党中央、国务院领导同志的亲切关怀和指导，得到了浙江省委、省人民政府的大力支持，还得到了老一辈经济科学工作者的热情帮助，以及广大中青年经济科学工作者积极拥护。

今天出席我们会议的领导同志有：中央有关部门的负责同志；浙江省省长、省委副书记薛驹、省委常委、宣传部部长罗东、省社会科学院院长沈善洪、浙江大学党委副书记周文骞及其他领导同志。我们对他们的到会，表示热烈欢迎。

同志们，这次会议是在我国经济体制改革深入发展、经济科学研究十分活跃的情况下召开的，而且，这次会议是建国三十五年以来第一次中青年经济科学工作者的学术讨论会，因此，这次会议是很有意义的。

党的十一届三中全会以来，在坚持对外开放、对内搞活的正确

—1—

图18-4　王瑞荪先生的讲话稿（原件影印片段）

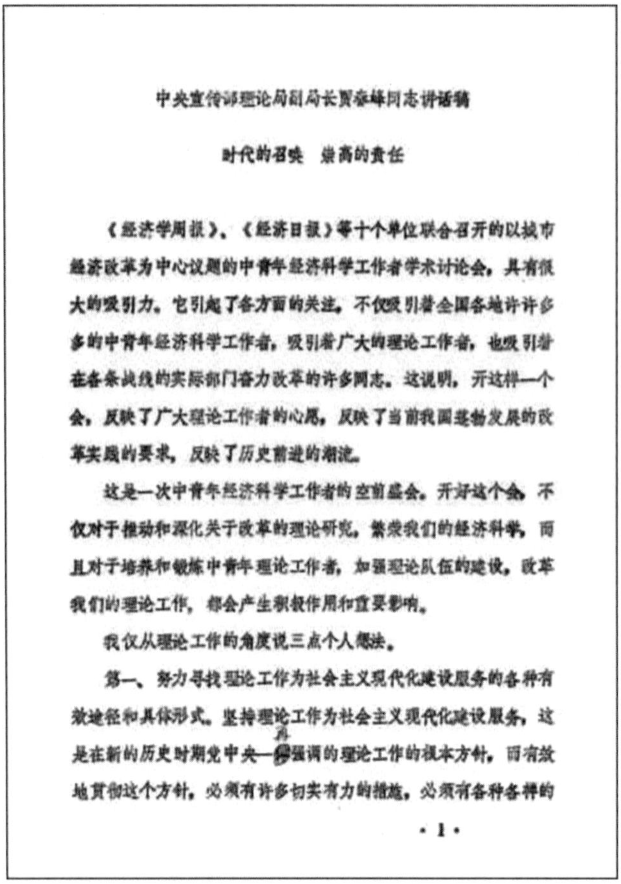

中央宣传部理论局副局长贾春峰同志讲话稿

时代的召唤　崇高的责任

《经济学周报》、《经济日报》等十个单位联合召开的以城市经济改革为中心议题的中青年经济科学工作者学术讨论会，具有很大的吸引力。它引起了各方面的关注，不仅吸引着全国各地许许多多的中青年经济科学工作者，吸引着广大的理论工作者，也吸引着在各条战线的实际部门奋力改革的许多同志。这说明，开这样一个会，反映了广大理论工作者的心愿，反映了当前我国蓬勃发展的改革实践的要求，反映了历史前进的潮流。

这是一次中青年经济科学工作者的空前盛会。开好这个会，不仅对于推动和深化关于改革的理论研究，繁荣我们的经济科学，而且对于培养和锻炼中青年理论工作者，加强理论队伍的建设，改革我们的理论工作，都会产生积极作用和重要影响。

我仅从理论工作的角度说三点个人想法。

第一、努力寻找理论工作为社会主义现代化建设服务的各种有效途径和具体形式。坚持理论工作为社会主义现代化建设服务，这是在新的历史时期党中央一再强调的理论工作的根本方针。而有效地贯彻这个方针，必须有许多切实有力的措施，必须有各种各样的

·1·

图18-5　贾春峰先生的讲话稿（原件影印片段）

院献计献策，要为中国的改革开放事业拿出真知灼见，是谓“崇高的责任”。这两句话是他开幕式致辞的标题，给我留下的印象相当深刻。中共浙江省委副书记、省长薛驹作为东道主讲话，其中有一句分量很重：“这次会议的召开具有历史意义，标志着中青年学者在政治上、理论上已经成熟。”他还简要介绍了浙江省改革发展的简要情况。此外，中共中央组织部青干局的闫淮也作了即兴发言，但我没有文字材料保留。

大会开幕之后，从9月4日开始，分成7个组在各自驻地进行讨论。

在北京筹备的时候，原安排5个组，到了山上，发现人来得比较多，而且从国家需要来讲，还有两个专题也要展开。根据与会代表的研究专业特长，分组就由原来初步规划的5个组，扩大为山上的7个组。这7个组讨论的议题几乎覆盖了当时中国经济体制改革的几大重点命题，成为会议的“骨架”。第一组为宏观组，到山上，根据徐景安同志的提议，主要讨论当时经济体制改革中最热点的问题：价格改革的基本战略问题；第二组为企业组，主要讨论工业管理体制和企业活力问题，聚焦国企改革；第三组为开放组，主要讨论对外经济开放及其对中国经济体制改革的倒逼机制问题；第四组为流通组，主要讨论发挥中心城市功能问题；第五组为金融组，主要讨论金融体制改革问题；第六组为农村组，主要讨论农村产业结构变动，

以及农村经济体制改革与城市经济体制改革的接口问题；第七组为理论组，主要讨论经济体制改革涉及的一些基本理论问题，如商品经济、所有制问题、政府经济职能问题等。

总体上是这么7个组。这7个组每一个组实际上都有一个或两个核心人物。不是随便给人分组，而是这方面的专家才相应地分到这方面的小组，这样他在会上才能够运筹帷幄，能够组织，他知道问题的水深水浅，哪些地方需要进一步深化，哪些地方可以略而不谈。我刚去报到的时候，被分到金融组，组长是中国人民银行的蔡重直，组员有沈水根、刘渝等。但是报到以后，我们南开大学4位同事当中的领头者杜厦，他在开放组。他找我说："修泽，金融改革不是你的研究强项，你刚从深圳特区调查回来，对于体制改革和对外开放有研究，到我们开放组吧。咱们南开经研所来的4位，再加上天津社科院的郝一生和体改办的杨海田，都集中到开放组，这样就能形成一个拳头。我们就可以发出比较强烈的声音。"于是，经大会秘书处调剂，我就从金融组转到了开放组，算作"适当流动"吧。1984年3月，我的老师谷书堂教授带着我和几位年轻研究人员到深圳调研。鉴于我的研究方向是制度经济学，在深圳调查中，老师确定我重点调查香港招商局独自成片开发的蛇口工业区体制问题。调研后，我形成了《从蛇口工业区的开发得到的启示》的调研报告。我就是带着这篇《从蛇口工业区的开发得到的启示》上莫干山的。所以到开放组，也是正合我意。

9月4日以后，就开始分组讨论。讨论很热烈，还发明一种"挂牌讨论"。就是说本组或本人定于某时某地，要讨论什么什么问题，欢迎有兴趣的来参加。因此，会上虽说有这么7个组的划分，但是流动性还是比较强的 。尤其是"挂牌讨论"的形式 ，有点像赶集，自由度比较高。而且那个时候的会风，也是自由的、开放的、平等的，这很难得。会议有个规定，发言不许拿稿。每个组都围绕一个主题，集思广益，然后形成几个不同观点再辩论。

根据我当时的参会记录和会议的简报（以及后来我看的会议8份上报报告），莫干山会议讨论的主要问题及其贡献，我现在归纳成5个大问题来叙述。

第一个大问题，关于价格改革问题。这也是这次莫干山会议的第一组讨论的问题。

第二个大问题，关于对外开放以及开放倒逼改革问题。这是讨论得比较深入，也有战略价值，并对后来产生了影响的问题，是开放组讨论的主要内容。这组的召集人是朱嘉明。主要成员有南开大学经济研究所的杜厦、李罗力、金岩石和我，还有天津的郝一生，上海的陈申申，内蒙古的郭凡生等。值得关注的就是，经过领导小组研究以后，大会的秘书处把开放组以《以沿海开放地带为先导，推动我国经济体制的全面改革》为题的报告，作为整个莫干山会议简报的第1期，可见其内容的分量。

图18-6　开放组部分成员，从右至左：李罗力、郝一生、杜厦、朱嘉明、金岩石、常修泽

第三个大问题，关于农村的结构改革以及相应的粮食购销体制改革问题。这也是会上进展比较明显的话题。在莫干山会议之前，以小岗村为代表的大包干，从1978年到1984年，农村改革已经取得了突出的进展，到1984年，农村改革面临着新的形势。

第四个大问题，关于金融改革，特别是创办资本市场的问题。金融改革问题在会议上的讨论颇有进展。因我一开始分在金融组，所以对此很关注。这个组有一批金融专家，包括中国人民银行总行金融研究所的蔡重直、刘渝、齐永贵，广东深圳市国际信托投资公司的沈水根，武汉大学经济系的肖帆等。他们当时讨论的问题是：我们国家到底应该建立什么样的金融体系？金融改革我们到底抓什么重要环节？这些议题的设置很有水平。这组里给我印象最深刻的，就是他们明确地提出来企业要发行股票，国家要创办资本市场（股票市场）。虽然上海证券交易所成立是1990年后的事情，但他们当时就提出了这么一个构想，听完了以后有耳目一新之感。

第五个大问题，关于国有企业改革问题。一是关于中国国有企业改革的战略目标问题。中国的国企改革到底以什么作为目标？二是关于利润留成和股份制两种改革方式问题。三是关于国有企业破产问题。我认为在会上比较有进展的是明确提出了国有企业破产问题。思路是，既然要实行社会主义商品经济，国有企业要搞自负盈亏，相应地，国有企业既要负盈，同时也要负亏。

除上述五个大问题外，莫干山会议还讨论了关于发挥中心城市功能问题、关于政府经济职能问题以及社会主义经济若干基本理论问题等，我就不一一赘述了。

9月10日上午举行大会，由小组推举出的几位代表发言。下午举行闭幕大会，由浙江省领导和冯兰瑞社长做大会总结。那天恰是中秋节，虽然山上颇有寒意，但地上天上，花好月圆，会议圆满结束。综合以上会议讨论的几大进展——从价格改革的调放结合、“双轨”推进，到中国经济对外开放以及相应开放倒逼改革，从农村的粮食购销体制改革，到创办资本市场以及主张国有企业自负盈亏等等，可以看出一条清晰的思想轨迹，就是社会主义商品经济思想的发轫与集中展现。

“下山”：莫干山会议的效应与影响

关于莫干山会议的效应价值与影响，我认为可以从以下四个方面来评判。

第一，莫干山会议讨论研究的成果，直接为中共中央决策提供思路和方略。多年后，孔丹曾在我参加的一次会上说：“当时，劲夫同志正好在山下——杭州，为中共十二届三中全会做调研。我和山上开会的一些年轻朋友熟悉，于是就自告奋勇上山‘打探消息’，下山后立即向劲夫同志汇报。劲夫同志听后很感兴趣，不久就在杭州约见了会议部分‘主力’成员。”9月8日上午，张劲夫同志在杭州汪庄二号楼接见部分莫干山会议人员，召开了杭州座谈会。这个会实际上是莫干山会议的一个延续和升华。他们在会上所汇报的内容引起张劲夫同志的关注。会后，会议领导小组组织撰写正式报告。负责起草报告的主要负责人有徐景安、朱嘉明、王岐山、黄江南和周其仁。参加执笔或参与提纲写作的，除了这5位以外，还有杜厦、蔡重直、田源、华生、蒋跃、刘渝等。经过上述朋友的努力，到9月15日，完成了8份主题报告。7个组为什么完成了8份报告？原因是价格方面问题写了两份报告，一份是《价格改革的两种思路》，一份是《与价格改革相关的若干问题》。

经济文稿

第1期

经济日报编辑部　1984年10月18日

中青年经济科学工作者学术报告

图18－7　会议形成并上报中央的8篇报告，即《中青年经济科学工作者学术报告》，载于经济日报编辑部的《经济文稿》第1期

第二，推动了经济理论研究的深化。上面说的莫干山会议的一些成果直接为中央献计献策，属于对策性研究。除了对策性研究之外，我认为它还有理论层面的推动价值。会后不久，主办单位之一的《经济日报》从9月25日到10月11日，在半个月的时间里在《理论版》连续发了5块专版，选登他们认为有价值的、有水平的文章选。《经济日报》的《理论版》排了一个大标题——《探讨经济改革中的理论问题——中青年经济科学工作者学术讨论会论文摘登》，一共选登了18篇论文。5块专版、18篇论文是：9月25日，选登了2篇，分别是郭振英的《自负盈亏与企业扩权》，吴克的《计划管理中综合运用各种经济杠杆》；9月28日，选登了4篇，分别是我的《从蛇口工业区的开发得到的启示》，郭凡生的《谈谈技术的梯度推移规律》，夏禹龙、谭大骏、陈平、蔡乃中的《沿海开放地带的战略地位》，陆丁、张一宁的《引进外资引力何在》；9月29日，选登了3篇，分别是周小川、楼继伟、李剑阁的《价格改革无需增加财政负担》，张维迎的《价格体制改革是改革的中心环节》，田源、陈德尊的《关于价格改革的思路》；10月4日，选登了3篇，分别是张宝通的《联产承包制适合当前生产力状况》，张太平的《农村家庭经济及其发展趋势》，王长远的《县级经济管理体制改革的趋势》；10月11日，选登了6篇，分别是郝一生、杜

厦的《搞好沿海开放城市的产业配置》，夏禹龙等的《借鉴特区形式，开发新兴工业》，朱嘉明、何伟文的《引进先进技术与保护民族工业》，金岩石的《内地资源开发与沿海对外开放》，沈水根的《对外开放与人民币汇兑制度的改革》，李弘、蔡重直的《建立我国的金融中心》。其他报刊也有论作发表。这18篇论文放在《经济日报》的《理论版》，而且是以密集的火力，像排炮一样地发出，给整个中国的经济理论界带来了较强影响。因为当时正是中共十二届三中全会前夕，中国正期待着改革的理论。那时候推出这18篇理论文章，对当时的中国经济理论界乃至于思想界，带来了新鲜的空气，推动了改革理论研究的深化。

经济日报

探讨经济改革中的理论问题

中青年经济科学工作者学术讨论会论文摘登

从蛇口工业区的开发得到的启示

谈谈技术的梯度推移规律

图18-8 《经济日报》刊登的莫干山会议18篇论文之一，《从蛇口工业区的开发得到的启示》

第三，促进中青年经济学人才队伍成长。莫干山会议之后，参加莫干山会议的并做出比较突出贡献的同志，被国家和中央有关部门所发现，委以重任或者是调入其中工作（这或许与中组部青干局人员参加会议有关，至少给他们提供了一个发现莫干山会议上的中青年学者的机会）。这就从人事上给国家有关方面提供了新鲜血液。比如，田源被任命为国家体改委委员。国家体改委还专门成立了中国经济体制改革研究所，参会时为西北大学经济系研究生的张维迎在毕业后到体改所工作。

莫干山会议还直接催生了《中青年经济论坛》杂志。根据莫干山会议上商量的意向，会后不久，由中青年学者自己创办的刊物——《中青年经济论坛》于1985年4月在天津（南开大学经济研究所）创刊。第一届编委会由36位中青年学者组成，总编辑为丁望，副总编辑为王小鲁等；第二年即1986年，编委会有所调整，朱嘉明改任总编，增加罗保铭、黄江南任副总编；第三年即1987年，改由南开大学经济学院、北京青年经济学会和天津中青年经济学会联合主办，南开大学为上级主管部门，朱嘉明为特聘主编，逄锦聚、姚林和我为副主编。这份民间学术刊物以京津沪为核心，聚集了全国各地有影响和有创造力的中青年经济学者，它的横空出世标志着中国中青年经济学者有了自己的学术阵地，也成为当时颇有影响的经济理论刊物之一。

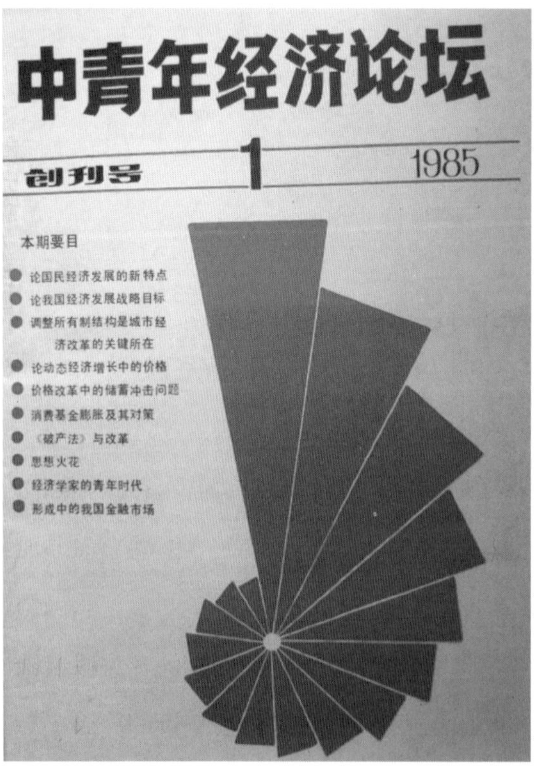

图18-9 《中青年经济论坛》创刊号

第四，形成一种莫干山精神并影响后世。有人问我说什么是莫干山精神，我说了四个精神：一是历史担当精神。就是有责任担当，有家国情怀，想的是国家、民族、天下，“铁肩担道义”。在历史的关头，中青年学者们“指点江山，激扬文字”，勇敢地担起了历史的重任。二是公平竞争精神。莫干山会议有个特点可以载入史册，就是“以文选人”。明确“五不讲”：不讲学历、不讲职称、不讲职业、不讲名气、不讲关系。三是自由争鸣精神。会上的另一特点是自由讨论。争论激烈到“抢话筒 ”的程度 。激烈到某人滔滔不绝的时候，主持人到时间要“敲杯子”，让你戛然停止。大家可以想象，“抢话筒”“敲杯子”那是一个什么场面？自由的讨论，热烈的辩论！每个人都畅所欲言，每个人都可陈述已见。我觉得这样一种自由讨论的风气是非常难得的，这是真正的“百花齐放，百家争鸣”。自由讨论的背后，深层次的原因，我认为是有一个学术宽松的氛围，学者敢于保持自己的独立性。给我印象比较深刻的是贾春峰先生的话，他当时是中共中央宣传部理论局副局长，也是一个理论工作者。会后他在《红旗》杂志发表了一篇总结1984年莫干山会议的文章，标题为《一股清风扑面来》。他说：“当我听到那些富有哲理和激情的发言时，阅读到那些来自改革第一线的调查报告时，似乎有一种清新的空气迎面而来。”四是上下互动精神。上面有这种思考，有这种需求，恰好与莫干山会议的中青年学者的讨论结合在一块，两股力量在一起交叉，真正地互动，这样一种上下结合的精神是有包容性的，也是比较难得的。这些，我认为是莫干山会议的宝贵精神财富。

这里，我要强调，莫干山会议精神是20世纪80年代中国改革开放的产物，没有那个大时代，也就没有莫干山会议精神。习近平同志曾说：“历史是最好的老师，它忠实记录下每一个国家走过的足迹，也给每一个国家未来的发展提供启示。”这里的精髓是“忠实记录”。为了对历史负责，使莫干山精神能薪火相传，我做了自己力求忠实的记录工作。

19. 巴山轮会议前前后后

1985年9月2日至7日，数十位国内外顶尖经济专家参加了被称为“巴山轮会议”的宏观经济管理国际研讨会。与会者的观点反映到高层，为中国高层决策者提供了宏观经济体制改革框架设计的咨询意见，为党的十三大提出“国家调节市场，市场引导企业”的方针做了理论准备。会议也因此被誉为“探索经济体制改革和加强宏观经济管理的一次高级研讨班”。

口述者：赵人伟（时任中国社会科学院经济研究所副所长）

洪　虎（时任国家体改委党组成员、秘书长）

赵人伟

1985年9月在“巴山”号游轮上召开了一次在我国经济体制改革史上著名的宏观经济管理国际研讨会。这次研讨会是经国务院批准，由中国经济体制改革研究会、中国社会科学院和世界银行（世界银行驻京办事处具体负责）共同举办的。这是在中国经济体制改革的一个转折时刻所举行的一次重要会议，也就是人们通常所说的“巴山轮会议”。会议从9月2日“巴山”号游轮自重庆起航时开始，至9月7日到达武汉时结束，历时6天。这次会议被誉为“探索经济体制改革和加强宏观经济管理的一次高级研讨班”。国家高层领导很重视这个会议，开会之前，当时的国务院主要领导还在中南海会见了部分国内外的参会专家。

图19-1　湖北长江三峡，“巴山”号游轮，摄于1997年7月

与会的国外专家是由世界银行的林重庚先生出面邀请来的。这些专家都有丰富的经验，并且在各自的相关领域具有代表性。例如，诺贝尔经济学奖得主詹姆斯·托宾（James Tobin）对非集中性经济的宏观调控及其手段具有广泛而深入的研究。亚诺什·科尔奈（Janos Kornai）和弗·布鲁斯（Virlyn W. Brus）则对传统社会主义计划经济的弊病以及如何从计划经济向市场经济过渡的问题具有独到的见解。阿莱克·凯恩克劳斯（Alexander Cairncross）不仅对发达市场经济体系的宏观管理具有丰富的经验，而且对英国在“二战”以后从战时的硬控制经济到和平时期的软控制经济的过渡具有可供借鉴的经验。奥特玛·埃明格尔（Otmar Emminger）则对战后德国在经济复兴中如何通过货币政策实行宏观经济调控具有独特的经验。其他外国专家，如南斯拉夫的亚历山大·拜特（Aleksander Bait）、美国的里罗尔·琼斯（Leroy Jones）、法国的米歇尔·阿尔伯特（Michel Albert）和日本的小林实，也都在经济研究或经济决策方面具有丰富的经验。

与会的国内专家主要是来自政府决策部门的经济工作者和来自研究部门的经济理论工作者。在他们中，既有像薛暮桥、安志文、马洪这样老一辈的经济学家，也有像刘国光、高尚全、吴敬琏这样的中年经济学家，还有像郭树清、楼继伟这样年轻的经济学家。可见，这次会议的与会人员基本上是由三部分人构成的：来自中国

图19-2　1985年巴山轮会议期间国家体改委副主任高尚全与英国前经济部部长坎·克洛斯教授交流，左二为世界银行驻中国首席代表林重庚，右一为高尚全，右二为坎·克洛斯

的经济学家，包括经济决策者和经济理论工作者；来自东欧的或对东欧的改革富有经验的经济学家；来自西方的经济学家，特别是对市场经济的宏观管理和经济转型富有经验的经济学家。从与会人员的组成上可以看出，到了20世纪80年代中期，中国的经济改革不能仅仅吸取东欧的经验，停留于在中央计划经济的框架下引入市场机制，而是要进一步吸取对市场经济进行宏观管理的经验以及如何从计划经济向市场经济转型的经验。换言之，与会人员的组成同上述经济转型出现转折是密切联系在一起的。在介绍会议的内容以前，我想从当时所处的背景谈起。

1984年10月举行的中共十二届三中全会通过了《中共中央关于经济体制改革的决定》，提出了“有计划商品经济”的改革方向。我认为，这是中国在从计划经济向市场经济转型过程中迈出了关键性的或转折性的一步。尽管在表述上同后来的“国家调控市场，市场引导企业”（1987年）和“社会主义市场经济”（1992年）仍然有所区别，但是，既然从总体上确立了商品经济或市场经济作为改革的目标，那就为广大经济工作者和经济理论工作者提供了一个讨论如何走上市场经济之路的广阔空间。这是1985年能够举行巴山轮会议的重要背景。试想，如果当时还处在强调计划经济为主的情况下，能够举办这样的研讨会吗？

以上所说的是巴山轮会议的经济转型背景，或称为“大背景”。应该说，巴山轮会议还面临着一个1984年下半年至1985年上半年所出现的经济过热的背景，或称“小背景”。无论是薛暮桥在会议的开幕辞中，还是刘国光和我在为会议提供的文章中，都谈到了当时出现的经济过热问题，诸如经济增长过快、投资过度、消费膨胀、信贷失控等。这些问题说明，在经济改革的重点从农村转向城市的情况下，在经济从直接控制转向间接控制的过程中，对宏观调控提出了很高的要求，需要请各方专家来进行会诊。

巴山轮会议讨论的问题很多，根据我的回忆，主要讨论了以下几个问题。

首先，会议讨论了经济体制改革的目标问题。科尔奈教授在研讨会专题发言的一开始就对改革的目标模式提出了自己的看法。他把宏观经济管理中的经济协调机制分为两种类型，一种是行政协调机制，一种是市场协调机制。在上述两种协调机制中，每一种类型又有两种具体形态。行政协调分为直接的行政协调和间接的行政协调；市场协调分为没有宏观控制的市场协调和有宏观控制的市场协调。科尔奈教授认为，真正有效的改革应当把有宏观控制的市场协调作为目标模式。科尔奈教授在对四种模式做了简单的描述以后指出，没有宏观控制的市场协调的特点是在取消了行政指令性控制以后，并没有发展起新的宏观调控系统，经济过程完全受市场机制自发地和盲目地调节和引导。这种模式并不可取，而且，作为一个国家，这种模式在实际经济生活中是不存在的。在改革过程中，从直接的行政协调模式走出来以后，往往会走到间接的行政协调模式。他说，走到间接的行政协调模式，作为一种过渡是可以的，但也存在着在间接的行政协调模式上停留下来的危险。因此，他认为，中国的改革应该坚持不懈，即使需要经过间接的行政协调模式，也千万不要忘记有宏观控制的市场协调这个真正的目标模式。他认为，在间接的行政协调模式中，企业有双重依赖，即横向依赖和纵向倚赖。横向依赖是对买方和卖方的依赖，纵向依赖是对上级权力机构的依赖。其中，纵向依赖占主导地位。形象地说，企业领导人有两只眼睛，一只盯着上级主管机关，一只盯着市场，甚至一只半眼睛盯着上级，即主要是看上级的意图行事。

与会的专家大都沿用科尔奈教授的划分进行讨论，而且原则上也同意以有宏观控制的市场协调模式作为改革的目标。布鲁斯还对中国经济改革的起点提出了自己的独到见解。他说，中国经济改革起点不是直接的行政协调，甚至可以说是半个直接的行政协调。例如，中国的经济改革之初，没有劳动力市场，这是同东欧国家不同的。据此，他进一步说，中国的经济改革从半个直接的行政协调到有宏观控制的市场协调“是一次真正的长征”。

其次，会议还讨论了体制转换的方式和渐进方式下的双重体制问题。在巴山轮会议以前，国内外经济学界已经对体制转换的方式问题进行了一定程度的讨论。有人主张一揽子的方式，有人则主张渐进的方式。经过巴山轮会议的讨论，大家普遍认为，渐进的方式是适合中国的实际情况的：第一，根据中国的基本国情（经济落后、二元结构、幅员辽阔、发展不平衡、改革的起点低等），中国的经济改革需要有一段较长的转换时间。第二，根据6年多来改革的初步经验，改革不可能一蹴而就，只能采取逐步推进的方式。例如，从农村的改革推进到城市的改革，从运行机制的改革推进到所有制的改革，从沿海地区的改革发展到内陆的改革，等等。第三，不能把改革的两种方式绝对对立起来，不能把一揽子的方式看成只是在某年某月某日实行全面配套的改革，而把渐进的方式看成是旷日持久的和枝枝节节、碰碰撞撞的改革。

凯恩克劳斯说，改革如果要一揽子进行，必须有总供给和总需求比较平衡的前提条件，但进行改革的国家开始时往往不具备这样的条件，因此改革应该一步一步地走，采取渐进的逐步过渡的办法。他介绍说，英国在第二次世界大战时期的经济所采取的控制形式，同社会主义计划经济的控制形式有许多类似之处。英国战后从硬控制型经济（以控制各项实物的供给为主的经济）过渡到软控制型经济（以控制总需求为主的经济），也是一个渐进的过程，大约花了10年的时间，其中对外汇的控制一直延续到1979年才取消。在改革采取逐步推进方式的情况下，双重体制在一个时期内并存的局面就不可避免。我国的改革，特别是中共十二届三中全会以后开展的以城市改革为重点的全面经济体制改革，已经自觉或不自觉地走上了新老双重体制并存的轨道。其中，同一产品的双重价格体制是整个双重体制的集中表现——同一种产品，计划内实行较低的计划价格，计划外则实行较高的市场价格。

在研讨会上，国内外的经济学家对双重体制的利弊做了观点几乎一致的分析。大家都认为，实行双轨过渡是为了避免改革中的大震荡，但双重体制的并存也必然带来摩擦和紊乱，因此双重体制并存的局面不能持续太久。正如布鲁斯所说的，从配给体制向商品体制过渡时，其他社会主义国家在消费品方面实行过双重价格，但中国在生产资料方面也实行双重价格，这可能是一项有益的发明创造。它是从旧体制进入新体制的桥梁，借助于这一桥梁，可以从行政的、官定的价格体系比较平稳地过渡到市场价格体系。但由于双重价格具有明显的消极面，因此持续的时间不能太久。在讨论中，国内外的经济学家都认为，双重体制下的宏观管理比旧体制下的宏观管理或新体制下的宏观管理都要复杂得多，这是对改革者提出的严重挑战。

最后，会议还讨论了实行间接调控的主要手段。与会专家认为，要实现有宏观控制的市场协调模式，必须在松开国家对企业微观经济活动的直接控制的同时，加强间接调控。直接控制的特点是对实物资源进行从上到下的行政性直接配置。那么，间接控制的重点和手段是什么呢？托宾教授认为，宏观经济管理的目标有三个：一是维持总需求和总供给的平衡；二是保持物价总水平的稳定；三是维持国家对外经济关系的稳定。三者之中第一条，即维持总需求和总供给的平衡是主要的。由于对总供给难以实行集中管理，所以，宏观经济管理的重点是对总需求的调节。

以控制总需求为重点的间接调控主要有下面四种手段：

一是财政政策。有的学者指出，一谈到间接的宏观调控，人们往往强调货币政策，但应该看到，财政预算才是控制总需求稳定的基础。在保持财政预算平衡的前提下，是实行略有盈余的预算好，还是实行略有赤字的预算好，则要根据具体情况进行具体分析。当总需求超过总供给，产生通货膨胀的压力时，应该采取紧缩的财政政策，实行盈余预算；反之，当总需求不足时，应该采取扩张的财政政策，实行赤字预算。财政政策从两个方面影响总需求：一方面是调节政府自己对商品和劳务的需求，即调节政府的支出；另一方面是通过税收和补贴调节企业和个人的支出。在需求不足时通过增加财政支出、减少税收、增加补贴来刺激经济的发展；在需求过度时通过紧缩政府开支、增加税收、减少补贴来控制总需求，实现预算的平衡。

二是货币政策。与会的外国专家介绍了西方国家运用货币政策进行间接的宏观调控的经验，也对中国遇到的实际问题进行了分析。埃明格尔和托宾介绍说，西方国家运用货币政策的核心是控制货币的总供应量。专家们认为，要使利率发挥杠杆作用，就必须使名义利率高于通货膨胀率，否则，在实际利率为负的情况下，人们将不愿意存款，而贷款者则会滥用借来的钱。与会专家普遍认为，根据中国当时的实际情况，银行利率和存款准备金制度等间接调控手段都还未能发挥有效的作用。

因此，托宾和埃明格尔都认为，中国用信贷投放总额代替货币供应总量作为控制总需求膨胀的指标可能更为现实。与会的专家们还讨论了财政政策和货币政策如何搭配的问题。

三是收入政策。与会的专家们对于如何运用收入政策对工资（和奖金等）的增长进行控制也进行了热烈的讨论。大家普遍认为，控制工资增长是战胜成本推动型通货膨胀的有效武器。托宾指出，最有效的财政政策和货币政策也只能对付需求拉动型的通货膨胀，而战胜成本推动型通货膨胀的武器是个人收入分配政策，中国在改革过程中决不能放弃对工资增长的控制。与会专家们还对工资增长率同劳动生产率增长率、通货膨胀率的关系进行了讨论。埃明格尔甚至认为，中国面临的是通货膨胀、需求过度、外贸逆差、建设资金不足等情况，工资增长率不但不应该超过而且应该略低于劳动生产率增长率。

四是国际收支政策。控制对外经济关系，实现国际收支平衡，是宏观经济管理的一个重要方面。布鲁斯说，控制对外经济关系，并不是要国家垄断对外贸易，而是要使国家保持应有的支付能力，在经济独立自主的基础上使外国的经济变动不至于自动地和全面地引起国内经济的变化，而是经过国家评价和过滤后，有选择地把国外的先进技术和管理经验引进来，做到为我所用。凯恩克劳斯介绍英国的经验时说，像英国这样一个国际金融中心，也是直到1979年才废除对外汇的控制。他们都认为，在一段相当长的时间内，中国都还不具备放弃外汇控制的条件，都不可能实现外汇的自由兑换。

会议还讨论了实行间接调控的重要条件。与会专家们认为，实行间接调控的重要条件可以概括为以下几条：

一是硬化企业的预算约束。在研讨中，国内外的专家一致认为，企业的预算软约束是传统的社会主义计划经济下宏观经济和微观经济关系中的一个严重弊端。在预算软约束的情况下，企业不可能实现真正的自负盈亏。当企业遇到入不敷出的困难时，往往可以通过软价格、软补贴、软税收、软信贷等途径从国家处得到补偿或把自身的困难转嫁出去。如果这种预算软约束的条件不改变，国家的上述各种调控手段，包括税率、利率、汇率等都不可能促使企业做出灵活的反应，努力改善自身的经营管理，提高企业的经济效益。只有硬化企业的预算约束，才能使企业把两只眼睛都盯住市场，在市场竞争的压力下改善经营管理，提高效率；也只有这样，上述间接调控的各种手段才能起到应有的作用。

二是培育市场体系。专家们一致认为，实行有效的宏观经济间接管理的另一个重要条件是要有一个比较完善的市场体系，特别是要有一个比较健全的商品市场和资金市场。

首先要全面开放商品市场，包括消费品市场和生产资料市场。专家们指出，对产品实行实物供给的办法，只有在战争时期是可以接受的。在和平时期，不应该依靠组织实物供给。如果和平时期继续运用实物供给的办法，就会排斥市场机制的作用和阻碍竞争，使经济的发展失去动力，从而付出昂贵的代价。过去中国在生产资料不是商品的理论指导下，商品市场仅限于消费品，而对生产资料一直实行实物调拨的办法。这种办法应该随着指令性计划的逐步取消而相应地逐步取消。

其次要开放要素市场。专家们认为，没有一个正常的要素市场，特别是资金市场，就不可能有一个正常的商品市场。外国的专家们当时考虑到中国对私人持有股票还存在着种种疑虑，因此建议先建立债券市场。托宾指出，在国内可以建立一个非货币的政府债券市场，使人们能够在政府债券和银行存款之间进行选择。专家们认为，开放要素市场中的一个突出问题是培育劳动力市场，中国应该在这方面迎头赶上。

三是积极果断地进行价格改革。一个合理的价格体系是实行间接调控的必要条件。而且，要硬化企业的预算约束和完善市场体系也要求有一个合理的价格体系。科尔奈指出，在传统的计划经济体制下，由于价格不存在或价格信号微弱，所以形成了短缺经济。凯恩克劳斯在给会议提供的文章中也指出，短缺是价格的函数。因此要解决短缺问题，也必须进行价格改革。专家们认为，应当在控制总需求的基础上积极地和果断地进行价格改革，改变价格形成机制（从行政价格改变为市场价格），逐步地建立起一个比较完善的市场价格体系。而所谓市场价格体系，除了一般所说的商品价格以外，还包括资金价格（利率）、劳动价格（工资）和外汇价格（汇率）。只有当这些价格都实现市场化以后，才能说建立了一个比较合理的价格体系。除此之外，专家们还认为，实行所有制的多样化和建立健全经济信息和经济监督系统也是实行间接调控的重要条件。

巴山轮会议已经过去了30多年。这次会议关于我国经济改革的目标以及如何进行宏观经济管理的讨论无疑对我国的经济改革和经济管理具有重要的借鉴意义。尽管1987年党的十三大提出的“国家调控市场、市场引导企业”和1992年党的十四大提出的“社会主义市场经济”是中国人自己探索的结果，但巴山轮会议的研讨成果对中国经济改革目标的探索无疑也具有一定的启示。30多年来，我国的改革已经取得了举世瞩目的成就，但还不能说改革已经完成。现在回顾巴山轮会议是为了推动改革的进一步深化，把改革进行到底。

洪虎

国家体改委实际是巴山轮会议的主办单位之一，又是会务的唯一承办单位。当时，为什么没有以国家体改委，而是以中国经济体制改革研究会名义出面，是因为国家体改委是国务院的组成部门，会议涉及的一些经济体制改革议题十分敏感，不方便以国家机关名义出面。

巴山轮会议是1985年召开的，那时候国家体改委刚刚成立3年，可以说是第一次组织这样大型的国际研讨活动。我当时是秘书长，分管机关外事工作。国家体改委没有独立的外事机构，只在办公厅下设了一个外事办公室，工作人员就2人。会议的会务工作主要靠业务司的参会工作人员协助办理，大家都没有经验。组织这次会议有几件事令我印象很深刻：第一，会务工作很复杂，筹备涉及很多细节问题。巴山轮会议的参会者来自国内外，会议活动主要在船上进行，航程6天，还有多次组织登白帝城、游小三峡、参观三峡大坝等离船上岸的活动，整个活动的组织过程十分复杂。外宾除林重庚、琼斯、小林实等，其他都是携夫人参会的。在船上，除了要组织有关会议内容的研讨活动，还要组织外宾夫人们的活动。外宾夫人们在船上的主要活动，就是看一些介绍沿途景点的风光纪录片。除此之外，还要组织她们上岸参观沿途的景点，如张飞庙等，或者带她们逛小商品市场，参观制造工艺品的作坊，采购一些小商品等。由于沿岸山高路陡，她们中有的年岁较大，行动不便，要事先准备滑竿，帮着抬一抬，这些都要事先安排好，重点对象还要有专人陪同。由于船位有限，为保证尽可能多的人员参会，就要压缩上船的工作人员。工作人员少，面临的任务多，需要发动群众，把国内参会单位的年轻人组织起来参与服务。国外来宾，不同地方的人生活习惯不尽相同，都要考虑周到。还有，上船下船是比较麻烦的事，在重庆登船和在武汉下船都需要衔接好。从北京坐飞机到达重庆后，在机场就分两部分按不同路线参观公社，逛小商品市场，晚上登船。到武汉后，外宾又分别要从广州、上海、北京三处出境，要衔接好航班班次，并与相关地方的外事部门联系，然后由他们协助我们从这三个口岸送走外宾，这就导致会务组织工作比较复杂。会议之所以能顺利举办，是得益于各部门、各地方的支持和协助。

第二，另一个比较难的问题，现在回忆起来就是如何给这些国内外的专家安排礼宾次序。因为学术研讨会礼宾次序没有参照标准排，如何安排座次成了一个难题。比如，安排谁在首位，来的很多人都声名显赫，在国际上影响都很大，而且外宾来自不同国家，各自研究领域不同，那么把谁排在第一位呢？经过多次讨论，最后确定按年龄的顺序排位，然后不同的活动让外宾轮流坐主位。当时参会的国外专家年龄最大的是英国牛津大学教授、格拉斯哥大学名誉校长阿莱克·凯恩克劳斯爵士，然后是联邦德国证券抵押银行抵押理事长奥特玛·埃明格尔。这种做法，大部分人都没有异议。但是，我记得当时有一个外宾提出了异议，他说我们中国人特别看重年龄顺序，他认为应该按贡献来排顺序，我给他解释了，贡献大小没有统一标准来衡量，而且我们活动首席的座次是轮换的，几乎都照顾到了，这样他也没有意见了。

第三，国外的专家发言，我们的代表又要提问，这就涉及会议的翻译工作。我认为，国际研讨会，特别是语种不同、专业范围较宽的会议，保证其质量最关键的环节是翻译。巴山轮会议讨论的问题涉及专业范围很广泛，这就为翻译增加了难度。当时会议翻译组，组长是李森，成员有联合国同声译员班的李青源，中国人民银行的杨京平，财政部的赵晓宇等。现场根据讨论主题的不同，安排不同的翻译

图19-3　1985年巴山轮会议全体与会人员在甲板上合影

人员翻译。但实际上每次活动不可能只集中讨论一个问题，会出现各种问题交叉讨论的情况，所以就会临时换翻译。由于金融专业的术语很难翻译，其他人很难代替，因此杨京平出场次数就比较多，非常累。在这次会议中，林重庚先生在翻译问题上起了很好的作用，他汉语比较好，经济专业方面的知识比较广，他有时候会帮助翻译一段，有时候还会纠正其他翻译人员不准确的译文。会议开得成功与翻译有很大关系。

这次规模很大的国际研讨会，是我第一次负责牵头组织会务工作的大型涉外活动，对我而言既是一次难得的工作历练，又让我学习了很多过去不了解的经济学知识。

20.《中共中央关于经济体制改革的决定》是如何产生的

党的十二届三中全会审议通过的《中共中央关于经济体制改革的决定》明确指出，我国的社会主义经济是在公有制基础上的有计划的商品经济，阐明了加快以城市为重点的整个经济体制改革的必要性、紧迫性，规定了改革的方向、性质、任务和各项基本方针政策，是指导我国经济体制改革的纲领性文件。

口述者：高尚全（原国家体改委副主任，参与起草时任国家体改研究所所长）

谢明干（时任国务院工业交通领导小组调研室干部，国家经委经济综合局副局长，国家物资部政策研究司司长兼新闻发言人）

高尚全

1984年10月20日，党的十二届三中全会审议通过了《中共中央关于经济体制改革的决定》（以下简称《决定》），这是指导我国经济体制全面改革的纲领性文件，指出了改革的基本任务是从根本上改变束缚生产力发展的经济体制，建立起具有中国特色的、充满生机和活力的社会主义经济体制。

《决定》的酝酿

党的十一届三中全会以后，我国农业取得连年增产，农产品日渐丰富，需要有通畅的市场和销售渠道，农业对生产资料的需求也日渐旺盛。而城市改革虽然也有了一定的进展，但总体上却仍然沿袭着计划体制运转，存在着严重的弊病。

第一个弊病是，政企不分。中央和地方政府的经济部门直接管理企业的生产经营活动，企业失去了自主权，严重抑制了企业的生产积极性。

第二个弊病是，条块分割。把完整的国民经济分割成众多的部门所有制和地区所有制，造成了部门壁垒、地区封锁，限制了地区之间、部门之间的横向联系，影响了行业之间、企业之间的专业化协作，使企业的生产能力不能充分合理地发挥。各部门之间相互扯皮，权力最大化、责任最小化，造成大量物质和时间上的浪费。

第三个弊病是，单纯靠行政手段和指令性计划来管理经济，主要不是商品生产、价格规律和市场在起作用，使企业缺乏竞争力和应变能力。

第四个弊病是，分配中的平均主义很严重。分配没有真正体现按劳分配的原则，挫伤了职工的积极性、主动性和创造性，整个成为“大锅饭”，使社会主义经济失去了活力，严重地束缚了社会生产力的发展，影响了社会主义制度优越性的发挥。

1982年9月召开的党的十二大，明确提出了有系统地进行经济体制改革的任务，并且指出这是坚持社会主义道路、实现社会主义现代化的重要保证。党的十二大报告提出，允许对部分产品的生产和流通不做计划，由市场来调节，是从属的、次要的，但又是必需的、有益的。在计划管理上也根据需要采取指令性计划和指导性计划两种不同的形式。十二大报告还指出，无论是实行指令性计划还是指导性计划，都要力求符合客观实际，经常研究市场供需状况的变化，自觉利用价值规律，运用价格、税收、信贷等经济杠杆指导企业实行国家计划的要求，给企业不同程度的机动权，这样才能使计划在执行中及时得到必要的补充和完善。虽然十二大的提法仍然是以计划经济为主，虽然市场只是作为补充，但这是第一次在党的文件中提到“市场”，第一次提出了指令性计划和指导性计划的划分，撕开了传统计划体制的口子，为下一步突破奠定了基础。

随后，城市经济体制改革的步伐开始加快，尤其是1984年以后，随着国民经济形势的进一步好转，经济工作的中心逐步由调整转向改革，改革的重点也逐步由农村转向城市。党中央和国务院在当时针对改革的进程作出了一系列重要决策和指示，以城市为重点的整个经济体制改革步伐进一步加快，改革范围进一步扩大，整个改革形势酝酿着一次战略性的突破。

在这样的改革形势下，1984年党的十二届三中全会前夕，邓小平同志在谈到十二届三中全会的中心议题时说，最理想的方案是通过一个改革文件。十一届三中全会在政治上、经济上都起了很多的作用，这次三中全会能否搞一个改革文件?这个文件将对全党起巨大的作用。就搞这个文件，别的就不搞了。

《决定》起草的过程

根据邓小平同志的意见，中央成立了文件起草领导小组。从1984年5月开始，组织了一些同志对文件的起草进行研究和酝酿。

1984年6月9日，胡耀邦、万里、胡启立、田纪云等同志谈了对加快经济改革文件的一些意见。参加会议的还有王兆国、周杰、安志文、廖季立、郑必坚、袁木等同志。

此后，中央又找了有关省市和部门领导进行了座谈和讨论。在北戴河会议以后，进一步调整和充实了文件起草的力量。在起草《决定》第五稿后，草稿下发中央各个部门，各个省、自治区、直辖市征求意见，各个部门和地方都认真进行了讨论，并提出了修改意见。比如说当时国家体改委提出，文件在讲到过去的经济模式时，必须明确它是限制商品经济发展、排斥价值规律的。在讲到改革要建立新的模式的时候，应当明确提出我们的经济是社会主义商品经济，是建立在公有制基础上的有计划的商品经济。

1984年7月，马洪组织社科院工经所的周叔莲和财贸所的张卓元起草了《关于社会主义制度下我国商品经济的再探索》这篇文章。文章初稿完成后，分送中共中央、国务院领导同志和几位老同志看。几位老同志都同意马洪论述的观点。《关于社会主义制度下我国商品经济的再探索》一文从四个方面论述了为什么要把承认社会主义经济是商品经济作为搞活经济，推动社会生产力迅速发展的基础和前提：第一，只有承认社会主义的商品经济属性，才能把我们的经济工作真正转移到以提高经济效益为中心的轨道上来。第二，只有承认社会主义的商品经济属性，才能完满地实现中央关于经济改革的各项决策，完善社会主义的经济机制。第三，承认社会主义的商品经济属性，有助于大大改善我国的计划工作，加强国家对整个国民经济的计划指导，取得更大的宏观经济效益。第四，承认社会主义的商品经济属性，也是我国实行对外开放方针的一个理论依据，同时也是保证我国社会主义企业能够实行这一方针，参与国际竞争的一个理论前提。9月，在中央征求对经济体制改革决定的意见时，马洪提出在《决定》中要肯定“社会主义是有计划的商品经济”这个论述。

解放军报
JIEFANGJUN BAO
党的十二届三中全会发表公报 号召全党全军全国各族人民
以充分信心和勇气 努力夺取改革的全面胜利
全会一致通过《中共中央关于经济体制改革的决定》，这是指导我国经济体制改革的纲领性文件
全会决定于明年九月召开党的全国代表会议
中央政治局常委胡耀邦、邓小平、赵紫阳、李先念、陈云同志主持会议
关于召开党的全国代表会议的决定
中共十二届三中全会一九八四年十月二十日通过
中共中央关于经济体制改革的决定
中共十二届三中全会一九八四年十月二十日通过
一、改革是当前我国形势发展的迫切需要
二、改革是为了建立充满生机的社会主义经济体制

图20-1 1984年10月21日，《解放军报》刊登党的十二届三中全会一致通过《中共中央关于经济体制改革的决定》的消息，标题为《以充分信心和勇气 努力夺取改革的全面胜利》

9月7日，我向中央提出对经济体制改革几个理论问题的看法，主要观点是：

当前的经济体制改革要求在理论上有一个关键性的突破，这就是要明确提出“社会主义商品经济”的概念。现在，明确提出这个问题的条件已经成熟了。

第一，商品经济是社会经济发展的一个必经阶段。

商品经济和资本主义制度并无必然联系，商品经济并不是资本主义特有范畴。一些同志担心承认商品经济会把社会主义制度和资本主义制度归为一类，这是不必要的。因为社会主义商品经济是在生产资料公有制的条件下发展的，同资本主义商品经济有着本质的区别。商品经济与计划经济也不是对立的，而且商品经济越发达说明生产的社会化程度越高，越需要宏观计划的指导。在这方面，社会主义制度比资本主义制度优越得多。社会主义商品经济可以比资本主义商品经济更迅速、更健康、更有效率地发展。

第二，从实践经验看，苏联新经济政策时期靠发展商品经济渡过了危机。

我们30多年来经济工作的成功和失败，大都同商品经济和价值规律的认识有关。事实表明，什么时候我们注意发展商品经济，什么时候就繁荣，哪个地方能放手搞商品经济，哪个地方就有活力，就富得快。可以说只有社会主义才能救中国，而只有发展商品经济才能富中国。

第三，我们不提商品经济，逻辑上也讲不通。

因为我们承认商品生产，承认商品交换，而商品生产加商品交换还不是商品经济吗?长期以来，我们只有生产观念，缺乏经营观念。在理论上提出商品经济，就把经营包括进去了，有利于在实践中搞活经济，提高社会经济效益。另外，中央一号文件写了农村要大力发展商品经济，那么城市不发展商品经济是不可想象的。

我们的经济体制搬用了苏联的模式，而苏联模式的根本问题在于限制商品经济、忽视价值规律的作用。斯大林的《苏联社会主义经济问题》在这个问题上开了一个口子，但很不彻底。如果我们现在明确提出“社会主义商品经济”的概念，在理论上对原有模式就是一个突破，它具有重大的意义。这一概念应称为中国式社会主义道路的一大理论支柱。我们的经济体制，正是要为迅速发展社会主义商品经济扫清道路。

9月10日，国务院总理给中央常委写信，提出了关于经济体制改革的3点意见，指出中国式的计划经济，应当是自觉依据并运用价值规律的计划经济，“计划第一、价值规律第二”这一表述并不确切，今后不宜继续沿用；对价格改革问题，指出理顺经济的主要标志是建立合理的价格体系，将来的趋势很可能是国家定价的范围逐步缩小，放开的比重逐步扩大，国家规定的价格通过调整逐步向市场价格靠拢，国家领导经济的职能问题，近期改革的主要内容是政企分开。邓小平同志对这一文件批示：我赞成。这个文件可印发三中全会，连同体制改革的决定，一并讨论。9月13日，陈云同志复信指出，这三个问题，都是当前我国经济工作面临的重要问题，也是对这几年城市经济改革经验的总结。他表示完全同意并指出：关于计划体制，合乎我国目前的实际情况；关于价格改革，现在确实是有利时机，应当稳步进行。关于政企分开，这样做很必要。9月15日，李先念在复信中表示："你关于经济体制改革中三个问题的意见很好，概括了这几年改革的经验，提出了今后改革的方向和原则，我都同意。"

9月11日，中共中央委员和候补委员、中顾委委员、中纪委委员，中央各部门的主要负责同志，各省、自治区、直辖市和各大军区常委及有关负责同志，以及二十六个大企业党委常委的同志，共约1500多人，都认真讨论了《中共中央关于经济体制改革的决定》(征求意见稿)，使同志们加强了对经济体制改革，特别是城市经济体制改革的必要性、紧迫性的认识，同时把原稿第四部分"改革计划体制，自觉运用价值规律"的标题改为"建立自觉运用价值规律的计划体制，发展社会主义商品经济"。

参加讨论的同志，普遍认为《决定》(征求意见稿)科学地总结了新中国成立以来经济建设和近几年城乡改革的经验，吸取了社会主义各国改革经济体制的有益东西，指出了我国现行经济体制的主要弊端，规定了这次经济体制改革的性质、任务方针、基本政策和重要措施，从理论和实践的结合上回答了一系列重大问题。它充分反映了全党和全国各族人民的共同愿望，反映了我国"四化"建设和实际工作发展的客观要求。同时，参与讨论的同志也提出了许多好的修改意见。

9月15日，国家体改委讨论了中央《决定》（征求意见稿）并形成了意见。在起草过程中，我提出，改革就是要为迅速发展社会主义商品经济扫清道路。从我们改革试点的实践经验来看，什么时候我们比较注意发展商品经济了，什么时候经济就比较繁荣。哪个地方重视商品生产了，哪个地方经济就比较有活力。这是我经过多次调查得出的结论。包括广东，就是因为先搞了商品经济，才有了活力，老百姓的日子就比较好过。所以可以这样总结，在"只有社会主义可以救中国"这句话之外，还要加上一句"只有发展商品经济才能富中国"。但是，我的意见提出来以后，起草小组就有人不赞成把商品经济写入《决定》。主要担心什么呢?害怕社会主义跟资本主义混同起来，怕变成资本主义。我认为，这种担心是没有必要的，为什么呢?第一，社会主义商品经济是在生产资料公有制为主体的条件下发展的，和资本主义是有区别的；第二，商品经济和计划经济并不是对立的，商品经济越发达，生产的社会化程度越高，就越需要在宏观上加以指导。我虽然多次建议在《决定》(征求意见稿)中写上“商品经济”的概念并阐明上述理由，但是反对的同志认为最多只能写上“商品生产”和“商品交换”。尽管反对的声音不小，持反对意见的同志的级别也比我高，但我坚持认为，既然有商品生产和商品交换，就必然有商品经济，所以写上是不会错的。在商品经济概念多次被否定的情况下，我建议以中国体改研究会和中国体改所的名义召开一次理论研讨会。1984 年9月初，在北京西苑饭店召开了关于社会主义商品经济的理论研讨会议。有近20位专家学者参加了会议。在会上，我首先提出，应明确提出社会主义商品经济的概念，这是当前改革要求在理论上的一个关键性突破。经过大家的讨论，会议很快就取得共识，提出了一些突破性观点：“商品经济是个必然的途径，和资本主义制度并无必然联系，不是资本主义的特有范畴”“商品经济是社会主义经济发展的一个必经阶段”“商品经济同计划经济不是对立的”。另外，我们也讨论了另一个问题，就是过去十二大提出“计划经济为主，市场调节为辅”提法问题。为什么提出要以计划经济为主呢?因为计划经济是社会主义的制度，是必须要坚持的，市场调节只能作为辅助作用。一个是社会制度，一个是手段和方法，这两个概念是不对称的。要么计划经济与市场经济，要么计划调节与市场调节，要么计划与市场，我们把讨论的结果给中央写了报告，时任总理阅后批示给起草小组，并说马洪同志也有这个意见。

9月19日，胡耀邦同志同起草小组座谈了如何进一步修改好《决定》(征求意见稿)的问题。根据中央领导同志的提示和大家讨论的意见，文件起草小组对《决定》(征求意见稿)又作了一次修改。

在《决定》起草过程中，党中央和国务院主要领导同志先后八次同起草小组的同志进行了座谈，共同修改《决定》。经过文件起草小组的反复修改，经过了中共中央全会的讨论修改，1984年10月20日，党的十二届三中全会正式通过了《中共中央关于经济体制改革的决定》。

《决定》共分十大部分，其内容结构突破了理论上的长期困扰，使全党全国人民拨云见日，中国的社会主义经济建设犹如明珠一颗，久被尘劳关锁，今朝尘尽光生，照破山河万朵。

《决定》的历史意义

《中共中央关于经济体制改革的决定》是专门的改革文件，一直以来，我都认为这份《决定》具有重大历史意义：

第一，《决定》回应了人民的愿望，顺应历史的潮流，阐明了加快以城市为重点的整个经济体制改革的必要性、重要性和紧迫性。

第二，《决定》为当时的改革探索指明了改革的原则方向，进一步确定了改革性质、目标、任务和基本蓝图。

第三，《决定》明确了增强企业活力是经济体制改革的中心环节，巩固了之前一系列城市经济体制改革的成果并指明了未来的工作重心。

第四，《决定》突破了长期以来的禁锢，要求尊重价值规律，并创造性地提出了“社会主义商品经济”“有计划的商品经济”这样的概念，回答了长期困扰社会主义改革前进的理论问题，为全面经济体制改革、大力发展社会主义商品经济提供了理论和政策依据，为我国的改革指明了方向。

第五，《决定》确定了价格改革的总体原则和思路，充分阐明价格形成体制改革的重要性。

第六，《决定》从政企职能分开的角度，提出了转变政府职能这个到目前为止仍然十分重要的改革命题，启动了转变政府职能这一长期的改革进程。

第七，吸收农村改革经验，打破平均主义，强调按劳分配原则，指明了实现共同富裕的路径，进一步激发了人民群众的主动性、积极性、创造性。

第八，《决定》要求积极发展多种所有制形式并扩大开放，为非公经济的逐步壮大和非公经济在社会主义经济体制内地位的逐步提高奠定了基础。

（本文节选自《中国改革开放四十年——回顾与思考》，人民出版社，2018年第1版，《写出了一个政治经济学的初稿——参与党的十二届三中全会〈中共中央关于经济体制改革的决定〉起草的回顾》）

文件起草的背景：大势所趋

谢明干

1984年10月举行的党的十二届三中全会，拉开了我国市场化改革的序幕，是中国经济发展史上一个很重要的里程碑。这次全会审议通过了《中共中央关于经济体制改革的决定》（以下简称《决定》）。我自始至终参加了《决定》的起草工作。《决定》可以说是“三顺”的产物：一是顺势而为，是客观形势的要求；二是顺应民心，应广大干部及群众的要求；三是顺理成章，水到渠成。

1984年，全国的两会是在5月份举行。2月份时，我从国家经委被借调出来参加当年政府工作报告的起草工作，起草小组组长是国务院研究室主任袁木。一直到4月份，两会还没有开，政府工作报告还没有最后定稿，袁木通知我，准备参加党的十二届三中全会文件的起草小组，两个起草小组的工作并行，人员不一样，吩咐我两边都兼顾。

背景

当时全国的形势是怎么样的呢？可以归纳为以下三个方面：第一，经济体制改革的大潮开始掀起来了，农村城市、农业工业都是一片热烈的改革气氛，急需有红头文件来指导与规范改革，回答改革实践中出现的各种各样的问题。党的十一届三中全会形成了一条新的思想路线，就是解放思想，实事求是，团结一致向前看，决定把全国的工作重点转移到四个现代化建设上来。但是怎么进行改革，党的十一届三中全会并没有具体回答这个问题。

当时改革首先从农村开始，把包干制从“地下”转到了“地上”，加上那时国家提高了粮食、棉花的收购价格，因而大大激发了广大农民的积极性。随着农村改革的展开和农村经济的发展，对城市改革提出更高、更迫切的要求，比如：要求城市能够疏通好城乡流通渠道，工业品要更多地下乡；农产品要顺利运出来，供应全国的统一市场；城市要更好地满足农村需要的生产资料和日用工业品，农业科技、文教卫生以及人才、资金要更多地下乡等，因而对城市有很大的触动。农村改革开始了，城市怎么办？我们当时说这是“农村包围城市”的形势，给城市施加了很大压力。城市一定要改革，不改不行了。

与此同时，城市也不是没有动静，一方面是农村改革的推动，另一方面是当时四川实行企业扩权试点，使得城市“战鼓频催”，不得不把改革提上重要议程。那几年，城市经过艰苦的探索，扩权试点，搞利润分成，搞盈亏包干，搞经济责任制，搞“利改税”，我们国家经委为此开了很多会议，发了很多文件，积累了不少经验和办法。那时我们还着手研究搞企业法，确立厂长负责制等。所有这些问题，都需要有红头文件来明确、指导。那时，其他方面的一些改革也在酝酿，比如，过去认为“一大二公”好，是“公”就先进，符合社会主义方向，后来批判了这个说法，“大”和“公”不见得就先进。又如，过去排斥私人企业、个体企业，后来慢慢放开了，私人企业、个体企业也可以发展了。再如，过去认为生产资料不是商品，“文革”以后，各个地方慢慢出现了一些生产资料市场，卖钢材啊，卖水泥等，过去都是不能随便卖的，全靠调拨。过去强调指令性计划是法律，一定要按照指令性计划办事，但后来慢慢出现一些指导性计划，还有一些是市场调节的，这就开始动摇了指令性计划的权威了。对外开放也慢慢出现了，开始搞几个特区，后来沿海、沿江也开放了，搞了14个沿海开放城市。其他方面的改革开放，也都慢慢出现了。可以说，当时的时势比人强，时势推着人走，不改不行啊！形势要求搞改革，迫切要求有红头文件。

第二，经过“文革”的折腾，一些高层领导人反思中华人民共和国成立以来的经验教训，开始意识到我们过去那种中央高度集中统一的经济体制的确不合理，经常在会议上、在谈话里批判这个体制，包括邓小平、陈云、李先念，还有王震、谷牧、万里等，这些人都在思考怎么改革。1978年9月，邓小平在东北视察的时候说：“我们要想一想，我们领导人民做了多少事情呢？太穷了，太落后了，老实说我们对不起人民。搞了20年还这么穷，那要社会主义干什么！”到党的十一届三中全会召开之前，他做了一次很重要的讲话，说最迫切的是扩大广大厂矿企业和生产队的自主权，要使每一个工厂和生产队能够发挥主动创造精神，也就是说要从体制上加以改革。

那时，要改革的声音几乎到处都有。但是要改革，首先就要弄清楚，我们这个经济究竟是计划经济还是商品经济？搞计划经济国家就要把所有事情（或大多数事情）都统起来，搞商品经济就要放开。1978年9月，李先念提出了要实行计划经济和市场经济相结合这个方法。1978年12月邓小平说，我们要承认有一定的市场调节，一定要搞市场调节。1979年陈云也说，我们要有两种经济，一种计划经济，一种市场经济，计划经济是基本的、主要的。后来他把这个思想概括成为“计划经济为主，市场调节为辅”这样一个说法，实际上就是肯定了不仅要有计划经济，还要有市场经济。这些在理论上、思想观念上是一个重大突破。

第三，当时理论界非常活跃，正面的、反面的，主张改革的、不同意改革的，纷纷自由发言。主流的思潮是要求扫除改革的障碍，端正改革的方向，把计划经济体制改为商品经济（市场经济）体制。其实，在二十世纪五六十年代，我国就有一些学者提出中国应该发展商品经济了，代表人物是中国社会科学院的顾准。但是那时他们一提出来，就被视为异己遭撤职、批斗、打压。“文革”以后，理论界纷纷冲破“两个凡是”的错误方针，肯定了实践是检验真理的唯一标准，对计划和市场的关系这个问题争论得十分激烈，开会、发言、写文章等等。

以后在许多会议上，主张搞商品经济的人就很多了，这里我就不一一罗列了。但是具体的说法不大一样，有的说社会主义经济是计划经济加上市场经济，既是计划经济又是市场经济；有的说是有计划的商品经济；有的说是公有制基础上的商品经济；等等。不管怎么说，他们都是肯定商品经济，但各有各的说法，前面加了不同的形容词。与此同时，反对改革的声浪也不小。他们的基本观点是市场经济等于资本主义经济，计划经济不能够跟市场经济结合，两者是对立的，不能兼容的。他们只同意讲商品生产、商品交换，不同意讲发展商品经济，认为你可以做买卖，但是不能说我们的经济就是商品经济，经济还是计划经济；只能够讲“计划经济为主，市场调节为辅”，不能够讲计划经济和市场经济相结合。只能够讲要加强指令性计划，不能够讲要缩小指令性计划的范围、扩大指导性计划的范围；等等。可见当时这正反两方面的主张都很活跃，争论得很激烈。

以上就是当时全国形势的三个方面，第一个是改革的形势大势所趋，急需红头文件；第二个是高层领导人思想趋向一致，要求开展全面的改革；第三个是理论界的主流是要改革，广大群众也在期盼改革。在这三个方面情况下，中央决定立即组织起草一份关于城市改革的文件，并在下半年举行的党的十二届三中全会上讨论通过后施行，以全面推动经济体制改革。

起草

起草小组正式成立，参加的人来自国家体改委、国家计委、国家经委、国务院研究室等部门。文件起草过程，现在回过头来看，是相当曲折的。大体上，整个过程可以分为以下两个阶段：

第一个阶段，主要是起草小组各抒己见，反复讨论修改，搞出了好几个版本的提纲。我们趁开两会之机，分别找了一些地方领导人来座谈，听取意见，其中有上海的胡立教、汪道涵，广东的梁灵光、李建安，江苏的汪冰石，四川的杨汝岱、何郝炬，安徽的黄璜、苏桦等，听取他们对形势的分析和对改革的看法。给我的印象是，地方的领导迫切要求搞一份改革文件，以利于他们更好地指导工作，及时解决发展与改革实践中不断出现的种种新问题。然后，我们又通知国务院一些部门一个个来座谈，这些部门有国家体改委、国家计委、商业部、科技部、人事部、教育部、物价局、国家经委等，请这些部门的代表谈谈在这种形势下，他们怎么跟上改革步伐，他们自己怎么改革。这一轮座谈下来，我总的印象是，地方的人反映很强烈，迫切要求加快改革；部门的人反映不大强烈，思想还比较滞后，看法零零碎碎的，更没有结合本部门的业务深入考虑如何开展改革，可以说他们基本上还没有动脑筋来搞改革，只是在等待和观察。

我们起草小组内部呢，人员来自好几个部门，看法也不大一致，有人赞成搞商品经济，有人不赞成，坚持“为主为辅”的主张。说实在的，那时候我所在的国家经委从上到下，思想比较解放，因为国家经委是管生产、管企业的，对生产的问题和企业的困难比较了解，我们深切感到改革已经刻不容缓，不改不行。在起草小组内，来自坚持改革开放的国家体改委的同志同我是“知音”。当时，上面领导还没有给我们一个明确的指导思想。所以在第一阶段，我们的工作实际上是在酝酿、摸索、交流看法，提纲翻来覆去，搞了七八稿，都觉得没有新意或突破，自己也很不满意，定不下来。

第二个阶段，到7月底8月初，党中央和国务院决定调整起草小组，从中央书记处研究室调来了副主任林涧青等五六位同志，加上小组里来自国家体改委、国家计委的同志和我，组成了新的起草小组，林涧青、袁木是负责人。调整以后的起草小组人员，我记得有来自中央书记处研究室的林涧青、郑必坚、林子力、王愈明、罗劲柏，来自国务院研究室的袁木，来自国家体改委的高尚全、杨启先，来自国家计委研究室的桂世镛，还有我，一共10个人。

然后，我们到北戴河，分别向当时在那里开会、休息的中央领导人汇报情况并听取他们的意见。我去拜访的领导人，第一个是万里，第二个是姚依林。我们把中央将要发布关于改革的决定的信息以及我们的来意和想法告诉他们，请他们提出意见。万里非常赞成，态度非常积极，表示对改革全力支持。他还讲到一些别的问题，在讲到农村时，他对目前农村里一些乌烟瘴气和干部欺压老百姓的现象非常愤慨，说新中国成立前农村不少小学老师是从外地请来教书的，住在地主家里，地主对他们都非常尊敬。而现在，有的民办小学老师却受到当地干部的欺负。说到这里，他激动地拍起了桌子。我们的情绪都受到了感染，这一幕给我留下了很深的印象。总的看来，当时多数领导人是赞成改革的，少数人有疑虑，主要是担心强调发展商品经济会导致资本主义。他们是出于“好心”，搞计划经济搞惯了嘛。在北戴河的时候，胡耀邦接见了我们起草小组的负责人，鼓励我们要勇于创新，说起草《决定》，一定要有突破，要有战略眼光，要站得高一些。但是他当时还没有讲具体应该怎么写。

我们在北戴河待了一个星期，除了找这些领导人征求意见以外，我还和两位同志去秦皇岛同当地一些搞经济工作的干部和企业领导人座谈。那个时候，理论界又活跃起来了。因为没有不透风的墙，他们知道起草小组内部也有争论，有的人态度犹犹豫豫，文稿一直写不出来。他们就开会、座谈，给中央送材料，介绍一些国家搞经济改革的经验，要求下决心搞市场化改革，在《决定》上明确社会主义经济应是商品经济，要大力发展商品经济。我们从北戴河回到北京以后又重新议论，重新修改提纲。有一次，胡耀邦亲自来到玉泉山和我们起草小组座谈，说了很多很有分量的话。我记得他说："社会主义不要贫穷，贫穷不是社会主义。'四人帮'说'宁愿要社会主义的草，不要资本主义的苗'，那就让他们喝西北风去吧。"又说："计划经济包揽一切，你能包揽得了吗？列宁讲过，完善的、无所不包的、真正的计划等于官僚主义的空想。""计划就是计划，就是预测，不是法律，不是非完成不可嘛。"他还讲要发展个体经济。那个时候安徽有个个体户生产"傻子瓜子"，生意红火，有人说要取缔他。胡耀邦说："你怕他什么呢？他现在不过是汪洋大海中的几个小岛，有什么可怕！他在社会主义海洋里面能翻起什么浪？"胡耀邦讲的这些话使我们受到了鼓舞和启发，后来我们都吸收到《决定》里面去了，例如：社会主义的本质不是贫穷，是要共同富裕；计划不是无所不包的，计划不是法律；应该扩大指导性计划的范围，应该有市场调节；发展个体经济有其必然性和必要性，它是社会主义经济的有益的必要的补充；等等。

整个起草文件工作的转折点，是起草小组当时给邓小平、李先念等写的一封信，题为《关于经济体制改革中三个问题的意见》。他们都表示同意，一个个画了圈。这样就给了我们起草小组一个明确的指导思想，就是承认社会主义经济是商品经济，不过前面要加上两个限制词："公有制基础上的""有计划的"。从此，我们起草小组的思想认识基本一致了，工作也就比较顺利了。就按照这个调子来写，接下来就只是修改、补充的问题了。这是我们起草小组工作的根本转折点，我们内部的不同意见最后都统一起来了。

10月8日，中央在怀仁堂召开政治局扩大会议，由胡耀邦主持，讨论我们起草的稿子，起草小组全体人员都列席。当时许多老同志也出席了。我记得有陈云、李先念、邓颖超、彭真、徐向前、聂荣臻、乌兰夫、陆定一、王震、薄一波、杨尚昆、习仲勋等。邓小平没有来，胡耀邦说他打了个电话来，说"稿子我看了，写得很好，政治局会议我就不参加了"。讨论时，陆定一第一个发言，表示同意，并对个别文字提出了修改意见。我们的稿子中说政企要分开，有领导同志问政企能分开吗，改为政企职责分开吧。我们认为企业的所有权和经营权要分开，在保留所有权的前提下可以把企业委托给别人经营，他们说所有权和经营权怎么分得开呢？改为所有权和经营权适当分开吧。后来我们觉得，基本原则就是要分开，同意分开就好，加上点限制词也无伤大雅。接着，陈云作了比较系统的发言，肯定了这份稿子对改革可能出现的问题已有比较周到的考虑，“是一个很好的文件，我完全拥护”；还指出，对改革中可能出现的消极现象，只要头脑清醒，物质文明同精神文明一起抓，是可以加以限制的。陈云发言后，薄一波、乔石、李先念、彭真、王震等先后表态，都同意将这份稿子提交给党的十二届三中全会审议。最后，会议原则上批准了这份稿子。

这次会上的争论说明，尽管当时通过了，但是实际上在认识上还是有不一致的地方，以致后来在实践中屡屡出现反复。政治局扩大会议通过《决定》初稿后，胡耀邦决定扩大范围讨论，更广泛地听取意见。在北京，组织了400人分10个组进行讨论，为期1周，每天讨论半天。在地方，由地方党委组织理论界人士和企业界负责人开会讨论。我参加的小组，杨尚昆当组长，萧劲光、袁宝华当副组长。袁宝华先让我把稿子从头到尾念了一遍，整个会场非常安静，大家都很专心地听。念完后全场热烈鼓掌，大多数都称赞和非常支持这份文件，没有提出原则性的不同意见，只有个别人对个别文字提出了修改意见。在此期间，我们广泛听取、收集各方面的意见，不断对稿子加以修改、润色。

通过

党的十二届三中全会，从10月13日到19日，先是阅读《决定》初稿和分组讨论，10月20日开大会，审议通过这份历史性文件。大会由胡耀邦主持，由一位播音员念了全稿。然后胡耀邦问大家有什么意见？并且说，陈云同志有个书面发言，是肯定这份文件的，说它完全符合实际情况，现在是改革的有利时机，等等。结果，没有人提出不同意见，最后文件就一致通过了。我们起草小组的成员都列席了大会。文件通过后，散会之前，我听见坐在主席台上的邓小平问胡耀邦：“这个文件写得好啊，谁写的？”邓小平又说，“这个决定啊，是马克思主义基本原理和中国社会主义实践相结合的政治经济学，我是这么个评价。”回顾这份文件的起草过程，历时半年，八易其稿（稿子写了十几遍，正式上送的有八稿），共17000多字，里面分10个问题。这份文件，在当时可以说既颠覆了在经济建设上的一系列传统观念，又在理论和政策上有不少重要的突破。

我曾经写过文章归纳为“八个突破”：一是在社会主义经济的本质上，第一次突破了把计划经济和商品经济对立起来，认为商品经济是同资本主义联系的，计划经济是社会主义的基本特征，把搞活经济、发展商品经济当成是搞资本主义这个陈旧观念，肯定了社会主义经济是在公有制基础上的有计划的商品经济，只有充分发展商品经济，才能够把经济搞活；二是在所有制结构上，突破了“一大二公”“越公越好”的传统观念，明确肯定集体经济是“社会主义经济的重要组成部分”，个体经济是“社会主义经济中必要的有益的补充”，要实行国家、集体、个人一起上，发展多种经济形式；三是在经济的调节机制上，突破了限制、否定市场的作用的错误观念，也抛弃了过去那种“计划经济为主，市场调节为辅”的提法，明确“国民经济的计划只能是粗线条的、有弹性的，只能够通过计划的综合平衡和经济手段的调节，把大的管住管好、小的放开放活，达到重大比例比较适当”“要适当缩小指令性计划，适当扩大指导性计划”；四是在国家和企业的关系上，突破了企业是“行政机构的附属物”“把国有企业同国家直接经营企业混为一谈”的错误观念和政府集中统一、包揽一切的做法，明确指出“政企要分开、要简政放权”“所有权和经营权要分开”“企业要成为相对独立的经济实体、自主经营自负盈亏的商品生产者经营者，具有自我改造、自我发展的能力，是一个独立的法人”；五是在企业领导体制上，突破了党委书记是企业第一把手、实行党委领导下的厂长负责制的传统观念，明确企业要实行厂长负责制，党委要积极支持厂长行使统一指挥企业生产经营活动的职权；六是在经济利益分配上，突破了“社会主义要平均”“把共同富裕理解成完全的平均和同步富裕”“忽视企业、劳动者的个人利益”的错误观念，指出“平均主义必然破坏社会生产力”，要“允许、鼓励一部分地区、一部分人、一部分企业依靠勤奋劳动先富起来”；七是在经济结构上，突破了纵向联系为主、条块分割的原有格局，明确地区、行业之间要“打破封锁，打开门户，发展横向联系”；八是在对外开放上，突破了关门搞“四个现代化”，把引进外资、利用外资说成是搞资本主义这种错误观念，指出要把对外开放当成国家的长期的基本国策，特别是要利用外资、吸引外资来我国举办三资企业，这对我们国家的社会主义经济也是必要的有益的补充，等等。

这样的一些突破，现在看起来是很正常的，但是在当时情况下，却是很不容易的。这些突破，为以后1993年、2003年中央制定《中共中央关于建立社会主义市场经济体制若干问题的决定》和《中共中央关于完善社会主义市场经济体制若干问题的决定》打下了基础，它们是《决定》的继续和发展。从某种意义上来讲，没有《决定》，就不可能有它们，也就没有我们近40年来改革开放的大好局面。从历史上来看，应该是值得肯定的。有些同志说那是老皇历了，没有什么新意了。我不同意这种看法。我们那个时候能够出台这么一个《决定》，需要多少领导人的智慧和胆略啊，付出了多少艰辛的劳动！确实是来之不易。直到现在，我还是深有体会的。

感受

参与起草《决定》我是什么感受呢？

第一，《决定》是高层领导认识一致、奋力合作的产物，起草小组只是做了些具体的文字工作，没有他们的领导和支持，这份文件是出不来的。

第二，全党的思想一致，特别是高层领导团结一致，是我们党的事业和国家的事业能够不断推进的关键。

第三，解放思想是改革开放的先导，同时又贯彻到改革开放的整个过程之中。固守传统的现成的框框，是不可能前进的。只要是对改革开放发展有利，对人民有利，对社会进步有利，就应该鼓励人们去闯、去干、去冒风险，在这个新时代，我们国家就需要这样的人。有的人，过去对革命建设有功，现在却固守着一些僵化的传统观念，不愿意改变，也不愿意学习新东西；也有的人，在改革开放初期积极支持改革，吃到了甜头，个人收入增加、生活改善、工作顺当了，就满足、保守起来了，不想继续改革了，特别是有些掌握了公共资源、国有资产的垄断部门或企业，它们躺在国家身上，权力大、补贴多、待遇高，就更不想改革，甚至反对改革了；还有一些人，在政府部门戴着乌纱帽担负着重要责任，却安于现状，怕麻烦，怕冒风险，不愿意或者消极对待改革，抱着“多一事不如少一事”的态度。这三种人，现在成为我们深化改革的阻力。如果不继续解放思想，不冲破这些阻力，改革是很难深化的。

第四，一个政策的出台、一份文件的制定，必须要集思广益，这跟我们写篇文章、写封信是不一样的，它要面向全国人民，它是让大家看的，要大家遵守的。所以，它往往不是某一个人创造的，而是各种思想碰撞，甚至是“妥协”的产物，我们现在应该本着历史的观点来看待这个问题。

《决定》发布后，国内外反映很强烈。国内万众欢腾，所有媒体热烈报道，主流声音占了绝对优势，反对的声音偃旗息鼓了。舆论界一片称赞的声音，觉得中国确实是走上了新的改革开放的道路。到中国来考察的国外专家、学者，以及来投资、做生意的人，一下子就增加了很多。改革在许多方面有了比较快的发展：企业扩权的面扩大了，做法也规范了；政府机构精简了，职能转变加快了；私营企业、个体企业、集体企业有了很大的发展。对外开放也加快了发展的步伐。

现在改革已经进行了将近40年了，中国的面貌已经发生了翻天覆地的巨大变化。实践证明《决定》的基本思想与论断是正确的，当然，反对或怀疑的声音一直没有完全止息，现在来看《决定》也还不够完善。好在后来又陆续出台了文件，弥补和修正了它的不足，使我们的改革理论和政策更加完善和丰富了。我们要在党中央的正确领导下，坚持解放思想，克服困难，排除阻力，把市场化改革继续深入推进。

21. 社会主义市场经济体制改革目标确立

党的十四届三中全会审议通过的《中共中央关于建立社会主义市场经济体制若干问题的决定》，勾画了社会主义市场经济体制的基本框架，规定了国有企业改革的基本方向，是我国社会主义市场经济体制的第一个总体设计，是20世纪90年代进行经济体制改革的行动纲领，也是经济体制改革进程中一座重要的里程碑。

口述者：陈锦华（时任国家体改委主任、党组书记）
王梦奎（时任国务院研究室副主任、党组成员）
张卓元（时任中国社会科学院财贸经济研究所研究员、所长）

计划与市场两份重要内参

陈锦华

中国在决定建立社会主义市场经济体制改革目标前后，我到国家体改委工作。我在国家体改委工作了两年半，从1990年的8月到1993年3月。时间虽然不长，但这段时间正是中国改革的关键时期。[①]我受命之初，国家体改委的活动实际上处于停顿状态，可是大局又非常需要在改革上有所动作。当时不让国家体改委搞总体规划了，各部委的协调也停了下来，都不给国

① 陈锦华：《国事续述》，中国人民大学出版社，2012。

图21-1　陈锦华在国家体改委办公室

家体改委报送材料了。我就找国务院领导反映了情况，要求恢复国家体改委的原有职能，后来国务院专门发文，要求各部委给国家体改委报送材料，所有出台的改革方案都需要事先跟国家体改委沟通、协调。如果这些问题都不解决，就很难开展工作，适应不了改革形势的需要。

中央决定调我去国家体改委工作的通知发出来以后，当时的国家体改委秘书长洪虎同志来到中石化接我去上班。我对他说："我这个任命要经过人大常委会的，人大常委会通过以后，手续才算走完。你这段时间，给我送点资料，我看看，尽量了解情况。"他答应了。第二天就送来两大包的材料。材料呢，有国家体改委的工作要点、工作规划，既包括年度的，又有中长期的等等。还有国家体改委各个司的规划，城市的、农村的、企业的、金融的、交通的，方方面面都有。

我当时满腔热血地开始看这些材料，越看头越大。你想想看，那么多个司，都是从各自的角度讲一些改革的东西，总体讲什么？所以看了几天以后，我觉得这个事情不行，我又把洪虎找来了。我说："材料我翻了一番，给我感觉在这么多材料里面，缺少'牛鼻子'。现在方方面面那么多，什么是带动全局的？什么是牵着大家就会走的'牛鼻子'？"

从这也可以看出来，国家体改委的工作跟我想象的有差距。他也觉得是个问题，就是没有找到一个纲领性的东西，一个涉及全局的东西，究竟什么东西能把方方面面都串起来。工业、农业、商业等都需要改革，那么这些改革都牵扯到你是为计划而生产的，还是为市场而生产的。我在中石化总公司的工作，让我对这些有很深的感受。上面管得那么死，计划什么都不让我动，我怎么来完成任务？我怎么能超额完成任务？都说我在上海工作做得好，那是因为上海计划的弹性大，给企业留的余地比较多。比如留给企业10分的活，其中8分任务，还有2分让企业自己生产，可以去交换，那么企业不就有办法了吗？再加上当时理论界、舆论界，像报纸上，长篇、短篇的争论都有，我都注意到了这些信息，所以我当时觉得计划经济和市场经济是个核心问题。坚持改革开放不能停，这里面最核心的就是市场，就是以市场为取向的改革，这是争论的焦点。那么思想比较保守的人呢，是主张搞计划经济，他们认为这个市场一放开，资本主义马上起来了，会变成私有化，这样就走资本主义道路了。思想比较解放的人，主张搞市场经济，只有把市场搞活，经济才能搞活，才能解放生产力，才能发展生产力。这个社会上，理论界、学术界和一些相关部门，大体上是划分得很清楚的。

所以我对洪虎说："你找两个人，专门按我出的这个题目，整两份材料。"一份是国内有关计划和市场关系争论的资料，一份是国外关于计划与市场的综合资料。考虑到当时的环境，我还跟他讲，要保密，不能传出去。国内的相关资料他找了国家体改委委员杨启先搞，他是个专家型干部；国外的材料他找了国家体改委国外经济体制改革司副司长江春泽搞，她长期研究国际经济学和比较经济学。她后来跟我讲，当时有个同志就劝她不要搞。有个人甚至跟她这样说："江司长，你这份材料整理出来以后，人家马上就会讲了，资本主义在哪里啊？就在国家体改委的国外司！"她说："反正是领导叫我做的，是他个人看的，不会传出去。不然要我们干什么呢？"所以，她就自己一个人搞。[①]在这个整理过程当中，人大也通过了我的任命，我正式到国家体改委上班了。

上班以后，我认真看了这两份材料。国外那份材料叫《外国关于计划与市场问题的争论与实践以及对中国计划与市场关系的评论》，我看了这份材料以后，觉得很能解决问题，讲得很清楚，内容很契合我所提出的题目。它核心是说明一个什么问题呢？这个计划和市场，都是资源配置的手段。最早提出"用中央计划机关取代市场来配置资源"的是一百年以前的意大利经济学家、社会学家帕累托，当时他提这个问题就是为了解决资源配置公平合理的问题。他和他的追随者都不是马克思主义者，更不是共产党员。当时他提这个问题的时候社会主义还没有诞生，还没有苏

① 陈锦华：《参与建立社会主义市场经济体制的经历》，《21世纪经济报道》。

图21-2　陈锦华（左一）与《外国关于计划与市场问题的争论与实践以及对中国计划与市场关系的评论》的作者江春泽（右一）的合影

联，搞市场就“姓资”了吗，搞计划就“姓社”了吗？这根本没有关联。材料还介绍了社会主义国家从苏联战时共产主义后期开始的关于计划与市场问题的争论过程。

我觉得这份材料很好，思路也很清晰，针对性很强，所以我就决定把它送印。国家体改委没有自己的印刷厂，要送到国务院印刷厂去印刷。但是如果要去国务院印刷，就会经过很多批准手续，那这份资料就可能传出去了。如果传出去，会产生什么影响不好说。我就让我的秘书送到中石化总公司那里，我告诉他：“不要经过别人的手，你跟他们交代清楚，印了以后不许任何人看，直接给我送来。”他大概印了十几份吧，我给江泽民总书记，给李鹏总理他们分别送了，一人送了两份。我说：“我到国家体改委以后，找同志收集了这份资料。我觉得这份资料还是能够说明问题，送去给你们看看。”

送去以后我心里打鼓啊，送得对不对啊？可能是隔了两三天吧，我正在中石化北京燕山分公司开会，很意外地接到江泽民总书记打来的电话，他说：“材料看了，很好，能说明问题。我今天晚上要到辽宁去，我把这份材料带走再看看。”他电话打到燕山去，我当时一个悬着的心落地了。因为他有个态度了，我就知道材料没有送错。大概再隔了一两天，中央办公厅给国家体改委办公厅打电话，要求把这份材料增印十几份给他们送去。

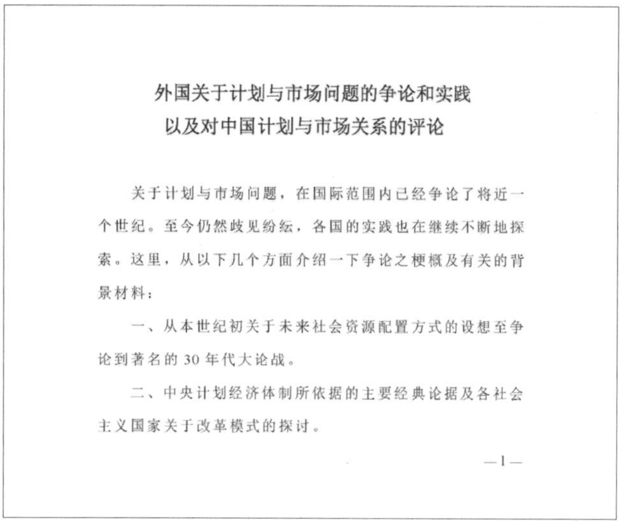

外国关于计划与市场问题的争论和实践
以及对中国计划与市场关系的评论

关于计划与市场问题，在国际范围内已经争论了将近一个世纪。至今仍然歧见纷纭，各国的实践也在继续不断地探索。这里，从以下几个方面介绍一下争论之梗概及有关的背景材料：

一、从本世纪初关于未来社会资源配置方式的设想至争论到著名的30年代大论战。

二、中央计划经济体制所依据的主要经典论据及各社会主义国家关于改革模式的探讨。

—1—

图21-3　1990年10月14日，《外国关于计划与市场问题的争论和实践以及对中国计划与市场关系的评论》

到了11月5日，国家体改委在燕山石化公司招待所讨论计划与市场国际比较方面的问题，开了一个研讨会。这个会开到7日结束，当天我和贺光辉、刘鸿儒等赶到燕山石化公司招待所，花了2个多小时的时间参加会议结束时候的总结发言。当天下午，改在京西宾馆，我又召开了部分省、市体改委负责同志座谈会，会上主要讨论“八五”期间经济体制改革基本思路和主要任务，还有一件事情就是如何把计划经济与市场调节相结合的原则具体化。我也请江春泽司长把5日到7日的研讨会的内容好好整理一下。12月3日，我将研讨会的纪要《苏东国家与我国在处理计划与市场上的不同看法、不同效果》报送李鹏总理。12月5日，李鹏做了批示：“已阅，写得不错。关键是改革的目的是稳定与发展生产，而不是套那种自认为合理的体制模式。”

中国共产党有个很大的特点，就是善于做思想政治工作，统一认识，重大决策前需要反复地做工作。做工作需要有东西，我报送的这两份材料有可能起点促进统一认识的作用。这件事国家体改委做得很漂亮，研究问题有深度。这次工作，应当看作国家体改委尽了责任。[①]给中央送改革材料，引起中央一把手的重视，打电话

① 陈锦华：《参与建立社会主义市场经济体制的经历》，《21世纪经济报道》，https://finance.qq.com/a/20121027/000656.htm。

要求加印几份再送过去，这种事情是国家体改委过去从来没有过的。现在回过头来讲很轻松，当时的事情都是有风险的。我当时也有顾虑，担心人家说你国家体改委主任一上任就提市场取向的改革，因为人家反对市场改革，认为那是走资本主义道路，那变成你这个国家体改委主任一上来，就走资本主义道路，这是要承担一定风险的。

五省地方体改委主任座谈会

1992年3月20日到4月3日，北京召开了第七届全国人大第五次会议，我当时是安徽省代表团的全国人大代表。人代会开完了以后，大概就十几天吧，我就召集辽宁、四川、山东、广东、江苏五个省体改委的主任开会。一个是因为这几个省大，还有就是考虑到这几个省改革的进展程度不一样。那时候我们意见很明确，因为这些省我都有去啊，中石化都有去啊，他们省里工作，改革开放搞得怎么样，我们心里都有数的。广东走在前面，江苏走在前面，山东中间一点，辽宁和四川比较差。我的心里多少有点数，并不是一点都不了解。那么你既然要反映意见，当然要选择不同代表性的意见。你讲广东，广东不能代表中国，你讲辽宁，辽宁也不能代表中国，四川也不行。所以请了五个大省体改委的主任，到北京专门讨论下一步的改革设想，主要讨论计划与市场的关系。当时规定不带助手，也不能做记录，要保密，不能外传会议的内容。当时我主要是担心传出去会引发不必要的麻烦。

图21-4　七届全国人大五次会议的记者招待会，陈锦华在回答提问结束后，记者仍不肯离去，继续进行采访

我就说我请大家来座谈主要谈两个问题，一个是机构改革的问题，一个是计划和市场的关系。这个机构改革问题，老实说是个陪衬。国家体改委不是管机构改革的，那么讨论这个问题干什么？因为当时考虑到只讨论计划与市场的关系，太明显

了，当时处理这些问题都是很谨慎的。但是座谈会实际上讨论的重点就是计划和市场的关系。这五个省一致赞成市场取向的改革，他们自己从改革开放以来的实践，都证明了只有市场才可能给经济带来活力，才能发展，才能改善民生。如果市场搞不好的话，经济没有活力，就没办法发展经济，更不可能改善生活。座谈会开了两三天，时间很短。

另外，正在这个时候，国家体改委召开了一个研究国外的经济体制改革的会议，叫“经济体制转换国际研讨会”。国家体改委给基辛格发了一封信，邀请他参加，国家体改委在国际上还是很有名气的。基辛格没有来，但他发来一篇论文，叫《经济发展与政治稳定》。他在这篇论文里很明确地讲当前全世界核心的问题就是计划和市场问题。他认为这个就是资源配置问题，不涉及“姓资姓社”的问题。基辛格说：“我很赞赏中国政府不失时机地主持了这一研讨会。”他对这种转换提出了三点基本看法。第一，他认为目前有关经济体制转换的讨论中大都将“纯粹的市场制度”与“纯粹的计划经济”相对比，但在现实生活中并不存在这两种极端的模式。第二，相对集中的经济向更多的以市场为基础的经济结构转变，在世界范围内进行着。第三，任何国家都不能不考虑其独有的历史和文化背景。基辛格的结论是：“我们正处在一个变革的时代，我们周围的经济生活在发生着重大的变化。变化的趋势错综复杂，但中心是朝向市场经济。似乎可以说，世界各地的领导人不约而同地得出这样一个结论：总的来说，市场为持续经济发展提供了较好的基础。”他还指出，“向市场转变的目标被广泛接受，但实现这一目标的方式同试图改革的国家一样多，显然，没有一个‘通用’的办法。改革过程必须与各个国家的经济、社会、文化环境相一致。”基辛格在结论的最后强调：“改革的成功取决于政治稳定，简而言之，经济发展与政治稳定密不可分。”[①]

确立社会主义市场经济体制改革目标

1992年，邓小平同志发表南方谈话强调：计划经济不等于社会主义，资本主义也有计划，市场经济不等于资本主义，社会主义也有市场。这两个（计划与市场）

① 陈锦华：《国事忆述》，中共党史出版社，2005。

都是手段。邓小平同志还讲计划多一点还是市场多一点，不是社会主义和资本主义的区别。有些人拿大帽子吓唬我们。1992年2月，中央发出了文件，把南方谈话的要点尽快传达到全党范围。6月9日，江泽民总书记在中央党校发表很重要的讲话，为党的十四大召开做了很重要的舆论准备。在这样的思想解放的背景下，中央让我参加党的十四大报告起草小组，整个报告起草工作在中央政治局常委领导下进行，江泽民总书记找起草小组研究讨论过好几次报告。当时讨论的最重要的内容是同意不同意经济改革体制目标是建立社会主义市场经济。我们先讨论、研究，然后由一些学者专家负责整理，整理后再到各个地方征求意见，征求意见以后到北戴河汇总。经过征求意见发现，大部分人是同意的。

但即使在这么高度统一的情况下，党内还有不同意见。这种情况我感觉很好，因为这就体现出党的生活正常了，这么大的事，大家讨论，允许保留意见。讨论到比较成熟的时候，起草小组就向江泽民总书记汇报，向各位常委汇报，常委观点都很一致。在报告起草以前，有这么两件事情。第一呢，要先整理一个提纲，把党的十四大报告主题是什么，主要讲什么问题等向邓小平请示。汇报之后呢，邓小平赞成使用“社会主义市场经济体制”这个提法。而且他讲，实际上我们是在这样做，深圳就是社会主义市场经济。不搞市场经济，没有竞争，没有比较，连科学技术都发展不起来。产品总是落后，也影响消费，影响到对外贸易和出口。他还说，在党校的讲话可以先发内部文件，反映好的话，就可以讲。[①]这个定下来以后，党的十四大报告就有主题了。

党的十四大报告起草过程中还有一个情况，就是江泽民总书记推荐我们起草小组的同志看看恩格斯1888年去美国考察时写的一篇《美国旅游印象》，指出：“这个前进最快的民族，对于每一个新的改进方案，会纯粹从它的实际利益出发马上进行试验，这个方案一旦被认为是好的，差不多第二天就会立即付诸实行。在美国一切都应该是新的，一切都应该是合理的，一切都应该是实际的，因此，一切都跟我们不同。”大家都看了，恩格斯对美国接受新事物快和高效率很赞赏，实际上是市场机制带来的高效率。我感觉江泽民总书记是借恩格斯的观点来统一大家的思想认

① 陈锦华：《国事忆述》，中共党史出版社，2005。

识，但他没有把这个意思点穿，而是通过学习经典著作来进一步提高大家的认识，统一大家的思想。[①]

后来稿子差不多成型了之后，也就是在决定正式提出“建立社会主义市场经济体制”这个改革目标后，江泽民总书记觉得还要慎重一点，就提出把报告内容先在中央党校做个报告，听听各方面的反映。后来经中央政治局讨论，决定将党的十四大报告征求意见稿发给各地方、各部门、各军队单位征求意见。起草小组成员分别到各省、自治区、直辖市直接听取意见。那就说明这个听意见的程序也是很好的。然后我们再讨论、修改，再印成初稿。我觉得这个过程好，走群众路线，集思广益，集中了全党的智慧，谁有意见都可以讲。大家都认为这个做法好，一方面集思广益，一方面也是在统一党内外的认识。我当时到了浙江，浙江省委常委讨论后一致表示赞成。在整理意见期间，我去了温州，温州地委书记对我讲了各方面对温州工作的责难，他们感到压力很大。我说，这些议论要听，但你们不要去争论，工作还是按照现在的路子走，多做少说，只做不说，最重要的是把经济搞上去，把人民生活搞好。只要有这一条，就能站住脚。[②]

到10月份，党的十四大报告中正式明确提出：“我国经济体制改革的目标是建立社会主义市场经济体制，以利于进一步解放和发展生产力。”党的十四大报告提出，要根据党的十四大通过的报告，制定关于社会主义市场经济的具体实施纲要。根据这个决议，国家体改委专门成立了一个小组，由我和秘书长王仕元负责，研究如何把社会主义市场经济体制具体化，搞了好几个月，拟出了一份初稿。1993年3月，我离开国家体改委到国家计委工作。当时，中央财经领导小组办公室主任是曾培炎，他也是国家计委副主任，他知道国家体改委搞了这个东西就把它要了过去，组织各部委又搞了一年多，形成党的十四届三中全会的文件《中共中央关于建立社会主义市场经济体制若干问题的决定》草稿。[③]

我现在想，中国的发展，市场化取向的改革是非常正确的。邓小平在理论上的

---

① 陈锦华：《国事续述》，中国人民大学出版社，2012。

② 陈锦华：《国事忆述》，中共党史出版社，2005。

③ 摘自陈锦华：《参与建立社会主义市场经济体制的经历》，《21世纪经济报道》。

图21-5　1992年10月12日至18日，中国共产党第十四次全国代表大会在北京举行

突破是很大的。邓小平改革的思路很明确，就是要解放生产力、发展生产力，中国要摆脱落后，要找出路。找出路靠什么东西？我们搞了几十年计划经济，找不到出路。实践证明就是因为我们对市场不够重视，不重视市场的作用。那么搞市场是不是就是否定社会主义？中国的制度就要变了？不会的，我们还是坚持我们的基本制度。我现在再回过头来看看，就这条路应该是一个很成功的探索。没有受当时那些过“左”的理论家、学术家的影响，还是坚持走社会主义道路。

应该说，1990年到1992年的几年间，在认识很不统一、工作比较困难的情况下，对市场经济我们思路很明确，而且坚持了自己的看法。从上报研究资料提供高层参阅，到提出改革目标，到我参加党的十四大报告起草小组，再到我们研究把社会主义市场经济具体化，这个过程是相当完整的。我感到欣慰的是，在经济体制改革这个核心问题上，国家体改委发挥了应有的作用，而且被后来的历史证明，这个作用是积极的、正确的。[①]

① 摘自陈锦华：《参与建立社会主义市场经济体制的经历》，《21世纪经济报道》。

王梦奎

党的十四届三中全会审议通过的《中共中央关于建立社会主义市场经济体制若干问题的决定》（以下简称《决定》），是我国社会主义市场经济体制的第一个总体设计，也是经济体制改革进程中一座重要的里程碑。参加《决定》起草工作的经历，给我留下难忘的记忆。

当时经济改革已经进行了15年。虽然改革在实质上一开始就是朝着逐步扩大市场机制作用的方向走的，但此前并没有明确市场经济体制的目标 。1992年10月，党的十四大提出建立社会主义市场经济体制，是经济改革进入新阶段的标志。在党的十四大以后，为了推进改革，各方面都希望能够再进一步，抓紧制定总体规划，对社会主义市场经济体制有一个更为具体和完整的说法。这确实是必要的。当时的情况是：一方面，经过10多年的改革，以公有制为主体、多种经济成分共同发展的格局初步形成，市场在资源配置中的作用迅速扩大，全方位对外开放的格局逐步展开，我国已经具备了实现改革的全局性整体推进的条件；另一方面，由于经济体制改革是渐进的，往往是从局部试点逐步推开，虽然在许多方面都有明显进展，但一些重要领域的改革滞后，成为经济体制链条上突出的薄弱环节，影响着改革的

人民日报

RENMIN RIBAO

江泽民主席会见科尔总理

认为中德两国应在坦诚对话中增进了解，在相互信任中加强合作，在平等互利中发展关系

中共中央关于建立社会主义市场经济体制若干问题的决定

（中国共产党第十四届中央委员会第三次全体会议1993年11月14日通过）

一、我国经济体制改革面临的新形势和新任务

二、转换国有企业经营机制，建立现代企业制度

三、培育和发展市场体系

四、转变政府职能，建立健全宏观经济调控体系

图21－6　1993年11月17日，《人民日报》刊发《中共中央关于建立社会主义市场经济体制若干问题的决定》（中国共产党第十四届中央委员会第三次全体会议于1993年11月14日通过）

深化和经济的健康发展，迫切要求改革的综合协调和全局性整体推进。这就需要按照社会主义市场经济体制的要求进行总体设计，需要强调体制和政策的规范化。改革实践经验的积累，加之理论上的探索和对国外情况的广泛了解，也使我们能够根据中国国情并且借鉴国外的经验，进行这样的总体设计。

根据党的十四大精神，中央政治局1993年5月决定，下半年召开党的十四届三中全会，讨论建立社会主义市场经济体制问题，并做出相应决定。经中央政治局常委会批准，5月底组成25人的文件起草组，在中央政治局常委会的领导下进行工作。起草组组长是温家宝同志（中央政治局候补委员、中央书记处书记、中央财经领导小组秘书长），副组长是曾培炎同志（中央财经领导小组副秘书长兼办公室主任）和王维澄同志（中央政策研究室主任）。起草组成员包括何椿霖（国务院副秘书长）、郑必坚（中宣部副部长）、张彦宁（全国人大财经委委员）、孙琬仲（全国人大法工委委员）、高尚全（全国政协委员、经济委员会委员）、王梦奎（国务院研究室副主任）、桂世镛（国家计委副主任）、郑新立（国家计委政策研究室副主任）、李剑阁（国家经贸委政策法规司副司长）、王仕元（国家体改委副主任）、曾国祥（国家体改委综合规划司副司长）、陆百甫（国务院发展研究中心宏观经济研究部部长）、刘国光（中国社会科学院副院长）、张卓元（中国社会科学院财贸经济研究所所长）、项怀诚（财政部副部长）、傅芝邨（财政部部长助理）、段应碧（农业部农村研究中心主任）、傅丰祥（证监会副主席）、罗元明（国有资产管理局副局长）、周小川（中国银行副行长）、赵海宽（中国人民银行金融研究所名誉所长）、徐匡迪（上海市副市长）。据我所知，地方领导同志参加中央全会重要决定的起草，徐匡迪同志是第一人。自此以后，党的全国代表大会的报告和许多次中央全会决定的起草，都有地方领导同志参加，徐匡迪同志任上海市市长期间还参加过党的十四届五中全会中通过的《中共中央关于制定国民经济和社会发展"九五"计划和2010年远景目标的建议》的起草工作。这里所列起草组名单，和后来通行的按职位高低排序的方法不同；当时起草组并没有明确而严格的排序，这是我根据手头保存下来的一份起草组名单写下的。没有列入这份名单但参加起草工作的，还有外贸部的年轻人张松涛，是李岚清同志（时任中央政治局委员、国务院副总理）推荐的。起草组集中在北京西郊玉泉山工作。5月31日，起草组开第一次全体会议。江泽民总书记在会上讲话，就文件起草的意义、指导思想、主要内容和需要着重回答的问题，提出许多原则性的意见。温家宝同志对起草工作提出要求，强调《决定》在如何建立社会主义市场经济体制上，要比党的十四大前进一步，在推进改革的政策措施上要有突破，长远目标要明确，起步要扎实。

起草组于5月31日下午、6月1日和6月2日全天，结合经济改革和发展实际，就文件内容和框架进行了两天半的讨论。大家一致拥护中央的决定，都感到责任重大，也知道难度不小。要把党的十四大确定的改革目标具体化，勾画出社会主义市场经济体制的基本框架，绝不是轻而易举的事。为了准确把握现阶段中国经济改革的目标和进程，起草组明确提出，起草工作要力求做到：既要大胆解放思想，又要坚持实事求是，从我国国情出发；既要有一个比较完整的总体设想，又要紧紧抓住当前改革和发展中的突出矛盾和问题重点突破；既要体现市场经济的一般规律，吸收和借鉴国外成功经验，又要体现社会主义制度的本质特征，总结我们自己的实践经验；既要反映抓住时机、加快建立新体制的紧迫性，又要考虑到建立和完善新体制需要一个发展过程，注意到它的渐进性；既要有一定的思想高度，又要能指导实际工作，便于操作。应该说，这是很高的要求。后来5个多月的起草工作，大家都是努力按这样的要求做的。

经过两天半的讨论，初步确定了文件的框架和写法。共分10个大的部分，每个部分写若干条。这个大的框架，后来一直没有改变过。至于每个部分写多少条，以及每一条的具体内容，是在起草过程中逐步形成的。采取这样的构架和写法，是考虑到，社会主义市场经济体制是个复杂的系统，文件涉及面很广，头绪纷繁，这样做便于剪除枝蔓，勾画出一个比较清晰的轮廓，突出每一条的“干货”。此前和此后的一些中央全会决议，都采用过这种表达形式。

起草工作的程序，是按照大的框架设计，分成若干小组，分工负责；每个部分写哪几条，以及每一条的具体内容，先由各小组根据全体会议讨论的意向提出初稿。我和陆百甫、李剑阁是综合组，负责第一部分和最后一部分。各小组写出初稿后，由王维澄同志主持，进行初步综合并统稿，然后提交起草组全体会议讨论修改。参加综合和统稿的是我和桂世镛、刘国光、王仕元、陆百甫、李剑阁。全体会议的讨论修改，都是温家宝同志主持的。

起草工作的进度要求，是按照党的十四届三中全会召开的时间倒推确定的。6月10日以前分组写出详细提纲，11日至12日对提纲进行综合，14日至15日讨论提纲。一直到下发征求意见，每一步都有明确的时间要求，都是很紧迫的。经过半个多月紧张的工作，我们拟定了《决定》的提纲，报请中央财经领导小组审议，我根据起草组的安排起草了关于提纲的说明。6月26日，江泽民同志主持中央财经领导小组会议讨论《决定》提纲，王维澄和我列席，他做关于提纲的说明，我宣读提纲。《决定》提纲分10个部分，共50条，9000多字。关于《决定》提纲的说明兼具汇报和请示的性质。关于文件的时限，在提纲的说明中提出，按照党的十四大确定的改革目标，要着重解决在20世纪末初步建成社会主义市场经济体制的问题。虽然也需要有长远考虑，但着重点是初步建立新体制，时间是20世纪最后7年。这一点得到认可。为了在文件起草过程中少走弯路，避免大的反复，希望中央财经领导小组讨论决定：文件大的框架，写这么10个部分行不行？这10个部分所列的基本观点行不行？最后这两个问题得到肯定的答复。关于提纲的说明中还提出，起草组在提纲讨论过程中遇到不少理论、体制和政策问题，多数是文件难以回避的，需要继续深入研究，也希望听听领导同志的意见。例如：（1）国有企业或国有资产的产权关系，可不可以划分为企业的法人所有权和国家的终极所有权？国有企业或国有资产可不可以实行分级所有，例如属于中央的和属于省/市的？（2）国有企业实行股份制是改革方向，要不要规定实施步骤？要不要明确规定承包制改为利税分流以及改革的时间表？（3）企业改组为公司制，设立股东会、董事会、监事会，实行经理负责制后，企业党委和职工代表大会、工会的地位和作用如何规定？（4）发展资本市场和劳动力市场，必然得出劳动力是商品的结论，可不可以这样提？（5）财政体制改革要不要明确规定，财政包干制改为分税制，并且定出明确的时间表？（6）金融体制改革要不要明确规定中国人民银行的分支机构按经济区设置，取消省及省以下人行设置，并且把专业银行改为商业银行的实施步骤？（7）如何按照社会主义市场经济的要求构建新的宏观调控体系？计划、财政、金融这几个宏观调控手段和综合经济部门的关系如何规定？国家计划的职能怎样具体规定？（8）中央和地方的经济管理权限如何具体界定？（9）根据形成平等的市场竞争的需要，可否提“改变按所有制性质制定经济政策和法律、法规的状况，对多种所有制经济一视同仁”？这要求取消按经济成分确定的各种优惠政策，现在是否能够做到？（10）对于多种经济成分和市场竞争中产生的收入分配悬殊及亿万富翁的问题如何加以解决？单靠税收能否解决这个问题？（11）要不要专写一条政治体制改革？这些问题只是列举，实际上《决定》提纲讨论中所涉及的问题绝不仅是这些。这里所列举的问题，有些起草组已经有倾向性意见，有些是起草组觉得还把握不准，都希望领导同志给予指示。中央财经领导小组会议原则同意《决定》提纲，对于起草组提出的问题，有些给予了肯定性答复，更多的是要继续研究而后定。在文件起草早期召开的这次中央财经领导小组会议非常重要，提纲获得认可，文件的基本面貌大体就定下来了。以后虽有不断补充和修改，但基本思路和大的框架没有变过，这使文件起草省力不少。

从6月下旬开始，起草组用2个多月时间，根据提纲写出《决定》初稿，并反复进行讨论修改，先后完成了第一稿、第二稿和第三稿，于9月9日将第三稿提交中央政治局常委会审议。根据中央政治局常委会讨论的意见，9月20日，修改后提交中央政治局会议审议。根据中央政治局讨论意见又做了修改，形成征求意见稿，于9月底下发全国各省、自治区、直辖市以及中央和国务院各部门、军队各大单位征求意见。中共第十四届中央委员和候补委员，中央党、政、军各部门负责同志，各省、自治区、直辖市和各大军区的党委负责同志，都参加了对《决定》征求意见稿的讨论，并向中央写出报告。总共收到138份报告和修改意见，包括30个省、自治区、直辖市，92个部门和16位老同志的。这些报告和修改意见，都转到文件起草组认真阅读和研究。各方面对《决定》征求意见稿给予充分肯定，也以极其认真负责的精神，对稿子大到框架结构、内容表述，小到遣词造句和标点符号，总共提出1050多条修改意见。与此同时，10月中旬中央政治局常委会先后召开党内老同志、各民主党派和工商联负责人以及无党派知名人士、经济理论界专家学者共三个座谈会，通报情况并征求对《决定》的意见。还听取了正在中央党校学习的省部级领导干部的意见。之后起草组集中6天时间，认真研究各方面提出的意见，对征求意见稿做了270多处修改。在此期间，我根据起草组的安排，起草了江泽民总书记在党的十四届三中全会上的讲话稿。

《决定》提纲是10个部分，共50条。后来10个部分一直没变过，但9月9日提交中央政治局常委会讨论的稿子是56条，9月20日提交中央政治局讨论的稿子是54条。经过反复修改补充和整理归纳，9月底下发的《决定》征求意见稿，和提纲的构架一样，除开头和结束语各一段简短的文字外，分10个部分，共50条。第一部分是总论，讲我国经济体制改革面临的新形势和新任务，对社会主义市场经济体制勾画了一个基本框架，指出推进改革需要注意把握的要点，这些要点实际上也是对以往改革经验的总结。从第二部分到第五部分，可以说是分论，分别讲建立现代企业制度、培育和发展市场体系、建立健全宏观经济调控体系、建立合理的个人收入分配和社会保障制度，阐述社会主义市场经济体制基本框架的几个主要方面。第六部分到第九部分，是4个专题，分别讲农村经济体制改革、对外经济体制改革、科技体制和教育体制改革，以及加强法律制度建设。最后一部分，讲加强和改善党的领导的问题，这是建立社会主义市场经济体制的政治保证。这样10个部分，构成建立社会主义市场经济体制的总体蓝图。

从全国范围征求意见的情况来看，各方面都认为这份稿子在理论和政策上有突破，思想性和指导性都比较强。综合各方面的积极评价，主要是以下四点。

一是把党的十四大提出的建立社会主义市场经济体制目标具体化和系统化，是继续深化改革的纲领性文件；二是总结了我国改革开放的基本经验并借鉴市场经济发达国家的有益经验，回答了改革实践中提出的许多重大问题；三是完整阐述了社会主义市场经济体制的主要内容和相互关系，指明了企业改革的方向，对转变政府职能和建立宏观调控体系做出了明确部署，特别是明确了财政体制和金融体制改革的方向；四是强调了建立社会主义市场经济体制要解决许多极其复杂的问题，提出了积极而又稳妥地全面推进改革的方针。这些认识，今天都已经成为常识，但在当时是来之不易的。回想在1992年邓小平南方谈话和党的十四大以前，人们对市场经济还知之甚少，要不要搞市场经济还有争论，过了1年时间，对建立社会主义市场经济体制就有这么广泛的共识，这是多么大的变化啊！

在征求意见过程中，也有一些单位和个人反映：稿子在有些方面理论高度不够、新意不多；涉及面宽但有的部分内容不够充实；有的规定比较有原则性，操作性不够强。这些意见我们在修改过程中都认真考虑了。也有人认为，后5个部分突破不多，建议把第六部分到第九部分合并成一个部分。这个意见未被采纳，因为，虽然这几个领域一些带共性的问题在前5个部分已经讲了，但还有不少特殊性问题是前5个部分无法概括的，有必要单列出来。而且，讲建立社会主义市场经济体制，没有这几个部分是不完整的。何况，这几个部分也有不少新意。

11月3日，中央政治局常委会听取起草组关于各方面对《决定》征求意见稿的意见和修改情况的汇报，并进行讨论。这次会议还讨论通过江泽民总书记在党的十四届三中全会上的讲话稿。起草组根据中央政治局常委会讨论的意见对《决定》征求意见稿做了修改。11月6日，中央政治局会议对这一修改稿进行讨论，原则同意并决定修改后提交党的十四届三中全会。算起来，提交全会讨论的《决定》草案，是第八稿。当时起草组有同志开玩笑说，七搞（稿）八搞（稿），总算搞出来了。至于在起草组工作过程中，反复研究讨论、字斟句酌，究竟有多少稿，那就无法统计了。

党的十四届三中全会是1993年11月11日至14日举行的。我作为中央候补委员出席了这次全会。我参加了两个半天的小组讨论，其余时间是参加起草组的工作。在全会期间，起草组根据分组讨论的意见又对《决定》草案做了近百处修改。如果考虑到在征求意见的过程中，中央委员和候补委员已经在自己所在的地区或部门发表过意见，许多意见已经被提交全会的《决定》草案所吸收的话，近百处修改还是不算少的。经这样的修改后，又将改样返还各组讨论，根据讨论意见又做了少量修改，经中央政治局决定，提交全会表决。全会表决是全票通过，全场响起热烈掌声。11月14日当天播发全会公报，11月17日《决定》全文公开发表。事前充分酝酿讨论，达成共识，正式会议上比较容易通过，这是中国决策的一个特点和优点。

通过《决定》的党的十四届三中全会全体会议是在人民大会堂举行的，全会闭幕后中央政治局常委和起草组同志合影留念，并对大家的工作表示肯定和感谢。起

图21-7　1993年11月14日，中国共产党第十四届中央委员会第三次全体会议在北京闭幕。会议审议并通过了《中共中央关于建立社会主义市场经济体制若干问题的决定》

草组全体同志也合影留念。我保存着这两张照片，成为珍贵的纪念。

图21-8　1993年11月，党的十四届三中全会文件起草组成员合影

全会闭幕后，全国掀起学习和贯彻《决定》精神的热潮。根据中宣部的安排，1993年12月25日，我在由中宣部、中央直属机关工委、中央国家机关工委、解放军总政治部和中共北京市委联合举办的报告会上做报告，讲《决定》的起草经过和重要贡献。新华社当天发了消息，次日各大报都做了报道。《人民日报》的标题是《王梦奎在中宣部等举办的报告会谈学习〈决定〉体会——实现现代化有赖于两个

根本性转变》，这里所说的两个根本性转变，是指我在报告里强调的经济体制和经济增长方式的根本性转变。《光明日报》的标题是《王梦奎谈〈决定〉理论上的重大发展》。我还应邀在全国政协、中央党校、原中国人民解放军总参谋部、国防大学、军事科学院和北京市委等单位做过关于《决定》的报告，总共有10多场。这些报告使我比较多地记下了当年《决定》起草的情况，否则许多事情今天很可能遗忘了。

顺便说一件和《决定》有点关系的国际交往的事。全会闭幕不久，老挝人民革命党主席兼政府总理坎代·西潘敦率党政代表团访华，我根据中联部的安排，12月4日在钓鱼台向他介绍中国经济改革和刚闭幕的党的十四届三中全会精神。他回国后即通过外交途径（老挝外交部和中联部是合一的），邀请我访问老挝，向老挝高级干部做报告。我于1994年3月26日至4月4日访问老挝，受到很高的礼遇。3月28日，坎代·西潘敦亲自主持报告会，我做了两场报告：上午讲的题目是《建设有中国特色社会主义的理论和实践》；下午讲的题目是《中国的经济改革》，对党的十四届三中全会精神做了系统介绍。当时老挝党刚开过五届八中全会，全体中央委员和候补委员，以及各部部长、各省省委书记都参加了报告会，表现出对中国改革开放和经济建设经验的极大兴趣。

党的十四届三中全会的《决定》，是对社会主义市场经济理论和实践的重大贡献，从而也丰富了中国特色社会主义理论。经济界和理论界对此有许多研究和评述，我也写过几篇文章，这里不再说。在我个人参加《决定》起草工作过程中，印象最深刻、至今还能清楚记忆的是以下几点：一是关于社会主义市场经济体制的基本框架。党的十四大确立了社会主义市场经济体制的改革目标，并且强调两点：其一，“社会主义市场经济体制是同社会主义基本制度结合在一起的”；其二，“建立社会主义市场经济体制，就是要使市场在国家宏观调控下对资源配置起基础性作用”。《决定》的起草，一开始就是以这两个基本论断为指导来设计各个方面的改革方向和措施的。9月9日，中央政治局常委会讨论《决定》第三稿时，提出需要提纲挈领，勾画出社会主义市场经济体制的基本框架，使人能够一目了然。我和陆百甫、李剑阁经过反复推敲琢磨，拟了一份初稿，写在提交9月20日中央政治局会议讨论并原则通过的稿子中，成为《决定》第（2）条所概括的社会主义市场经济体制的基本框架。这个基本框架，是在坚持以公有制为主体、多种经济成分共同发展的方针下，由现代企业制度、全国统一开放的市场体系、完善的宏观调控体系、合理的收入分配制度和多层次的社会保障制度，这么几个相互联系和相互制约的主要环节构成的有机整体。江泽民总书记在党的十四届三中全会的讲话中说：“这次全会决定所勾画的社会主义市场经济体制基本框架，虽然还需要在实践中接受检验和继续完善，但有了这个基本框架，可以增强我们对改革工作指导的预见性，使改革更加富有成效。”在党的十四届三中全会召开之前，香港有的报刊曾经揣测，说三中全会将“不再提以公有制为主体”，后来看到《决定》不仅明确“以公有制为主体”，而且强调“必须坚持”，于是有的报刊就以《中共仍不愿放弃公有制》为题发表文章，又胡乱揣测说，在三中全会上“改革派未获全胜”。其实，在《决定》起草和征求意见的过程中，据我所知，并没有人提出要放弃以公有制为主体。恰恰相反，大家对于如何搞好国有大中型企业的问题给予很大关注。

二是关于现代企业制度。这个问题，《决定》开始起草时就提出来了，但直到提交党的十四届三中全会审议之前还在讨论和修改，三中全会上也进行了热烈的讨论。可以说，这是《决定》起草和征求意见的过程中，各方面讨论最多、起草组费功夫最大的问题。这也说明国有企业改革是经济体制改革的难点所在，但经过反复讨论还是达成了共识。《决定》第（4）条开宗明义地规定，“以公有制为主体的现代企业制度是社会主义市场经济体制的基础”，并且界定了现代企业制度的基本特征，明确指出进一步改革的要求。要点是明确产权关系，即企业中的国有资产所有权属于国家，企业拥有包括国家在内的出资者投资形成的全部法人财产权，成为享有民事权利、承担民事责任的法人实体。原先考虑，企业对国有资产是占有和使用，和归属意义上的所有权不同，所以一直到下发征求意见稿，用的都是“企业法人财产支配权”的提法。在讨论和征求意见的过程中，国家体改委等单位认为这个概念表述不清，而“法人财产权”有比较科学的界定，与国家所有权有严格区别；采用“法人财产权”的概念，既与现行的《中华人民共和国企业法》和《全民所有制工业国有企业转换经营机制条例》所规定的企业经营权相衔接，又可以充实企业经营权的内容，有利于企业成为自主经营、自负盈亏的法人，符合建立现代企业制度的要求。这些意见受到江泽民和其他中央领导同志的重视，江泽民在国家体改委副主任洪虎关于这个问题的意见上批示："言之有理有据，值得我们再研究一下。"起草组经过认真讨论，并于11月3日向中央政治局常委会请示，中央政治局常委会经讨论采纳了"法人财产权"的提法。这对之后的企业改革起了积极作用。

三是关于市场体系建设。《决定》第三部分讲市场体系建设，根据当时经济体制中存在的突出矛盾和问题，强调"当前要着重发展生产要素市场""尽快取消生产资料价格双轨制"。关于生产要素市场，《决定》强调："当前培育市场体系的着重点是，发展金融市场、劳动力市场、房地产市场、技术市场和信息市场等。"这里，经过很多次讨论才确定下来的，是关于"劳动力市场"的提法。从党的十二届三中全会的《中共中央关于经济体制改革的决定》、党的十三大直到党的十四大，正式文件使用的都是"劳务市场"的概念。从理论上说，这个问题应该是很清楚的，劳动者出卖的只能是劳动力而不是劳动或者劳务，因为劳动或者劳务是在劳动者和雇佣者交易行为发生后才进行的，这一点马克思在《资本论》中有精辟的分析。单纯公有制和计划经济条件下自不必说，经济改革和发展市场经济以后之所以回避"劳动力市场"的提法，顾忌的是，说劳动力是商品，和工人阶级的主人翁地位相矛盾，担心引起政治上的不良影响。在讨论和征求意见的过程中，国家计委、国家体改委和劳动部等部门和其他一些同志建议，把"劳动就业市场"改为"劳动力市场"，认为这是生产要素市场不可缺少的组成部分。根据起草组分工，高尚全、张卓元、郑新立同志是负责起草"培育和发展市场体系"这一部分的，高尚全同志就这个问题写了一份报告，江泽民总书记把这份报告批印给中央政治局常委各同志。在11月3日中央政治局常委会讨论时，起草组也请示了关于"劳动力市场"的提法。经过中央政治局常委会讨论，决定采纳这个提法。这表现了理论上的彻底性。

四是关于宏观调控。《决定》明确规定要建立健全宏观调控体系，加强对经济运行的综合协调。中央领导同志在讨论《决定》稿时多次强调加强和改善宏观调控的重要性，说没有制动器的汽车是不能开的。《决定》征求意见的一个突出贡献，

经濟日報

ECONOMIC DAILY

江泽民主席开始美国之行

为什么要提出“劳动力市场”

图21-9　1993年11月19日，《经济日报》刊发《为什么要提出“劳动力市场”》

是关于财税体制和金融体制改革的规定。财税体制，主要是从财政包干制改为中央和地方分税制。金融体制，主要是加强中央银行的职能，实行政策性银行和商业性银行分开，以及汇率并轨。我国政府肩负着重大的经济和社会责任，而当时由于多年实行权力下放和财政包干制度，财政收入占国内生产总值的比重降到20%以下，中央财政占国家全部财政收入的比重降到40%以下，在世界上都是比较低的，已经影响到政府宏观调控职责的履行。金融秩序的混乱助长了通货膨胀，已经危及经济的健康发展。实行分税制和金融体制改革，都涉及中央和地方的关系。在《决定》征求意见的过程中，有十几个省、自治区、直辖市提出，要给省一级宏观调控权。这个意见没有被采纳，因为宏观调控有特定的含义，是指通过调控达到经济总量的平衡，宏观调控权，包括货币的发行、基准利率的确定、汇率的调节和重要税种税率的设置和调整等，必须集中在中央政府，不能实行中央和省、区、市两级调控。当然，我们国家大，人口多，地区发展不平衡，中央和地方的关系从来都是国家政治和经济发展中的重要问题，在社会主义市场经济体制下更需要合理划分中央和地方权限，赋予省、自治区和直辖市政府必要的经济管理权力。《决定》在关于建立健全宏观调控体系部分，有一条是专讲发挥中央和地方两个积极性的。当时实行分税制，中央财政收入比重分几年逐步提高到57%左右，是国务院同各省、自治区、直辖市反复磋商才确定下来的。这样大的利益关系调整，虽然在有些地方经过激烈的争论和艰苦的“谈判”，但这些地方终究还是服从了中央的决定，后来改革方案的实施也比较顺利，说明地方是顾全大局的，也说明中央领导是强有力的。

《决定》的起草工作，是和深入的调查研究结合进行的。在成立起草组的同时，中央财经领导小组办公室就改革中的重大问题，组织有中央和国务院有关部委参加的16个专题调研组，分别就关于建立社会主义市场经济体制的指导思想和目标、现代企业制度、中央和地方的关系、所有制和国有资产管理、市场体系和运行机制、投资体制、财税体制、金融体制、价格改革、社会分配制度、社会保障体系、农村改革、科技和教育改革、对外经济体制，以及法制建设等重大问题，进行调研。调研组由有关部委牵头，各组都由一名副部长亲自抓，总共有300多人参加。从6月下旬到8月上旬，起草组多次和调研组一起研究讨论专题调研问题，听取调研组介绍情况，交换意见。这些会我全部参加了，总的印象是：综合部门，像财政和金融，讲得深些；专业部门往往反映本部门的诉求和部门间的矛盾，但也提供了不少鲜活具体的情况和分析，对起草工作很有好处。这些专题调研为起草组提供了丰富的背景材料，许多好的意见被《决定》征求意见稿吸收了。此后多次起草中央重要文件，包括党的全国代表大会报告和中央全会的重要决定，都会组织专题调研，形成一个好的传统，对文件起草和科学决策有很大帮助。

《决定》的起草工作，是和党中央、国务院推进改革的重大决策同步进行的。党中央、国务院根据党的十四大精神，针对当时存在的货币投放过多和金融秩序混乱、投资需求和消费需求膨胀、财政困难、经济发展瓶颈制约强化，以及通货膨胀加速等急需解决的问题，于1993年6月24日颁布《中共中央、国务院关于当前经济情况和加强宏观调控的意见》，采取16条重大措施。中央在采取这些措施的时候，强调要着眼于加快改革步伐，从加快新旧体制转换中找出路，把改进和加强宏观调控、解决经济中的突出问题，变成加快改革、建立社会主义市场经济体制的动力。中央的果断决策对于发展和改革起了重要作用。财税体制、金融体制、外贸体制和国有资产管理体制等方面的改革方案的研究与制订，是和《决定》起草同时进行的，其成果都被及时地吸收到《决定》征求意见稿里，充实了《决定》内容。党的十四届三中全会闭幕之后，国务院立即于11月27日召开全体会议，讨论贯彻落实《决定》精神。我在会上就李鹏总理在即将召开的全国经济工作会议上的报告起草情况做了说明。12月1日，全国经济工作会议召开，李鹏总理在报告中就1994年的经济发展和改革做出全面部署。国务院在很短的时间内，于1993年12月15日、12月25日和1994年1月11日，分别发布《国务院关于实行分税制财政管理体制的决定》《国务院关于金融体制改革的决定》和《关于进一步深化对外贸易体制改革的决定》。这些重要的改革方案，是党的十四大以来一年多实际工作的成果。改革方案的研究，许多是朱镕基同志亲自主持的。《决定》所规定的改革措施，有不少实际上是对酝酿得比较成熟的方案的确认，这使《决定》多有新意并且能够对推进改革发挥实际作用。我当时参加了党中央和国务院许多这方面的会议，知道改革的紧迫性和工作的艰巨性，也看到党中央和国务院推进改革的决心和魄力之大。像财税体制和金融体制改革这样大的利益关系调整，绝不是几个起草文件的人能够做到的；即使设计了方案，如果没有党中央和国务院的有力领导，改革也是难以推行的。

在文件起草过程中，我列席了中央财经领导小组、中央政治局常委会和中央政治局讨论《决定》提纲和《决定》征求意见稿的多次会议，深感中央不仅高度重视，而且对实际情况和改革所面临的困难有清楚的了解。讨论都是不尚空谈而很务实际的。来自各方面的不同意见能够得到反映，一时难以决定的问题容待继续研究后再做讨论，文件起草过程也是不断集中正确意见和统一思想认识的过程。中央领导同志对于文件起草的难处有深切理解，所以多有体谅且并不苛责。起草组同志都有高度责任感，工作是严肃认真的，内部讨论是各抒己见和畅所欲言的。这些都营造了很好的工作氛围，使每个人在起草工作中都能发挥聪明才智，并且在起草工作中得到锻炼和提高。

（本文根据受访者提供的题为《社会主义市场经济体制的第一个总体设计——参加起草十四届三中全会<决定>的回忆》的文章改编而成。）

张卓元

中国从1978年底实行改革开放后，经济迅速起飞，1979年至2011年，年均经济增速达9.9%，2010年起已成为世界第二经济大国，2011年人均GDP达5400美元，已进入中高收入国家行列，创造了世界经济发展史上的新奇迹。中国1978年底实行改革开放到现在，在制度创新方面最重大的有三件事。一是改革开放初期农村实行家庭联产承包责任制，使农业生产迅速恢复和发展，很快就改变了中华人民共和国成立30年来农产品全面紧缺、限量供应的局面；二是1992年确立社会主义市场经济体制改革目标，为中国经济的高速增长提供了稳定的制度安排；三是2001年底加入世界贸易组织，使中国加快融入经济全球化进程并从中受益。这三大改革是中国1978年以后40年来经济飞速发展的最强大的动力。

其中，关于确立社会主义市场经济体制改革目标，前期经过了长时间的酝酿。江泽民总书记1991年10月至12月主持了11次专家座谈会。我是这11次会议的参加者，虽然时间已过去20多年，很多材料找不到了，但有些印象很深的情况仍然记忆犹新，特作简要回顾。

背景和座谈会设计

改革开放初期，中央就提出要在经济管理体制中利用市场调节，尊重价值规律的作用。1982年党的十二大明确提出“计划经济为主、市场调节为辅”的指导方针。1984年党的十二届三中全会提出社会主义经济是“公有制基础上的有计划的商品经济”，使大家的认识跨越了一大步。1987年党的十三大提出社会主义有计划商品经济的体制，应该是计划与市场内在统一的体制，计划和市场的作用范围都是覆盖全社会的，新的经济运行机制总体上来说应当是“国家调节市场，市场引导企业”的机制。但1989年春夏之交的政治风波后，一些经济学家和经济工作者对前一段“市场取向”改革产生怀疑，有人甚至提出要回到计划经济体制。而另一些经济学家则认为应当坚持“市场取向”改革，有的主张实行有宏观管理的市场经济体制。这种争论在1990年、1991年比较激烈，报刊上也发表了一些表达不同观点的文章。为了更好地坚持党的十一届三中全会规划的改革开放路线，凝聚改革共识，需要召开专家座谈会，广泛听取有关专家的意见，以便为预定在1992年召开的党的十四大需要提出什么样的经济体制作为经济改革的目标，关于计划与市场的关系应作何表述，提出具有前瞻性和现实可行的方案与构想。这就是召开11次座谈会的社会思想理论背景。

参加这11次座谈会的专家大部分是经济学家，其中有中国社会科学院的刘国光、蒋一苇、李琮、陈东琪、张卓元，国务院发展研究中心的吴敬琏、王慧炯、林毅夫，国家体改委的杨启先、傅丰祥、江春泽，中国银行的周小川，国家计委的郭树清，以及外交部、国家安全部、中联部的有关部门的专家，总共不到20人。每次会议均由江泽民总书记主持，一些中央领导同志出席了其中一些会议。

这次座谈会讨论了三个问题，第一个是分析资本主义为什么“垂而不死”，其体制机制和政策有哪些是值得我们借鉴的东西。第二个是对苏联和东欧国家这几年的剧变进行分析，研究是什么因素导致苏东各国经济和社会发展出现停滞和危机，以致发生解体和剧变。在对这两个问题进行深入分析的基础上，敞开思想，对我国如何进一步推进改革开放的重大问题进行研讨。由于本文主要是论述专家座谈会对确立我国社会主义市场经济体制改革目标的重要性，因此主要是介绍第三个议题的讨论内容和成果。这也是这次讨论会讨论最多的议题，总共11次讨论会中这个议题就占了5次。

座谈会的主要成果

座谈会的主要成果是酝酿了“社会主义市场经济体制”的倾向性提法，同时还对这一重要提法给出两点解释，一是市场在资源配置中发挥基础性作用；二是市场是有国家宏观调控而不是放任自流的。这样就为江泽民总书记1992年6月9日在中央党校的讲话和1992年10月党的十四大确立社会主义市场经济体制改革的目标提供了重要的理论准备。

形成“社会主义市场经济体制”这一重要提法，是认真研究资本主义“垂而不死”和东欧剧变的逻辑的必然结果。一些专家提出，从许多国家经济发展的实践看，由市场配置资源是比较有效率的，是比由计划配置资源有效的。1929年世界经济危机后，主要资本主义国家纷纷借鉴社会主义国家搞计划经济的经验对宏观经济进行调节，重视保持宏观经济的稳定运行，改善工人福利、缓和阶级矛盾，以及推动科技进步等，使现代资本主义经济制度仍然能够容纳生产力的发展，并且在同实行传统的社会主义经济体制的国家的竞赛中占了上风。因此，中国社会主义制度要在资本主义的包围中站稳脚跟，并且要在经济和技术上追赶发达的资本主义国家，就要大胆借鉴资本主义国家由市场配置资源的做法，使有限的资源得到高效利用，同时实行宏观调控，努力使整个国民经济稳定高速健康发展。

提出社会主义市场经济体制这一重要提法，更是总结我国改革开放十几年的成功经验的必然结果。1978年底起实行改革开放后，由于在农村推行家庭联产承包责任制，承认农民是独立的商品生产者和经营者，同时大幅度提高农产品收购价格（1979年提高25%），大大调动了农民的生产积极性，农业迅速增产，农产品供应大量增加。20世纪80年代，又逐步放开了农副产品、工业消费品和部分工业生产资料的价格，结果放到哪里活到哪里，市场迅速繁荣和扩大，各种各样的商品琳琅满目，长期凭票供应的商品越来越少直至完全取消，使老百姓充分感受到市场机制的神奇魔力，切身体会到改革开放给大家带来真正的实惠，从而拥护改革、支持改革。因此，与会专家一致认为，既然“市场取向”改革能有力地推动经济的快速增长和市场繁荣，能不

工人日报
WORKERS' DAILY
中国共产党十四次全国代表大会开幕
李鹏主持大会　江泽民代表十三届中央委员会作报告
这次大会的任务是，以邓小平同志建设有中国特色社会主义的理论为指导，认真总结十一届三中全会以来十四年的实践经验，确定今后一个时期的战略部署，动员全党同志和全国各族人民，进一步解放思想，把握有利时机，加快改革开放和现代化建设步伐，夺取有中国特色社会主义事业的更大胜利
中国共产党第十四次全国代表大会

图21-10　1992年10月，《工人日报》报道中国共产党十四次全国代表大会开幕

图21-11 1992年10月12日，中国共产党第十四次代表大会在北京人民大会堂隆重开幕。江泽民代表中共十三届中央委员会向大会作题为《加快改革开放和现代化建设步伐，夺取有中国特色社会主义事业的更大胜利》的报告

断提高人民群众的生活水平和质量，我们就要坚持"市场取向"改革，绝不能退回到计划经济体制，而且要继续前进，建立社会主义市场经济体制，使市场在社会主义国家宏观调控下发挥基础性作用，以便更好地使国民经济进入良性循环，推动经济快速增长，不断提高人民群众的生活水平和质量。

1992年初，邓小平同志在南方谈话中指出："计划多一点还是市场多一点，不是社会主义与资本主义的本质区别。计划经济不等于社会主义，资本主义也有计划；市场经济不等于资本主义，社会主义也有市场。计划和市场都是经济手段。"[①]邓小平的这一重要谈话，对社会主义市场经济体制目标的确立起了关键性的作用。

1992年6月9日，江泽民总书记在中共中央党校对全国省部级主要领导干部发表重要讲话，对党的十一届三中全会以来各方面对计划与市场的关系的认识发展做了系统的回顾，明确表示他"倾向于使用'社会主义市场经济体制'这个提法"。在征求意见中，这个提法得到普遍赞同。1992年10月，江泽民总书记在党的十四大报告中指出："实践的发展和认识的深化，要求我们明确提出，我国经济体制改革的目标是建立社会主义市场经济体制，以利于进一步解放和发展生产力。""我们要建立的社会主义市场经济体制，就是要使市场在社会主义国家宏观调控下对资源配置起基础性作用，使经济活动遵循价值规律的要求，适应供求关系的变化；通过价格杠杆和竞争机制的功能，把资源配置到效益较好的环节中去，并给企业以压力和动力，实现优胜劣汰；运用市场对各种经济信号反应比较灵敏的优点，促进生产和

① 邓小平：《邓小平文选》（第三卷），人民出版社，1993，第373页。

需求的及时协调。”[①]由上可见，1991年底11次专家座谈会，对江泽民总书记拿定主意在党的十四大提出社会主义市场经济体制的改革目标起着重要的作用。

几点粗浅体会

第一，这11次座谈会对中国新体制明确为社会主义市场经济体制，从而明确中国经济体制改革的目标模式，起了重要的作用。回顾1991年秋冬，当时经济学界怀疑社会主义市场经济体制的大有人在，报刊上常可以看到不赞成搞社会主义市场经济体制的文章。可以说，这11次座谈会最重要的意义就是为中央下决心确立社会主义市场经济体制改革目标提供必要的智力支持，促成党的十四大明确中国经济体制改革的目标模式，并使此后社会主义市场经济理论成为中国经济学界的主流观点。有些原来对社会主义市场经济理论表示有疑虑的经济学家也转而公开表示接受十四大决定（如苏星在1997年出版的《论外集》中讲了自己的认识转变过程）。只有个别经济学家实际上不赞同社会主义市场经济理论，但这已无碍中国改革发展大局。

第二，从研究经济思想史的角度，披露1991年冬11次专家座谈会内容，可以更充分地说明社会主义市场经济体制改革目标确立的过程和根据。现在看来，1991年11次座谈会，与会专家基本上形成了社会主义市场经济体制可以作为改革目标的共识，包括对这一新体制的两个要点或含义（一个是市场在资源配置中起基础性作用，一个是社会主义国家的宏观调控）达成了共识。总之，我们从党的十四大报告看到并至今仍沿用的改革目标即社会主义市场经济体制及其经典含义（使市场在社会主义国家宏观调控下对资源配置起基础性作用，或市场对资源配置起基础性作用要与国家的宏观调控结合起来），可以说是直接发端于1991年的11次专家座谈会，或者说其重要思想准备是这11次座谈会。

第三，1993年党的十四届三中全会通过的《中共中央关于建立社会主义市场经济体制若干问题的决定》（以下简称《决定》），即“50条”，是中国市场化改革的一个很好的顶层设计，其中关于社会主义市场经济体制五大支柱的内容至今仍然有很强的指导意义。《决定》指出：“必须坚持以公有制为主体、多种经济成

① 江泽民：《江泽民文选》（第一卷），人民出版社，2006，第226—227页。

分共同发展的方针，进一步转换国有企业经营机制，建立适应市场经济要求，产权清晰、权责明确、政企分开、管理科学的现代企业制度；建立全国统一开放的市场体系，实现城乡市场紧密结合，国内市场与国际市场相互衔接，促进资源的优化配置；转变政府管理经济的职能，建立以间接手段为主的完善的宏观调控体系，保证国民经济的健康运行；建立以按劳分配为主体，效率优先、兼顾公平的收入分配制度，鼓励一部分地区一部分人先富起来，走共同富裕的道路；建立多层次的社会保障制度，为城乡居民提供同我国国情相适应的社会保障，促进经济发展和社会稳定。这些主要环节是相互联系和相互制约的有机整体，构成社会主义市场经济体制的基本框架。”而1991年11次座谈会，也为“50条”的诞生提供了许多重要观点和素材。比如，既要利用外资，也要发展国内多种经济形式；要试验搞股份制，而且要找几个大的企业试一试；扩大对外开放，敢于利用外资包括世界银行贷款，发展对外贸易，多搞外贸信贷；尊重人才、重视科技进步；加强和完善宏观经济调控；等等。这“50条”，为新体制设计了比较好的框架。《决定》还明确了国企改革的方向是建立现代企业制度，不再沿用实行多年的承包制。

现代企业制度的基本特征是产权清晰、权责明确、政企分开、管理科学。这四大特征研究的时间最长，还是特别请当时国家经委负责人陈清泰等到玉泉山与文件起草组共同研究定下来的。《决定》提出了劳动力市场的概念也是一大突破，过去只提含义不清的劳务市场而不敢提劳动力市场。现在看来，这“50条”经过近20年的努力，大部分都已基本实现或初步实现，仍有一些尚未实现，国企改革、建立现代企业制度就是其中比较突出的，因此这一文件至今仍然具有现实意义。

22. 提出完善社会主义市场经济体制

党的十六届三中全会通过的《中共中央关于完善社会主义市场经济体制若干问题的决定》是中央关于经济体制改革的第三份重要文件。《中共中央关于完善社会主义市场经济体制若干问题的决定》全面总结了我国20多年来改革开放的经验，提出了完善社会主义市场经济体制的目标和任务，明确了深化经济体制改革的指导思想和原则，对我国经济体制改革做出了全面部署。

口述者：高尚全（时任中国经济体制改革研究会会长）
郑新立（时任中共中央政策研究室副主任）

高尚全

党的十六届三中全会通过的《中共中央关于完善社会主义市场经济体制若干问题的决定》（以下简称《决定》）是中央关于经济体制改革的第三份文件。这份文件全面总结了我们国家20多年来改革开放的经验，提出了完善社会主义市场经济体制的目标和任务，明确了强化经济体制改革的指导思想和原则，对我国经济体制改革做出了全面部署，是一份深化改革的纲领性文件。

当时的背景是什么呢？社会主义市场经济体制初步建立以来，我们国家经济社会取得了很大发展。同时，在对外开放方面，我们加入世贸组织也取得了很大的成就。所以很多人觉得我们国家的改革搞得差不多了。但实际上，我们面临如何进一步完善经济体制的问题。2003年，我国的人均GDP首次突破1000美元的大关，在这

图22-1　中国共产党第十六届中央委员会第三次全体会议于2003年10月11日至14日在北京举行，全会由中央政治局主持，中央委员会总书记胡锦涛作重要讲话（新华社记者 兰红光 摄）

样的形势下，我国整个经济社会呈现出几种特征：

第一，从发展阶段看，整个经济体正处在工业化、城镇化加速发展的重要时期，正处在从传统农业社会向现代工业社会转变的关键时期；从经济体制来看，我国正处在从计划经济体制向社会主义市场经济体制转变的关键时期，社会主义市场经济体制初步建立，但彻底消除计划经济体制的弊端、进一步完善社会主义市场经济体制的任务仍然十分艰巨。第二，随着经济结构的深刻变化，城乡之间、地区之间、产业之间以及占有不同资源的群体之间的收入差距在拉大。第三，社会需求升级并且越来越多样化。第四，经济体制改革引发社会利益分化，多元化的利益主体正在形成。[①]

《决定》的起草始终在中央政治局常委会的直接领导下进行，文件起草前，胡锦涛总书记分别在北京、广东、四川、天津、湖南、江西等地调研。吴邦国、温家宝、贾庆林、曾庆红、黄菊、吴官正、李长春、罗干等中央政治局常委，也分赴全国各地，进行调查研究，对文件的形成做出贡献。在文件起草过程中，胡锦涛总书记多次对《决定》的总体思路、基本框架、重点要点等做出指示，“牢固树立科学的发展观”这个重要思想成为起草工作的重要指导原则。

起草组是2003年4月18日成立的，《决定》起草工作大概用了半年，在起草过程中，起草组经过了很多次的讨论和反复研究，同时广泛征求各方面的意见和建议。根据中央政治局会议决定，8月18日，《决定》征求意见稿下发给中央党政军机关和地方100多个单位，广泛征求意见。8月26日，胡锦涛总书记主持召开党外人

① 高尚全：《接力改革大业：党的十六届三中全会回眸》，中国经济网。

士座谈会，听取各民主党派中央、全国工商联领导人和无党派人士的意见和建议。几天之后，温家宝总理在国务院召开了经济专家座谈会。与此同时，起草组还邀请专家、学者、企业负责人举行了10多场座谈会。20多个部委围绕产权制度、国有资产管理监督、农村土地制度、社会信用体系等问题，展开历时2个月的专题调研，形成一批极具参考价值的专题报告。到了9月初的时候，起草组共收到各类意见、建议1700多条。①

在起草《决定》过程中，我主要系统地讲了两条建议：第一，改革无止境，完善无止境。据我所知，过去没有人提过这个说法。我为什么提呢，主要有两个原因：首先从理论上讲，生产力和生产关系这个矛盾是不可能解决的，是长期存在的。经济基础和上层建筑这个矛盾，也是长期存在的。有问题就需要不断地解决，这样才能促进经济的发展，所以改革是需要不断完善的，是没有止境的。其次，从实践上讲，我们一些发达国家的市场经济，搞了那么长时间，照样没办法避免这样那样的问题。例如，美国发生的“安然事件”②，就暴露了体制上的不完善，所以这是不可能完全完善的。总之，不断产生问题，就需要不断地解决问题，要通过改革来解决这个问题，不断地解决问题才能不断地前进。所以改革是无止境的。

第二，提出对社会主义市场经济的相关理解。原来对社会主义市场经济有一个定义：建立社会主义市场经济体制，就是在国家宏观调控下使市场发挥基础性的作用，党的十四届三中全会就是这么表述的。再往前，党的十四大提出来，社会主义市场经济体制就是在社会主义国家宏观调控下，使市场发挥基础性的作用。在党的十四大文件里多了几个“社会主义国家”，我说国家当然是社会主义国家了，所以用不着每句话都加“社会主义”，所以到了党的十六届三中全会的时候没有提“社会主义国家”，只提“在国家宏观调控下”。然后，我不赞成原来的定义：首先，“在国家宏观调控下”，好像是要表达国家宏观调控是前提条件，要发挥市场调节

① 《三中全会“决定”如何诞生：高层领导提出总体思路并调研》，《北京青年报》。

② “安然事件”（the Enron Incident），是指2001年发生在美国的安然（Enron）公司破产案。安然公司曾经是世界上最大的能源、商品和服务公司之一，名列《财富》杂志美国500强企业的第七名，然而，2001年12月2日，安然公司突然向纽约破产法院申请破产保护，该案成为美国历史上第二大企业破产案。

图22-2　本文口述者高尚全列席党的十六届三中全会

作用，需要先让国家宏观调控一下，那市场作用该怎么发挥呢？应当是国家宏观调控作为主要内容，而不是前提条件。其次，配置资源的主体是市场，而不是政府。最后我说，什么叫“宏观调控”？就是间接调控，就是国家运用财政政策、货币政策、经济手段、法律手段和必要的行政手段，而不是主要用行政手段。另外，谁来宏观调控？国务院说我代表国家，到了地方它说我要进行宏观调控，都要争这个调控权，实际上，这个宏观调控变成计划经济的翻版了，成行政手段了，行着宏观调控的名义，实际上是计划手段的实质，那怎么行？

10月11日，党的十六届三中全会召开。从11日到14日，全会安排了3个半天，对《决定》讨论稿进行讨论。出席全会的中央委员、候补委员和列席会议的有关同志提出的意见和建议，涉及粮食生产、扶贫开发、安全生产、科技教育等很多个方面。起草组也吸收一些好的建议对《决定》讨论稿进行了认真修改。10月11日晚，胡锦涛总书记主持召开中央政治局常委会会议，起草组根据修改意见，连夜对《决定》讨论稿做了24处修改。12日晚和13日下午，起草组连续召开全体会议，对讨论稿做进一步修改。14日上午，根据当天上午全会讨论情况，起草组对讨论稿又进行了一次修改。①14日下午3点钟，《决定》获得全会的一致通过。

总的来说，《决定》有几个创新点：第一，提出了大力发展混合所有制经济，实现投资主体多元化，使股份制成为公有制的主要实现形式。第二，要完善国有资本有进有退、合理流动的机制，进一步推动国有资本更多地投向关系国家安全和国民经济命脉的重要行业和关键领域。第三，提出大力发展和引导非公有制经济。非公有制经济是促进我国社会生产力发展的重要力量。原来在“重要力量”后

① 高尚全：《接力改革大业：党的十六届三中全会回眸》，中国经济网。

图22-3　2003年10月11日至14日召开的党的十六届三中全会，审议通过《中共中央关于完善社会主义市场经济体制若干问题的决定》

面还有“和生力军”四个字，后来我提出有“重要力量”就行了，“和生力军”可以不写，因为有些领域非公有制经济已经成了主力军，例如就业问题，4/5是靠非公有制经济解决的。最后就把“和生力军”删去了。第四，提出产权是所有制的核心和主要内容，建立归属清晰、权责明确、保护严格、流转顺畅的现代产权制度。第五，最重要的是，提出了“科学发展观”的论断。提出“坚持以人为本，树立全面、协调、可持续的科学发展观，促进经济社会和人的全面发展”。“以人为本”是科学发展观的核心。提“以民为本”还是提“以人为本”，起草组做过认真的讨论。我赞成提“以民为本”，因为我国是“中华人民共和国”，不是“中华人共和国”；毛主席提到“为人民服务”，而不是“为人服务”；“三个代表”重要思想中，就有代表广大人民的根本利益的提法；胡锦涛总书记提出的“情为民所系，权为民所用，利为民所谋”，都讲的是“民”。所以，我主张提“以民为本”。当时温家宝总理反应很敏捷，立即用了一句“民为贵，社稷次之，君为轻”的古语。会上，郑必坚同志提出“以民为本”政治色彩浓，因为有些不是“民”，是不是可以扩大到“以人为本”。最后中央文件上用了“以人为本”。[①]

郑新立

党的十四届三中全会以后，我又参加了党的十六届三中全会文件的起草，这时已经过去了整整10年。这次全会通过了《中共中央关于完善社会主义市场经济体制若干问题的决定》（以下简称《决定》），也是一份纲领性的文件。经过10年的实践，建立社会主义市场经济体制框架的任务初步完成了，但是还不够完善，党的十六届三中全会主要是针对体制不完善的地方，提出了进一步深化改革的建议。

首先，在计划与市场的关系上，仍然保留了“在国家宏观调控下，使市场发挥对资源配置的基础性作用”这个提法。改革主要体现在市场经济主体上，对国有企业的改革，提出要完善以股份制为基础的现代企业制度，建立科学的治理结构。股份制就是可以吸收国有股、集体股、个人股、外资股，在产权多元化的基础上来建立现代企业制度。当时提出来“产权制度的改革，建立现代产权制度”的新的提法，是对原有的一些改革在理念上一个新的进展，让大家关注产权问题。这些内容对加快我国国有企业建立现代企业制度，增强国有经济的活力和竞争力，具有十分重要的意义。

其次，从完善宏观调控体系，完善法律体系，完善市场体系等方面，也提出了一系列的具体的改革措施。比如，在完善市场体系方面，重点提出要完善资本市场，强调要发挥资本市场的作用，抓紧完善股票市场、债券市场，等等。强调把资本搞活，目的是通过增量的调整带动存量的调整。

在对外开放上，提出要建立全方位、开放型的经济体系，不是简单地引进来，而是逐渐从引进来到提高走出去的比重，鼓励企业到海外去投资，更好地利用“两个资源”和“两个市场”。所以，《决定》是在一个新的发展阶段上，对社会主义市场经济体制的完善。

① 《改革开放三十年见证与回顾》，中国言实出版社，2008，第60页。

23. 坚持社会主义市场经济改革方向

2013年11月9日至12日，中国共产党第十八届中央委员会第三次全体会议在北京召开。2013年11月12日中国共产党第十八届中央委员会第三次全体会议通过了《中共中央关于全面深化改革若干重大问题的决定》。《中共中央关于全面深化改革若干重大问题的决定》以协调推进“四个全面”、实现“五位一体”的总体布局，抓住了改革发展稳定的关键，确立了新形势下党和国家各项工作的顶层设计、战略方向，充分体现了共产党人的全局视野和战略眼光。

口述者：郑新立（中央政策研究室原副主任）
林兆木（中国宏观经济研究院研究员）
迟福林［中国（海南）改革发展研究院院长］

郑新立

我长期从事宏观经济理论和经济政策研究，参加了中央一系列重要文件的起草工作，包括党的十四届三中全会通过的《中共中央关于建立社会主义市场经济体制若干问题的决定》、党的十六届三中全会通过的《中共中央关于完善社会主义市场经济体制若干问题的决定》、党的十六届五中全会通过的《中共中央关于制定国民经济和社会发展第十一个五年规划的建议》和党的十六届六中全会通过的《中共中央关于构建社会主义和谐社会若干重大问题的决定》，还有党的十七大报告以及党的十七届三中全会通过的《中共中央关于推进农村改革发展若干重大问题的决定》，党的十八届三中全会通过的《关于全面深化改革若干重大问题的决定》等重要文件。

起草这些文件，不断地探索我国改革的方向，我们可以看出，自1992年党的十四大提出建立社会主义市场经济体制的目标以来，经过20多年不懈探索，大胆实践，我们取得了成功，积累了经验。社会主义市场经济的改革方向，依然是推进中国现代化建设的引航之灯。“必须坚持社会主义市场经济改革方向”，党的十八届三中全会重申社会主义市场经济体制的改革目标，这是我们党在建设中国特色社会主义进程中的又一重大理论和实践推进，也是全面深化改革的基本遵循。

2013年4月，中央政治局经过深入思考和研究、广泛听取党内外各方面意见，决定党的十八届三中全会要研究全面深化改革问题并做出决定。2013年4月20日，中央发出《关于对党的十八届三中全会研究全面深化改革问题征求意见的通知》。各地区各部门一致认为，党的十八届三中全会重点研究全面深化改革问题，顺应了广大党员、干部、群众的愿望，抓住了全社会最关心的问题，普遍表示赞成。议题确定后，中央政治局决定成立文件起草组，由习近平总书记担任组长，刘云山、张高丽同志为副组长，相关部门负责同志，部分省、市领导同志参加，在中央政治局常委会的领导下进行《关于全面深化改革若干重大问题的决定》（简称《决定》）起草工作。在开始起草《决定》的时候，习近平总书记要求我们一定要解放思

图23-1　2013年11月12日中国共产党第十八届中央委员会第三次全体会议通过了《中共中央关于全面深化改革若干重大问题的决定》

想，要实事求是。起草文件的时候，王沪宁同志指出，我们这次起草文件，一定要尽量避免用“不准”这个词，要写的是“允许”。

此份《决定》的改革意识是非常强，共16个部分，有60条，涉及的改革共300多项，仅经济方面就提出100多项改革，讲的全是“干货”，党的十八届三中全会提出的全面深化改革实质上就是从培育市场主体、完善市场体系、发展商品经济做起，实行市场取向的改革。改革开放以来我国生产力的巨大进步应主要归因于市场经济的发展，党的十八届三中全会通过的《决定》涉及的7项经济领域改革，将会对我国经济的未来发展产生重要影响。

发挥市场对资源配置的决定性作用

经济体制改革仍是所有改革的中心环节。《决定》中最大的一个突破，就是提出“市场在资源配置中起决定性作用”。在经济改革中提出使市场在资源配置中起决定性作用，这是党对客观规律特别是市场经济规律认识的新飞跃。党的十四大提出市场在资源配置中起基础性作用，这次把“基础”二字改为“决定”，是对生产力的又一次大解放。不仅涉及经济体制的方方面面，对社会体制、文化体制、生态文明体制等领域也将产生重大影响。

对于《决定》中“市场在资源配置中起决定性作用”的提法，大家的认识是一致的，起草组内部都很赞成这一提法。在文件起草期间，我特别提到我国改革理论的先驱孙冶方同志在20世纪60年代就提出了“千规律，万规律，价值规律第一条”。“价值规律第一条”就是市场决定资源配置，按照价值规律来配置资源。哪个地方的要素配置能够获得更高的回报，要素就往哪流动，这说明要素配置到这个地方，效益是最好的，这是符合价值规律的。从孙冶方同志60年代提出“价值规律第一条”，到提出市场决定资源配置的理论，这是一脉相通的，说明我们找到了市场经济的本质。2013年《决定》提出“市场在资源配置中起决定性作用”，是思想上的又一次解放，是对生产力的又一次解放。

可以说，市场决定资源配置，是解决目前我们经济社会发展中面临的很多难题的一把“金钥匙”。例如，城乡收入差距拉大是当前我们发展中面临的最大的难题，这个问题本质上讲就是由于城乡间存在市场壁垒，劳动力、资金和土地等生产要素可以自由地从农村往城里流，但城市里的资金、技术、人才往农村流就存在各种限制，这就造成了城乡之间的差距不断拉大。《决定》提出市场决定资源配置，打破了城乡间的各种藩篱，形成城乡间生产要素双向自由流动的机制，推动城乡一体化发展，加快农村发展的步伐，到2020年农村能顺利实现小康。

国有企业改革：从管资产为主向管资本为主转变

这次关于国有企业的管理主要有三项重要改革：

一是以管国有资产为主转变为管国有资本为主。将来成立若干个资本管理公司或者资本投资公司，国有企业实行混合所有制。国有资本可以根据企业绩效和国家战略需要选择投资与撤资，不仅运作更加灵活，而且增强了国有资本的控制力和影响力。这不是对国有经济功能的缩小，而是对其功能的放大，可以扩大它的控制权，用较少的资本去参股，去控股，就会增加国有资本的控制力。当然管理上更有利于企业形成一个自主决策、独立运营的经济主体，企业领导人要更多地通过市场竞争来选拔，通过市场机制选拔职业的经理人来任职。当然国有控股的企业，国有独资的企业都要建立党委，保证企业的社会主义的方向，对企业的经营起到领导和保证的作用。

二是发展混合所有制经济。“把混合所有制作为基本经济制度的重要实现形式”是我们对基本经济制度认识的新发展。国有经济通过吸引民营经济入股，发展股权多样化的产权制度，在股份制的基础上建立现代企业制度，并建立起股东会、董事会和经营者之间相互制衡、相互协调的科学的治理结构，使国有企业和市场经济更好地融合，同国际的公司管理制度更好地接轨，从而参与国际市场的竞争，培养一大批有国际竞争力的中国的跨国公司。

三是允许国有企业员工持股。将来国有企业实行混合所有制后，管理层也可以持股。这样可以使企业领导层和员工更有凝聚力，对企业的长远发展更有责任，把个人利益和企业长远发展结合在一起了。同时还提出，对民营经济也要允许发展混合所有制，鼓励员工持股。这将对未来中国形成真正符合市场规律的企业制度和企业产权结构产生深远影响。以后，企业是国有、私有、民营的标签会淡化。劳动者和资本所有者的联合体，可以使更多的劳动者拥有财产性收入。我们考察发现，国际商业机器公司（IBM）、通用电气公司（GE）等跨国企业为什么能成为百年品牌，最主要是因为管理层持股、核心层持股、骨干层持股、老职工持股。通过员工持股，企业形成很强的凝聚力，能够适应市场的变化。另外，《决定》对垄断性行业提出了网运分离的改革，像通信、铁路、天然气和电网等的网络部分是自然垄断性质，网络运营允许民营资本进入，进行充分竞争。

此外，在发展私营个体经济这方面，党的十八届三中全会又有一个大的进展，就是提出对国有经济和私有经济给予同等的保护，鼓励民营经济的发展，这样就为国有经济、民营经济创造了一个稳定的、公平的、竞争的环境。

农村改革的重大突破

党的十八届三中全会在农村改革上也有了一系列重大突破，特别是，承认了农民对宅基地的使用权可以抵押、担保、转让。第一次赋予了农户的房地产商品属性，这样就可以进入市场，使农民能够获得财产性收入。改革农村土地制度公有制的实现形式是所有改革中最重要，也是影响最为深远的。我一直说这项改革中央送给农民“三个大红包”：第一个是承包地经营权可以抵押、担保、转让；第二个是宅基地可以抵押、担保、转让；第三个是农村的集体建设用地与国有土地可以同地同权同价。特别是第二个大红包，一旦宅基地可以变现、转让，农民就可以尽快增加财产性收入，缩小与城市人收入的差距。有了这项改革，中国未来10年不会落入中等收入陷阱，实现2020年进入高收入国家行列的目标。承包地可以抵押、担保、转让，按照现在的转让价格，一亩地500元左右，从理论上计算，18亿亩耕地一年的转包费可以达到1万亿元，假设将18亿亩地都转让出去，让合作社、公司、种田大户等来耕种，那么农民就可以“坐收地租”1万亿元。此外，全国有17万平方公里的宅基地，合2.5亿亩，按照重庆现在宅基地的转让价格一亩约为20万元，那么2.5亿亩就是50万亿元的价值总量。所以，党的十八届三中全会中提出的“保障农户宅基地用益物权，改革完善农村宅基地制度，选择若干试点，慎重稳妥推进农民住房财产权抵押、担保、转让，探索农民增加财产性收入渠道”，就这一句话，农民就“坐拥”50万亿元的财产性收入。当然，如果这些不进入市场转让，这个价值就实现不了。

所以说，党的十八届三中全会提出的土地制度改革，就是使农村土地集体所有制的实现形式发生变化，农村土地的公有制与市场经济实现高度融合。过去农民是捧着“金饭碗”要饭吃，虽然农民有宅基地，但是不能变成现金收入，资产不能货币化，就没有办法增加农民的财产性收入。举例说，重庆实行“地票”制度以来，取得了明显效果。第一，重庆市郊区农村闲散的建设用地，包括原来的砖厂、窑厂等土地得到复垦。第二，国土部门对整理后的宅基地、新开垦的荒坡地和河滩地等进行丈量确权后入市交易，投资者通过在市场上购买“地票”来获得规划部门的工业用地。重庆通过“地票”转让的土地价值为200多亿元，15%给村集体，85%直接给农民，不仅增加了农民收入，而且也解决了建设用地不足问题，还新增了7万多亩耕地。第三，“地票”市场交易形成了一个土地价格，20万元一亩地。农民以20万元一亩地作为抵押，申请银行贷款。目前银行已经通过土地抵押向农村发放了70多亿元小额贷款，支持农民发展多种经营。因此，农村土地制度改革能给农民带来实实在在的好处，将会彻底改变农村面貌。

财税金融改革

这次财税体制改革有些突破，改革预算制度，改革税收制度，建立责任与支出相适应的财税制度。财税制度改革的出发点是实现科学的财税体制在优化资源配置、维护市场统一、促进社会公平、实现国家长治久安方面发挥制度保障作用。但这次改革还是为今后改革留下了较大的空间。保持现有中央和地方财力格局总体稳定，结合税制改革，考虑税种属性，进一步理顺中央和地方收入划分。

金融这部分虽然放在“加快完善现代市场体系”中，但关于金融的主要改革都体现出来了。一是放宽准入；二是建立地方性的监管机构，建立双层金融监管体制；三是建立存款保险制度，用市场机制化解风险；四是实行股票发行注册制，由过去的审批制转为注册制，由企业和市场机制决定首次公开发行（IPO）。还有发展多层次资本市场，加快人民币资本项目可兑换等。金融体制改革如果能到位，将创造新的红利，包括人民币国际化的红利，人民币变成全球储备货币，这个红利比我们改革开放以来的劳动力红利还要大。如果人民币实现了资本项目可兑换、人民币国际化，就可以用人民币直接到海外投资，用人民币直接支付进口物资，进行国际贸易的结算。这项改革将关系到全国人民的根本利益。

构建开放型经济体系，放宽准入

我国以前准入的重点是开放制造业。进入新阶段后，我们要逐渐开放服务业的准入。先开放制造业再开放服务业是我国的一个成功战略。巴西就先开放金融业再开放制造业，其结果是美国控制了巴西经济命脉，美元比巴西本国货币更有竞争力，巴西本国企业和老百姓更愿持有美元，而不愿持有本国货币。因此，巴西长期遭遇通货膨胀之苦，经济波动较大。而我们的开放战略是先制造业后服务业，等制造业发展起来，通过开放服务业来提升服务业水平。《决定》还指出利用我国越来越多的外汇储备，鼓励企业“走出去”，进行海外投资和国际并购，解决能源资源瓶颈，获取国外的科技资源和营销网络，提升我国企业创新能力和国际经营能力。

建设生态文明

现在老百姓最关心两大问题，一个是食品安全，一个是雾霾，解决这两大问题，已成为对执政党能力的考验。过去是“谁污染谁治理”，往往流于形式，企业污染了不承认，也很难监督。《决定》提出“实行谁污染、谁付费和第三方治理制度”。比如，一个发电企业一年脱硫成本是8000万元，以前如果不交，就可以变成利润。而现在污染了就必须拿出钱来，通过招标选择有资质的第三方企业来治理，而且让政府来监督，通过这种方法，治理好雾霾天气的时间就可以大大提前。我们现在到了必须付出环境成本的时候了，可以通过用户承担一部分、企业消化一部分、财政补贴一部分，来解决环境成本问题。《决定》提出要建立自然资源资产产权制度和用途管制制度，划定生态保护红线，实行谁污染谁付费原则和第三方治理制度。这些改革都是非常重要的。以前中央会议对我国的政治体制、经济体制、文化体制、社会体制等已经做出了比较全面的规划和部署，此次党的十八届三中全会第一次对生态体制破题，并做出了全面的规划和部署，这对我们建设生态文明，让老百姓能够呼吸到新鲜空气、喝到干净的水和享受良好的生活环境，将会起到重要的保证作用。

党的十八届三中全会对改革做出的全面部署，如果全部到位，将会改变我们国家的面貌，使得我们国家的经济、政治、文化、社会、生态焕然一新，将会极大地激发经济增长的活力，有利于社会的和谐稳定，影响非常深远。

同时我们还要注意到，党的十八届三中全会指出，全面深化改革的总目标是完善和发展中国特色社会主义制度，推进国家治理体系和治理能力现代化。这深刻表明，经济体制、政治体制、文化体制、社会体制、生态文明体制和党的建设制度改革这六大改革，必须始终围绕全面深化改革总目标来推进，各项改革均要有利于完善和发展中国特色社会主义制度，有利于推进国家治理体系和治理能力现代化。六大改革覆盖国家治理体系的方方面面，构成一项结构复杂、关联紧密的庞大系统工程。各项改革既相互促进又相互制衡，只有整体推进、重点突破、协同配合，才能取得事半功倍之效。

党的十九大进一步把“着力增强改革系统性、整体性、协同性”作为全面深化改革取得重大突破的一项重要经验，把“更加注重改革的系统性、整体性、协同性”写入党章，对今后一个时期围绕决胜全面建成小康社会和全面建设社会主义现代化强国来全面深化改革做出新的部署。经济体制改革是全面深化改革的重点，应坚持以经济体制改革为牵引。同时，当前要把解决人民日益增长的美好生活需要和不平衡不充分的发展之间的矛盾作为主攻方向，消除实现平衡而充分的发展的制约因素，消除满足人民美好生活需要的体制机制障碍。要坚持把发展作为解决一切问题的基础和关键，贯彻新发展理念，按照高质量发展的要求建设现代化经济体系。经济体制改革的核心问题是处理好政府与市场的关系，要通过深化改革，使市场在资源配置中起决定性作用，更好发挥政府作用，为经济持续健康发展提供体制机制保障。

2018年是贯彻党的十九大精神的开局之年，是改革开放40周年，是决胜全面建成小康社会、实施“十三五”规划承上启下的关键一年。习近平同志指出：“全面深化改革，全面者，就是要统筹推进各领域改革，就需要有管总的目标，也要回答推进各领域改革最终是为了什么、要取得什么样的整体结果这个问题。”“改革开放是一个系统工程，必须坚持全面改革，在各项改革协同配合中推进。”只有深入学习贯彻习近平新时代中国特色社会主义思想，抓好各项改革的协调配套、系统集成工作，进一步增强改革的系统性、整体性、协同性，才能实现贯彻党的十九大精神的良好开局。

林兆木

2013年，党的十八届三中全会通过的《中共中央关于全面深化改革若干重大问题的决定》（以下简称《决定》），提出一系列新论断、新观点、新决策、新举措，是中国特色社会主义的重大成果和重大发展。其中，对全面深化改革具有全局性和战略意义的是《决定》明确提出来，“紧紧围绕使市场在资源配置中起决定性作用深化经济体制改革”，并按照这个要求，提出了经济领域众多新的重大改革举措。这是我国改革开放历史进程中具有里程碑意义的创新和发展。作为文件起草组成员之一，我见证了《决定》起草的过程，想就《决定》的显著特点、历史意义和使市场在资源配置中起决定性作用的问题谈谈自己的认识。

《决定》的显著特点和历史意义

据我的学习体会，《决定》有以下显著特点：

一是习近平总书记亲自挂帅、党中央高度重视。2013年4月中央政治局决定，成立由习近平总书记担任组长的《决定》起草组。由党的最高领导人亲自担任中央全会文件起草组组长，改革开放以来从未有过，这充分体现了党中央对全面深化改革的高度重视。习近平总书记在深入调研的基础上，以深邃的洞察力和高屋建瓴的战略眼光，提出了全面深化改革需要调查研究的6个重大问题：进一步形成全

图23-2　中国共产党第十八届中央委员会第三次全体会议，于2013年11月9日至12日在北京举行。全会由中央政治局主持，中央委员会总书记习近平作重要讲话。新华社记者兰红光摄

国统一的市场体系，形成公平竞争的发展环境；进一步增强经济发展活力，为实现经济持续健康发展提供不竭动力；进一步提高宏观调控水平，提高政府效率和效能；进一步增强社会发展活力，促进社会和谐稳定；进一步实现社会公平正义，通过制度安排更好保障人民群众各方面权益；进一步提高党的领导水平和执政能力，充分发挥党总揽全局、协调各方的作用。这6个重大课题，直指中国深化改革的关键。4月24日，习近平总书记在起草组第一次全体会议上发表重要讲话，明确了《决定》的指导思想和基本要求，为起草工作指明了方向。在《决定》提交党的十八届三中全会审议通过前，中央政治局常委会会议四次、中央政治局会议两次审议《决定》送审稿。在《决定》形成过程中，党中央先后就全会议题和《决定》送审稿两次征求各地区各部门和党内老同志的意见。习近平总书记亲自主持座谈会，专门听取民主党派中央、全国工商联和无党派人士意见。《决定》起草组对这些意见和建议高度重视，逐条认真研究，尽可能吸收，最大限度达成共识。《决定》是全党智慧的结晶，也广泛汇聚了全国各个方面的智慧，充分体现了以习近平同志为核心的党中央高举改革开放旗帜的坚定意志，充分体现了全党、全国人民对全面深化改革的愿望和要求。

二是这是我们党历史上第一个关于全面深化改革的决定。《决定》首次把经济、政治、文化、社会、生态文明的体制改革和党的建设制度改革，作为整体进行全面、系统的部署。党的十一届三中全会之后的六次三中全会都是以经济体制改革方面的主题做出决定，而这次的《决定》从经济体制改革扩展，上升到与经济建

设、政治建设、文化建设、社会建设、生态文明建设“五位一体”总布局相对应的改革，同时加国防和军队改革、党的建设制度改革，是“5+1+1”的全面改革，这本身就是一个重大突破，反映我们党对中国特色社会主义总体布局的认识达到了一个新高度。在新的历史起点上各个领域改革之间的内在联系更为紧密，任何一个领域的改革都会影响到其他领域的改革，也需要其他领域的改革的配合。因此，《决定》注重全面深化改革的统筹谋划，把各方面改革作为整体进行部署并协同推进。

三是在全面深化改革中突出重点。《决定》突出重点体现在两个层面：一个层面是在全面深化改革中把经济体制改革作为重点，提出发挥经济体制改革对其他领域改革的牵引作用。这是因为：经济是基础，以经济建设为中心是党的基本路线的核心内容；解决我国现阶段存在的问题，归根到底要靠发展生产力；我国社会主义市场经济体制虽已建立，但还不完善，只有进一步深化经济体制改革，才能推动经济持续健康发展，也才能推动其他各个领域的建设和改革继续向前发展。另一个层面是各个领域的改革本身也都突出了重点，这就是《决定》提出的六个“紧紧围绕”，分别指出经济、政治、文化、社会、生态文明和党的建设这六个领域改革的主线，反映各个领域改革的核心理念。各个领域的改革分别围绕各自的主线来展开和推进，才能抓住主攻方向，取得更大更好成效。

四是全面深化改革以解决重大问题为导向。在《决定》起草过程中，习近平总书记多次强调：“要有强烈的问题意识，以重大问题为导向，抓住关键问题进一步研究思考，着力推动解决我国发展面临的一系列突出矛盾和问题。”“改革是由问题倒逼而产生，又在不断解决问题中得以深化。”所谓问题，包括各个领域各方面体制机制的弊端；经济社会发展中的突出矛盾和问题；人民群众反映强烈的热点问题；党的领导和建设存在的主要问题等。归纳起来就是习近平总书记指出的全面深化改革需要调查研究的6个重大问题。《决定》关于全面深化改革的决策部署，自始至终都是围绕这些关键问题展开的。

五是《决定》不仅在改革广度和力度上前所未有，而且在深度和难度上有重大突破。《决定》有16个部分，60条，300多项改革举措，涵盖了各个领域改革的方方面面，这既反映改革的广度，也反映改革的力度，因为改革的力度不只表现为

《决定》中许多单项改革举措的力度很大，而且表现在从《决定》的整体上看，各个领域众多改革协同推进汇集起来的推进力度上面。《决定》在改革深度和难度上的突破，表现在：《决定》以改革为主线，突出全面深化改革新举措；《决定》提出使市场在资源配置中起决定性作用和更好发挥政府作用，提出推进国家治理体系和治理能力现代化等重大理论观点和治国理念，进一步突破了传统观念的束缚，对推动触及深层次问题和利益固化矛盾的改革，有重大和深远影响；《决定》对一些长期没有触及的、影响面广而又难度大的问题，提出了突破性、开创性的改革举措，或者明确了改革方向。

六是《决定》体现了加强顶层设计和摸着石头过河相结合。《决定》对改革的顶层设计，体现在总论（第一部分）提出了全面深化改革的指导思想、总目标、基本原则、主要任务，又在分论（第二至第十六部分）分别提出各个领域的改革的具体目标、任务和举措，描绘了清晰的改革路线图。与此同时，《决定》也提出了改革的时间表，就是到2020年，在重要领域和关键环节改革上取得决定性成果，完成《决定》提出的改革任务。《决定》提出，“中央成立全面深化改革领导小组，负责改革总体设计、统筹协调、整体推进、督促落实”。这是加强改革顶层设计，并把改革决策部署落到实处的组织保证。摸着石头过河体现在：《决定》提出的全面深化改革的决策、部署和举措，都是从实践中来的，既针对实际存在的问题，又是在总结实践经验的基础上提出解决问题的改革思路和改革举措；《决定》对一些重要改革的实施，还要求采取探索的办法，先试点取得经验后再推广。这些都体现了加强顶层设计和摸着石头过河相结合，改革胆子要大、步子要稳的精神。

《决定》对中国现阶段的突出矛盾和重大问题抓得很准，针对性、指导性、操作性很强，回应了人民群众和社会各方面的诉求和期待，具有深刻的理论基础、实践基础和广泛的群众基础、社会基础，是党的十一届三中全会以来又一份具有里程碑意义的光辉历史文献，是我国发展新阶段全面深化改革的行动纲领。

《决定》的历史意义体现在：改革开放是决定当代中国命运的关键一招，也是决定实现“两个一百年”奋斗目标、实现中华民族伟大复兴的关键一招；中国特色社会主义萌生于改革开放、形成于改革开放，也将更加成熟、更加定型于改革开放，全面深化改革是完善中国特色社会主义制度的必由之路；当前，国内外环境正在发生极为广泛而深刻的变化，我国发展面临一系列突出矛盾和挑战，前进道路上还有不少困难和问题，解决这些问题关键在于全面深化改革。从1978年12月党的十一届三中全会到2013年11月党的十八届三中全会是35年，从党的十八届三中全会到新中国成立100周年差不多也是35年。如果说第一个35年是实现“两个一百年”奋斗目标的上篇，我们取得了巨大成就，那么，作为下篇的第二个35年，中国特色社会主义事业将会更加精彩、更加伟大。在两个35年、上篇与下篇交汇的重要历史节点上，党的十八届三中全会就全面深化改革做出决定，对推进改革开放和社会主义现代化建设、实现“两个一百年”的奋斗目标，具有重大的现实意义和深远的历史意义。

人民日报
RENMIN RIBAO
2013年11月
13

全面深化改革的总目标是完善和发展中国特色社会主义制度，推进国家治理体系和治理能力现代化。必须更加注重改革的系统性、整体性、协同性，加快发展社会主义市场经济、民主政治、先进文化、和谐社会、生态文明，让一切劳动、知识、技术、管理、资本的活力竞相迸发，让一切创造社会财富的源泉充分涌流，让发展成果更多更公平惠及全体人民。

中共十八届三中全会在京举行

中央政治局主持会议　中央委员会总书记习近平作重要讲话

全会听取和讨论了习近平受中央政治局委托作的工作报告

全会审议通过了《中共中央关于全面深化改革若干重大问题的决定》

全会号召，全党同志要紧密团结在以习近平同志为总书记的党中央周围，锐意进取，攻坚克难，谱写改革开放伟大事业历史新篇章，为全面建成小康社会、不断夺取中国特色社会主义新胜利、实现中华民族伟大复兴的中国梦而奋斗

中国共产党第十八届中央委员会第三次全体会议

社论：让改革旗帜在中国道路上飘扬

图23-3　2013年11月13日，《人民日报》头版头条刊登《中共十八届三中全会在京举行》

从“基础性作用”到“决定性作用”是《决定》的最大亮点之一

我国从计划经济体制转到社会主义市场经济体制，经济体制改革始终是围绕着处理好政府（计划）和市场的关系这个核心问题展开的。所谓政府和市场的关系，实际上就是哪一方在资源配置中起决定性作用的问题。改革开放以前，我国实行的是高度集中的计划经济体制，完全由政府通过国家计划进行资源配置。改革开放要

在实践上突破计划经济体制的束缚，就必须在思想上突破否定和排斥市场的传统观念的束缚。

20世纪80年代，随着改革开放实践的推进，我们对政府和市场关系的认识逐步摆脱了传统观念的束缚，对推动改革和发展起了重要作用。特别是1992年初小平同志的南方谈话，使得我们对这一认识有了重大突破。随后，党的十四大明确提出“我国经济体制改革的目标是建立社会主义市场经济体制”“就是要使市场在社会主义国家宏观调控下对资源配置起基础性作用”。这一重大理论突破，对推动我国改革开放和经济社会发展发挥了极为重要的作用。

在提出市场作用的定位之后，我们党一直在继续探索适应改革和发展客观实际变化要求的准确定位。党的十六大提出“在更大程度上发挥市场在资源配置中的基础性作用”，同时删去了“在国家宏观调控下”的定语。党的十七大提出“从制度上更好发挥市场在资源配置中的基础性作用”。党的十八大进一步提出“更大程度更广范围发挥市场在资源配置中的基础性作用”。从党的十六大到十八大，在市场基础性作用前面所加的关键词，都在强调改革的取向是增强市场作用。这些重要论断为《决定》提出“使市场在资源配置中起决定性作用”在思想和理论上做了准备。

我认为，提出“使市场在资源配置中起决定性作用和更好发挥政府作用”论断，是《决定》的最大亮点之一。这个新表述抓住了新的历史条件下推动经济体制改革和经济发展的“牛鼻子”。《决定》根据完善社会主义市场经济体制和现阶段经济发展的客观要求，广泛考虑各方面意见，将使市场在资源配置中起“基础性作用”修改为“决定性作用”。虽然只有两字之差，但却提出了一个重大理论观点。“基础性作用”和“决定性作用”，这两种表述是一致和衔接的，后者是在前者的基础上与时俱进的发展。“决定性作用”的表述在理论上更为明确、到位，对于现阶段经济体制改革的指导更有针对性，是我国改革理论和实践在新的历史条件下的重大发展。这个新表述有利于进一步在全党全社会树立关于政府和市场关系的正确观念，有利于进一步解放和发展生产力，进一步解放和增强社会活力。紧紧围绕使市场在资源配置中起决定性作用深化经济体制改革，将开创我国改革开放的崭新局面。

从国际发展经验看，据世界银行研究，1960年全世界属于中等收入的国家和地区共有101个，截至2008年只有13个经济体进入高收入行列。大多数经济体之所以掉入中等收入陷阱，主要教训之一就在于未能正确处理政府与市场的关系，有些是过分依赖政府忽视市场作用，有些则是只重视市场忽视政府作用。从国内实践背景看，经济发展阶段的重大变化迫切要求我国经济加快转型升级，而当前经济发展中不可持续的突出矛盾，如部分商品、服务和生产要素价格扭曲、产能过剩、地方政府债务和金融风险积累、生态环境恶化、公共服务缺失等，都与政府对资源配置干预过多、干预不当和市场监管、公共服务缺位，市场功能发挥不够有密切关系。

理论与实践、历史与现实都证明，市场经济是资源配置最有效率的体制，也是发展生产力和实现现代化的最优途径。使市场在资源配置中起决定性作用，它的实质就是让价值规律、竞争和供求规律等市场经济规律在资源配置中起决定性作用，只有如此，中国的经济发展才能顺利进入提质增效、高质量发展的新阶段。

对经济社会发展的重大意义

从《决定》关于深化经济体制改革的决策部署，我们可以清晰地看到，使市场在资源配置中起决定性作用，对于建立完善的社会主义市场经济体制，推动经济持续健康发展，具有重大现实意义。

第一，有利于最大限度激发各类市场主体创业、创新活力。现在阻碍民间投资的“玻璃门”“弹簧门”仍然存在。政府对企业技术创新过度干预，而知识产权保护方面又作为不够。解决这些问题，关键是要在经济领域依据市场规则、市场价格、市场竞争进行资源配置。

第二，有利于加快我国经济转型升级。我国经济结构不合理，不少行业产能严重过剩，同政府对经济干预过多，导致生产要素价格扭曲、资源错配有很大关系。根据使市场在资源配置中起决定性作用的要求深化相关改革，才能使经济的发展更有效率、更加公平、更可持续。

第三，有利于建设高效廉洁的服务型政府。现在政府治理与市场功能的边界不够清晰，政府将过多时间和精力用在审批项目、招商引资等直接干预微观经济的事务上。使市场在资源配置中起决定性作用，有利于政府把重点转到加强市场监管、增强公共服务和维护社会公平正义上来，也有利于铲除滋生权钱交易等腐败现象的土壤。

第四，有利于构建开放型经济新体制。国际金融危机爆发以来，世界经济经过深度调整，竞争更趋激烈，主要发达国家正在推动新一轮贸易投资自由化谈判。使市场在资源配置中起决定性作用，才能适应新一轮国际竞争的要求，推动我国实行更高质量、更高水平的对外开放。

政府与市场的这种新关系，不仅是重大的理论发展，而且与广大群众利益密切相关。使市场在资源配置中起决定性作用，才能实现价格更放开，竞争更充分，资源利用更经济、更有效。这就意味着，作为企业经营者和劳动者，大众能有更多创业、就业、致富的机会；作为消费者，大众能有更多物美价廉的商品可选择，得到更多实惠。更好发挥政府作用，政府就要不越位、不缺位，做好该做的，管好该管的，解决好对公共服务、市场监管不到位的问题，这就意味着，作为社会成员，大众能得到更公平的上学、就业机会，更安全的食品及药品，更好的医疗、养老等社会保障，以及更干净的水和空气。

归根到底，使市场在资源配置中起决定性作用，就是要进一步解放对生产力发展的所有束缚，让一切劳动、知识、技术、管理、资本的活力竞相迸发，让一切创造社会财富的源泉充分涌流，让发展成果更多更公平惠及全体人民。

如何使市场发挥决定性作用?

“使市场在资源配置中起决定性作用和更好发挥政府作用”，不是抽象命题，它是贯穿《决定》关于经济体制改革决策部署的主线。《决定》有关经济体制改革的六个部分，都是紧紧围绕这条主线展开的。

使市场起决定性作用，加快完善现代市场体系是基础。《决定》从多个方面提出改革举措，包括：加快形成企业自主经营、公平竞争，消费者自由选择、自主消费，商品和要素自由流动、平等交换的现代市场体系；建立公平开放透明的市场规则，实行统一的市场准入制度，推进工商注册制度便利化；建设法治化营商环境，实行统一的市场监管；完善主要由市场决定价格的机制；建立城乡统一的建设用地市场；完善金融市场体系，加快推进利率市场化等。

使市场起决定性作用，政府主动放权是关键。调整政府与市场的关系，主要压力来自政府内部，面临着思想观念束缚、传统行为惯性与利益固化三大障碍。要破除三大障碍，《决定》给了我们“三字经”：“让”，大幅度减少政府对资源的直接配置，让市场对资源配置起决定性作用；“放”，进一步简政放权，深化行政审批制度改革，最大限度减少中央政府对微观事务的管理，由地方管理更方便有效的经济社会事项一律下放地方和基层管理；“交”，凡是能由市场形成价格的都交给市场，凡是市场和企业能解决的，交给市场和企业，凡是社会中介组织能承担的职能，交给社会中介组织。

如何理解“更好发挥政府作用”？

使市场在资源配置中起决定性作用，绝不是说市场是万能的，可以把一切交给市场；更不是认为政府对市场可以撒手不管。市场经济是法治经济，也是讲道德、讲诚信的经济。政府“有形的手”有效配合市场“无形的手”发挥作用，才能保证市场经济健康发展。

在现代市场经济中，政府宏观调控和市场监管，都不是要弱化市场作用，更不是要取代市场作用，而是要弥补市场失灵，并为市场有效配置资源和经济有序运行创造良好环境。对此，《决定》明确指出：“政府的职责和作用主要是保持宏观经济稳定，加强和优化公共服务，保障市场公平竞争，加强市场监管，维护市场秩序，推动可持续发展，促进共同富裕，弥补市场失灵。”

换言之，更好发挥政府作用，一方面是要解决政府越位，即对市场干预过多和干预不当问题；另一方面是要解决政府缺位问题，政府要把该做的事做好，把该管的事管好。

迟福林

习近平总书记在关于《中共中央关于全面深化改革若干重大问题的决定》（以下简称《决定》）的说明中指出，“中央决定用党的十八届三中全会这个有利契机就全面深化改革进行部署，是一个战略抉择”。为什么是一个战略抉择？在我看来，《决定》的确是一份具有历史性意义的重要文献，是一个在历史发展转折关键时期形成的重要行动纲领。在这里，我用12个字来谈谈自己的体会——“历史大考、历史突破、历史担当”。

历史大考

中华人民共和国成立前夕，毛主席曾提出了“进京赶考”，这是对党提出的一次警示。到了1978年决定以经济建设为中心进行改革开放是第二次大考。我想，现在到了第三次大考的关键时期。因为未来10年左右，我国面临三大挑战：第一，面对社会矛盾全面凸显，如何在协调解决利益矛盾中奠定国家长治久安的制度基础？这件事情解决好了，不仅是短期发展的问题，而且将为我国未来20年、30年的发展提供重要的制度保障。第二，未来10年左右能否保持7%左右的中速经济增长？如果能够实现这一目标，我国到2020年就能够实现全面小康，由中等收入国家行列迈入中高收入国家行列，这将为全面实现现代化奠定坚实基础。第三，利益矛盾、利益关系相当复杂，解决这些问题都要靠改革。

前些年关于改革攻坚讲得很多，也曾提出改革正处在攻坚时期、关键时期、啃硬骨头时期。客观讲，这些年改革没有大的突破，有些方面还停滞甚至倒退，比如垄断行业改革，不承认有垄断行业，怎么能推动垄断行业的改革？为什么？就在于现有的利益格局没被打破。如何实现以国家治理的制度、法律化解社会矛盾，奠定现代文明的制度基础？如何实现公平可持续的增长？关键问题在于改革，而改革的关键在于能否打破固有的利益格局。

如何应对具有历史性的三大挑战，党的十八届三中全会做出了回答。

（1）把推进国家治理体系和国家治理能力现代化作为改革的总目标。这里，有一个重大思路的提升，即改变以往靠行政控制、行政管理、稳定压倒一切的社会管理思路。如果国家治理体系和治理能力现代化能够得到实现，不仅能够解决当前的社会突出矛盾，更重要的是奠定了现代国家的制度基础。在我看来，这是一个十分重要的突破，是党的十八届三中全会最大的亮点。

（2）实现公平可持续发展。三中全会提出发展仍然是解决问题的关键，发展要更有效率、更公平、更可持续，并就如何发展提出了一系列重要问题。

（3）明确提出打破固有的利益藩篱。在我看来，固有利益格局已经形成：第一，谁是穷人、谁是富人，界限比较清楚，而且相对稳定。第二，贫富差距还处在扩大的趋势。城乡差距有所缓和，但总体上还在逐渐扩大。第三，灰色收入。王小鲁教授认为我国的灰色收入占GDP总量的12%。这个数字不论是否准确，但现实生活中形形色色的灰色收入确实是一个相当突出的问题。第四，利益格局尚未组织化、集团化，这就给改革留下了巨大的空间。如果已经组织化、集团化了，改革是难以解决的。面对历史性大考，中央提出打破固有利益格局的藩篱十分重要。

历史突破

党的十八届三中全会公报公布之初，外媒认为没有多少重大的突破。11月15日《决定》公布，第二天带动了股市上涨。外媒也做出了反应，有的用“没想到”来描述。全球知名中国经济问题专家、摩根士丹利亚洲区前主席斯蒂芬·罗奇在《纽约时报》发表专栏文章提出，美国也需要一个类似三中全会的时刻。

全面深化改革“60条”很具体，在很多重大问题上有重大突破。就经济体制改革来看，有很多亮点和突破。这里，简要谈谈我对四个方面重大突破的理解。

（1）使市场在资源配置中起决定性作用。习近平总书记在《关于〈中共中央关于全面深化改革若干重大问题的决定〉的说明》中提出，“关于使市场在资源配置中起决定性作用和更好发挥政府作用。这是这次全会决定提出的一个重大理论观点。这是因为，经济体制改革仍然是全面深化改革的重点，经济体制改革的核心问题仍然是处理好政府和市场关系”。有人讲，市场决定价格是一个一般规律，不要过度解读。我认为，在我国的现实情况下，恰恰要强调，它不仅是一般规律，更是

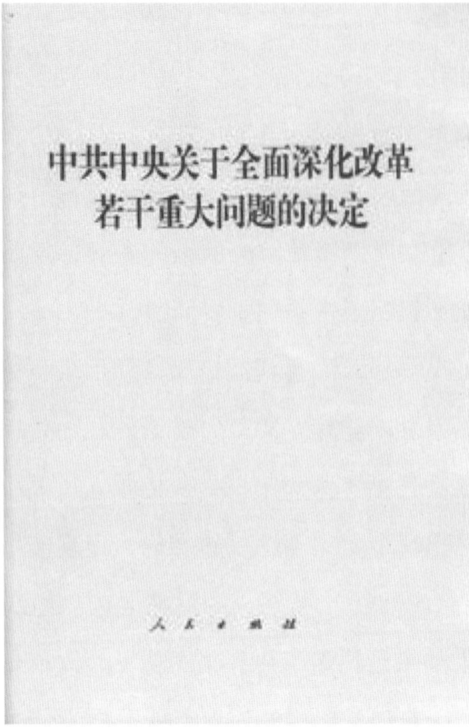

图23-4 《中共中央关于全面深化改革若干重大问题的决定》发布单行本

有着特定的重要作用。从“基础性作用”到“决定性作用”，至少释放了三个重要信号：第一，我国的市场经济体制仍不完善，还存在明显缺陷，以往讲市场的基础性作用给行政干预留下了空间。第二，坚定的市场化改革道路。第三，清晰的政府职能转变的路线。解决市场的决定性作用实质上是解决在资源配置中政府起决定作用还是市场起决定作用。这是一个根本性问题，对下一步的改革发展全局有重大的牵动影响作用。

（2）国企改革。有人说，《决定》在国企改革方面没有大的突破。在我看来，还是有某些重要突破。第一，混合所有制将成为企业的基本结构。第二，从管企业到管资本，对国有资产管理体制做出重大调整。第三，加快推进垄断行业改革，真正打开民营经济的“玻璃门”。第四，强调国有资本的公益性作用，不但提出国有资本加大对公益性领域的投入，在提供公共服务方面做出更大贡献，还明确提出国有资本收益上缴公共财政比例2020年提至30%，部分上市公司的股权要逐步转移到社保基金，补充养老基金的不足。

（3）农村改革。《决定》明确提出，赋予农民更多财产权利。中改院在20世纪90年代中期提出“赋予农民长期而有保障的土地使用权”，被1998年召开的党的十五届三中全会采用。使用权是物权还是债权？如果是物权就应当受物权法保护。现在农民的土地不能抵押，农民的宅基地和宅基地上的房子没有产权证。《决定》提出保障农民土地用益物权主体地位，而且在坚持和完善最严格的耕地保护制度的前提下，赋予农民对承包地占有、使用、收益、流转及承包经营权抵押、担保权能。这就在农民对土地的使用权是物权而不是债权方面有了实质性突破。

图23-5　1999年1月11日至13日，“中国实行长期而有保障的农村土地使用权国际研讨会”在中改院召开

（4）对外开放。我认为有三件大事：第一，如何积极推进全球一体化进程，是主动地参与推动TPP（跨太平洋伙伴关系协定），还是创造一个更高层面的全球一体化的新模式？我想下一步可能会采取主动的态势推动TPP。第二，多边、双边的自由贸易，尤其是双边自由贸易在未来的两三年内会有重要的突破。第三，在国内有条件的地方发展自由贸易园（港）区，尤其是内陆边境地区。

历史担当

（1）改革勇气的历史担当。比如，面对改革现状，明确提出打破固有利益格局，这就是一种改革勇气。

（2）历史使命的历史担当。“五位一体”的改革，加上党的执政方式和军队的改革，这7项改革都提出了明确的指导思想。

（3）改革职责的历史担当。第一，有明确的改革时间表，“到二〇二〇年，在重要领域和关键环节改革上取得决定性成果，完成本决定提出的改革任务，形成系统完备、科学规范、运行有效的制度体系，使各方面制度更加成熟更加定型”。第二，中央成立全面深化改革领导小组。第三，各级党委都具有改革领导责任的重要职责。